Nibelungenlied
Epoche – Werk – Wirkung

Von
Otfrid Ehrismann

Verlag C. H. Beck München

Arbeitsbücher zur Literaturgeschichte
Herausgegeben von Wilfried Barner und Gunter E. Grimm
unter Mitwirkung von
Hans-Werner Ludwig (Anglistik) und
Siegfried Jüttner (Romanistik)

CIP-Kurztitelaufnahme der Deutschen Bibliothek

Ehrismann, Otfrid:
Nibelungenlied : Epoche – Werk – Wirkung / von
Otfrid Ehrismann. – München : Beck, 1987.
(Arbeitsbücher zur Literaturgeschichte)
ISBN 3 406 31926 2

ISBN 3 406 31926 2

Umschlagentwurf: Bruno Schachtner, Dachau
Umschlagbild: Brünhilds Ankunft in Worms.
Illustration aus dem „Hundeshagenschen" Kodex, der einzigen illustrierten
mittelalterlichen Handschrift des Nibelungenlieds; Ausschnitt.
(Staatsbibliothek Preußischer Kulturbesitz, Berlin)

Satz und Druck: Appl, Wemding
Printed in Germany

Karl Bischoff
(1905–1983)

Inhalt

III. Handlung und Interpretation. Episches Erzählen: Teil B (20.–39. Aventiure)

IV. Probleme der Nibelungenliedforschung

V. Zur Rezeptions- und Wirkungsgeschichte des Nibelungenliedes

Vorwort

Die folgenden Aspekte sollen uns bei der Arbeit am Text leiten:

Fiktion und Wirklichkeit: Im Zentrum des Arbeitsbuches steht das präzise (historische) Lesen. Dieses Lesen verlangt, die Geschichte der gesellschaftlichen, politischen und kulturellen Bewegungen zur Zeit der Entstehung des Textes zu kennen, insbesondere die Geschichte der Literatur und des Stoffes, den der Dichter für sein Werk verarbeitete. Jede Epoche prägt ihre Menschen, und so spiegelt sie sich auch im Werk des Dichters. Poesie ist Fiktion, und der Dichter ist mit ihr nicht eins. Doch war die Differenz zwischen Werk und Leben im Mittelalter erheblich geringer als heute, die mittelalterlichen Dichter trennten fiktionale und nichtfiktionale Äußerungen nicht wie wir, und heute ist es nur noch schwer auszumachen, wie weit sich ein mittelalterlicher Dichter von seinem Text zu lösen vermochte, ob etwa sein Ich (z. B. *Ine kan iu niht bescheiden, waz sider dâ geschach,* „Ich kann Euch nicht berichten, was später dort geschah", 2379) schon als Erzählerfigur anzusehen ist. Der Dichter eines Epos verbirgt sich stärker in seiner Geschichte als ein Romancier, er erzählt Geschichten aus bekannter Umgebung, von heimischen Helden und vom Volksglauben, er weiß nichts von der Zauber- und Feenwelt des (zeitgenössischen) Artusromans. Dennoch bleibt seine Geschichte, die sich ein historisches Gewand umwirft und behauptet, *alte mæren* („alte Geschichten", 1) wiederzugeben, Fiktion; nicht nur für uns, sondern mit hoher Sicherheit auch für das zeitgenössische Publikum. Dieses jedoch wußte die Kluft zur Wirklichkeit zu mildern, weil eben jene *alten mæren* nur deshalb, weil es sie gab, weil sie erzählt wurden, wahrheitswürdig waren. Die Heldenepik, die sich mündlich oder schriftlich erzählte Geschichte einverleibte, lebte als fiktionale Gestaltung aus der Möglichkeit, wahr (gewesen) zu sein, lebte aus der erregenden Oszillation zwischen Dichtung und Wahrheit.

Gattungssteuerungen: Die Wahl der Gattung bedeutet für den Dichter eine Entscheidung zugunsten bestimmter traditionell vorgegebener Erzählweisen, -muster und -inhalte. Wir müssen dieses Erzählen nachvollziehen, die Motivierungen und Kommentare, die sorgfältigen und weniger sorgfältigen Strukturierungen, den Aufbau der Handlung und Gestalten, das genießende Verweilen beim Detail, den großzügigen Umgang mit dem Faktischen, die Hörerführung und -verführung. (Aus Raumgründen werden wir dies nicht immer mit derselben Intensität tun können.) Dem Hörer ist anheimgestellt, wie weit er die Gestalten und die

Handlung in sich zum Leben erwecken, wie weit er Freuden und Leiden mit den Akteuren teilen möchte. Er kann sich ein intellektuelles Vergnügen daraus machen, die Logik der Handlungen und Gespräche nachzuvollziehen und ihre psychologische Glaubwürdigkeit zu überprüfen. Doch er kann sich all dem gegenüber auch sperren, er kann das Lesen zwischen den Zeilen verweigern, das im Mittelalter ein Hören des Nichtgesagten ist, vielleicht beim Vortrag in bedeutungsvoller Mimik und Gestik verborgen. Es ist ein Hören des Unüberhörbaren, zumal wenn der Erzähler mit den (zweifellos vorhandenen) Stoffkenntnissen seines Publikums spielt und wenn er alte Sagentraditionen evoziert (‚hervorruft'), um sie seinem (neuen) Plan dienstbar zu machen. Wer sich verweigert, der wird am Werk weniger Freude haben, er wird es brüchig und begründungsarm finden.

Thema und Sinn: Der Epiker erzählt mit scharfem Blick auf das Publikum, und sein Erzählen hat gegenüber der Konstitution von Sinn ein eigenes Gewicht. Der Erzähler hat in der Fabel einen Faden, im Nibelungenlied gibt ihm der Stoff die Liebesgeschichte zwischen einem Prinzen und einer Prinzessin sowie den Untergang einer Königssippe vor. Das Thema konstituiert sich durch die Geschichte, die Geschichte wird nicht unter seinem Licht strukturiert. Insofern hat das Epos keinen Sinn (rekonstruierbare Lehre, Didaxe, Botschaft), sondern nur ein Thema, das der Epiker mit der gebotenen Allgemeinheit formuliert: *als ie diu liebe leide z'aller jungeste gît* („wie immer zuallerletzt die Freude Leid bringt", 2378; vgl. 17). Des Erzählers Arbeit ist der Aufbau von Geschichte: Die Bewegung zweier Menschen und eines Volkes von der Freude zum Leid mit dem Anspruch, daß dies für alle Menschen immer gelte. Die Geschichte bewegt sich im wesentlichen in den Dialogen. U.E. wäre es deshalb verkehrt, den Text etwa vom Aufbau einer „Hauptgestalt" oder eines Problembereichs aus zu präsentieren.

Gliederung: Die geschichtliche Perspektive, unter der wir den Text analysieren, hat eine Dreiteilung der Darstellung zur Folge. Im ersten Teil (I) werden die Vorgeschichte der Dichtung und die Epoche, in der sie entstand, behandelt, im letzten (V) ihre Rezeptions- und Wirkungsgeschichte. Der mittlere Teil interpretiert den Text im Lichte seiner Entstehungsgeschichte und seiner Epoche, er zerfällt in drei Kapitel: das erste (II) beschreibt das Epos bis zu Siegfrieds Tod, das zweite (III) bis zum Untergang der Burgunden/Nibelungen. Diese Zweiteilung gibt der Erzähler selbst vor, und sie empfahl sich für uns wegen der angestrebten annähernden (umfangmäßigen) Gleichgewichtigkeit aller Teile. Im dritten Mittelteil (IV) sind einige übergreifende Probleme der Nibelungenforschung diskutiert, er durchschneidet damit als ergänzende zweite (systematische) Ebene die erste (chronologische) des epischen Erzählens. Im Nachvollzug des epischen Erzählens läßt sich das präzise historische

Lesen (exemplarisch) üben, so daß hier der pädagogische Effekt mit dem werkadäquaten Interpretieren zusammenfällt (vgl. zur Anlage des Arbeitsbuches im übrigen den Lessing-Band dieser Reihe, [4]1981, 22 ff.).

Zielgruppe: Die Geschichtlichkeit menschlichen Denkens und Handelns anhand fiktionaler Texte erfahrbar zu machen, ist eine der Aufgaben von Studium und Unterricht. Welche Texte dafür gewählt werden, ist einigermaßen beliebig, wir vermeiden hier deshalb mit Absicht eine Diskussion, warum es mittelhochdeutsche Texte im Unterricht geben soll. Das Nibelungenlied ist als Dichtung so ausgezeichnet, und es ist in der Geschichte der Deutschen so einflußreich gewesen, daß *es* dieser Diskussion nicht bedarf. Weder seine Sprache noch sein Alter, weder sein Inhalt noch seine Art zu erzählen, können ein vernünftiger Grund sein, sich mit ihm heute nicht mehr zu beschäftigen. Seine Darstellung der menschlichen Beziehungen ist aufschluß- und aspektreich, ansprechend und anspruchsvoll, es fördert die ästhetische Sensibilität und, vor allem hinsichtlich seiner Rezeptions- und Wirkungsgeschichte, auch die kritische Reflexion. Darüber hinaus leistet dieser Text, der die Trauerarbeit selbst zum Thema und zur Anstrengung des Hörers macht, Vorschub für eine Trauerarbeit an der nationalen Geschichte.

Aktualisierung und Betroffenheit:

„Die Kenntnis dieses Gedichts gehört zu einer Bildungsstufe der Nation.

Und zwar deswegen, weil es die Einbildungskraft erhöht, das Gefühl anregt, die Neugierde erweckt und, um sie zu befriedigen, uns zu einem Urteil auffordert.

Jedermann sollte es lesen, damit er nach dem Maß seines Vermögens die Wirkung davon empfange [...].

Dies Werk ist nicht da, ein für allemal beurteilt zu werden, sondern an das Urteil eines jeden Anspruch zu machen und deshalb an Einbildungskraft, die der Reproduktion fähig ist, ans Gefühl fürs Erhabene, Übergroße, so wie für das Zarte, Feine, für ein weit umfassendes Ganze und für ein ausgeführtes Einzelne. Aus welchen Forderungen man wohl sieht, daß sich noch Jahrhunderte damit zu beschäftigen haben" (Goethe, zu Karl Simrocks Nibelungenlied-Übersetzung, 1827 [vgl. S. 102]).

Goethes leicht hingeworfene Notiz spiegelt ein fast zwanzig Jahre zurückliegendes Nachdenken über das Epos. Immer hatte er zwischen Faszination und Distanz einen Weg zur Aneignung gesucht, hatte aber niemals die schwärmerische Begeisterung seiner romantischen Dichterkollegen aufzubringen vermocht. In der „Düsternis" benannte er den einem humanistischen Bildungsideal widerstrebenden, identifikationshemmenden Punkt:

„Der Mensch wird überhaupt genug durch seine Leidenschaften und Schicksale verdüstert, als daß er nötig hätte, dies noch durch die Dunkelheiten einer barbarischen Vorzeit zu tun. Er bedarf der Klarheit und der Aufheiterung, und es tut ihm not, daß er sich zu solchen Kunst- und Literaturepochen wende, in denen vorzügliche Menschen zu vollendeter Bildung gelangten" (Gespräche mit Eckermann, 3.10. 1828).

Unter solcher bildungspolitischer Perspektive war das Nibelungenlied „nur historisch [zu] betrachten" (Gespräche mit Eckermann, 31.1. 1827), als „Bildungsstufe der Nation". Unter tiefenpsychologischer Perspektive lenkt die „Düsternis"-Verweigerung planvoll von der Analyse der Betroffenheit durch den Text ab. Dessen Potential an Tod und Leiden, an „Düsternis", könnte der gewichtigste Grund seiner ungewöhnlichen Wirkung sein (Kap. V). Arbeit am Nibelungenlied heißt also nicht nur Aufarbeitung des Textes und seiner Geschichte, Aufarbeitung seiner politischen, kulturellen, gesellschaftlichen Rezeptions- und Wirkungsbedingungen, sondern auch Aufarbeitung seiner Psychologie, also derjenigen psychologischen Bedingungen, die die Betroffenheit oder Abkehr von ihm verantworten.

Forschungsliteratur: Die Literatur zum Nibelungenlied ist nur noch schwer überschaubar, und die Grenzen zur historischen Belletristik sind gerade bei ihr sehr durchlässig. Das Arbeitsbuch wurde deshalb so angelegt, daß es eine (erste) Orientierung über die (meist seit der Nachkriegszeit entstandenen) Forschungen erlaubt und diese grob vorstrukturiert. Die den Titeln beigegebenen Kurzkommentare und Hinweise sind von dem Bedarf des Arbeitsbuches geprägt, sie überzeichnen manchmal in ihrer Kürze und Schärfe, und sie wollen keine abgewogenen Urteile sein. Vielleicht gelingt es dadurch auch, Kritikfähigkeit und -lust potentieller Benutzer anzuregen und die von oft allzu großer Achtung gekennzeichnete Hemmschwelle gegenüber Forschungsliteratur überhaupt abzubauen. Die Verlagerung von Diskussion in die Bibliographien erlaubte es, die Darstellungsteile „lesbarer" zu gestalten.

Zur Schreibung der Namen: Die häufiger auftretenden Namen des Nibelungenliedes wurden nach Möglichkeit der heutigen Schreibweise angepaßt (z.B. Siegfried statt *Sîvrit*, Kriemhild statt *Kriemhilt*, Worms statt *Wormez*).

Zur Zitierweise: Alle Literatur (Quellen und Forschungsliteratur) ist buchstabengetreu zitiert, Abweichungen von der heutigen Schreibweise sind nicht durch „[!]" kenntlich gemacht.

Zu den Karten: Die Karten sind für den Bedarf des vorliegenden Bandes gezeichnet worden, vor allem für die Kapitel 1.1 und 3.2.2 des Teils I und Kapitel 1 des Teils III, so daß manche geographische und politische Einzelheit vernachlässigt werden konnte.

Für freundliche Mitarbeit danke ich Hans Heinrich Kaminsky (Geschichte des Mittelalters), Gerhard Köbler (Rechtsgeschichte), Maria

Giovanna Arcamone (italienische Nibelungenforschung), Ulrike Hippler (Ausarbeitung des Kapitels I.4.2) und Volker Rödel (Str. 1508: Bischof von Speyer). Mein besonderer Dank gilt Gudrun Marci und Werner Wunderlich. Der Hessischen Ministerin für Wissenschaft und Kunst danke ich für die Gewährung eines Forschungsfreisemesters.

I. Geschichte und Literatur
Die Wende vom 12. zum 13. Jahrhundert

1. Politik und Gesellschaft

1.1. Die Staufer

Auf kaum eine andere erzählende Dichtung aus der Zeit um die Wende zum 13. Jahrhundert, der Wende vom Hohen zum Späten Mittelalter, haben Politik und Gesellschaft so starke Schatten geworfen wie auf das Nibelungenlied.

Das Reich der Deutschen (s. Karte am Schluß des Bandes) wurde nicht durch eine strenge zentralistische Herrschaft zusammengehalten, sondern durch ein kompliziertes System von Herrschaften und personalen Abhängigkeiten (vgl. Kap. I.1.2); nicht durch eine nationale, sondern durch eine imperiale Ideologie (Kaiser- und Reichsidee). Sie stützte sich auf Karl den Großen (768–814, Kaisererhebung in Rom 800), der nach zeitgenössischer Ansicht das römische Kaisertum auf die Deutschen übertragen hatte *(translatio imperii)*. Das Kaisertum der deutschen Könige galt also als römisch, und unter eschatologischem (‚heilsgeschichtlichem') Aspekt wurde es als das letzte der Weltreiche angesehen. Der Stolz auf die eigene, deutsche, Nation regte sich erst hie und da, vor allem in den Auseinandersetzungen mit Frankreich, den italienischen Städten und dem Papst (Walther von der Vogelweide: *tiusche man sint wol gezogen/rehte als engel sint diu wîp getân,* „Deutsche Männer sind wohlgebildet, gerade wie Engel schauen die Frauen aus", Walth. 57,7 f.).

Am Ende des 12. Jahrhunderts gab es neben zahlreichen geistlichen Reichsfürsten etwa zwanzig Reichsfürsten weltlichen Standes, Herzöge und Grafen (Schulze 1985). Die Großen des Reiches wählten aus der Reihe der Herzöge den König *(rex);* er wurde auf den Thron zu Aachen erhoben und gesalbt (sakraler Charakter des Königtums). Später konnte ihn dann der Papst in Rom zum Kaiser *(imperator)* krönen und salben. Vom Anspruch her fand er seinesgleichen nur noch in dem caesarengleich regierenden Kaiser von Byzanz.

Das Haus der Staufer, benannt nach seiner Hauptburg Staufen in Schwaben, stellte ein gutes Jahrhundert lang die deutschen Könige:

1138–1152 Konrad III.
1152–1190 Friedrich I. (Barbarossa)
1190–1197 Heinrich VI.

1198–1208 Philipp von Schwaben
1198–1215 Otto IV. (aus dem Welfen-Haus)
1212–1250 Friedrich II.
1250–1254 Konrad IV.

Die Herrschertabelle spiegelt die politischen Turbulenzen um die Jahrhundertwende, die Irritationen einer hierarchisch strukturierten Gesellschaft, die auf Veränderungen an der Spitze besonders sensibel reagieren konnte. Eine zwischen den Staufern und dem konkurrierenden Herrscherhaus der Welfen gespaltene Wählerschaft sorgte für Mehrfachbesetzungen auf dem Königsthron. In die Kriege und Fehden, in die politischen Morde und Bestechungsskandale, die damit Hand in Hand gingen, waren auf staufischer Seite Frankreich, auf welfischer England tief verwickelt. Wir brauchen diesen kollektiven Verlust an Geborgenheit und Sicherheit für unsere literarhistorischen Bedürfnisse nicht genauer nachzuzeichnen, schlugen sich die Einzelheiten der großen Politik doch ohnehin nicht in unserem Nibelungenepos nieder. Aber es läßt sich wohl eine allgemeine düstere (vgl. S. 13 f.) Stimmung der Angst ahnen, in der die Träume nach der großen Vergangenheit gedeihen. Auf sie reagiert das Epos.

Nach Kaiser Heinrichs VI. Tod, so berichtet der Chronist Otto von St. Blasien, soll manchen Leuten ein Gespenst auf schwarzem Pferd erschienen sein: „Sie erschraken, aber es ritt kühn heran und sagte, sie sollten sich nicht fürchten. Er sei der alte König Dietrich von Bern und verkünde, daß über das ganze Römische Reich bald vielerlei Unheil und Elend kommen werde" (nach Fuhrmann 1983, 206). Noch um die Mitte des 12. Jahrhunderts hatte der Geschichtsschreiber Otto von Freising das Reich Friedrich I. als *civitas Dei* (‚Gottesstaat') erleben können, nun sahen die im christlichen Heilsdenken verhafteten Menschen allenthalben satanische Signale (vgl. zu Dietrich S. 205 f.), Zeichen einer Störung des *ordo,* der gottgegebenen Weltordnung. Walther beschwört die Umkehr:

sô wê dir, tiuschiu zunge,
wie stêt dîn ordenunge!
daz nû diu mugge ir künec hât,
und daz dîn êre alsô zergât.
bekêrâ dich, bekêre. (Walth. 9,8 ff.)

Oh, weh Dir, deutsches Volk, wie steht es um Deine Ordnung! Jetzt hat die Fliege ihren König, und so schwindet Dein Ansehen dahin. Kehre Dich um, kehr' um!

Dem Papst in Rom, Innocenz III., fiel bei all diesen Händeln eine Mittlerrolle zu, die er im Interesse der Kirche zu nutzen wußte. Die Großen des

Reiches ließen sich ihre Treue, zu welchem Herrn auch immer, mit Geld und Privilegien gut honorieren. Dadurch beschleunigte sich ihr politischer Machtzuwachs, der Aufstieg der Territorialgewalten, und die weltpolitischen Entscheidungen wurden mehr und mehr außerhalb Deutschlands gefällt.

Teilbibliographie I

Einführungen in die politische Geschichte setzen ihre je eigenen Akzente; es ist deshalb hilfreich, verschiedene Werke zu Rate zu ziehen, um sich ein differenziertes und problemorientiertes Bild der Epoche erarbeiten zu können. Im folgenden geben wir nur eine kleine Auswahl (s. auch die Literatur zu Kap. I.1.2 und I.1.3).

Deutsche Geschichte, Reichsgeschichte, Geschichte Europas

Ehrismann, Otfrid/Kaminsky, Hans Heinrich: Literatur und Geschichte im Mittelalter. Versuch, in deutschsprachige Texte der Stauferzeit einzuführen. (Äthenäum Taschenbücher Literaturwissenschaft 2122) Kronberg 1976 [Teil A: Geschichte, von Kaminsky].

Elze, Reinhard/Repgen, Konrad: Studienbuch Geschichte. Stuttgart 1974 [Beiträge von Ernst Pitz und Joachim Leuschner].

Engels, Odilo: Die Staufer. (Urban Taschenbücher 154) Stuttgart 1984.

Fuhrmann, Horst: Deutsche Geschichte im hohen Mittelalter. (Kleine Vandenhoeck-Reihe 1438) Göttingen 1983.

Gebhardt, Bruno: Handbuch der deutschen Geschichte. Bd. 1. Stuttgart [9]1970 [Beiträge von Karl Jordan und Herbert Grundmann].

Le Goff, Jacques: Das Hochmittelalter. (Fischer Weltgeschichte Bd. 11) Frankfurt 1965.

Haverkamp, Alfred: Aufbruch und Gestaltung. Deutschland 1056–1273. (Neue deutsche Geschichte 2) München 1984.

Lautemann, Wolfgang (Bearb.): Mittelalter. (Geschichte in Quellen. Hrsg. v. W. Lautemann u. Manfred Schlenke. Bd. 2) München 1975.

Leuschner, Joachim: Deutschland im späten Mittelalter. (Kleine Vandenhoeck-Reihe 1410) Göttingen 1975.

Territoriengeschichte

Geschichte der deutschen Länder „Territorien-Ploetz". Bd. 1: Die Territorien bis zum Ende des alten Reiches. Hrsg. v. Georg Wilhelm Sante u. A. G. Ploetz-Verlag. Würzburg 1964.

Gebhardt, Bruno: Handbuch der deutschen Geschichte. Bd. 2. Stuttgart [8]1955 [Beiträge von Friedrich Uhlhorn und Walter Schlesinger].

Jordan, Karl: Heinrich der Löwe. Eine Biographie. München 1980.

Spindler, Max (Hrsg.): Handbuch der bayerischen Geschichte. Bd. 1: Das alte Bayern, das Stammesherzogtum bis zum Ausgang des 12. Jahrhunderts. München 1967.

Kirchengeschichte, Kreuzzüge

Erdmann, Carl: Die Entstehung des Kreuzzugsgedankens. (Forschungen zur Kirchen- und Geistesgeschichte 6) Stuttgart 1935 [Nachdr. Stuttgart 1955].

Hauck, Albert: Kirchengeschichte Deutschlands. Bd. IV. Leipzig 1913 [Nachdr. 1958].

Jakobs, Hermann: Kirchenreform und Hochmittelalter 1046–1215. (Oldenbourg Grundriß der Geschichte 7) München, Wien 1984.

Jedin, Hubert (Hrsg.): Handbuch der Kirchengeschichte. Bd. III/2. Freiburg, Basel, Wien 1968 [Abschnitte 1–4].

Kupisch, Karl: Kirchengeschichte II. Mittelalter. (Urban Taschenbücher 169) Stuttgart 1979.

Mayer, Hans Eberhard: Geschichte der Kreuzzüge. (Urban Taschenbücher 86) Stuttgart 1980.

Ideengeschichte

Appelt, Heinrich: Die Kaiseridee Friedrich Barbarossas (1967), in: WF 390. Darmstadt 1975, 208–244.

Dempf, Alois: Sacrum Imperium. Geschichts- und Staatsphilosophie des Mittelalters und der politischen Renaissance (1929). Darmstadt 1973.

Funkenstein, Amos: Heilsplan und natürliche Entwicklung. Formen der Gegenwartsbestimmung im Geschichtsdenken des hohen Mittelalters. (Sammlung Dialog) München 1965.

Kirfel, Hans Joachim: Weltherrschaftsidee und Bündnispolitik. Untersuchungen zur auswärtigen Politik der Staufer. (Bonner historische Forschungen 12) Bonn 1959.

Koch, Gottfried: Auf dem Wege zum Sacrum Imperium, in: Forschungen zur mittelalterlichen Geschichte 20. Berlin 1972, 149–279.

Lammers, Walther (Hrsg.): Geschichtsdenken und Geschichtsbild im Mittelalter. Ausgewählte Aufsätze und Arbeiten aus den Jahren 1933 bis 1959. (WF 21) Darmstadt 1965 [Beiträge u. a. von Johannes Spörl, Joseph Ratzinger, Kurt Dietrich Schmidt, Heinz Löwe, Karl Hauck, Erich Meuthen, Eberhard F. Otto, Josef Koch, Herbert Grundmann, Otto Brunner].

1.2. Der Feudalismus

Die königliche Herrschaft erreichte den Deutschen des Mittelalters gewöhnlich nur vielfältig gebrochen. Er war in seiner ländlichen oder städtischen Umwelt auf verschiedene, auch miteinander konkurrierende Herrschaftsbereiche hin orientiert, konnte, je nachdem in welche Gruppe er hineingeboren war, an dieser Herrschaft mehr oder weniger teilhaben. Der Königsherrschaft am nächsten stand der Adel, seit dem 11. Jahrhundert schärfer und schärfer rechtlich in hohen und niederen Adel getrennt. Diese Differenzierung hängt eng mit der Herausbildung der Ministerialität (s. u.) zusammen. In beiden Gruppen gab es vielfältige

„Abstufungen der Macht und des Ranges“, die Gegensätze konnten sehr schroff sein (Bloch 1982, 399). Die Herrschaft war primär eine Herrschaft über Grund und Boden, damit auch über die darauf lebenden Leute. Wer mehr Herrschaft hatte als der andere, war *rîch* und hatte ein höheres Ansehen *(êre);* der andere war ihm gegenüber *arm.* Man dachte in Beziehungen, nicht in absoluten Begriffen.

Von der königlichen Gewalt bis ins dörfliche Leben war die Herrschaft nach Hierarchien (‚Rangordnungen‘) abgestuft. Diese hat im frühen 13. Jahrhundert Eike von Repgow in seinem „Sachsenspiegel“, einem Rechtsbuch, das überkommenes Recht zusammenstellte, aufgelistet:

(1) König
(2) geistliche Fürsten (Zepterlehen, Pfaffenfürsten)
(3) weltliche Fürsten (Fahnenlehen, Laienfürsten)
(4) Grafen und Edelfreie
(5) Freie und Ministeriale
(6) Mannen der Freien und Ministerialen
(7) rittermäßige Leute ohne aktive Lehensfähigkeit

Die Fürsten waren unmittelbare Kronvasallen, zu den geistlichen Fürsten gehörten die Bischöfe und die Äbte der alten Reichsabteien. Die Reihe („Heerschildordnung“) bildete sich erst um die Jahrhundertwende im Verfahren gegen den Welfenherzog Heinrich den Löwen heraus, das dazu zwang, das Verhältnis der Adelsgruppen zueinander zu präzisieren.

Die Heerschildordnung erhob sich über der großen Masse der Bauern – wieder vielschichtig nach dem Wert ihres Besitzes gegliedert – und den gesellschaftlichen Außenseitern – Rechtlose, Ausgestoßene, Vaganten, Spielleute *(ioculatores, histriones).* Die bäuerliche Arbeitswelt war den Formen der Grundherrschaft unterworfen: der Grundherr bewirtschaftete einen oder mehrere herrschaftliche Höfe („Meierhöfe“), die ihrerseits Einnahmen aus kleineren Höfen beziehen konnten.

Eine solche Gesellschaft schien an der Oberfläche starr und ruhig, im Innern aber herrschte Bewegung, vielfältig waren die Übergänge zwischen den sozialen Gruppierungen. Karl Bosl ist dem in seinem glänzenden Buch „Europa im Aufbruch“ (1980) nachgegangen. Wer unterhalb seines Standes heiratete, dessen Kinder folgten der „ärgeren Hand“. Eine Gruppe, die Friedrich I. in hohem Maße gefördert hatte, konnte durch Leistung nach oben durchbrechen: die Ministerialen *(ministerialis, dienestman).* Sie hatten Hofämter inne, wurden zu Verwaltung und Kriegsdienst herangezogen, Dienstgüter und Lehen (s. S. 23) waren ihr Lohn. Aus den unfreien Schichten konnten sie sich emporarbeiten, die Grenze zu den freien Rittern überwinden; aber es gab auch Freie, die sich in den Dienst eines Herren oder eines Klosters begaben. Der Aufstieg endete im 13./14. Jahrhundert im niederen Adel, nachdem sich zu Beginn des

13. Jahrhunderts die Erblichkeit der Ämter durchzusetzen begann. Namen wie Marquard von Annweiler, Heinrich von Kalden und Heinrich von Lautern bezeugen gegen Ende des 12. Jahrhunderts die beträchtlich gewachsene Bedeutung der Hofämter. Die Ministerialität dieser Zeit schob sich als junger Adel gegen den eingesessenen alten, in ihr lohnte sich Leistung, deshalb ist es kein Zufall, daß offenbar ihre Kreise – ganz sicher können wir die Dichter nur selten eingruppieren – die neue höfische Ethik („Ritterethik", s. Kap. I.1.3) entscheidend mitprägten.

Die soziale Ordnung fußte auf militärischer Ethik und war männerorientiert, Frauen hatten es hier in jeder Gruppe schwer. Ihre Stellung und ihre Rechte waren ähnlich der der Männer im einzelnen stark differenziert: von der Königswitwe, die die Herrschaft für ihren Sohn ausübte, bis hin zur rechtlosen Magd. Eine uneinige kirchliche Theorie, die die Frau in den Bildern von Eva und Maria beschrieb, traf auf eine weltliche Praxis, in der die Frau geschlagen und verehrt wurde. Pauschalurteile über das mittelalterliche Frauenbild verfälschen nur, der Nibelungenepiker übermittelt beides: die gedemütigte und die verehrte Frau; warum sollte nur die erste die Wirklichkeit spiegeln? Da gab es auch die von einem sexualfeindlichen Klerus geschürte Angst der Männer vor dem „Vamp" Frau, der verführerischen, sinnenbetörenden Eva, Werkzeug des Satans, voller Gedanken an mörderische Rache für die sexuellen Freiheiten, die die Gesellschaft dem Mann zubilligte. Mehr oder weniger eingebildete Männerängste, Angst des Mannes um sein öffentliches Ansehen *(êre)* und die Legitimität seiner Erben – so ohne Bitternis erkaufte sich der Mann die Herrschaft nicht (vgl. Duby 1985, 123).

Der Adel – nur seine Welt spielt entscheidend in das Nibelungenepos hinein – schloß die Ehen vorrangig nach politischen Gesichtspunkten, nach der Frage möglichen Erbes, als Besiegelung eines Vertrages, eines Friedens. Sohn und Tochter hatten, oft schon in sehr jungen Jahren, den politischen Notwendigkeiten zu gehorchen, private Neigungen waren eher die Ausnahme, sie stellten sich günstigstenfalls nach der Eheschließung ein. Dennoch konnten Liebesheiraten respektiert werden, ja wohltuende politische Früchte zeitigen: Heinrichs des Löwen ältester Sohn heiratete 1194 Agnes, die Tochter Konrads, Pfalzgrafen bei Rhein, eines Halbbruders Barbarossas, gegen den Willen König Heinrichs VI., der Agnes für den französischen König bestimmt hatte und nun die Pfalzgrafschaft in welfischen Besitz übergehen sah. Doch führte die Ehe zum Ausgleich mit dem Löwen.

Eheschließungen waren nicht nur eine Frage des Erbes, sondern auch der Ehre. Man war damals überzeugt, daß sich die Kühnheit von Leib und Seele *(probitas),* die zur Heldentat und zur Freigebigkeit *(milte)* führt, durch das Blut übertrage und daß solche Übertragung beim Koitus stattfände. Beim Koitus, so meinte man, vermische sich das Blut beider Partner, und deshalb glaubte man auch, daß Mann *und* Frau bei der Zeugung die gleiche entscheidende Rolle spielten. Da sich die Eigenschaften beider Partner vermischten, mußten sie von der gleichen (hohen) Geburt sein (Duby 1985, 45).

Die Beziehung der Herrschaften untereinander regelte das Lehensrecht, wobei es immer auch Freiräume gab: der Herr *(dominus, herre)* übergab dem, über den er die Herrschaft unmittelbar ausübte *(vassus, man)*, einen Herrschaftsbereich als Lehen *(feudum, beneficium, lehen;* mlat. *feudum, feodum* ist verwandt mit ahd. *feho, fihu;* aus anfr. **fehuôd* ‚Besitz an Vieh' stammt frz. *fief* ‚Lehen'). Ohne Rangunterschied bezeichnete *man* „die persönliche Abhängigkeit an und für sich" (Bloch 1982, 180). Dieses gemeinsame Grundprinzip überspannte alle sonstigen sozialen Differenzen, ohne sie aufzuheben.

Die Übergabe erfolgte nach mehr oder weniger festen, auch regional verschiedenen Formen, „mit bisweilen fast unmerkbaren Übergängen von ganz oben nach ganz unten" (ebd.). Die Mannschaft *(hominium, homagium, manschap, hulde)* bildete den ersten Akt der Übergabe *(commendatio)*, bestehend aus zwei Elementen: dem Ineinanderlegen der Hände *(immixtio manuum)* und der Willenserklärung *(volo)*. Dem *hominium* folgte der Treueid *(fides, hulde; hulde* konnte also beide Akte der *commendatio* bezeichnen), geleistet unter Auflegen der Hand auf eine heilige Sache. So band der Treueid die Parteien in Gottes *ordo* ein, Eidbruch mußte Gottes Strafe zur Folge haben. Der Nibelungenepiker wird auf diese religiöse Komponente des Eides verzichten.

Hominium und *fides* wurden bisweilen durch einen Kuß *(osculum)* bekräftigt, seltener schritt man zur schriftlichen Beurkundung. Das mittelalterliche Recht lebte von der Symbolik der Zeichen und Formen, man vertraute dem Wort.

Durch die *commendatio* entstanden für beide Parteien Verpflichtungen. Der Herr gewann Macht über die Person des Vasallen, dieser war zu Gehorsam und Achtung *(reverentia)* verpflichtet, er mußte etwa seinem Herrn den Steigbügel des Pferdes halten (Stratordienst), ihm bei feierlichen Anlässen das Geleit geben. Treue *(fides, triuwe)* war seine Pflicht, sie war vor allem negativ definiert: nichts zu tun, was dem Herrn schaden könnte. Ihm stand er mit Rat und Hilfe *(consilium et auxilium, helfe unde rat)* bei. Das *auxilium* bestand im Kriegsdienst zu Pferde und anderen Formen materieller Hilfe, auch in der Verwaltung des Grundbesitzes, im Ausüben höherer Ämter, in der Übernahme von Botschaften. Der Waffendienst ließ sich bisweilen durch Geld ersetzen, er spielte im 13. Jahrhundert eine zunehmend geringere Rolle. Das *consilium* galt gleichfalls als Dienst, der Herr konnte es verlangen, er konnte etwa den Vasallen zur Rechtsprechung auffordern. In diesem Rahmen ist Dienst *(servitium, dienest)* eine rechtlich abgesicherte Verpflichtung und hat nicht den Beigeschmack von Sklaverei. Als „Hoffahrt" und „Heerfahrt" lassen sich also formelhaft die obersten Pflichten der Vasallen zusammenfassen (Schulze 1985).

Die Treuebindung galt gegenseitig, auch der Herr mußte alles unterlassen, was Leben, Ehre und Eigentum des Vasallen gefährden konnte. Neben dem *consilium* schuldete er ihm Schutz und Unterhalt *(protectio)* und versetzte ihn dadurch in die Lage, die verlangten Dienste zu leisten. Wurde der Vasall ungerechterweise angegriffen, mußte ihm der Herr bei der Verteidigung helfen.

Um die Wende vom 11. zum 12. Jahrhundert entwickelte sich in Frankreich für den Vasallen die Möglichkeit, die Bindung an den Herrn unter Verzicht auf das Lehen einseitig aufzukündigen (*diffidatio, felonia,* Felonie). Wie weit dies auch für Deutschland galt, ist nicht ganz geklärt; das Lehensrecht war hier im übrigen sehr uneinheitlich.

Der Vasall konnte mehreren Herren gleichzeitig dienen. Solche Mehrfachvasallität ist schon seit dem Ende des 9. Jahrhunderts bezeugt, wurde aber erst gegen Ende des 12. Jahrhunderts zum Problem, als sie auszuufern begann. Sie untergrub das Lehenswesen, und man prangerte sie als Gott nicht wohlgefällig an.

Die Vasallität galt als „Einheit zweier Leben" (Bloch 1982, 215), d.h. das Lehen gehörte dem Vasallen bis zu seinem oder seines Herrn Tod. Diese formale rechtliche Regel wurde stärker und stärker durchbrochen, die Lehen konnten erblich werden.

Die Lehensfähigkeit der Frau („Weiberlehen", *feudum femineum*) ist erstmals in der zweiten Hälfte des 11. Jahrhunderts in Nordwesteuropa bezeugt, sie drang von dort nach Osten und Süden vor.

Auf die Ordnung der Krieger stützten sich die Kleriker. Im Schatten jener gedieh, vor allem seit dem 8. Jahrhundert, die Mission; die Kirche, in den Techniken der Organisation Erbin des alten Rom, half, das expandierende Reich zu verwalten. In den Kreuzzügen nahm sie die Krieger in die Pflicht und begann den Krieg als *militia Dei* („Kriegsdienst für Gott") zu legitimieren. Die Schwäche des deutschen Königtums nutzte der Papst aus, die Kirche intensivierte ihre Macht über die Menschen und Staaten (vgl. S. 18).

Seit der Zeit Karls des Großen hatte sich die Kirche in größere und kleinere Verwaltungseinheiten organisiert und das Reich schließlich mit einem Netz von Diözesen und Erzdiözesen überzogen; sie hatte sich weiterhin in Abtei-, Kloster- und Kirchenbezirke gegliedert. Sie alle waren von den weltlichen Herren in verschiedener Weise ausgestattet worden, die Erzbischöfe hatten hohe politische Ämter inne und bestimmten maßgeblich die Politik des Reiches (s. S. 21).

Die Kirche drängte die Laienkultur des Volkes beiseite und schob sie in die Subkultur ab. Sie baute Kathedralen, und alle höheren Kulturformen, namentlich die aufblühende Ritterkultur, standen in ihrem Schatten. Die „höfische Kultur“ (vgl. S. 31) verpflichtete sich wie die mönchische, wenn auch in anderen Formen, der Askese (s. Kap. I.1.3), eine Ethisierung, der die ritterliche Schwertleite als Segensakt die religiöse Weihe verlieh. Der sich der Kultur öffnende, dem rauhen Kriegerideal abschwörende Laie begab sich in neue Abhängigkeiten – keine „Laienemanzipation“ im Sinne einer weltlichen Gegenkultur wider die herkömmliche, kirchlich dominierte (s. auch S. 32).

Das Zusammenleben von Kirche und Krieger durchsetzte, mehr und mehr störend, der Handel. Geldwirtschaft und Feudalismus vertrugen sich nicht. Zwar hatte es den „kleinen“ Handel und den Fernhandel auch vor dem 12. Jahrhundert immer gegeben, er hatte aber niemals die Gesellschaft geprägt. Nun weckten die sich intensivierenden Begegnungen mit Byzanz und dem Orient, auch mit den oberitalienischen Städten während der Italienfeldzüge, im hohen und niederen Adel Bedürfnisse nach einem schöneren Leben. Der gesellschaftliche Repräsentationsdruck verlangte, diesen Bedürfnissen nachzugeben, weil nach zeitgenössischer Ansicht Herrschaft sich in hohem Maße im materiellen Glanz des Hofes offenbarte. So war die Verarmung eines Teils des kleineren Adels nicht mehr aufzuhalten.

Kultur und Handel entfremdeten die Gesellschaft dem Boden, ein Exodus in die Stadt begann. Viele neue Städte (und Märkte) entstanden seit dem ausgehenden 12. Jahrhundert – meist noch ländlich geprägte Orte, über die ein Burgherr herrschte. Sie verdichteten das bis dahin weitmaschige Netz der alten Römer- und Bischofsstädte an Rhein und Donau sowie der wenigen späteren Neugründungen. Nichts wirklich Neues entstand also, aber die Gewichte begannen sich zu verlagern: von der Gesellschaft des Adels zur Gesellschaft der Bürger *(burgære),* der Leute, die zur *burc* gehörten (vgl. Bosl 1980, 174–192, 220–238).

Bürger und Kleriker erscheinen erst als schmale Schatten im Hintergrund des Nibelungenliedes, in ihm herrscht die Kriegergesellschaft des (hohen) Adels. Die personalen Konflikte entwickeln sich aus den Möglichkeiten des Lehnsrechts und sind dessen Spiegel.

Teilbibliographie II

Die einzelnen Themenkreise hängen eng zusammen, so daß sich auch ihre Literatur überschneidet.

Wirtschafts- und Sozialgeschichte

Aubin, Hermann/Zorn, Wolfgang (Hrsg.): Handbuch der deutschen Wirtschafts- und Sozialgeschichte. Bd. 1. Stuttgart 1971 [s. die Beiträge von Wilhelm Abel, Rolf Sprandel, Karl Bosl und Herbert Hassinger].

Bloch, Marc: Die Feudalgesellschaft (1939). Frankfurt, Wien, Berlin 1982.

Borst, Arno: Lebensformen im Mittelalter. Frankfurt, Wien, Berlin 1973.

Borst, Otto: Alltagsleben im Mittelalter. (insel taschenbuch 513) Frankfurt 1983.

Bosl, Karl: Europa im Aufbruch. Herrschaft, Gesellschaft, Kultur vom 10. bis zum 14. Jahrhundert. München 1980.

Ders.: Frühformen der Gesellschaft im mittelalterlichen Europa. Ausgewählte Beiträge zu einer Strukturanalyse der mittelalterlichen Welt. München, Wien 1964.

Brunner, Karl/Jaritz, Gerhard: Landherr, Bauer, Ackerknecht. Der Bauer im Mittelalter: Klischee und Wirklichkeit. Wien, Köln, Graz 1985.

Duby, Georges: Krieger und Bauern. Die Entwicklung der mittelalterlichen Wirtschaft und Gesellschaft bis um 1200. (suhrkamp taschenbuch wissenschaft 454) Frankfurt 1984.

Ennen, Edith: Die europäische Stadt des Mittelalters. Göttingen 1979.

Fleckenstein, Josef (Hrsg.): Über Bürger, Stadt und städtische Literatur im Spätmittelalter. Göttingen 1980.

Goetz, Hans-Werner: Leben im Mittelalter vom 7. bis zum 13. Jahrhundert. München 1986.

Irsigler, Franz: Freiheit und Unfreiheit im Mittelalter. Formen und Wege sozialer Mobilität, in: Westfälische Forschungen 28, 1976/77, 1–15.

Kellenbenz, Hermann: Deutsche Wirtschaftsgeschichte. Bd. 1. Von den Anfängen bis zum Ende des 18. Jahrhunderts. München 1977.

Ders. (Hrsg.): Handbuch der europäischen Wirtschafts- und Sozialgeschichte. Bd. 2. Stuttgart 1980.

Kleinschmidt, Erich: Minnesang als höfisches Zeremonialhandeln (1976), in: Zum mittelalterlichen Literaturbegriff. Hrsg. v. Barbara Haupt. (WF 557) Darmstadt 1985, 57–110.

Kühnel, Harry (Hrsg.): Alltag im Spätmittelalter. Graz, Wien, Köln 1985 [mit vielen erhellenden Rückblicken auf das Hohe Mittelalter].

Mollat, Michel: Die Armen im Mittelalter. München 1984.

Pitz, Ernst: Wirtschafts- und Sozialgeschichte Deutschlands im Mittelalter. Wiesbaden 1979.

Rösener, Werner: Bauern im Mittelalter. München 1985.

Schreier-Hornung, Antonie: Spielleute, Fahrende, Außenseiter: Künstler der mittelalterlichen Welt. (GAG 328) Göppingen 1981.

Southern, Richard William: Geistes- und Sozialgeschichte des Mittelalters. Stuttgart, Berlin, Köln, Mainz 1980.

van der Ven, Frans: Sozialgeschichte der Arbeit. Bd. 2. Hochmittelalter und Neuzeit. (dtv 4083) München 1972.

Werner, Ernst: Stadt und Geistesleben im Hochmittelalter, 11. bis 13. Jahrhundert. (Forschungen zur mittelalterlichen Geschichte) Weimar 1980.

Weltbild

Duby, Georges: Die drei Ordnungen. Das Weltbild des Feudalismus. Frankfurt 1981.
Gurjewitsch, Aaron J.: Das Weltbild des mittelalterlichen Menschen (1972). München 1980.
Lewis, C. S.: Phantasie- und Gedankenwelt des Mittelalters (1966), in: Zum mittelalterlichen Literaturbegriff. Hrsg. v. Barbara Haupt. (WF 557) Darmstadt 1985, 23–53.
Schwob, Anton: Grundzüge des mittelalterlichen Weltbildes: Geschichte, Religion, Gesellschaft, in: Ältere deutsche Literatur. Eine Einführung. Hrsg. v. Alfred Ebenbauer u. Peter Krämer. Wien 1985, 25–42.

Rechts- und Verfassungsgeschichte

Rechtsbegriffe und -vorgänge sind zunächst über die einschlägigen Wörterbücher (HRG, DRW, DW) zu klären.

Bosl, Karl: Die Reichsministerialität der Salier und Staufer. Ein Beitrag zur Geschichte des hochmittelalterlichen deutschen Volkes, Staates und Reiches. (Schriften der Monumenta Germaniae historica 10) 2 Bde. Stuttgart 1950/51 [grundlegende Untersuchung, systematische und regional aufgegliederte Darstellung zum Aufstieg der Ministerialität und zu deren Bedeutung vor allem im Reich Barbarossas].
Clanchy, M. T.: From Memory to Written Record. England 1066–1307. Cambridge/Mass. 1979 [Abhandlung über den Wandel im Urkunden- und Vertragswesen].
Fleckenstein, Josef (Hrsg.): Herrschaft und Stand. Untersuchungen zur Sozialgeschichte im 13. Jahrhundert. (Veröff. d. Max-Planck-Inst. f. Geschichte 51) Göttingen 1977 [s. vor allem J. F.: Die Entstehung des niederen Adels und das Rittertum, S. 17–39].
Ganshof, François Louis: Was ist das Lehnswesen? Darmstadt 1967.
Kämpf, Hellmut (Hrsg.): Herrschaft und Staat im Mittelalter. (WF 2) Darmstadt 1964.
Kroeschell, Karl: Deutsche Rechtsgeschichte. Bd. 1. (rororo studium 780) Reinbek b. Hamburg 1972.
Mitteis, Heinrich: Lehnrecht und Staatsgewalt. Untersuchungen zur mittelalterlichen Verfassungsgeschichte (1933). Darmstadt 1958.
Ders.: Der Staat des Hohen Mittelalters. Grundlinien einer vergleichenden Verfassungsgeschichte des Lehenszeitalters. Weimar 1962.
Ders.: Deutsche Rechtsgeschichte. Ein Studienbuch. Neu bearbeitet v. Heinz Lieberich. (Kurzlehrbücher für das juristische Studium) München, Berlin ^{9}1965.
Patze, Hans: Friedrich Barbarossa und die deutschen Fürsten, in: Die Zeit der Staufer. Bd. 5. Stuttgart 1979, 35–75.
Peeters, Joachim Marie Jozef: Rat und Hilfe in der deutschen Heldenepik. Untersuchungen zu Kompositionsmustern und Interpretation individueller Gestaltungen. Diss. Nijmwegen 1981.

Planitz, Hans/Eckhardt, Karl August: Deutsche Rechtsgeschichte. Graz, Köln 1971.

Schild, Wolfgang: Alte Gerichtsbarkeit. Vom Gottesurteil bis zum Beginn der modernen Rechtsprechung. München 1980.

Ders.: Kriminalität und ihre Verfolgung, in: Stadt im Wandel. Kunst und Kultur des Bürgertums in Norddeutschland 1150–1650. Hrsg. v. Cord Meckseper. Landesausstellung Niedersachsen 1985. Ausstellungskatalog Bd. 4. Stuttgart-Bad Cannstadt 1985, 131–174.

Schulze, Hans K.: Grundstrukturen der Verfassung im Mittelalter. Bd. 1. (Urban Taschenbücher 371) Stuttgart 1985.

Sprandel, Rolf: Verfassung und Gesellschaft im Mittelalter. (UTB 461) Paderborn 1978.

Störmer, in: Cormeau, Christoph/Störmer, Wilhelm: Hartmann von Aue. Epoche – Werk – Wirkung. (Arbeitsbücher zur Literaturgeschichte) München 1985, 40–79 [Darstellung des Konflikts zwischen Ministerialität und Altadel, namentlich auch dessen lokale Varianten. Im Nl ist dieser Konflikt, wenn überhaupt, allerdings von nicht so erheblicher Bedeutung.]

Begriff des Feudalismus

Vgl. die einschlägigen Rechtswörterbücher (HRG, DRW). Wir haben in unserer Darstellung immer nur wenige Varianten der Begriffe zum Lehensrecht herausgegriffen.

Brown, Elizabeth A. R.: The Tyranny of a Construct: Feudalism and Historians of Medieval Europe, in: American Historical Review 79, 1974, 1006–88.

Brunner, Otto: Feudalismus, feudal, in: Geschichtliche Grundbegriffe. Historisches Lexikon zur politisch-sozialen Sprache in Deutschland. Hrsg. v. O. Brunner, Werner Conze, Reinhard Kosellek. Stuttgart 1975, Bd. 2, 337–350.

Hintze, Otto: Feudalismus – Kapitalismus. Hrsg. u. eingel. v. Gerhard Oestreich. Göttingen 1970.

Kuchenbuch, Ludolf (Hrsg.): Feudalismus – Materialien zur Theorie und Geschichte. (Ullstein Buch 3354) Frankfurt, Berlin, Wien 1977.

Wunder, Heide (Hrsg.): Feudalismus. Zehn Aufsätze. München 1974 [u. a. Beiträge von Heinrich Mitteis, Otto Brunner, Marc Bloch, Eckard Müller-Mertens, Bernhard Töpfer].

Frauenbild

Die Literatur zum Frauenbild ist in engem Zusammenhang mit der Literatur zur Ehe (s. u.) zu erarbeiten.

Böckenholt, Hans Joachim: Untersuchungen zum Bild der Frau in den mittelhochdeutschen „Spielmannsdichtungen". Diss. Phil. Masch. Münster 1971.

Ennen, Edith: Frauen im Mittelalter. München 1985 [Das Frauenbild der Dichtung ist ausgespart, die adelige Frau des Hochmittelalters erscheint nur am Rande, das Gewicht der Untersuchung liegt auf dem Spätmittelalter.]

La femme dans les civilisations des Xe–XIIIe siècles. Actes du colloque tenu à Poitiers les 23–25 sept. 1976, in: Cahiers de Civilisation Médiévale 20, 1977, 93–263.

Jelsma, Auke J.: Heilige und Hexen. Die Stellung der Frau im Christentum. Konstanz 1977.

Ketsch, Peter: Frauen im Mittelalter. Bd. 1. Frauenarbeit im Mittelalter; Bd. 2. Frauenbild und Frauenrechte in Kirche und Gesellschaft. Hrsg. v. Annette Kuhn. (Geschichtsdidaktik. Studien und Materialien 14, 19) Düsseldorf 1983/84 [Eine sehr reichhaltige und sorgfältig ausgewählte Quellensammlung mit abgewogenen Kommentaren. Bd. 2. enthält auch ein Kapitel zum Frauenbild der mittelalterlichen Literatur und zur Beteiligung von Frauen an der politischen Herrschaft.]

Kuhn, Annette/Rüsen, Jörn (Hrsg.): Frauen in der Geschichte. Bd. 2. (Geschichtsdidaktik. Studien und Materialien 8) Düsseldorf 1982.

Laubscher, Annemarie: Die Entwicklung des Frauenbildes im mittelhochdeutschen Heldenepos. Diss. Phil. Masch. Würzburg 1954.

Pernoud, Régine: La femme au temps des cathédrales. (Le Livre de Poche 5690) Paris 1980.

Power, Eileen: Medieval Women. Ed. by M. M. Postan. Cambridge, London 1984.

Shahar, Shulamith: Die Frau im Mittelalter. Königstein/Ts. 1981.

Soeteman, Cornelis: Das schillernde Frauenbild mittelalterlicher Dichtung, in: ABÄG 5, 1973, 77–94.

Thieme, Hans: Die Rechtsstellung der Frau in Deutschland, in: La femme. Recueils de la Société Jean Bodin 12. Bruxelles 1962, 351–376.

Thraede, Klaus: Frau, in: Reallexikon für Antike und Christentum VIII. Stuttgart 1972, 197–269.

Ausführliche Studien zur Frauenfrage sollten die nach Stichpunkten geordnete sorgfältige Bibliographie von Hans Heinrich Kaminsky (Die Frau in Recht und Gesellschaft des Mittelalters, in: Frauen in der Geschichte. Hrsg. v. Annette Kuhn u. Gerhard Schneider. [Geschichtsdidaktik. Studien und Materialien 6] Düsseldorf 1979, 295–313) zu Rate ziehen; ergänzend: Maas, Barbara: Auswahlbibliographie zum Thema „Frauenbild", in: Frauen in der Geschichte III. Hrsg. v. Annette Kuhn u. Jörn Rüsen. (Geschichtsdidaktik. Studien und Materialien 13) Düsseldorf 1983, 275–280, 276 f.

Ehe

Duby, Georges: Ritter, Frau und Priester. Die Ehe im feudalen Frankreich. Frankfurt 1985.

Faber, Birgitta Maria: Eheschließung in mittelalterlicher Dichtung vom Ende des 12. bis zum Ende des 15. Jahrhunderts. Diss. Phil. Bonn 1974.

van Hoecke, Willy/Welkenhuysen, Andries (Hrsg.): Love and Marriage in the Twelfth Century. (Mediaevalia Lovaniensia I/VIII) Leuven 1981.

Köster, Roland: Die germanischen Eheschließungsformen in ältester und fränkischer Zeit und die Stellung der Frau bei der Eheschließung. Diss. Phil. Heidelberg 1911.

Metz, Helmut: Die Entwicklung der Eheauffassungen von der Früh- zur Hochscholastik. Ein Beitrag zum Verständnis der religiösen Motive der Minne- und Eheproblematik in der mittelhochdeutschen Epik. Diss. Phil. Köln 1972 [Die

Ehelehren sind auf das ontologische Fundament und die Eschatologie zu beziehen. M. erhellt das in den Eheauffassungen intendierte Selbst- und Seinsverständnis der Scholastiker.]
Zeimentz, Hans: Ehe nach der Lehre der Frühscholastik. Düsseldorf 1973.

1.3. Die Ritter und die Kunst

Man stellt das Nibelungenlied gerne als einen „erratischen Block" (Kurt Herbert Halbach 1935) in die Literaturlandschaft der Jahrhundertwende. Es ist aber dieser Landschaft mit ihren Höfen und Rittern, ihrer neuen Kultur und Erotik, ihren Formen literarischer Rezeption und ihrem Kunstbegriff dennoch sehr verbunden und ohne sie nicht denkbar.

Die Kunst der Jahrhundertwende, sofern sie keine strenge religiöse Kunst oder Volkskunst war, verband sich vorzugsweise mit dem Bild des Ritters, einem vielschillernden, seit der Jahrhundertmitte die Literatur mehr und mehr beherrschenden, zwischen Wirklichkeit und Fiktion stark oszillierenden Bild: das Leitbild der Adelskunst, das in die Adelsgesellschaft hineinwirkte. Ritter – *rîter* (‚Reiter'), seit der Mitte des 12. Jahrhunderts auch *ritter* (vielleicht nach dem flämischen Innovationsbegriff *riddere*) –, das war zu Anfang jeder, der Roßdienst in schwerer Rüstung leistete. Als im späteren 9. Jahrhundert das Reich Karls des Großen zerfiel und von Normannen, Sarazenen und Ungarn bedrängt wurde, gewann der Reiterkrieger, der mit Pferd und Waffen schnell zur Stelle war, an Bedeutung. Er lebte in dörflicher Umgebung unter seinen Bauern, die späteren Werte der Zivilisation beschwerten ihn noch nicht, Achtung vor anderem Leben war ihm meist fremd. Vor allem die Kreuzzüge, die sein Haudegentum mit dem Bild des *miles christianus* („christlicher Soldat/Ritter") überhöhten, stärkten sein soziales Ansehen und lehrten die Deutschen internationale (französische und orientalische) verfeinerte Kulturformen kennen. Eine asketische, klerikal übertönte Grundstimmung durchzog das neue Menschenbild mit dem Ziel, die Sinnlichkeit zu kanalisieren, zu kontrollieren, die körperlichen Genüsse zu vergeistigen: Erotik vs. Sexualität, Hebung der Tischsitten. Das hohe Bild war eine Zielvorgabe, Traum und Spiel, es entnahm Lebensformen des Alltags, ohne ihn in der Regel wieder zu erreichen. Da stellte das Pfingstfest 1184 zu Mainz eine Ausnahme dar, an dem Kaiser Friedrich I. die Ritter Europas, auch die Dichter, zur Schwertleite (s. Erdmann 1955) seiner beiden ältesten Söhne lud.

„Rittertum entstand nicht auf Grund der Selbstbesinnung und -bestimmung sozialer Gruppen an der unteren Schwelle des Adels, sondern zunächst durch die Fremdbestimmung der Waffenträger in bestimmten Regionen seitens kirchlicher Kräfte" (Althoff 1981, 332). Bei dem *miles*-Begriff des 11. und 12. Jahrhunderts stand nicht eine sozial differenzierende Bedeutung im Vordergrund (ebd., 333).

Das Ideal des *miles christianus* wurde allerdings durch das Scheitern des III. Kreuzzuges entscheidend geschwächt, so daß es in der Folgezeit kaum noch eine Rolle spielte (Fleckenstein 1977, 31).

Das Ritterbild des 12. Jahrhunderts prägten entscheidend die Ministerialen (s. S. 21 f.). Der Ritterbegriff überwölbte die zahlreichen Unterschiede innerhalb der Herrschaftsträger und vermochte so wenigstens ansatzweise sie herunterzuspielen, dem Wert der Geburt die Werte von Kultur und Leistung zur Seite zu stellen. Diese „höfische Kultur" war also auch eine Kultur des zu erreichenden mächtigen Hofes (vgl. Kap. I.2.1).

Der Begriff des Höfischen ist von der Soziologie und nicht von der Ideengeschichte her zu definieren, und unter ihm sollte nicht nur das königlich Höfische verstanden werden, denn er bezieht sich auf jeden herrschaftlichen Wohnsitz, den mächtigen und den weniger mächtigen. Auch ist dieser Begriff nicht vorrangig durch die Liebe („höfische Liebe") bestimmt, sondern durch die Sittsamkeit, durch einen ethischen Kode, der in der Antike (Cicero) wurzelt und in den europäischen Kathedralschulen entwickelt wurde. Die Kleriker und die weltlichen Herrscher, so die Ansicht von Stephen Jaeger, drängten ihn den Rittern auf. So wurden die „höfischen" Ideale zu „ritterlichen". Die Übertragung auf die Ritter ging von Frankreich aus und wurde von den Deutschen begierig aufgenommen: *disciplina* wurde *zuht*, *elegantia morum* wurde *schœne site* (vgl. Jaeger 1985, 174 f.).

Die Einschränkung der männlichen Genüsse auf die Tapferkeit (Kriegerethos), die Reduktion der Sinnlichkeit, führte dazu, neu über die Frau nachzudenken. Ihr, die am „Hof" lebte, der *vrouwe* (d. i. Frau in gehobener sozialer Stellung: ‚Dame', ‚Herrin'), fiel die Aufgabe zu, den Ritter zu körperlicher Askese zu erziehen, indem sie sich ihm im erotischen Spiel verweigerte. Ihre vergeistigte Schönheit war im Bild Mariens ein Gutteil vorgeprägt, ohne von diesem bestimmt zu sein, und sie war gesellschaftspolitisch eingerahmt: der „arme" (s. S. 21) Ritter verehrte die Herrin des Hofes. Diese war im Normalfall wohl verheiratet, aber die Beziehung zu ihrem Gemahl spielte in den Liedern, die die Deutschen den Franzosen nachdichteten, keine Rolle. Die Lyriker verschwiegen, anders als die Epiker und Romanciers, das Verhältnis von Ehe und Kultur (s. Kap. I.2.1), die Ehe war für sie nicht kulturbedürftig, sondern der Ritter und das öffentliche Leben am Hof. Die gattungsbedingte fiktionale Verweigerung der Frau untergräbt die eheliche Treue nicht, verschärft eher den Gedanken an sie; die umworbene Frau erliegt (gewöhnlich) dem zarten Charme des Ritters nicht. Der Ritter am Hof – Eros als Politik, Politik als erotisches Spiel, dies ist die Welt der Lieder und Romane, die für den gesellschaftlich ambitionierten Ritter mehr als Fiktion sein sollte, ein

Abbild seiner Möglichkeiten, sich am Hof einzurichten – die für den etablierten Ritter, den hohen Herren, Kulturmode und Fiktion bleiben konnte.

Der Dichter und seine Gesellschaft sind sich nicht fremd, er erhebt sich nicht distanzierend, gar verachtend über sie, und er formt seinen Stoff nach den Bedürfnissen derer, die ihm zuhören. Ohne das Gegenüber gleichgesinnter, im Ritterideal sich verbindender Zuhörer ist es nur schwer zu denken. Dennoch brauchte er nicht vom selben Stand zu sein, der Klasse der Herrschenden anzugehören: da gab es auch die Vaganten, Spielleute und Gelehrten (s. S. 21), Leute mit mehr oder weniger guter geistlicher Bildung *(clerici).* Sie alle konnten den Herren in der Fiktion schmeicheln, ihnen schmeichelnd ihre adeligen Allmachtsträume vorgaukeln. Sie waren *entertainer,* und sie konnten Künstler sein.

Die Kunst diente der Schönheit und mied das Häßliche, das im Bäurischen, Teuflischen und Kranken angesiedelt war. Nach platonischer Tradition, die das Mittelalter im wesentlichen über Cicero und Augustinus (354–430) erreichte, war das Schöne mit dem Wahren und Guten identisch (antikes Ideal der *Kalokagathia*), in der Schönheit hatte das Seiende an Gott teil. Der mittelalterliche Schönheitsbegriff der Kunst war schwerpunktmäßig ein ontologischer, nicht ästhetischer (Wehrli 1984, 143 ff.). Die erotische Dichtung feierte die sittigende Kraft der Schönheit, indem sie die schöne Herrin zu jenem Medium erhob, das den gesellschaftlichen Wert des Ritters erhöht: die *vrouwe tiurt* (*tiuren* ‚im Wert steigern') den Ritter.

Teilbibliographie III

Rittertum

Althoff, Gerd: Nunc fiant Christi milites, qui dudum extiterunt raptores. Zur Entstehung von Rittertum und Ritterethos, in: Saeculum 32, 1981, 317–333.

Bloch 1982.

Borst, Arno (Hrsg.): Das Rittertum im Mittelalter. (WF 349) Darmstadt 1976 [Beiträge u.a. von François Louis Ganshof: „Was ist das Rittertum?", 1947; Otto Brunner: „Die ritterlich-höfische Kultur", 1949; Gina Fasoli: „Grundzüge einer Geschichte des Rittertums", 1958; Arno Borst: „Das Rittertum im Hochmittelalter", 1959; Carlo Guido Mor: „Das Rittertum", 1964; Joachim Bumke: „Der adlige Ritter", 1964; Georges Duby: „Die Ursprünge des Rittertums", 1968; Josef Fleckenstein: „Friedrich Barbarossa und das Rittertum", 1972].

Borst, Otto 1983.

Bosl 1964, 1980.

Brunner, Karl/Daim, Falko: Ritter, Knappen, Edelfrauen. Ideologie und Realität des Rittertums im Mittelalter. Wien, Köln, Graz 1981.

Bumke, Joachim: Ministerialität und Ritterdichtung. Umrisse der Foschung. München 1976.

Ders.: Studien zum Ritterbegriff im 12. und 13. Jahrhundert. (Beihefte zum Euphorion 1) Heidelberg 1964.

Duby 1984 [Krieger und Bauern].

Fleckenstein 1977.

Johrend, Johann: ‚Milites' und ‚Militia' im 11. Jahrhundert. Untersuchung zur Frühgeschichte des Rittertums in Frankreich und Deutschland. Diss. Phil. Erlangen-Nürnberg 1971.

Keen, Maurice: Chivalry. New Haven, London 1984.

Köhler, Erich: Ideal und Wirklichkeit in der höfischen Epik. Studien zur Form der frühen Artus- und Graldichtung. (Beiheft zur Zs. f. romanische Philologie 97) Tübingen 1970 [reflektierte Analyse der Ideal-Wirklichkeits-Beziehung mit starker Einwirkung auch auf die Germanistik, die nicht immer die unterschiedlichen französischen und deutschen politisch-gesellschaftlichen Entwicklungen bedachte].

Painter, Sidney: French Chivalry. Chivalric Ideas and Practices in Mediaeval France. Ithaca, London 1974.

Reuter, Hans Georg: Die Lehre vom Ritterstand. Zum Ritterbegriff in Historiographie und Dichtung vom 11. bis zum 13. Jahrhundert. (Neue Wirtschaftsgeschichte 4) Köln ²1975.

van Winter, Johanna Maria: Rittertum. Ideal und Wirklichkeit. München 1969.

Höfisches Frauenbild

s. S. 28 f.

Dichter, Mäzen, Kunst und Gesellschaft

Bumke, Joachim: Mäzene im Mittelalter. Die Gönner und die Auftraggeber der höfischen Literatur in Deutschland 1150–1300. München 1979.

Ders. (Hrsg.): Literarisches Mäzenatentum. Ausgewählte Forschungen zur Rolle des Gönners und Auftraggebers in der mittelalterlichen Literatur. (WF 598) Darmstadt 1982.

Ders.: Höfische Kultur. Literatur und Gesellschaft im hohen Mittelalter. (dtv 442) 2 Bde. München 1986 [grundlegend].

Classen, Peter: Die Hohen Schulen und die Gesellschaft im 12. Jahrhundert, in: Archiv f. Kulturgeschichte 48, 1966, 155–180.

Duby, Georges: Die Zeit der Kathedralen. Kunst und Gesellschaft 980–1420. Frankfurt 1984.

Eifler, Günter (Hrsg.): Ritterliches Tugendsystem. (WF 56) Darmstadt 1970.

Le Goff, Jacques: Les intellectuels au moyen âge. Paris 1976.

Hauser, Arnold: Soziologie der Kunst. München 1974.

Jaeger, Stephen: The Origins of Courtliness. Civilizing Trends and the Formation of Courtly Ideals 939–1210. University of Pennsylvania Press, Philadelphia 1985.

McDonald, William C./Goebel, Ulrich: German Medieval Literary Patronage from Charlemagne to Maximilian I. A Critical Commentary with Special

Emphasis on Imperal Promotion of Literature. (Amsterdamer Publikationen zur Sprache und Literatur 10) Amsterdam 1973.
Menéndez Pidal, Ramón: Spielmannsdichtung und Spielleute. Erfindung und Tradition in der Spielmannsdichtung, in: ders., Dichtung und Geschichte in Spanien. Aufsätze und Vorträge. Leipzig 1984, 44–61.
Piltz, Anders: Die gelehrte Welt des Mittelalters. Köln, Wien 1982.
Scholz, Manfred Günter: Hören und Lesen. Studien zur primären Rezeption der Literatur im 12. und 13. Jahrhundert. Wiesbaden 1980.
Schreier-Hornung 1981.
Soeteman, Cornelis: Ritterroman und Gesellschaft. Versuch über die Soziologie der höfischen Epik (1977), in: Oral Poetry. Hrsg. v. Norbert Voorwinden u. Max de Haan. (WF 555) Darmstadt 1979, 271–291.
Sprandel, Rolf: Gesellschaft und Literatur im Mittelalter. (UTB 1218) Paderborn 1982.
Wehrli 1984, 68–94.

Kunstbegriff

Assunto, Rosario: Die Theorie des Schönen im Mittelalter (1963). (Du Mont Taschenbuch 117) Köln 1982.
Auerbach, Erich: Mimesis. Dargestellte Wirklichkeit in der abendländischen Literatur. München 1971.
Boesch, Bruno: Die Kunstanschauung in der mittelhochdeutschen Dichtung von der Blütezeit bis zum Meistergesang (1936). Hildesheim, New York 1976.
Ebenbauer, Alfred: Kunstauffassung und Hermeneutik des Mittelalters, in: Ältere deutsche Literatur. Eine Einführung. Hrsg. v. A. Ebenbauer u. Peter Krämer. Wien 1985, 197–218.
Haug, Walter: Transzendenz und Utopie. Vorüberlegungen zu einer Literarästhetik des Mittelalters, in: Literaturwissenschaft und Geistesgeschichte. Fs. f. Richard Brinkmann. Tübingen 1981, 1–22.
Haupt, Barbara (Hrsg.): Zum mittelalterlichen Literaturbegriff. (WF 557) Darmstadt 1985 [repräsentative Auswahl relevanter Aufsätze, u. a. von Erich Köhler, Wolfgang Monecke, Hugo Kuhn, Paul Zumthor, Hans Robert Jauß, Gert Kaiser und Erich Kleinschmidt (1976), C. S. Lewis (1966)].
Moser, Hugo: Dichtung und Wirklichkeit im Hochmittelalter; Mythos und Epos in der hochmittelalterlichen deutschen Dichtung; Zauberring und Tarnmantel. Zum Problem der Eindimensionalität und des Wunderbaren in mittelhochdeutschen Epen, alle drei in: ders., Studien zur deutschen Dichtung des Mittelalters und der Romantik. Kleine Schriften II. Berlin 1984, 13–27, 28–42, 43–53.
Wehrli 1984, 113–203.

Gegenwartskultur und Mittelalter

Duerr, Hans Peter: Traumzeit. Über die Grenzen zwischen Wildnis und Zivilisation. (Taschenbücher Syndikat) Frankfurt 1983 [These: Unsere Zivilisation hat die Erfahrung verdrängt, „daß wir nur wissen können, wer wir sind, wenn wir die Grenzen unserer eigenen Lebensform überschritten haben."]

Elias, Norbert: Über den Prozeß der Zivilisation. Soziogenetische und psychogenetische Untersuchungen. 2 Bde. (suhrkamp taschenbuch wissenschaft 158/159) Frankfurt 1976 [These: Der zivilisatorische Prozeß zielt als eine Entwicklungsreihe von Verhaltensänderungen auf eine immer stärker werdende Kontrolle der Affekte und Bedürfnisse.]
Habermas, Jürgen: Strukturwandel der Öffentlichkeit. Untersuchungen zu einer Kategorie der bürgerlichen Gesellschaft. (Sammlung Luchterhand 25) Neuwied, Berlin 1974.
Nelson, Benjamin: Der Ursprung der Moderne. (Suhrkamp Wissenschaft) Frankfurt 1984 [Eine zentrale These: „Das zwölfte Jahrhundert ist das Zeitalter der Herausbildung neuer Bewußtseinsstrukturen; sie wären als rationalisierende und rationalisierte zu beschreiben, die zunehmend die Vorherrschaft gegenüber glaubensförmigen und sakro-magischen Bewußtseinsstrukturen gewinnen", S. 37.]

2. *Literatur – Erotik, Heroik, Eschatologie*

2.1. *Themen*

Das Nibelungenepos ist der Gesellschaft seiner Zeit ebenso verpflichtet wie deren literarischen Themen. Zwar distanzierte sich sein Dichter einerseits von ihnen durch eine eigenwillige Stoffwahl (Kap. I.3), aber andererseits verband er sich ihnen wieder, weil er das modische erotische Thema seinem heroischen Stoff aufprägte.

Um die Jahrhundertwende war die deutschsprachige Dichtung von Liebe und Abenteuer kaum fünfzig Jahre alt. Ihre Frühphase (ca. 1150–1170) war noch stark der Politik und der Kriegerethik verbunden, Sprache, Metrik und Reim waren noch verfeinerungsfähig. „Kaiserchronik", „Alexanderlied", „König Rother", „Rolandslied", „Herzog Ernst", „Sente Servas" (Heinrich von Veldeke) – ihnen war es um Rittertum und Reichsgedanken (s. S. 17), um den Anspruch des westlichen Kaisertums gegenüber dem byzantinischen, nach dem Desaster des II. Kreuzzuges um eine Neubelebung der Kreuzzugsidee gegangen. Die politische Thematik, wenn sie nicht chronistisch aufgereiht war, wurde in einen gelegentlich spannenden, gelegentlich langweiligen Aktionismus sorgloser, bisweilen sorgenvoller Heroen verpackt, in eine oft phantasievolle Welt unglaublicher Kämpfe, nicht nur gegen überstarke Männer, auch gegen Drachen und Riesen. Zur Frau hatte der Held, wenn überhaupt, meist nur ein begehrliches Verhältnis. Monster, Fantasy, Supermen – aber nicht, wie heute, um politisch einzuschläfern, sondern um sich der Geschichte zu versichern.

Von Frankreich aus eroberte die höfische Liebe die erzählende Dichtung, eine verfeinerte Erotik – die Deutschen sprachen von *minne* (ahd. *minna*, zur idg. Wurzel **men-* ‚denken, geistig erregt sein', verwandt u.a. mit griech. *ménos* ‚Sinn', *mimnêskein* ‚sich erinnern', lat. *mens* ‚Denken, Erinnerung', *memini* ‚sich erinnern, gedenken', got. *gaminthi* ‚Gedenken, Andenken'; die Bedeutung ‚Liebe' könnte sich über ‚liebendes Gedenken' herausgebildet haben). Die Romane von Chrétien de Troyes mit Artus (Arthur) und seinen Helden Erec, Lancelot, Yvain (dt. Iwein) und Perceval (dt. Parzival) waren die großen Vermittler. Der neue Stoff *(matière de Bretagne)* zähmte die ungestümen Helden, verpflichtete sie der *êre* und einem harmonischen Leben unter der Ethik des Rittertums, einem affektkontrollierten Handeln in der Tradition der aristotelisch-stoischen *sôphrosynê* bzw. *temperantia* – die Deutschen nannten sie *mâze.* Nur ein kleiner Rest von Wirklichkeit verblieb noch in den Stükken, man zog sich aus der Politik und der realen Landschaft zurück in das Land der Phantasie, des Märchens, der Feen. Der Weg in dieses Land war auch ein Weg in die Seele. Ihn hatte, gleichsam als Zwischenstation, Heinrich von Veldeke vorgezeichnet, als er das welt- und heilsgeschichtliche Thema des antiken Aeneas-Epos in seiner „Eneit" mit dem *minne*-Thema verknüpfte: leidenschaftliche, zerstörerische, deshalb geflohene Liebe der Dido vs. gesellschaftlich wenigstens einigermaßen kontrollierte, höfische Bindung der Lavine. Hartmann von Aue führte dann seine Ritter Erec und Iwein durch harte Leiden in Wunderlandschaften, durch existentielle Krisen, die Seelen läuternd, ins vorbildliche Herrenleben. Wolfram von Eschenbach bedachte seinen Helden Parzival darüber hinaus mit der sakralen Würde des Gralskönigtums. Gottfried von Straßburg schenkte seinem Heldenpaar Tristan und Isolt – den Stoff fand er bei Thomas von Britanje, einem Engländer – das verzweifelte Glück der außerehelichen Liebe; die Folgen: Leiden an der Liebe, an der Gesellschaft, Tod.

Dies ist, in knappster Skizze, die epische Landschaft der Jahrhundertwende, wie sie uns überliefert wurde. Es gab noch mehr: Einige kleinere Stücke, ältere lateinische Dichtung, die man noch erzählte und vorlas, deutschsprachige Dichtung, die keiner aufschrieb oder deren Aufzeichnung verlorenging; sie wohl gerade aus dem Gebiet, dem sich der Nibelungendichter zuwandte (s. Kap. I.3.1). Die Poesie von den Artusrittern war nicht nur eine Poesie von Glück, Freude und höfischem Glanz, von Streben nach Ruhm und Ehre, sondern auch von Elend, Trauer und Leiden, eine Poesie der Suche nach einem menschenwürdigen und gottgefälligen Leben.

Die Lyrik war nur selten politische Lyrik (Walther von der Vogelweide): Klage über den Zerfall des *ordo,* über Papst, Thronkämpfe, auch kleinere Ärgernisse. Sie war gewöhnlich Liebeslyrik: Verehrung der *vrouwe,* Wertsteigerung des Ritters – *hôhe minne,* entsagende Liebe mit dem Ziel des Entsagungsendes. Minnesang war ein Verlangen nach Anderssein, ohne anders sein zu können. Er stimulierte, wie jede Liebeslyrik, die körperliche Lust, aber er ersetzte sie im gleichen Augenblick durch Kunst und Didaktik, er bändigte die geweckte Lust, um sie der Gesellschaft dienstbar zu machen.

Teilbibliographie IV

Literaturgeschichte

de Boor, Helmut: Die höfische Literatur. Vorbereitung, Blüte, Ausklang, 1170–1250. (Geschichte der deutschen Literatur von den Anfängen bis zur Gegenwart v. H. de Boor u. Richard Newald. Bd. II) München 1953 [auch wohl heute noch maßgebliche Literaturgeschichte, obwohl stark von Existentialismus und Werkinterpretation überschattet; zit. nach Aufl. 1966].

Ehrismann, Gustav: Geschichte der deutschen Literatur bis zum Ausgang des Mittelalters. Bd. I: Die althochdeutsche Literatur. Bd. II: Die mittelhochdeutsche Literatur. 1: Frühmittelhochdeutsche Zeit, 2/1: Blütezeit, 2/2: Schlußband. (Handbuch des deutschen Unterrichts an Höheren Schulen 6) München 1918–35 (Nachdr. 1954) [ideengeschichtlich geprägte Literaturgeschichte, die einen zuverlässigen Einstieg in die Texte und die ältere Forschung ermöglicht].

Ehrismann, Otfrid/Kaminsky, Hans Heinrich 1976 [Teil B: Literatur; kurze Einführungen in die Texte mit weiterführender Literatur].

Hoffmann, Werner: Mittelhochdeutsche Heldendichtung. (Grundlagen der Germanistik 14) Berlin 1974 [grundlegende, sehr sorgfältig darstellende und differenziert argumentierende Einführung in die sog. Heldendichtung: das Nibelungenlied und die späteren Texte].

Huby, Michel: L'adaptation des romans courtois en Allemagne au XIIe et au XIIIe siècle. (Publications de la Faculté des Lettres et Siences Humaines de Paris-Nanterre) Paris 1968.

Jackson, W. T. H.: Die Literaturen des Mittelalters. Eine Einführung. Heidelberg 1967 [anregend erzählend, pragmatische Interpretationen].

Krauss, Henning (Hrsg.): Europäisches Hochmittelalter. (Neues Handbuch der Literaturwissenschaft. Hrsg. v. Klaus von See. Bd. 7) Wiesbaden 1981 [gattungsorientierte Darstellung, die Heldenepik ist von Gert Kaiser bearbeitet; s. Gesamtbibliographie.]

Kuhn, Hugo: Die Klassik des Rittertums in der Stauferzeit 1170–1230, in: Annalen der deutschen Literatur. Hrsg. v. Heinz Otto Burger. Stuttgart ^{2}1971, 99–177.

Nagel, Bert: Staufische Klassik. Deutsche Dichtung um 1200. Heidelberg 1977 [s. Gesamtbibliographie].

Wais, Kurt (Hrsg.): Der arthurische Roman. (WF 157) Darmstadt 1970.

Wehrli, Max: Geschichte der deutschen Literatur vom frühen Mittelalter bis zum Ende des 16. Jahrhunderts. Stuttgart 1980.

Ders.: Literatur im deutschen Mittelalter. Eine poetologische Einführung. (Reclam 8038) Stuttgart 1984 [Ergänzungen zu den literaturgeschichtlichen Darstellungen, Themen u. a.: Latein und Deutsch; Mündlichkeit und Schriftlichkeit; Dichter und Publikum; Rhetorik und Topik; Schönheit und Schönheitskunst; Prosa, Vers und Reim; Zahlenallegorese, Zahlenkomposition; der mehrfache Sinn (Probleme der Hermeneutik); zum sprachlichen Verständnis].

Zur Behandlung des Nibelungenliedes in den Literaturgeschichten s. Gesamtbibliographie. Wie bei der politischen Geschichte, so ist es auch hier sinnvoll, verschiedene Werke zu Rate zu ziehen, um sich aufgrund verschiedener Akzentuierungen ein eigenes differenziertes Bild der Literaturgeschichte zu erarbeiten.

Minne

Denomy, Alexander J.: Courtly Love and Courtliness, in: Speculum 28, 1953, 44–63 [Bestimmung der höfischen Liebe als „a type of sensual love" vs. „sexual love", „platonic love", „married love" u. a. Sie führe den Liebenden zur „natural goodness, merit and worth".]

Kolb, Herbert: Der Begriff der Minne und das Entstehen der höfischen Lyrik. Tübingen 1958.

Spiewok, Wolfgang: Minneidee und feudalhöfisches Frauenbild. Ein Beitrag zu den Maßstäben literaturhistorischer Wertung im Mittelalter (1963), in: ders., Mittelalter-Studien. (GAG 400) Göppingen 1984, 99–127 [Im Minnekult offenbart sich die Überwindung des christlich-asketischen Lebensideals, er stellt den ersten Ansatz dar zur Befreiung der Frau. Die Minneidee stützte zum einen die feudale Klassenherrschaft, zum andern war sie eine „humanistische Potenz mit Anknüpfungsmöglichkeiten für antifeudale Kritik", S. 101.]

Wiercinski, Dorothea: Minne. Herkunft und Anwendungsschichten eines Wortes. (Niederdeutsche Studien 11) Köln, Graz 1964.

2.2. *Formen – der Nibelungenvers*

Die höfische (erzählende) Dichtung strebte nach der schönen Form (regelmäßig alternierender Vers, reiner Reim, gewandte Sprache, wohlgegliederte Erzählung), und sie verwirklichte sich in vierhebigen Versen, die paarweise gereimt wurden:

x|x́x|x́x|x́x|x́ ∧ (z. B. *ein rítter só geléret wás*)

Begriffe

Hebung (Iktus: metrisch betonte Silbe; man unterscheidet grob zwischen Haupt- und Nebenhebung.

Senkung: metrisch unbetonte Silbe

Takt: (gleiche) Zeitspanne zwischen den Ikten

Mora (More): Grundeinheit des Taktes, ein Viertel. Metrische und phonemische Länge bzw. Kürze brauchen im Deutschen nicht übereinzustimmen, so sind metrisch lang nicht nur die phonemisch langen Vokale (und Diphthonge), sondern auch Vokale, die durch mehr als einen Konsonanten gedeckt sind *(helden, sternen)*. Andererseits kann ein phonemisch langer Vokal in eine Senkung fallen. Da nicht auf jeden Taktteil eine Silbe zu fallen braucht, vielmehr für eine Silbe zwei Moren (eine Halbe) oder für zwei Silben nur eine More (zwei Achtel, Spaltung) zur Verfügung stehen können, ist die Taktfüllung variationsfähig („Füllungsfreiheit").

Auftakt: Verszeile bis zu Beginn der ersten Hebung

Tonbeugung: sprachlich betonte Silben sind gesenkt, unbetonte sind gehoben

schwebende Betonung: Ausgleich von sprachlicher und metrisch verlangter Betonung

Spaltung: für zwei Silben steht nur eine Mora zur Verfügung

Zäsur: Einschnitt im Vers

Die wichtigsten Zeichen

x ein Viertel
– eine Halbe
◡ ein Achtel
∧ pausiertes Viertel
´ Hauptton
` Nebenton
| Taktstrich

Notation und Begriffe folgen im allgemeinen Heusler 1925–29, wie sie Hoffmann ^{2}1981 übersichtlich darstellt. Sie tragen zu *einer* Realisierungsmöglichkeit der mittelhochdeutschen Verse bei.

Versinneres, Verseingang und Versschluß (Kadenz) sind die drei Gegenden eines Verses, die ihre je eigenen Probleme aufwerfen. Der Verseingang kann auftaktig oder auftaktlos sein. Im Versinneren sind der Beginn des ersten Iktus, Silbenzahl und Füllungsfreiheit, Binnenpausen, Abstufung der Ikten und das Ende des letzten Taktes, damit der letzte Iktus auszumachen. Am Versende sind verschiedene Formen möglich:

Im Anschluß an Heusler stellt Hoffmann (^{2}1981, 57 f.) folgende relevante Kadenztypen zusammen:

(1) die Senkung des letzten Taktes bleibt pausiert
 (a) *einsilbig volle Kadenz:* lange oder kurze Stammsilbe in der letzten Hebung (|x́ ∧)
 (b) *zweisilbig volle Kadenz:* kurze Stammsilbe in der letzten Hebung mit darauffolgender Silbe, also Spaltung der Hebung (| ◡́ ◡ ∧)
 (a) und (b) werden auch als *männlich volle Kadenz* zusammengefaßt
 (c) *zweisilbig klingende Kadenz:* lange Stammsilbe in der vorletzten Hebung mit unmittelbar darauffolgender Endsilbe in der letzten Hebung (|–́|x̀ ∧); die Endsilbe ist schwächer betont
 (d) *dreisilbig klingende Kadenz:* der vorletzte Takt ist zweisilbig mit Senkung (|x́x|x̀ ∧), sonst wie (c).

(2) die Senkung des letzten Taktes wird gefüllt: *weiblich volle Kadenz* (|x́x)

(3) der letzte Takt bleibt sprachlich ungefüllt: *stumpfe Kadenz* (| ∧ ∧)

Männliche Kadenzen pausieren also die letzte Silbe, *weibliche* füllen sie sprachlich aus; *volle* Kadenzen setzen mit einem Hauptton ein, *klingende* mit einem Nebenton, *stumpfe* ton- und silbenlos.

Anders als die höfische Epik ist die Heldenepik gewöhnlich strophisch untergliedert. Die *Nibelungenstrophe* umfaßt vier Verse, und zwar *Langverse* mit zwei ungleich gebauten, im Normalfall vierhebigen Gliedern, dem *Anvers* und dem *Abvers.* Der Anvers schließt im allgemeinen klingend (bei Kadenzwechsel, der selten ist, voll), der Abvers – mit Ausnahme des vierten – stumpf (bei – seltenem – Kadenzwechsel klingend). Der vierte Abvers schließt voll. So ergibt sich folgendes Grundschema:

4k 4s
4k 4s
4k 4s
4k 4v (v: voll; k: klingend; s: stumpf)

x|x́x|x́x|–́|x̀ ∧ ||x́x|x́x|–́| ∧ ∧ *(uns íst in álten mǽrèn wúnders víl geséit)*
x|x́x|x́x|–́|x̀ ∧ || ∪ ∪ |x́x|x́x|x́x|x́x *(von küener récken strítèn muget ír nu wúnder hǿren ságen)*

Die Verse sind in der Regel paarisch endgereimt, Binnenreime sind seltener und gehören vielleicht einer jüngeren Überlieferungsschicht an. Nibelungenlied *B kannte sie wohl nur in der ersten Strophenhälfte, *C führte sie auch in die zweite Hälfte ein.

Der zweite Takt des letzten Abverses ist häufig einsilbig und verlangt dadurch eine nachdrückliche Betonung, zumal der dritte Takt dann unmittelbar mit schwächerer Hebung folgt:

x|x́x|x́x|–́|x̀ ∧ ||x|x́x|–́|x̀x|–́ *(des wárt dâ wól gehǿhèt den zíeren héldèn der múot)*

Der letzte Abvers trägt somit in jedem Fall dazu bei, das Strophenende hörbar hervorzuheben und die Strophe als Sinneinheit abzuschließen. Der vierte Vers kann den Erzählfluß auch vom Inhalt her hemmen, denn er faßt vielfach einiges zusammen, das bisher erzählt wurde, er enthält Vorausdeutungen oder formuliert allgemeingültige Sätze.

Zusätzlich verlangsamt der *Zeilenstil* den Vortrag (d.i. Identität von Vers und Satz). Selten endet ein Satz innerhalb eines Verses, und selten treten Vers- oder gar Strophenenjambements auf – dies sind Inhaltssignale, etwa für erregte Rede (vgl. S. 142). Endet der enjambierende Satz nicht am Schluß eines Langverses, sondern in einer Zäsur, spricht man von *Haken-* oder *Bogenstil* (z.B. Str. 803).

Ein enger lyrischer Verwandter der Nibelungenstrophe ist die *Kürenbergstrophe* (z.B. *Ich zôch mir einen valken mêre danne ein jâr* [...], MF II/II, 6). Beide Formen sind am ehesten als zwei Varianten einer ohnehin nur als Ideal vorhandenen strophischen Struktur zu verstehen (Wolfgang Mohr). Die Nibelungenstrophe scheint mit Sangstimme rezitiert worden zu sein.

Der Nibelungenvers ist einfach und schlicht, in seiner Schlichtheit ist er zum Ausdruck von lyrischen Stimmungen ebenso fähig wie von monumentaler, pathetischer Heroik.

Teilbibliographie V

Versgeschichte

Arndt, Erwin: Deutsche Verslehre. Ein Abriß. Berlin (DDR) 1971.

Habermann, Paul/Mohr, Wolfgang: Deutsche Versmaße und Strophenformen, in: RL I, ²1958, 231–244, 239 ff.

Heusler, Andreas: Deutsche Versgeschichte mit Einschluß des altenglischen und altnordischen Stabreimverses. 3 Bde. Berlin 1925–29 [Nachdr. 1956].

Hoffmann, Werner: Altdeutsche Metrik. (Sammlung Metzler 64) Stuttgart ²1981 [leicht verständliche und zuverlässige Darstellung, gute Aufarbeitung der Forschung].

Kayser, Wolfgang: Das sprachliche Kunstwerk. Bern, München ¹⁸1978.

Ders.: Kleine deutsche Versschule. Tübingen ²⁰1980.

Mohr, Wolfgang: Rhythmus, in: RL III, ²1979, 456–475.

Paul, Otto/Glier, Ingeborg: Deutsche Metrik. München ⁹1979.

Pretzel, Ulrich: Deutsche Verskunst mit einem Beitrag über altdeutsche Strophik von Helmuth Thomas, in: Aufr. III. Berlin 1979, 2357–2546 [berücksichtigt nur die sprachlich realisierten Hebungen und unterscheidet die Kadenzen nach männlich und weiblich: 3w 3m|3w 3m|3w 3m|3w 4m].

Vortrag

Bertau, Karl Heinrich/Stephan, Rudolf: Zum sanglichen Vortrag mhd. strophischer Epen, in: ZfdA 87, 1956/57, 253–270 [Rekonstruktion der Melodie nach überlieferten Melodien des 15. Jh.].

Brunner, Horst: Epenmelodien, in: Formen mittelalterlicher Literatur. Siegfried Beyschlag zu seinem 65. Geb. (GAG 25) Göppingen 1970, 149–178.

Ders.: Strukturprobleme der Epenmelodien, in: Deutsche Heldenepik in Tirol. König Laurin und Dietrich von Bern in der Dichtung des Mittelalters. Hrsg. v. Egon Kühebacher. Bozen 1979, 300–328.

Gülke, Peter: Mönche, Bürger, Minnesänger. Musik in der Gesellschaft des europäischen Mittelalters. Wien, Köln, Graz 1975.

Jammers, Ewald: Grundbegriffe der altdeutschen Versordnung (1963), in: WF 444. Darmstadt 1977, 246–255.

Ders.: Schrift, Ordnung, Gestalt. Gesammelte Aufsätze zur älteren Musikgeschichte. Bern, München 1969.

Ders.: Der musikalische Vortrag des altdeutschen Epos (1959), in: Oral Poetry. Hrsg. v. Norbert Voorwinden u. Max de Haan. (WF 555) Darmstadt 1979, 127–149.

Kummer, Eberhard: Das Nibelungenlied. Der Kürenberger. Walther von der Vogelweide. Im „Hildebrandston“ gesungen. Herstellung: Profildruck PAN 150005/6. Wien 1983 [Rekonstruktion der Melodie].

Müller, Ulrich: Überlegungen und Versuche zur Melodie des „Nibelungenliedes“, zur Kürenberger-Strophe und zur sogenannten „Elegie“ Walthers von der Vogelweide, in: Wiss. Beitr. d. Ernst-Moritz-Arndt-Univ. Greifswald. Deutsche Literatur des Mittelalters 1. Greifswald 1984, 27–42.

Besonderheiten

Beyschlag, Siegfried: Zeilen- und Hakenstil. Seine künstlerische Verwendung in der Nibelungenstrophe und im Hildebrandston, in: Beitr. 56, 1932, 225–313.

de Boor, Helmut: Zur Rhythmik des Strophenschlusses im Nibelungenlied (1963), in: ders., Kleine Schriften. Bd. II. Berlin 1966, 337–357 [Der Dichter geht für die Abschlußzeile „von einem sehr bewußten rhythmischen Grunderlebnis der metrischen Kurve aus", S. 356.]

Ipsen, Ingeborg: Strophe und Lied im frühen Minnesang, in: Beitr. 57, 1933, 301–413 [u. a. Nachweis der Differenz zwischen Nibelungen- und Kürenbergstrophe].

Kulsdom, Gerard Jan Hendrik: Die Strophenschlüsse im Nibelungenlied. Ein Versuch. (Amsterdamer Publikationen zur Sprache und Literatur 37) Amsterdam 1979 [Strophen, deren letzter Abvers mit einem emphatisch einsetzenden Hauptsatz beginnt, bilden den alten Kern des Nl, die anderen gehören einer jüngeren Entstehungsphase an – nur schwer zu verifizieren.]

Rompelman, T. A.: Zur Strophik des Nibelungenliedes, in: Altgermanistische Beiträge. Jan van Dam zum 80. Geb. gewidmet. Amsterdam 1977, 33–59 [Vor dem jetzigen Nl gab es eine Nibelungendichtung in dreizeiligen Strophen – dazu Hoffmann 1981, 83.]

Stutz, Elfriede: Die Nibelungenzeile. Dauer und Wandel, in: Philologische Studien. Gedenkschrift für Richard Kienast. Heidelberg 1978, 96–130 [Nachweis der Beständigkeit des Nibelungenverses in Heldendichtung, Volks- und Kirchenlied sowie Kunstlyrik].

Wakefield, Ray M.: Nibelungen Prosody. The Hague, Paris 1976 [Strukturalistischer Nachweis eines abstrakten metrischen Musters, das der NlHs. B zugrundeliegt; Kritik an Heuslers These von der durchgehenden Vierhebigkeit des deutschen Verses von Otfrid bis Opitz; Rückkehr zu Ansätzen von Karl Lachmann. Der komplizierte Formalismus führt zu einem verhältnismäßig einfachen Ergebnis: die Nibelungenstrophe sorgt für kurze und lange Aktualisierungen der Halbzeile (S. 85).]

3. *Zur Geschichtlichkeit des Textes*

3.1. *Vorformen*

Die *alten mæren*, von denen das Nibelungenlied in Str. *C/*A1 spricht, sind nicht mehr konkret zu rekonstruieren. Lange Zeit hat sich die Nibelungenforschung fast ausschließlich um sie bemüht; nur das Markanteste soll hier erwähnt werden. Wir brauchen diesen Gang in die Vorgeschichte des Textes, in seine Geschichtlichkeit, weil das Epos aus ihr lebt, sie seinen Hörern wieder und wieder ins Gedächtnis ruft („evoziert", vgl.

S. 12). Der Epiker setzte darauf, daß seine Hörer einiges von den Nibelungen und Burgunden wußten, man hat ihm sogar nicht selten vorgeworfen, daß er sich von seinem Stoff habe erdrücken lassen. Wer die Größe des Dichters und seine Erzählweise abschätzen will, kann dies um so besser, je zuverlässiger er weiß, was dieser vorgefunden und wie er es verarbeitet hat.

3.1.1. Vorstufen- und Entstehungstheorien

Karl Lachmann übertrug Friedrich August Wolfs Überlegungen zur Entstehungsgeschichte der homerischen Epen („Prolegomena ad Homerum", 1795) auf das Nibelungenlied und suchte es nach Bruchstellen und Widersprüchen ab. Der Text sollte „aus einer noch jetzt erkennbaren Zusammensetzung einzelner romanzenartiger Lieder" (1816, 1) entstanden sein. Sammler und Ordner („Diaskeuasten", zu griech. *diaskeuê* ‚Einrichtung') hätten sie gruppiert und „zurechtgemacht". Lachmann rekonstruierte zwanzig solcher „Lieder", je zehn in beiden Textteilen, und veranstaltete eine „kritische" Ausgabe nach der Handschrift A (vgl. Kap. 4.1.1), die seinen Ansichten am nächsten kam. Viele Philologen und Lehrer folgten dieser Arbeit, die das Epos auf etwa die Hälfte zusammenstrich (vgl. noch Pretzel 1973) und die der klassizistischen Ästhetik des 19. Jahrhunderts mit ihrem Streben nach strenger Einfachheit und schlichter Monumentalität sehr entgegenkam. Andere haben die „Lieder" anders bestimmt, haben „Liederbücher" zusammengestellt; Wilhelm Müller sah den Text aus früher vereinzelt gesungenen Liedern „allmählich in ein Ganzes zusammengesungen" (1845, 4; vgl. Brackert 1963). Heftige Kontroversen wurden untereinander, aber vor allem mit denen entfacht, die an der Vorstellung von *einem* Dichter/einem *Dichter* weiterhin festhielten.

Die Reimgeschichte (Entwicklung von altertümlichem freiem Reim und Assonanzen zu strengem, reinem Reim) nahm Karl Bartsch zum Ausgangspunkt seiner Untersuchungen. Er gelangte zu einer Dreistufung, in die er Franz Pfeiffers Ansicht, der Kürenberger sei der Dichter des Nibelungenliedes gewesen, einbrachte: um 1140/50 schuf dieser das Original, um 1170 wurde es mit starker Reimbesserung überarbeitet und um 1190/1200 erneut umgeformt, diesmal in zwei Versionen (*B und *C; *B folgte der Vorlage treuer, aus ihm floß *A. Vgl. Kap. I.4.1.2).

Andreas Heusler arbeitete im Anschluß an W. P. Ker (1897) die stilistischen Unterschiede zwischen Lied und Epos heraus: ein Epos ist nicht die Summe mehrerer Lieder, „der Weg vom Liede zum Epos ist Anschwellung" (1905, 24). Er, der Nordist, rekonstruierte die Vorgeschichte des Textes in enger Anlehnung an die nordische Sage (s. das Schema S. 44; vgl. Kap. I.3.1.3).

Die Vorgeschichte des Nibelungenliedes nach Heusler

	Stufe I	Stufe II	Stufe III
Brünhildsage mythischer, folkloristischer Stoff	*Fränk. Brünh.-Lied* alliterierende Verse, 5./6. Jh.	*Jüngeres Brünh.-Lied* Reimpaare, Ende 12. Jh.	
Burgundensage historischer Stoff des 5. Jh.	*Fränk. Burg.-Lied* alliterierende Verse, 5./6. Jh.	*Bayer. Burg.-Lied* alliterierende Verse, 8. Jh.	*Österreich. Burg.-Epos* um 1160, „Ältere Not“

Stufe I Brünhildsage + Stufe I Burgundensage: Ältere Edda (Sigurd-Lieder 9.–12. Jh., Atli-Lieder 9.–11. Jh.)
Stufe II Brünhildsage + Stufe III Burgundensage: Nibelungenlied 1204, „Thiđrekssaga“ um 1250

Diese Rekonstruktion galt fast unangefochten bis in die fünfziger Jahre unseres Jahrhunderts, und sie bestach vor allem durch ihre Klarheit. Eben diese forderte dann aber auch den Widerspruch heraus, man verlangte historisch konkretere Ausführungen. So bezog Kurt Wais die gesamte alteuropäische Epik in seine Überlegungen mit ein, die nordgermanische, ungarische, spanische, angelsächsische und kymrische, und er entfaltete das breite Bild einer „westeuropäischen Nibelungendichtung“ (1953, 209).

Einige Bemerkungen in der „Thiđrekssaga“ lassen es als sicher erscheinen, daß Nibelungenstücke als mündliche Prosaerzählungen auch im Norden Deutschlands heimisch waren (vgl. S. 79). Man hat sie auch am Niederrhein vermutet („Rheinische Nibelungendichtung“). Im Passauischen soll zur Ottonenzeit (10. Jh.) eine lateinische Nibelungendichtung entstanden sein („Nibelungias“). Reinhard Wenskus knüpfte die Nibelungensage als Hausüberlieferung an verschiedene bayerische und fränkische Adelsfamilien, so daß auch hier wohl mit mündlichen Stükken zu rechnen wäre.

Weniges, wenn überhaupt etwas, ist von all dem zu sichern. Die Wirklichkeit des Erzählens ist diffus und facettenreich, sie ist gewiß nicht an nur wenige Stücke oder Adelshäuser zu binden. Wir wissen nicht, in welcher Form die Nibelungenstücke dem Epiker der Jahrhundertwende bekannt waren, wir wissen aber sicher, daß es welche gab.

Teilbibliographie VI

Forschungsüberblicke in Ehrismann 1975/I, 1986/I, Panzer 1955; s. auch Gesamtbibliographie.

Heldensage

Betz, Werner: Die deutsche Heldensage, in: Aufr. III. Berlin 1967, 1871–1970.

Schneider, Hermann: Germanische Heldensage. Bd. I: Deutsche Heldensage. (Grundriß der germanischen Philologie 10) Berlin ²1962.

See, Klaus von: Germanische Heldensage. Ein Forschungsbericht (1966), in: ders., Edda, Saga, Skaldendichtung. (Skandinavistische Arbeiten 6) Heidelberg 1981, 107–153.

Uecker, Heiko: Germanische Heldensage. (Sammlung Metzler 106) Stuttgart 1972.

Wisniewski, Roswitha: Deutsche Heldensage. (Sammlung Göschen 32) Berlin 1964.

Lied- und Epostheorien

Die Texte sind chronologisch geordnet.

Lachmann, Karl: Über die ursprüngliche Gestalt des Gedichts von der Nibelungen Noth. Berlin 1816, jetzt in: ders., Kleinere Schriften zur deutschen Philologie. Hrsg. v. Karl Müllenhoff. Berlin 1876 [Neudr. 1969], 1–80, und in: Das deutsche Versepos. Hrsg. v. Walter Joh. Schröder. (WF 109) Darmstadt 1969, 1–82.

Lachmann 1826, 1841.

Müller, Wilhelm: Über die Lieder von den Nibelungen, in: Göttinger Studien 1845, 275–336 [Sonderdr. Göttingen 1845] [vgl. Brackert 1963, 170, Anm. 27; s. u. S. 73 f.].

Heusler, Andreas: Lied und Epos in germanischer Sagendichtung. Dortmund 1905.

Ders.: Nibelungensage und Nibelungenlied. Die Stoffgeschichte des deutschen Heldenepos. Dortmund 1921 [6. Aufl. v. Helga Reuschel. Dortmund 1965].

Ker, W. P.: Epic and Romance. London 1897 (²1908).

Schneider, Hermann: Das mittelhochdeutsche Heldenepos (1921), in: Das deutsche Versepos. Hrsg. v. Walter Joh. Schröder. (WF 109) Darmstadt 1969, 182–224.

Ders.: Die deutschen Lieder von Siegfrieds Tod. Weimar 1947.

Wais, Kurt: Frühe Epik Westeuropas und die Vorgeschichte des Nibelungenliedes. Bd. I: Die Lieder um Krimhild, Brünhild, Dietrich und ihre frühen außerdeutschen Beziehungen. Mit einem Beitrag von Hugo Kuhn: Brunhild und das Krimhildlied. (Beihefte zur Zs. f. romanische Philologie 95) Tübingen 1953.

Weiterführende Überlegungen

Haug, Walter: Normatives Modell oder hermeneutisches Experiment: Überlegungen zu einer grundsätzlichen Revision des Heuslerschen Nibelungen-Modells, in: Hohenemser Studien zum Nibelungenlied. Hrsg. v. Achim Masser. Dornbirn 1981, 212–226 [„Das Nibelungenlied interpretiert seine eigene Literatursituation mit. Es geht also letztlich nicht um die Konzeption des Dichters oder der Dichter des Nibelungenliedes, sondern um eine bestimmte literarhistorische Konstellation. Diese entwirft sozusagen aus ihrer Problematik heraus, was an Tradition und Neuerung widersprüchlich in ihr zusammenwirkt, die Regeln, nach denen mit den vorgegebenen Materialien, mit den Figuren und Bauplänen, eine epische Handlung durchgespielt wird. Das Ergebnis läßt sich nicht als Konzept fassen, sondern nur als erregendes poetisches Experiment beschreiben", S. 222.]

Ploß, Emil: Siegfried – Sigurd, der Drachenkämpfer. Untersuchungen zur germanisch-deutschen Heldensage. Zugleich ein Beitrag zur Entwicklungsgeschichte des alteuropäischen Erzählgutes. Köln, Graz 1966 [Typologische, motivgeschichtliche und sachkundliche Untersuchungen über Monsterkämpfe. Hornpanzergeschichten und Vogelweissagungsgeschichten werden als zwei große internationale Motiveinheiten beschrieben.]

Schröder, Franz Rolf: Sigfrids Tod, in: GRM 41, 1960, 111–122 [„Wir müssen mit beiden Liedformen rechnen, mit Liedern, die eine längere Ereigniskette haben und damit eine größere Szenenfülle aufweisen, und mit solchen, die eine einzelne Episode aus dem Leben des Helden behandeln", S. 116.]

de Vries, Jan: Die Heldensage, in: Hessische Blätter für Volkskunde 46, 1956, 8–25 [Aufforderung, „statt einer auf aristokratischer Höhe schwebenden Heldendichtung ein unendlich reicheres und fast unentwirrbar verschlungenes Gewebe der Überlieferung" anzuerkennen, S. 13.]

Kürenberger-Hypothese

Bartsch 1865.

Fischer, Hermann: Die Forschungen über das Nibelungenlied seit Karl Lachmann. Eine gekrönte Preisschrift. Leipzig 1874, jetzt in: Das deutsche Versepos. Hrsg. v. Walter Joh. Schröder. (WF 109) Darmstadt 1969, 83–113 [Auszüge].

Krogmann, Willy: Der Dichter des Nibelungenliedes. (Philologische Studien und Quellen 11) Berlin 1962 [dazu Bert Nagel, in: ZfdPh 83, 1964, 41–50].

Pfeiffer, Franz: Der Dichter des Nibelungenliedes. Ein Vortrag gehalten in der feierlichen Sitzung d. Kaiserlichen Akademie d. Wissenschaften am 30. Mai 1862, in: ders., Freie Forschung. Kleine Schriften zur Geschichte der deutschen Literatur und Sprache. Wien 1867, 1–52.

Die Vorstufenfragen sind oftmals eng mit der Bewertung der drei großen Nl-Versionen *A, *B und *C verbunden worden; s. deshalb auch Kap. I.4.1.2.

„Rheinische Nibelungendichtung"

Lohse, Gerhard: Die Beziehungen zwischen der Thidrekssaga und den Handschriften des Nibelungenliedes, in: Beitr. 81, 1959, 295–347.

Ders.: *Harnasch* im Nibelungenlied, in: ZfdA 87, 1956/57, 58–60 [dazu Ploss, Emil: Zur Wortgeschichte von mhd. *harnasch*, in: Beitr. 81, 1959, 107–110; P. weist *harnasch* ‚Harnisch' in einer Urkunde Barbarossas nach und entkräftet damit Lohses These von einer Nibelungendichtung um 1190.]

Ders.: Rheinische Nibelungendichtung und die Vorgeschichte des deutschen Nibelungenliedes von 1200, in: Rheinische Vierteljahrsblätter 20, 1955, 54–60.

Nibelungenlied und „Thiđrekssaga"

Dieses Verhältnis wird in beinahe allen vorangehenden Studien dieses Kapitels berührt; zur Saga s. Kap. I.3.1.3; vgl. vor allem:

Andersson, Theodore M.: The Encounter between Burgundians and Bavarians in Adventure 26 of the Nibelungenlied, in: Journal of English and Germanic Philology 82, 1983, 365–373 [Der Angriff der Bayern auf die Burgunden könnte aus der Dietrichepik stammen. Der Nl-Dichter wollte die Figur Hagens näher ausgestalten.]

Böckmann, Walter: Der Nibelungen Tod in Soest. Neue Erkenntnisse zur historischen Wahrheit. Düsseldorf, Wien 1982 [Geht wie Ritter-Schaumburg 1981 von der „Thiđrekssaga" aus, deren Berichte er wie dieser für historisch glaubwürdig hält; er folgt ihm auch im wesentlichen in den Ortstheorien: Ansiedlung der Hunnen im westfälischen Hunaland, der Nibelungen um den Neffelbach mit dem Zentrum Zülpich. Streut gelegentlich modisch-psychologisierende Handlungsbegründungen ein.]

Panzer, Friedrich: Studien zum Nibelungenliede. Frankfurt 1945 [dazu Hempel in: AfdA 64, 1948/50, 28–37].

Panzer 1955.

Paul, Hermann: Die Thidrekssaga und das Nibelungenlied. München 1900.

Ritter-Schaumburg, Heinz: Die Nibelungen zogen nordwärts. München, Berlin o. J. [1981] [Anhand der „Thiđrekssaga", Personen- und Ortsnamen wird der historische Nachweis versucht, daß die Nibelungen gelebt und in der Gegend um Bonn, das als das Bern/Verona der Sage identifiziert wird, Zülpich und Xanten sowie Soest beheimatet waren und gegen Attila kämpften. Dazu Wunderlich, Werner: Neue Geschichten über Dietrich von Bern und die Nibelungen, in: EG 40, 1985, 58–64 und Müller, Gernot: Allerneueste Nibelungische Ketzereien, in: Studia Neophilologica 57, 1985, 105–116, u. a. mit dem richtigen Vorwurf, daß Ritter-Schaumburg Poesie als Geschichtsquelle aufgefaßt hat. Vgl. auch Reichert 1975, 107 f.].

Wisniewski, Roswitha: Die Darstellung des Niflungenunterganges in der Thidrekssaga. Eine quellenkritische Untersuchung. (Hermaea NF 9) Tübingen 1961.

„Nibelungias"

Birkhan, Helmut: Zur Entstehung und Absicht des Nibelungenliedes, in: Wiener Arbeiten zur germanischen Altertumskunde und Philologie 10. Wien 1977, 1–24 [B. spürt Motive für die Gestaltung des Nibelungenstoffes im Donauraum auf und versucht die Existenz einer lateinischen Nibelungenfassung wahrscheinlich zu machen, die in prosaischer Chronikform abgefaßt gewesen sein könnte.]

Münz, Walter: Zu den Passauer Strophen und der Verfasserfrage des Nibelungenliedes, in: Euphorion 65, 1971, 345–367.

Zarncke, Friedrich: Beiträge zur Erklärung und Geschichte des Nibelungenliedes. Sonderdr. Leipzig 1857 [Lateinische Redaktion des Nl unter Bischof Pilgrim, S. 168 ff.].

Hausüberlieferung

Kunstmann 1983.
Störmer, Wilhelm in: Erste Passauer Nibelungen-Gespräche, Referat F. P. Knapp, in: Universität Passau. Nachrichten und Berichte. Nr. 43. Nov. 1985, S. 17 [Die Nibelungennamen konzentrieren sich auf die mächtige bayerische Adelssippe der Huosi, die im Raum westlich von München reich begütert war; vgl. auch Störmer 1974.]
Wenskus, Reinhard: Wie die Nibelungen-Überlieferung nach Bayern kam, in: Zs. f. bayerische Landesgeschichte 36, 1973, 393–449.

3.1.2. Vorprägungen, Anspielungen, Motive

In einigen älteren Dichtungen klingt der Nibelungenstoff an, einige Anspielungen deuten auf die besondere Art und Weise nibelungischen Erzählens hin, einige Handlungssegmente aus Märchen und zeitgenössischer Dichtung spiegeln sich in dem Epos der Jahrhundertwende. Wir fassen dies alles hier zusammen und greifen dabei nur das Wichtigste heraus, immer im Blick auf unser späteres Ziel, das Nibelungenlied literaturhistorisch zu situieren und die Arbeit seines Epikers zu erhellen.

Gegen 930 dichtete Ekkehart I. von St. Gallen den „Waltharius":

Die beiden Königskinder Walther und Hildegund müssen zusammen mit Hagen, der aus hohem Adel stammt, von Franken, Burgund und Aquitanien als Geiseln zu Attilas Hof im fernen Osten ziehen (vgl. dazu Nl Str. 1756). Obwohl dort gut aufgenommen, leiden sie, auch an Heimweh. Zuerst entflieht Hagen; die beiden Königskinder, schon in frühester Jugend einander zur Ehe bestimmt, folgen. Als sie den Rhein überquert haben, überfällt sie Gunther mit zwölf seiner stärksten Männer. Er ist stolz, wenig kampffreudig, verlangt nach dem hunnischen Goldschatz, den Walther mit sich führt. In einer Felsschlucht der Vogesen (vgl. Nl Str. 911) tötet Walther in tapferem Einzelkampf elf der Krieger Gunthers. Hagen, besonnener Vasall und vergeblicher Warner wie in einigen nordischen Sagen, hat Entscheidungsnöte (sie sind im Nl auf Rüdiger übertragen): Freundestreue zu Walther vs. Vasallentreue zu Gunther. Erst steht er zu Walther, auch noch als sein Neffe erschlagen ist, den er rächen müßte. Dann aber, als Gunther alleine ist, ihn anfleht, ihm beizustehen, schützt er ihn und bewahrt ihn vor dem sicheren Tod. Am Schluß hat jeder ein Glied seines Körpers verloren („König Gunthers Fuß lag da und Walthers Hand/Und das zuckende Auge Hagens. So, ja so/Haben sie untereinander die hunnischen Spangen geteilt", 1402 ff., vgl. dazu Nl Str. 2344); Feier der Vasallentreue Hagens.

Aus dem „Ruodlieb" (Mitte des 11. Jahrhunderts) scheinen Teile von Siegfrieds Biographie und Siegfrieds Jagdausrüstung genommen zu sein. Metellus von Tegernsee erwähnt um 1160 ein deutsches Gedicht von Graf Roger (Rüdiger) und Dietrich (GHS 49). Der Spruchdichter Herger vergleicht Wernhart von Steinsberg (b. Sinsheim/Kraichgau) mit dem *guoten* Rüdiger (MF VII/I,4), und im mittelhochdeutschen „Reinhart Fuchs" klingt in *Isengrînes nôt* (1790; vgl. auch 662: Erwähnung des Nibelungenhortes) der Nibelungenlied-Titel an (Str. 2379). Auf unser überliefertes Epos braucht sich keine dieser Stellen zu beziehen, nicht einmal auf eine epische Vorstufe.

Um die Jahrhundertwende erzählte Saxo Grammaticus von einem außerordentlich schönen Lied *(speciosissimum carmen),* das die weithin bekannte Treulosigkeit Kriemhilds ihren Brüdern gegenüber *(notissimam Grimildê erga fratres perfidiam)* schildere (Saxonis Gesta Danorum. Hrsg. v. Jørgen Olrik u. Hans Raeder. Kopenhagen 1931, Bd. I, 354 f.). Dieses Lied warnte Knut Lavard vor drohendem Verrat, doch es muß nicht existiert haben, der gute Erfinder Saxo (vgl. Tonnelat 1926, 187) kann sich die ganze Szene ausgedacht, unser Epos oder eine ihm nahestehende Vorform, auch eine mündliche Version, in die Vergangenheit zurückversetzt haben.

Im Nibelungenlied spiegeln sich Motive anderer zeitgenössischer Dichtungen. Wir wissen nicht, in welche seiner Gestaltungen sie erstmals eindrangen, ob erst der letzte Epiker sie aufnahm oder ob unser Lied oder eine seiner Vorformen auf sie zurückstrahlte. Manches hat die Forschung dem Einfluß französischer Epik zugesprochen, am überzeugendsten nachzuweisen wohl hinsichtlich des Epos „Daurel et Beton". Aber immer wieder weichen die Einzelheiten stark ab, könnte die Eigendynamik des Stoffes seine Gestaltung eher als eine Entlehnung verantwortet haben, liegt der Verdacht auf eine gemeinsame Erzähltradition nahe. Hartmanns „Iwein" (V. 1355 ff.) könnte die Bahrprobe (Str. 1043 ff.; s. S. 151 f.) vermittelt haben, doch scheint ebenso eine Übernahme aus Chrêtiens „Yvain" (V. 1177 ff.), dem ältesten Beleg für das Bahrrecht überhaupt (vgl. HdA III, 1046–59), möglich. Alle drei Dichter erklären dieses Recht, nicht nur die deutschen, wie man behauptet hat. Heinrichs von Veldeke „Eneit" (V. 9799 ff.) könnte ein Gespräch zwischen Mutter und Tochter über die Liebe abgelauscht sein und beim Gespräch zwischen Ute und Kriemhild in der 1. Aventiure (s. S. 109 f.) Pate gestanden haben. Zwingend ist auch dies nicht.

Thematische Vorprägungen besonderer Art könnten dem Dichter in einigen Märchenmotiven verfügbar gewesen sein. Um sie hat sich besonders Friedrich Panzer bemüht, so hat er etwa Siegfrieds Jugendgeschichte aus dem Märchen vom Bärensohn abgeleitet (vgl. dazu Schneider 1962, 169: das Märchen hätte im 5./6. Jh. schon in den verschiedensten Varianten greifbar gewesen sein müssen), Gunthers Brautwerbung aus dem russischen Brautwerbermärchen, das er aus über dreißig Einzelvarianten rekonstruierte. Die Geschichte der schlafenden Brünhild, die Prinz Sigurd erweckt, erinnert an das Märchen von Dornröschen, doch ist dieses wahrscheinlich erst durch die Hugenotten zu den

Deutschen gelangt. So beeindruckend also manches ist: vieles ist nur zusammengedacht, die chronologischen Verhältnisse sind ganz unklar, auch die Beziehungen zwischen Sage und Märchen im allgemeinen; die Details fügen sich immer nur schwer dem überlieferten Lied.

Teilbibliographie VII

Lateinische Epik

Langosch, Karl: Waltharius, Ruodlieb, Märchenepen. Lateinische Epik des Mittelalters mit deutschen Versen. Darmstadt 1967.

Panzer 1945, 1955.

Französische Dichtung

Bumke, Joachim: Die Eberjagd im Daurel und in der Nibelungendichtung, in: GRM 41, 1960, 105–110.

Panzer 1945, 1955.

F. R. Schröder 1960.

Wais 1953.

Wis, Marjatta: Das Nibelungenlied und Aliscans. Zum Problem von ‚ludem' im Nibelungenlied, in: Neuphilologische Mitteilungen 86, 1985, 4–14 [*ludem* Str. 954 bedeutet ‚Seehund' und leitet sich vom Französischen her; der Nl-Dichter hat „seine ‚Schneiderstrophen' wohl bewußt, nach dem französischen Vorbild, dem ‚Aliscans', ausgerichtet", S. 14.]

Dies.: Zum Problem der ‚vremder visce hiute' im Nibelungenlied. Auf der Spur der Alexanderlegende in der höfischen Epik, in: Neuphilologische Mitteilungen 85, 1984, 129–151 [*vremder visce hiute* Str. 363 bezieht sich auf Seehundsfelle und ist durch französischen Einfluß (Alexanderlegende) in das Nl gelangt.]

Wolf, Alois: ‚Der Abend wiegte schon die Erde,/Und an den Bergen hing die Nacht.', in: Bild und Gedanke. Fs. f. Gerhard Baumann. München 1980, 187–205 [Der Nibelungendichter nahm die formelhafte Wendung *li jors va a declin si aprocha la nuit* der französischen Epik an markanter Stelle (Beginn der 30. Av.) wörtlich auf: *Der tac der hete nu ende und nâhet' in diu naht*, 1818; vgl. auch 806, 1317.]

Ders.: Die Verschriftlichung der Nibelungensage und die französisch-deutschen Literaturbeziehungen im Mittelalter, in: Hohenemser Studien zum Nibelungenlied. Hrsg. v. Achim Masser. Dornbirn 1981, 227–245.

Märchen

Beyschlag 1958, 225 ff.

Nagel 1965, 34 ff.

Panzer, Friedrich: Das russische Brautwerbermärchen im Nibelungenlied (1950), in: Zur germanisch-deutschen Heldensage. Hrsg. v. Karl Hauck. Darmstadt 1965, 138–172.

Panzer 1955.

3.1.3. Nordische Traditionen

Der Nibelungenstoff wurde in Norwegen und Island rezipiert und meist in christlicher Zeit, vielfach vor der Wende zum 13. Jahrhundert, aufgezeichnet. Island war seit dem letzten Drittel des 9. Jahrhunderts von Norwegen aus besiedelt, um 1000 war die Annahme des Christentums für das ganze Land beschlossen worden. Die nordische Nibelungendichtung vermag nicht nur zu zeigen, was dem deutschen Epiker an Stoffsegmenten, Motiven und Motivketten vorgelegen haben könnte, sondern auch kontrastierende Erzählmöglichkeiten vor Augen zu führen. Was uns da entgegentritt, ist zwar z. T. archaischer als die deutsche Überlieferung, aber keine „reine" Germanenwelt: es ist eine fiktionale Heroenwelt, in christlicher Zeit, dem Alten nachträumend, aufgeschrieben.

Die norwegische Nibelungendichtung ist im *Codex regius* („königliche Handschrift") gegen Ende des 13. Jahrhunderts aufgezeichnet und als „Edda" bekannt geworden. Im Gegensatz zu späterer eddischer Überlieferung („Jüngere Edda", auch „Prosa Edda" und „Snorra Edda") nennt man sie „Ältere Edda", auch „Lieder Edda" oder „Sæmundar Edda". Der Kodex entstand in Island und enthält Götter- und Heldenlieder, strophische Lieder verschiedener Länge und verschiedenen Alters. Lied, Ballade, erzählendes Gedicht heißt im Altnordischen *kviđa*. Die Namen sind gegenüber der deutschen Nibelungendichtung z. T. stark geändert, so steht etwa für Kriemhild im Norden Gúđrún, für Siegfried Sigurđr, für Etzel Atli; Grimhildr heißt Gúđrúns Mutter, Gúnnar ist Gunther, Högni Hagen.

Noch im 9. Jahrhundert entstand das älteste Stück, die „Atlakviđa" („Das Alte Atlilied"):

Atli lädt die Nibelunge Gunnar und Högni, Gjukis Söhne, ins Hunnenland. Zwar fürchten sie den Tod, fahren aber unbewaffnet. Ihre Schwester Gudrun warnt sie vergeblich, Gunnar wird geknebelt und in einen Kerker geworfen, Högni, nachdem er acht Helden getötet hat, gefesselt. Gunnar soll sein Leben mit Gold zurückkaufen, er verlangt Högnis Herz, an des Bruders Ehrlichkeit zweifelnd. Man gibt ihm das Herz des feigen Hjalli, das er aber erkennt. Lachend läßt sich Högni das Herz aus der Brust schneiden, Gunnar identifiziert es als das richtige, weil es nicht vor Angst bebt. Er verrät aber den Schatz der Niblunge nicht: „Einzig bei mir/ist allverhohlen/der Hort der Niblunge:/nicht lebt mehr Högni! [. . .] Nun hüte der Rhein/der Recken Zwisthort,/der schnelle, den göttlichen/Schatz der Niblunge" (27 f.). Gunnar wird in den Schlangenturm geworfen und stirbt beim Schlagen der Harfe. Gudrun gibt dem ahnungslosen Atli das Herz ihrer Söhne Erp und Eitil mit Honig zu essen – antikes Motiv des Atreusmahls –, sie verschenkt den Königsschatz an die Krieger, tötet Atli, zündet die Halle an und stirbt in den Flammen (vgl. S. 184).

Aus deutlich späterer Zeit stammen die anderen Geschichten, die man vielleicht noch aus der Kinderzeit, sicherlich aber aus Wagners „Der Ring des Nibelungen" kennt: die Erzählungen vom großen, fluchbeladenen

Hort, vom Drachen Fafnir, den Sigurd, einsam aufgewachsen im Wald bei dem Schmied Mime oder Regin, erschlägt, von den Vogelstimmen, die der jugendliche Held versteht, und von der Erweckung der Walküre Brünhild, die (meistens) von einem Flammenwall umgeben ist; Erzählungen vom Zank Brünhilds mit Gudrun, von der Ermordung Sigurds durch Högni oder den königlichen Halbbruder Gutthorm, von Gudruns Trauer und Rache. Wirre Geschichten oft: eine, „Gúđrúnarhvǫt" („Aufreizung der Gudrun"), führt sogar in das Reich der Toten; eine andere, „Atlamál en grœnlenzku" („Das Grönländische Atlilied"), läßt Gudrun ihre beiden Söhne töten und sie Atli zum Mahl vorsetzen. Dieses Lied zeigt auch schön die epische Funktion von Träumen: die Frauen werden von Warnträumen gequält, aber die Männer mißachten die Warnungen und legen die Träume anders aus.

Um die Mitte des 13. Jahrhunderts zeichnete ein Norweger die „Thiđrekssaga" („Die Geschichte Thiđreks [Dietrichs] von Bern") auf, er berief sich auf die Erzählungen und Lieder deutscher Männer, „womit man große Herren unterhalten soll, und die gedichtet waren in heidnischer Vorzeit unmittelbar nach den Geschehnissen, von denen in dieser Geschichte die Rede ist" (S. 61 f.). Die Männer aus Bremen, Münster und Soest (Susat) hätten unabhängig voneinander dasselbe erzählt, in Soest könne man die Nibelungenstätten noch sehen. In vier Abschnitten durchbricht die Nibelungensage die Heldengeschichten um Dietrich: Sigurds Jugend, Sigurds und Gunnars Heirat, Sigurds Tod, Grimhilds Rache.

Sisibe bringt Sigurd in der Einöde zur Welt, er wächst bei einer Hindin auf und wird von dem Schmied Mime erzogen. Er erschlägt den Drachen, bestreicht sich mit dessen Blut, so daß er eine Haut aus Horn bekommt; nur zwischen die Schulterblätter reichen seine Hände nicht. Als die Drachenbrühe, die sich der Hungrige kocht, seine Zunge berührt, versteht er die Vogelsprache. Er erschlägt seinen Erzieher, zieht zu Brünhilds Burg, überwindet deren Wache und erfährt von Brünhild seinen Namen und seine Herkunft. Sie schenkt ihm Grane, ihr Roß; er durchstreift viele Länder, wird Ratgeber und Bannerträger bei König Isung: „Jung Sigurd hat schönes, braunes Haar, das in langen Locken fällt. Sein Bart ist kurz und dicht und von derselben Farbe. Er hat eine hohe Nase und ein breites, starkknochiges Gesicht. Seine Augen sind so scharf, daß nur wenige den Mut finden werden, ihm unter die Brauen zu sehen" (S. 233). Den schmucken Fürstensohn schlägt Dietrich, der Held des Buches, in einem verhältnismäßig harmlosen Kampf. – In Niflungenland, das dem König Gunnar gehört, wird die Heirat zwischen Sigurd und Grimhild – sie trägt hier also schon den deutschen Namen – gestiftet. Sigurd rät Gunnar, Brünhild zur Frau zu nehmen. Man fährt zur Werbung, Brünhild ist brüskiert, hatte doch Sigurd ihr einst die Ehe versprochen. Dieser verhandelt jedoch erfolgreich, sie willigt in die Heirat mit Gunnar ein. In der Brautnacht fesselt sie ihn und knüpft ihn auf; dies wiederholt sich zweimal. Sigurd muß helfen: er versteckt sich im Bett des Schwagers, wartet bis

Ruhe im Raum herrscht, greift sich dann Brünhild und raubt ihr die Jungfräulichkeit. Währenddessen spaziert draußen, wohl wissend, was drinnen geschieht, Gunnar in Sigurds Kleidern umher, um den Hof zu täuschen. Sigurd wechselt noch einen Ring am Finger der Schwägerin aus und macht sich davon; sie ist gezähmt. – Mächtig herrscht Gunnar in der Stadt Wernitza im Niflungenland; Schwager Sigurd lebt bei ihm. Ziemlich aus heiterem Himmel zettelt Brünhild mit Grimhild einen Streit an: sie habe in der Königshalle vor ihr aufzustehen, sie solle doch ihrem Mann hinterherlaufen, im Wald bei der Hindin. Grimhild fragt gezielt zurück, wer denn Brünhild zur Frau gemacht habe. Diese rühmt Gunnar, aber Grimhild widerlegt es mit dem getauschten Ring. Schweigend verläßt Brünhild die Stadt. Die Rachepläne reifen, Högni ersticht Sigurd auf der Jagd, man wirft seinen Leichnam der schlafenden Grimhild ins Bett. Högni: „Wir jagten einen wilden Eber, und der schlug ihm die Todeswunde"; Grimhild: „Derselbige Eber bist du gewesen, Högni, und niemand sonst" (S. 376; zum Eber-Bild vgl. S. 150).

Der Verlauf der Rache steht dem deutschen Epos verhältnismäßig nahe, wenn die Abweichungen im Detail auch ziemlich zahlreich sind, namentlich die Geographie: Attila residiert in Susat (Soest). Alles ist ein Stück grober: Attila ist goldgierig, Högni tötet nicht nur Grimhilds Sohn, der ihn geohrfeigt hat, sondern auch dessen Erzieher, und am Schluß prüft Grimhild, ob die Brüder auch wirklich tot sind, indem sie ihnen ein brennendes Holzscheit in den Mund stößt. Dies kostet Giselher das Leben. Dietrich wird das zu viel, er schlägt die „Teufelin Grimhild" (S. 412 f.; vgl. S. 199 f.) mittendurch. Noch kein Ende: Man legt Högni eine Frau für die Nacht unter; er zeugt einen Sohn und stirbt.

Kein Zweifel, die Saga ist aus anderem Holz geschnitzt als das Epos, sie erzählt einem weniger sensiblen Publikum, bieder und einfältig, sie ist auf dem Wege zum „Volksbuch". Sie mag manche archaischen Züge bewahrt haben, und ebenso können Handlungssegmente des Epos in sie eingeflossen sein.

Manches aus der „Thiđrekssaga" kehrt in der „Vǫlsungasaga" („Wölsungensage") aus der zweiten Jahrhunderthälfte wieder, sie erzählt die Nibelungensage in engem Anschluß an die Lieder des *Codex regius.* Der Isländer, der sie in Norwegen aufschrieb, kannte ihn noch ohne die heutige Lücke.

Teilbibliographie VIII

Texte

Edda. Die Lieder des Codex Regius nebst verwandten Denkmälern. Hrsg. v. Gustav Neckel, Bd. I. 4. Aufl. v. Hans Kuhn. Heidelberg 1962.

Die Edda. Götterdichtung, Spruchweisheit und Heldengesänge der Germanen. Übertragen v. Felix Genzmer. Eingeleitet v. Kurt Schier. Köln 1984.

Edda. Übertragen von Felix Genzmer. Bd. I: Heldendichtung. Einleitungen und Anmerkungen v. Andreas Heusler u. Felix Genzmer. (Thule. Altnordische Dichtung u. Prosa. Bd. I) Düsseldorf 1963.

Germanische Götterlehre. Hrsg. u. mit mythologischem Wörterbuch versehen v. Ulf Diederichs. (Diederichs Gelbe Reihe 46) Köln 1984 [hilfreich wegen des Wörterbuchs, das eine schnelle Orientierung über das Sagenpersonal ermöglicht].

Die jüngere Edda mit dem sogenannten Ersten grammatischen Traktat. Übertragen von Gustav Neckel u. Felix Nieder. (Thule. Altnordische Dichtung u. Prosa. Bd. XX) Jena 1942.

Isländische Heldenromane. Übertragen v. Paul Herrmann. (Thule. Altnordische Dichtung u. Prosa. Bd. XXI) Jena 1923 [enthält „Vǫlsungasaga"].

Nordische Nibelungen. Die Sagas von den Völsungen, von Ragnar Lodbrok und Hrolf Kraki. Aus dem Altnordischen übertragen v. Paul Herrmann. (Diederichs Gelbe Reihe 54) Köln 1985 [nach „Thule" Bd. XXI].

Die Geschichte Thidreks von Bern. Übertragen v. Fine Erichsen. (Thule. Altnordische Dichtung u. Prosa. Bd. XXII) Jena 1924.

Forschungsliteratur

S. auch Literatur zur Heldensage (S. 45) und zum Verhältnis von Nl und „Thiđrekssaga" (S. 47); zusätzlich Panzer 1945, 1955; Hoffmann 1982, 52 ff.

de Boor 1932 [das Bild Attilas].

Gottzmann, Carola: Das Alte Atlilied. Untersuchung der Gestaltungsprinzipien seiner Handlungsstruktur. Heidelberg 1973.

Heinrichs, Anne: Die Isländersaga, in: Epische Stoffe des Mittelalters. Hrsg. v. Volker Mertens u. Ulrich Müller. Stuttgart 1984, 165–181.

Kuhn, Hugo: Über nordische und deutsche Szenenregie in der Nibelungendichtung (1952), in: ders., Dichtung und Welt im Mittelalter. Stuttgart 1959, 196–219 [Nachweis kluger szenischer Strukturierungen in der nordischen und deutschen Nibelungenüberlieferung. Die Form, mit der die Germanen die Welt erfaßten, war „eine weithin gegenstands-, raum- und zeitlose psychologische Linearität", S. 219.]

Reichert, Hermann: Skandinavische und deutsche Nibelungentradition, in: Nibelungenlied. Ausstellungskatalog des Vorarlberger Landesmuseums Nr. 86. Bregenz 1979, 25–39.

de Vries, Jan: Altnordische Literaturgeschichte. Bd. I/II. (Grundriß der germanischen Philologie 15/16) Berlin 1964/1942 [grundlegend].

Williams 1981 [zum Attilabild].

Wolf, Alois: Gestaltungskerne und Gestaltungsweisen in der altgermanischen Heldendichtung. München 1965 [vgl. S. 87].

Zur Aussprache

Th bezeichnet einen stimmlosen, đ einen stimmhaften dentalen Reibelaut (vgl. engl. th). Akute (z. B. í, ý) sind Längenzeichen, ø = ö, ǫ = dumpfes o, ǫ́ sehr offenes o (vgl. engl. *saw*). v ist ein stimmhafter labialer Reibelaut [w], r ist immer mit der Zungenspitze zu sprechen.

3.1.4. *Deutsche Traditionen*

Wiederum kontrastierend, nicht als Selbstzweck, berichten wir über Nibelungentraditionen außerhalb des Nibelungenliedes in Deutschland, Traditionen, die zeitlich kaum zu fixieren sind. Wir führen sie bis an die Wende zum 19. Jahrhundert, als sie sich wieder mit dem Epos trafen, das sie zu Beginn der Neuzeit verloren hatten. Sie wurden dadurch eine der Bedingungen gegenwärtiger Nibelungenrezeption (vgl. Kap. V).

Die Geschichten von Kriemhilds Rache wurden in Deutschland außerhalb des Nibelungenepos wohl nur mündlich weitergegeben. Der Marner, ein fahrender Sänger aus der Mitte des 13. Jahrhunderts, erzählt, daß sein Publikum von ihm u. a. ein *liet wen Kriemhilt verriet* (XV, 266) verlange, d. h. von Kriemhilds Verrat an den Brüdern. Hugo von Trimberg, Lehrer in Bamberg, der im betreffenden Stück den Marner nachahmt, spricht von *Kriemhilden mort* („Renner", 16193, vgl. Nl 2086). Häufiger dürfte der Wunsch nach den Abenteuern Siegfrieds laut geworden sein: der Marner hat *Syfrides not* und *der Nibelunge hort* (XV, 270 u. 275) im Repertoire (vgl. Curschmann 1986), Hugo kannte *Sîfrides wurm* („Siegfrieds Drache") und ebenfalls *der Nibelunge hort* („Renner", 16188–94).

Von Siegfrieds Tod wurde im 16. Jahrhundert ein Lied aufgezeichnet, dessen Spuren wahrscheinlich ins 13. Jahrhundert zurückreichen – das „Seyfridslied", der „Hürnen Seyfried":

Ein Drache entführt Kriemhild, Siegfried befreit sie, nachdem er den Riesen Kuperan und den Drachen getötet hat, und bringt sie nach Worms zu ihrem Vater Gybich zurück. Den Schatz des Drachen, an dem ein Fluch hängt – so hat ihm der Zwergenkönig Eugel erklärt –, schüttet er in den Rhein. Hochzeit in Worms, nach acht Jahren ermordet Hagen seinen Schwager Siegfried im Odenwald.

Diesem Lied sind 15 Strophen vorangesetzt über Siegfrieds Schmiedelehre, den Drachenkampf und die Erwerbung von König Gybichs Tochter. Man hat also zur Streckung des Ganzen zwei Parallelüberlieferungen zusammengeflickt.

Hagen, Kriemhilds Bruder; Gibich (d. i. Gjuki, s. S. 51) der Vater – der Nibelungenepiker hat dies nicht aufgenommen. Der „Hürnen Seyfried" ist der nordischen Überlieferung verwandter als dem Epos, beide gehörten sie damit einem gemeinsamen Erzählsubstrat an, von dem der Dichter des Nibelungenliedes sich gezielt entfernte.

Dieses Substrat ist auch in die sog. Volksbuch-Dichtung eingegangen, ein literarisches Genre in Prosa, das gegen Ende des Mittelalters als eine der Frühformen des Prosaromans entstand und gerne ältere, auch schon versifizierte Stoffe aufnahm. Die Gattungsbezeichnung gehört der Romantik an und sagt wenig aus über Dichter, Publikum oder Ort der

Entstehung. Das Volksbuch „Von dem gehörnten Siegfried" verkauft sich als Übersetzung aus dem Französischen, es ist spätbarock:

Siegfried lebt zur Zeit der Artusritter. Man schickt ihn auf Abenteuerfahrt, weil er seinen Eltern nicht gehorcht; ungestüm, wie er ist, geht er früher davon als erwartet. Als ihn, den Sohn König Sieghardus', hungert, findet er ein Auskommen als Schmiedeknecht – die Geschichten vom gespaltenen Amboß, dem Drachenkampf und der Hornhaut folgen. Nun beschließt er, Kavalier zu werden, und begibt sich an den Hof des melancholischen Königs Gibaldus. Dort hatte ein Drache Prinzessin Florigunda entführt. Siegfried befreit sie nach einigen „wunderlichen Ebentheuern", auch betet er vor dem Kampf. Hort, Heirat, prachtvolles Turnier. Auf diesem Turnier kämpfen Jorcus und Zivelles um ihr Leben, kommen aber beide davon. Dann das heldische Schicksal: die Schwäger Ehrenbertus, Hagenwald und Walbertus neiden Siegfried die vielen Turniersiege, der „grimme Hagenwald" erdolcht ihn auf einer Jagd im Odenwald. König Gibaldus und seine Gemahlin sterben vor Kummer, Florigunda fällt in schwere Krankheit, wird jedoch wieder gesund, „denn Siegfriedens Tod mußte erst gerochen werden" (S. 287). Gründlich macht sich der heimische Adel ans Werk: „Dieser Krieg hat viel tausend Helden ihr Leben gekostet, und ist darin der grimme Hagenwald wiederum schändlich um sein Leben kommen" (S. 287).

Die Abenteuerfahrt ist zur Parodie auf die zeitgenössischen Kavaliersreisen des Adels umgemünzt, und eine prüde Sittsamkeit richtet sich gegen den erotisierten Rokokoadel: „Floringuda wart hart neben ihm absonderlich gebettet" (S. 272), dicht bei ihm, aber mit Abstand; und dabei bleibt es auch. Der Held hat Hunger, betet und schwitzt vor Angst, alles ist ein bißchen menschlicher geworden, ein bißchen auch Rührstück. In der Welt des Volksbuches spiegelt sich nicht mehr der hohe Adel, hier spiegeln sich die Bedürfnisse eines sich emanzipierenden Bürgertums, das die nibelungische Formel vom grimmen Hagen als köstlichen Schauder genießt.

Wer um die Wende vom Mittelalter zur Neuzeit von Siegfried sprach, dachte im allgemeinen zunächst an den „Hürnen Seyfried" bzw. das „Volksbuch", *hürnen* wurde zum stehenden Beiwort des Helden.

In den alten Heldenlisten ist er ein fester Bestandteil, er beugte sich den jeweiligen Zeitläuften: er wurde wie Dietrich oder Roland zum Riesen (vgl. Hauck 1963, Fromm 1986) als Zeichen seiner überragenden Bedeutung, und er wurde schließlich in nationale Mythen eingebracht.

Johann Philipp Moscherosch, „Philander von Sittewald" (1640/43): Zu einer gewissen Zeit des Jahres werden die deutschen Helden (u. a. Ariovist, Arminius, Widukind und Siegfried) in einem Schloß bei Geroldseck gesehen. Sie werden den Deutschen mit allen ihren Kriegern helfen, wenn das Vaterland in höchster Not ist.

Das „Volksbuch" bereitet die spätere, hochpolitisierte Nibelungenrezeption mit vor (vgl. Kap. V).

Müller von Itzehoe schildert in seinem Roman „Siegfried von Lindenberg“ (1779) einen pommerschen Landedelmann, der von der „wahren und wundersamen Geschichte des kecken und mannhaften Ritters Siegfried, mit dem Beynamen des Hörnernen“ (S. 29) wahrhaft mitgerissen wird: „Hagel noch mal“, ruft er aus, „das war'n ganzer Kerl, der Ritter da!“ (S. 29). So will er auch werden: „'S ist'n allerwelts Kerl, der Siegfried! Mögt auch wol mal so um mich rum hauen! Hätt sich auch wohl passen können, wenn ich im Dienst geblieben wäre“ (S. 41). Dem Junker gilt als ausgemacht, daß der hörnerne Siegfried sein Ahn ist. Pommerscher Kleinadel, Müßiggang, ein Schulmeister, der das Buch in der Stadt gekauft hat, der die Geschichte lebendig in der Dorfschenke vorträgt, Neugier – dies alles weckt die Sehnsüchte nach gehobener historischer Identifikation. Militärisches und politisches Handeln sind dem Edelmann versagt, die eingebildete geschichtliche Würde muß die fehlende aktuelle ersetzen. Sehr fein spiegelt der Erzähler in den Worten und Gedanken seines Helden die gesellschaftliche und psychologische Verfassung des Kleinadels im spätfriderizianischen Preußen. Der zum Müßiggang verdammte Adel verfällt der Melancholie, gegen die er sich durch historische Ahnensuche wappnet – wie in Müller-Itzehoes Fiktion, so in der Wirklichkeit des Kasseler Kreises (s. S. 248 ff.).

Teilbibliographie IX

Texte

Das Lied vom Hürnen Seyfried nach der Druckredaction des 16. Jahrhunderts. Mit einem Anhange: Das Volksbuch vom gehörnten Siegfried nach der ältesten Ausgabe (1726). Hrsg. v. Wolfgang Golther. Halle 1911.

King, K. C.: Das Lied vom Hürnen Seyfrid. Critical Edition with Introduction and Notes. Manchester University Press 1958.

Eine Wunderschöne Historie Von dem gehörnten Siegfried, Was wunderlicher Ebentheur dieser theure Ritter ausgestanden, sehr denckwürdig und mit Lust zu lesen. Aus dem Frantzösischen ins Teutsche übersetzt, und von neuen [!] wieder aufgelegt. Braunschweig und Leipzig 1726, in: Deutsche Volksbücher in drei Bänden. Bd. I. (Bibliothek deutscher Klassiker) Berlin, Weimar 1979, 241–288 [Einleitung Peter Suchsland, Textrevision Erika Weber].

Der Marner. Hrsg. v. Philipp Strauch. (Quellen und Forschungen zur Sprach- und Culturgeschichte der germanischen Völker 14) Straßburg, London 1876 [Neudr. 1965].

Der Renner von Hugo von Trimberg. Hrsg. v. Gustav Ehrismann. (BLV 247–251) Tübingen 1908–11.

Johann Gottwerth Müller von Itzehoe: Siegfried von Lindenberg. Eine komische Geschichte. Hamburg 1779; jetzt in: Die bibliophilen Taschenbücher 54 a. Dortmund 1978 [dazu Ehrismann 1982, 11 ff.].

Forschungsliteratur

Curschmann, Michael: Sing ich den liuten mîniu liet, ... Spruchdichter als Traditionsträger der spätmittelalterlichen Heldendichtung?, in : Kontroversen, alte und neue. Akten des VII. Internationalen Germanisten-Kongresses Göttingen 1985. Bd. 8. Tübingen 1986, 184–193 [„Der Marner (...) meint offenbar strophische ‚Heldenzeitlieder' oder Kurzepen, die keineswegs (alle) schriftlich fixiert gewesen sein müssen", S. 187.]

Fromm, Hans: Riesen und Recken, in: DVJS 60, 1986, 42–59 [Riese und Recke existieren „jenseits der Erfahrungswelt der jeweiligen Gegenwart. Sie dienen ihr, indem sie literarisch aufgerufen werden als exempla temporis acti", S. 57.]

Hauck, Karl: Heldendichtung und Heldensage als Geschichtsbewußtsein, in: Alteuropa und die moderne Gesellschaft. Fs. Otto Brunner. Göttingen 1963, 118–169 [Wie die Menschen zu jeder Zeit, so suchte auch das Mittelalter nach Idealfiguren; dies waren seine Heiligen und Helden. Heldendichtung, auf dem Weg zur „reinen Literatur", ist als Spiegel geschichtlicher Zeugnisse verwertbar.]

Heinzle, Joachim: Mittelhochdeutsche Dietrichepik. Untersuchungen zur Tradierungsweise, Überlieferungskritik und Gattungsgeschichte später Heldendichtung. (Münchener Texte und Untersuchungen 62) München 1978 [H. überlegt, ob die Stücke, die der Marner nennt, nicht beliebte Teilstücke des Epos sein könnten, S. 75. Dies ist für die Hortgeschichte, die im Nl nur wenige und sehr zerstreute Strophen ausmacht, recht unwahrscheinlich; warum sollte es für die anderen Stücke wahrscheinlicher sein? Vgl. Curschmann, Michael in: AfdA 91, 1980, 32–36.]

Hoffmann 1974, 95 ff. [zum „Hürnen Seyfried"].

Kreutzer, Hans Joachim: Der Mythos vom Volksbuch. Studien zur Wirkungsgeschichte des frühen deutschen Romans seit der Romantik. Stuttgart 1977 [zum Volksbuchbegriff].

Lepenies, Wolf: Melancholie und Gesellschaft. (suhrkamp taschenbuch 63) Frankfurt 1972 [These: Herrschaftsverlust einer (absinkenden) Gesellschaftsklasse führt zur Ausbreitung von Melancholie.]

Lohse, Gerhard: Nachahmung und Schöpfung in der Nibelungendichtung bis zum *Gehörnten Siegfried* (1726), in: Rezeption und Produktion zwischen 1570 und 1730. Fs. f. Günther Weydt zum 65. Geb. Bern, München 1972, 499–514.

Ploß 1966 [Siegfried und die Drachenkämpfe im europäischen Kontext].

Wisniewski, Roswitha: Das Heldenleben-Schema im Hürnen Seyfried. Ein Beitrag zur Typologie der Heldendichtung, in: Festgabe f. Otto Höfler. (Philologica Germanica 3), Wien, Stuttgart 1976, 704–720.

3.2. Mythos und Geschichte

3.2.1. Mythische Zeit

Die Mythologie bedeutet im engeren Sinne die Lehre von den Göttern, im weiteren die von Dämonen, Helden, ur- und vorzeitlichen Ereignissen. Verbergen sich in den Erzählungen des Nibelungenepikers – auch ohne dessen Wissen – dämonische, heroische, gar göttliche Mythen?

Karl Lachmann rekonstruierte die Nibelungenmythologie ähnlich wie er Texte rekonstruierte:

„Die Fabel zeigt also, wie ein herrlicher leuchtender Gott, ein Gott des Friedens durch den Sieg, nicht ungestraft die geheimnisvollen Wächter im kalten nordlichen Totenreich morden und das Gold der nächtlichen Götter dem Drachen rauben darf" (Kritik der Sage von den Nibelungen [1829], in: ders., Zu den Nibelungen und zur Klage. Anmerkungen. Berlin 1836, 333–349).

Siegfried als Balder, Freyr oder Odin, als Sonnen-, Mond-, Jahreszeiten- oder Gewittergott – kaum ein Mythos, der ihm seit dem vergangenen Jahrhundert nicht überantwortet wurde. Drachen- und Schlangenmythen erfreuten sich internationaler Beliebtheit.

In unserem Jahrhundert haben die Überlegungen von Franz Rolf Schröder und Otto Höfler die stärkste Beachtung gefunden. Schröder gestand der Welt des Mythos einen entscheidenden Anteil „an der Entstehung und Gestaltung der Heldensage" zu (1955, 285). Die Sage von Siegfried lasse „übermenschliche, sagen wir kurz: mythische Bereiche" (1955, 295) durchscheinen. Als Archetyp – also nicht in der je konkreten poetischen Gestaltung – sei Siegfried der Göttersohn schlechthin und als solcher ein Kind der heiligen Hochzeit von Himmel und Erde, von Himmelsgott und Erdgöttin. Hagen sei der böse Dämon, der Drache der Repräsentant des Chaos, das „Ungeheur der Tiefe" (1955, 304).

Auch Höfler hat Hagen dämonisiert, das Ganze etwas mehr an Kult und Geschichte geknüpft: Der Mythos (als Sekundäres) baut auf Ritus und Kult (als Primärem) auf, Mythen und Sagen sind Reflexe des religiösen Lebens, nicht der bloßen Phantasie. In einem Kultspiel habe der Dämon Hagen Siegfried getötet, „der, nachdem Santen entstanden war, zum ‚Siegfried von Santen' werden konnte" (1959, 88). Höfler arbeitete die Hirschsymbolik heraus: Von einer Hindin wurde der Held gesäugt, auf dem Hindarfjall (‚Fels der Hindin') erweckte er die Jungfrau, Sigurđ Hjǫrt (‚Hirsch') ist sein Nachkomme; Siegfried, ein kosmischer Held – Höfler hat ihn auch mit Arminius, dem Sieger am Teutoburger Wald (9. n. Chr.), gleichgesetzt (vgl. S. 62 u. 65).

Ohne „Urbilder" arbeitet Stephen L. Wailes (1978, 137 ff.). Er erblickt im Nibelungenepos eine Mythologisierung der Geschichte, eine Angleichung der Geschichte an mythische Modelle. So sei, gegen die Geschichte, Attila mit den Burgunden zusammengebracht, seien die Burgunden an den Hunnenhof geführt worden (vgl. S. 63): die Geschichte wurde zur „Journey to the Other World" mythologisiert; Attila ist der Teufel oder Riese, der diese Welt regiert, die Burgunden sind die Götter, die diese Reise antreten. In germanischen Mythen ritten die Götter in eine Welt des Chaos und des Todes, und sie besäßen Schätze, die von den Mächten des Todes begehrt würden.

An die Studien von Höfler und Schröder sowie an die materialistisch-psychoanalytischen Überlegungen von Beutin (1975) knüpft die feministische Variante der Nibelungenmythologie an, die die alte Dichtung nach matriarchalen Trümmern absuchen und deren patriarchalische Überwucherung entfernen möchte (Göttner-Abendroth 1984). Vor aller Geschichte, vor den patriarchalisch denkenden Indogermanen, gab es ein Matriarchat: eine herrschaftsfreie und mythenselige Zeit, ein goldenes Zeitalter der Frau, zurückgewonnen durch einen zielgerichteten Gang gegen die Geschichte – Abbau des Bösen, Häßlichen, Herrschaftssüchtigen, Heroischen, eben des Männlichen. Die Hirschsymbolik fasziniert auch hier. Zwei mythische Schichten werden abgehoben, eine vorindogermanische und eine keltische; die „echten Siegfriedsagen" mit den Hauptgestalten Siegfried und Brünhild werden herauspräpariert und das Mythenschema formuliert: „Initiation durch den Kampf mit dem Drachen; Erweckung der Jungfrau und Heilige Hochzeit mit ihr; Tod auf der Jagd, verursacht durch ebendieselbe Jungfrau" (1984, 213).

Mythologin wie Mythologe ziehen Handlungssegmente der verschiedensten Traditionen zu einem für sie stimmigen Bild zusammen. Damit ist weniger dem Nibelungenepos und seinem Stoff als dem je aktuellen Mythenbedarf gedient. Die feministische Szene bedarf des Mythos vom minderwertigen Mann als Utopie, während der männliche Mythologe jenseits der zerrissenen Welt und Seele „die Jugendfrische der mythischen Urzeit" (F. R. Schröder 1955, 305), wohl auch die Jugend selbst ersehnt (vgl. Ehrismann 1986/II).

Ferne Mythen mögen im Nibelungenlied sich verbergen, aus ihm und seiner Stoffgeschichte sind sie nicht mehr überzeugend wiederzugewinnen. Schon eher ließe sich für den Epiker bisweilen eine Neigung zum Mythisieren annehmen, schwingen in seinem Werk mythische Assoziationen mit – mehr nicht: am Donauübergang der Burgunden (s. S. 169 f.), bei den Wettkämpfen auf Isenstein (s. S. 127). Der Verdacht liegt nahe, daß er solche mythischen Impressionen einplante, um das jeweilige Handlungssegment ins Symbolische zu erheben, tiefer zu dimensionieren.

Teilbibliographie X

Beck, Heinrich: Zu Otto Höflers Siegfried-Arminius-Untersuchungen, in: Beitr. 107, Tü. 1985, 92–107 [„Der These, das historische Ereignis der Varusschlacht lebe als Siegfrieds Drachenkampf in der Heldensage fort, wird weiter mit Skepsis zu begegnen sein“, S. 107.]

Betz, Werner: Die altgermanische Religion, in: Aufr. III, ²1967, 1547–1646.

Beutin 1975.

Ehrismann, Otfrid: Germanistik und Mythologie. Überlegungen zur Rekonvaleszenz der Altgermanistik, in: Gießener Universitätsblätter 19, 1986, 53–63; ersch. auch Zs. f. Lit.wiss. u. Linguistik 1987 [1986/II].

Gillespie, George T. in: Erste Passauer Nibelungen-Gespräche, Referat F. P. Knapp, in: Universität Passau. Nachrichten und Berichte. Nr. 43. Nov. 1985, S. 17 [Der Dichter des Nl arbeitet mit mythisch-symbolischen Urbildern wie dem Mord in lieblicher Landschaft oder der Überfahrt über ein Wasser in das Land des Todes. Er hebt die dem Publikum vertrauten Faktizitäten durch Verweise auf eine mythische Welt auf, um ein schicksalhaft vorbestimmtes Geschehen für ein Publikum um 1200 darzustellen.]

Göttner-Abendroth, Heide: Die Göttin und ihr Heros. Die matriarchalen Religionen in Mythos, Märchen und Dichtung. München ⁴1984.

Höfler, Otto: Siegfried, Arminius und die Symbolik, in: Fs. f. Franz Rolf Schröder. Heidelberg 1959, 11–121 [Sonderdr. ebd. 1961].

Ders.: Siegfried, Arminius und der Nibelungenhort. (Abh. d. Österreichischen Akad. d. Wiss., phil.-hist. Kl. 332) Wien 1978.

Krosen, Riti: Der Drachentöter und sein Zwillingsbruder, in: ZfdPh 103, 1984, 77–102 [Hinter der Siegfried-Gunther-Geschichte verbirgt sich ein mythisches Substrat, nach dem beide Helden Zwillingsbrüder waren. Der erste Bruder ist ein Ungeheuertöter, der zweite, zum Ausgleich, einer, der dem Chaos ein Opfer zu bringen hat. Brünhilds Stärkebeweis gehört „wohl ursprünglich zur matrilinearen Abstammung“, S. 96.]

Leroi-Gourhan, André: Die Religionen der Vorgeschichte. (edition suhrkamp NF 73) Frankfurt 1981 [ernüchternde, solide Einführung in die Fragen der Deutung vorgeschichtlicher Religionen, die Skepsis gegenüber den Überlegungen zur Mythologie begründen kann].

Reichert 1985, 75 ff.

Rossenbeck, Klaus: Siegfried, Arminius und die Knetterheide, in: ZfdA 103, 1974, 243–248 [Weist gegen Höfler nach, daß die in einer isländischen Reisebeschreibung aus dem 12. Jahrhundert genannte Gnitaheiðr nicht identisch ist mit der Knetterheide im Kreis Lemgo, auf der die Varus-Schlacht stattgefunden haben soll.]

Schröder, Franz Rolf: Nibelungenstudien. (Rheinische Beiträge und Hülfsbücher zur germanischen Philologie und Volkskunde 6) Bonn, Leipzig 1921.

Ders.: Mythos und Heldensage (1955), in: Zur germanisch-deutschen Heldensage. Hrsg. v. Karl Hauck. (WF 14) Darmstadt 1965, 285–315.

Ders.: Die Sage von Hetel und Hilde, in: DVJS 32, 1958, 38–70.

F. R. Schröder 1960.

Wailes 1978.

Wolf, Alois: Mythos und Geschichte in der Nibelungensage und im Nibelungenlied, in: Nibelungenlied. Ausstellungskatalog des Vorarlberger Landesmuseums Nr. 86. Bregenz 1979, 41–54 [Im Nl prallen nicht eine mythische und eine höfische Welt aufeinander, vielmehr ist das Höfische selbst zum Problem geworden.]

3.2.2. Heroische Zeit

Der Nibelungenstoff verdankt sein Dasein nicht nur der Phantasie der Sänger und möglichen mythologischen Trümmern, sondern auch der Geschichte. In ihm bricht sich die Geschichte verschiedener Epochen, von der germanischen Wanderzeit über die Zeit der sächsischen Kaiser (s. S. 44) bis hin zur Wende des Hohen Mittelalters. Alles ist im einzelnen nur noch schwer auszumachen und zu sondern, wir konzentrieren uns auf die germanische Initialzündung.

Die Zeit der Wanderungen und Reichsgründungen („Völkerwanderung") war das heroische Zeitalter der Germanen, hier schufen die Sänger die Lieder von heroischen Kriegern und Königen, formten die Phantasie ihrer Völker, um ihnen, repräsentiert im Kriegeradel, Identität zu geben. Ein Reflex dieser Epoche ist das althochdeutsche Lied von Hildebrand und Hadubrand („Hildebrandslied"). Ältere Lieder sind uns nicht mehr greifbar, obwohl es sie, etwa von Arminius, gab (vgl. Tacitus, „Annales" II, 88).

Die Wanderungen der germanischen und ostasiatischen Stämme wirbelten die Europäer seit dem ersten vorchristlichen Jahrhundert in einer Weise durcheinander, die heute nur noch in Bruchstücken zu durchschauen ist (vgl. Zeittafel und Karte am Schluß des Bandes). Hunnen und Burgunden, Goten und Franken haben ihre Spuren im Traditionsstrom der nibelungischen Epik hinterlassen.

Im Hunnenreich wurde 441 Attila (hochdeutsche Namensform: Etzel) Alleinherrscher, nachdem er seinen Bruder Bleda – er taucht als Blœdel im Nibelungenlied auf – beseitigt hatte. Das oströmische Reich mußte ihn als gleichberechtigten Partner anerkennen, dann zog er nach Westen. In der Champagne (?) unterlag er den Truppen des römischen Feldherrn Aëtius und der Westgoten (Schlacht auf den Katalaunischen Feldern, 451), fiel in die Poebene ein und zog sich dann ins Zentrum seines Reiches an der Theiß zurück, wo er 453 den Tod fand. Um seinen Tod rankten sich bald Gerüchte: in der Brautnacht mit dem Mädchen Ildico soll der greise Herrscher durch einen Blutsturz (Haematorrhoe: das Blut stürzt plötzlich aus Mund und Nase; Ursache könnte Tuberkulose, aber auch ein Rausch, jede heroische Anstrengung sein) den Tod gefunden haben, nach anderer Version ermordete ihn das Mädchen.

Ildico ist nicht als Germanenname nachzuweisen, als Koseform zu dem Stamm *hild-* ‚Kampf' hätte der Name im Ostgotischen *l* statt *k/c* im Verkleinerungssuffix verlangt. Eine Beziehung zu Kriemhild könnte sich deshalb allenfalls späterer Fiktion, nicht der Geschichte verdanken. Ildico ist also nicht, wie man es gerne getan hat, als „Hildchen" zu identifizieren.

Die Goten, um Christi Geburt an der Weichselmündung ansässig, wanderten im 2. Jahrhundert nach Südosten, dort teilten sie sich, ein Stammesteil zog nach Westen. Die Ostgoten ließen sich nach der Zerstörung ihres Reiches durch die Hunnen (375) in Pannonien – es entspricht etwa dem heutigen Ungarn – nieder, plünderten von dort aus unter Theoderich die Balkanhalbinsel. Theoderich, aus dem Geschlecht der Amaler, war als Geisel am oströmischen Hof in Byzanz erzogen worden, 488 führte er Krieg gegen den germanischen Heerkönig Odowaker (Otacher), der das weströmische Reich mit der Hauptstadt Ravenna usurpiert hatte. Die dreijährige Belagerung Ravennas ist als „Rabenschlacht" in die Heldensage eingegangen. Odowaker wurde ermordet, Theoderich errichtete in Italien ein Ostgotenreich (493–526). Er baute ein gegen Byzanz gerichtetes germanisches Bündnissystem auf, das er durch dynastische Heiraten zu stärken suchte, das aber letztlich am Widerstand der Franken scheiterte, die vom gallischen Norden her nach Süden und Westen drängten. Nach Verona, am Nordrand der Poebene gelegen, hat Theoderich/Dietrich seinen Beinamen *von Bern* erhalten.

Die Burgunder, die der Nibelungenepiker *Burgonden* nennt (vgl. E. Schröder 1938), gründeten seit etwa 406 ein Reich am Mittelrhein mit linksrheinischem Schwerpunkt, wahrscheinlich um das spätere Worms, vielleicht auch um Mainz. Ihr König war Gundahar (Gundicharius), und möglicherweise waren sie Föderaten Roms. Bei dem Versuch, ihren Herrschaftsbereich nach Nordwesten gegen die römische Provinz Belgica auszudehnen, wurde ihr Reich 436/437 von hunnischen Hilfstruppen vernichtet – in einigen Heldensagen ziehen, anders als im Nibelungenepos, die Hunnen an den Rhein, u. a. im „Rosengarten" und im „Waltharius". Die hunnischen Truppen hatte der weströmische Heerführer Aëtius herbeigerufen (vgl. S. 48):

Eodem tempore Gundicharium Burgundionum regem intra Gallias habitantem Aetius bello obtrivit pacemque ei supplicanti dedit, qua non diu potius est, siquidem illum Chunni cum populo suo ab stirpe deleverint („Zu dieser Zeit führte Aëtius Krieg gegen Gundahar, den König der Burgunder, die in Gallien siedelten, und er schenkte ihnen Frieden, als sie ihn darum baten. Dieser dauerte nicht lange, weil ja die Hunnen jenen mit seinem Volk radikal vernichtet hatten"). So der zeitgenössische Chronist Prosper (s. Wackwitz 1964, 51).

Die Katastrophe muß für die Burgunder in der Tat schrecklich gewesen sein: *Burgundionum caesa XX milia* („20 000 Burgunder gefallen") notierte der spanische Bischof Hydatius zum Jahre 436 (ebd., 50); etwas ausführlicher die um die Mitte des Jahrhunderts entstandene „Chronica Gallica“:

> Bellum contra Burgundionum gentem memorabile exarsit, quo universa paene gens cum rege per Aetium deleta („Der Krieg gegen den Stamm der Burgunder entflammte auf denkwürdige Weise, durch ihn wurde fast der ganze Stamm mit dem König durch Aëtius zerstört“, ebd., 50).

Die Vernichtung fast des gesamten Volkes, wie hoch nun im einzelnen die Zahlen auch gewesen sein mögen, sie machte auch in jener an Kriegen reichen Zeit Eindruck. Der hunnische Heerführer war damals im übrigen noch nicht Attila, dazu erhob ihn erst die Sage. Der Rest der Burgunder wurde, sofern er nicht in der alten Heimat blieb, im heutigen Savoyen, an der oberen Rhône, angesiedelt. Die „Leges Burgundionum“, vor 516 abgefaßt, nennen einige Königsnamen: außer Gundahari den Gibica – er entspräche Gibich und Gjuki (vgl. Kap. I. 3.1.3/4) –, Gundomar – vielleicht Gutthorm, der jüngste Königsbruder und Mörder Siegfrieds (s. Kap. I. 3.1.3) – und Gislahari.

Ob der Burgunderkönig Gundahar jemals in Worms residiert hat, ist fraglich. Dort regierte aber für kurze Zeit Königin Brunichildis, Gemahlin des Frankenkönigs Sigibert I. (ermordet 575) – wir sind in der zweiten Hälfte des nächsten Jahrhunderts (vgl. Zeittafel am Schluß des Bandes), die Franken haben das Land zwischen Loire und Garonne (Aquitanien) und das Burgunderreich an der Rhône erobert, damit fast das ganze alte Gallien in ihren Besitz gebracht. Ihre Könige teilen sich das Land auf, verbünden sich, bekämpfen sich, ermorden sich.

Brunichildis wurde 613 gefangengenommen, auf ein wildes Pferd gebunden und zerrissen. Der *lectulus Brunihildae* (1043, „Brunhildenbett“) auf dem Großen Feldberg im Taunus dürfte ihr seinen Namen verdanken. Probleme mit ihrem Mann, die der Sage hätten dienlich sein können, hatte Brunichildis offenbar nicht, andererseits war ihr bewegtes Leben durchaus günstig für Gerüchte und Legenden, vor allem ihr Streit mit Fredegunde. Diese hatte sich von der Mätresse zur Gemahlin Chilperichs I. von Neustrien, Brunichildis' Schwager, emporgearbeitet. Beide Frauen bekämpften sich jahrzehntelang erbittert, dem Kampf fiel auch Brunichildis' Gatte Sigibert I. zum Opfer, und Brunichildis' grausamer Tod war eine seiner späten Folgen; Fredegunde war damals schon gestorben.

Historischer Befund und Nibelungenstoff wollen nicht so recht übereinstimmen, Brunichildis, deren Gatte Sigibert ermordert wurde, trug eher die Züge Kriemhilds, Fredegunde, die Mätresse und Anstifterin zum Mord, diejenigen Brünhilds (vgl. Hugo Kuhn 1953). Brunichildis und Brünhild haben am Ursprung ihrer Geschichte wenig miteinander zu schaffen. Dies schließt nicht aus, daß die Phantasie der Sänger beide doch zusammengeführt, die Gerüchte um die eine mit den Liedern um die andere vereinigt hat.

Der Held, um den sich alles dreht, hat sich der geschichtlichen Festlegung noch stärker entzogen als die Frauen und die Könige. Die Germanen gaben ihren Söhnen und Töchtern gerne stabende Namen oder solche, die im ersten oder zweiten Glied gleich lauteten (Theuderich und Theudebert, Chilperich und Childebert usw.). Bei den Merowingern und ihren fränkischen Seitenzweigen waren die *Sigi*-Namen wohl zuhause, aber nur ein Sigibert und ein Sigivald sind bezeugt – manchem freilich schon genug, den Helden hier zu beheimaten (de Boor 1939). Andere gingen ein halbes Jahrtausend zurück – sollten die Lieder von Arminius, die Tacitus erwähnt (s. S. 62), ohne Nachhall untergegangen, sollte einer der größten der germanischen Helden ohne bleibendes Andenken im Volk geblieben sein (vgl. de Vries 1956, Höfler 1959, Bickel 1955, F. R. Schröder 1955)?

Weder für Hagen noch für Rüdiger sind historische Identifizierungen zwingend nachweisbar.

Der Nibelungenname gehört als burgundischer Sippenname ins 5. Jahrhundert *(*Nibilingos)*, die geschichtlichen Namensträger sind seit der Mitte des 8. Jahrhunderts „in ununterbrochener Folge im fränkischen Reiche und seinen Einflußbereichen belegt" (Rosenfeld 1966, 239). Die Etymologie führt auf germ. **nebula-*, **nibila-* (dazu u. a. ahd. *nebul*, as. *nebal*, afries. *nevil* ‚Nebel', an. *njōl* ‚Nacht', ags. *nifol* ‚dunkel', an. *nifl-* in *niflheim* ‚Unterwelt') zurück.

Die Frage nach dem Stoff und seiner Geschichte stellt sich vor solchem Hintergrund auch als eine Frage nach der germanischen Kontinuität, nach germanischen Traditionsresten. Aufgrund seiner Geschichte ist der Nibelungenstoff, den das Epos der Jahrhundertwende verarbeitete, germanischer Adelsethik zumindest verdächtig (vgl. weiterführend Kap. IV.5).

Die Vorgeschichte des Textes und die Geschichte seiner Zeit mit ihrer Literatur gehören zu den notwendigen Kenntnissen desjenigen, der das Lied verbindlich interpretieren möchte. Hierzu schuf der Teil I die – gewiß vertiefungsfähigen – Voraussetzungen. Die Teile II und III werden sich darauf, vielfach unausgesprochen, immer wieder beziehen müssen – der wohl gültigste Nachweis, daß historisches Lesen von präzisem Lesen untrennbar ist. Zwar ist gerade die ältere Geschichte des Stoffes nur nebelhaft zurückzugewinnen, sie deshalb aber nicht wahrnehmen zu wollen, wäre wider die Geschichte. Historische und mythische Nebel (Kap. I.3.2) sowie kontrastierende Texte (Kap. I.3.1) sind in das Epos eingegangen, der Erzähler spielt mit ihnen und gibt so seinem Werk eine eigene, unverwechselbare Ausstrahlung.

Teilbibliographie XI

Sage und Geschichte

S. auch die Literatur zu Kap. I.3.1.1, in der die Beziehung von Sage und Geschichte immer wieder angesprochen wird.

Gschwantler, Otto: Die historische Glaubwürdigkeit der Nibelungensage, in: Nibelungenlied. Ausstellungskatalog des Vorarlberger Landesmuseums Nr. 86. Bregenz 1979, 55–69 [zu den geschichtlichen Quellen der Sage].

Hauck 1963 [s. S. 58].

Rosenfeld, Hellmut: Nibelungische Lieder zwischen Geschichte und Politik. Parallellied, Annexionslied, Sagenmischung, Sagenschichtung, in: Beitr. 99, Tü. 1977, 66–77 [Das Epos versucht, die in den Heldenzeitliedern abgehandelten Ereignisse als Vorzeit schlechthin zu bestimmen und die Helden in eine einzige Ebene zu rücken; es setzt dem Artusroman die Wirklichkeit der Geschichte entgegen.]

Namen: Umfassende Arbeiten

Förstemann, Ernst: Altdeutsches Namenbuch. Bd. I: Personennamen. Nachdruck München, Hildesheim 1966 [zur Nachprüfung der Geschichtlichkeit im Nl vorkommender Namen]. Dazu: Kaufmann, Henning: Ernst Förstemann. Altdeutsche Personennamen. Ergänzungsband. München, Hildesheim 1968 [„Nibelungen" S. 268 f.].

Gillespie, George T.: A Catalogue of Persons Named in German Heroic Literature [700–1600]. Including Named Animals and Objects and Ethnic Names. Oxford 1973.

Mone, Franz Josef: Untersuchungen zur Geschichte der teutschen Heldensage. (Bibliothek der gesamten deutschen Nationalliteratur II/1) Quedlinburg, Leipzig 1836.

Ploß, Emil: Die Nibelungenüberlieferung im Spiegel der langobardischen Namen, in: FF 34, 1960, 53–60 [Erstellung eines nibelungischen Namenfeldes innerhalb des langobardischen Hochadels].

Rosenfeld, Hellmut: Die Namen der Heldendichtung, insbesondere Nibelung, Hagen, Wate, Hetel, Horand, Gudrun, in: Beiträge zur Namenforschung NF 1, 1966, 231–265.

Attila und die Hunnen

de Boor, Helmut: Das Attilabild in Geschichte, Legende und heroischer Dichtung (1932). Darmstadt 1963.

Maenchen-Helfen, Otto J.: Die Welt der Hunnen. Eine Analyse ihrer historischen Dimension. Wien, Köln, Graz 1978.

Schramm, Gottfried: Der Name Kriemhilt, in: ZfdA 94, 1965, 39–57 [zu Ildico].

Williams, Jennifer: Etzel der rîche. (EH I/364) Bern, Frankfurt, Las Vegas 1981 [Beschreibung der historischen Gestalt und ihrer poetischen Umformungen].

Burgunder, Merowinger, Franken

Leges Nationum Germanicarum II/1. Leges Burgundionum. (Monumenta Germaniae historica. Leges I) Hannover 1892 [die Königsnamen hier S. 43].
Ennen 1985, 48 ff. [zu den merowingischen Frauengestalten].
Ewig, Eugen: Studien zur merowingischen Dynastie, in: Frühmittelalterliche Studien 8, 1974, 15–59.
Kuhn, Hugo: Brunhild und das Kriemhildlied, in: Wais 1953 [Die Sage wandelte die neustrische Königin Fredegunde zur Brünhild, die burgundische Königin Brunichildis zur Kriemhild.]
Schröder, Edward: Deutsche Namenkunde. Göttingen 1938 [S. 57–63 „Burgonden". In den historischen Texten ist die o-Form, die Nl, „Klage" und „Biterolf" überliefern, selten, sie ist für das Oberdeutsche eine literarische Form und geht auf den Eigenwillen eines Autors zurück; ältere Lieder hatten die u-Form.]
Singer, Samuel: Brünhild, in: Beitr. 42, 1917, 538–544 [Versuch, die Brünhild der Sage aus der historischen Brunichildis zu erklären].
Wackwitz, Peter: Gab es ein Burgunderreich in Worms? (Der Wormsgau. Beiheft 20) Worms 1964 [zuverlässige und kritische Darstellung der historischen Quellen über die Burgunder].

Siegfried, Hagen, Rüdiger

Behaghel, Otto: Sîfrit, der Sohn des Sigemunt und der Sigelint, in: Beitr. 43, 1918, 156–158.
Bickel, Ernst: Römisch-germanischer Namen-Nimbus im deutschen Mittelalter, in: Rheinisches Museum für Philologie NF 98, 1955, 193–258 [Arminius ist der römische Name für den Siegfried, der im Raum von Xanten gegen die Römer gekämpft habe.]
de Boor, Helmut: Hat Siegfried gelebt? (1939), in: Zur germanisch-deutschen Heldensage. Hrsg. v. Karl Hauck. (WF 14) Darmstadt 1965, 31–51 [Da die Zeit Brunichildis' zur Aufhellung der historischen Gestalt Siegfrieds nichts beitragen kann, wird eine Rekonstruktion aus der frühen Merowingergeschichte (Anfang 5. Jh.), als auch das Burgunderreich in Blüte stand, versucht. Der Nibelungenstoff ist merowingisch.]
Gillespie 1973, 118 ff. [Sîfrit].
Höfler 1959 [Siegfried ist Arminius; zustimmend F. R. Schröder 1955, 313].
Peeters, Joachim: Siegfried *von Niderlaut* und die Wikinger am Niederrhein, in: ZfdA 115, 1986, 1–21 [Überprüft „die Möglichkeit einer Beeinflussung der Siegfriedfabel durch die Zeitgeschichte des 9. Jh.s", S. 19.]
Rosenthal, Dieter: Zur Frage nach Siegfrieds Existenz, in: Germanistisches Bulletin. Mitteilungsblatt schwedischer Germanisten 4, 1980, 44–56 [Siegfried ist das Bild des germanischen Helden schlechthin, die Existenz Siegfrieds ist nicht nachzuweisen.]
de Vries, Jan: Homer und das Nibelungenlied (1956), in: Zur germanisch-deutschen Heldensage. Hrsg. v. Karl Hauck. (WF 14) Darmstadt 1965, 393–415 [Siegfried/Arminius ist der Vorkämpfer der deutschen Freiheit.]

Die ältere Literatur zur Siegfried-Arminius-These verzeichnet Ehrismann 1986/I. Zur Kritik der These s. z.B. Schneider 1962, 186 ff.; Timpe, D.: Arminius-Studien. (Bibliothek der klassischen Altertumswissenschaften. NF II/34) Heidelberg 1970.

Gillespie 1973, 57 ff. [Hagen(e)].

Gouchet, Olivier: Hagen von Tronje. Etude du personnage à l'aide des différents textes du Moyen-Age. (GAG 302) Göppingen 1981 [Auflistung und kritische Besprechung der verschiedenen Thesen zur Person Hagens und ihrer Geschichtlichkeit].

Höfler 1959, 69 ff. [Hagen, *Colonia Trajana*].

Hollander, Lee M.: Hagen der Tronegære, in: Neophilologus 53, 1969, 398–402 [Hagens Ähnlichkeit in Charakter und Geschick mit König Hákon von Norwegen. Der Dichter hat sich vom König die Züge geliehen, nicht den Helden mit diesem gleichgesetzt.]

Sonnenfeld, Marion: An Etymological Explanation of the Hagen Figure, in: Neophilologus 43, 1959, 300–304 [Auflistung der Hagen-Deutungen].

Wackwitz 1964, 69 ff. [Hagen].

Gillespie 1973, 110 ff. [Rüedegêr].

Kunstmann 1983.

Splett, Jochen: Rüdiger von Bechelaren. Studien zum zweiten Teil des Nibelungenliedes. (Germanische Bibliothek III) Heidelberg 1968 [Suche nach potentiellen historischen Vorbildern der Rüdiger-Gestalt; vgl. Bert Nagel in: ZfdPh 90, 1971, 456–459].

Bulgarenthese

Kunstmann, Heinrich: Vorläufige Untersuchungen über den bairischen Bulgarenmord von 631/632. Der Tatbestand – Nachklänge im Nibelungenlied. (Slavistische Beiträge 159) München 1982 [dazu Wunderlich 1985, Mackensen 1984, 67. Der Merowingerkönig Dagobert I. (629–639) soll 9000 Bulgaren hinterhältig ermordet haben, dieser Mord soll sich im Nibelungenuntergang spiegeln.]

Ders.: Wer war Rüdiger von Bechelaren?, in: ZfdA 112, 1983, 233–252 [R. ist der (631/32 genannte) *dux* Baiuvariorum, „der den Bulgaren Asyl und Gastfreundschaft gewährt, sie dann aber auf Weisung des Frankenkönigs (Dagobert I. = Etzel), vermutlich seines Lehnsherrn, umbringen muß", S. 244. R. im Nibelungenlied ist eine Rehabilitierung des „Spitzenahns" (S. 251 f.) des bayerischen Stammesadels.]

Nibelungen

Gillespie 1973, 97 ff.; Kaufmann 1968, 268 f.; Rosenfeld 1966, 237 ff.

Brunhildenbett

Braune, Wilhelm: Brunhildenbett, in: Beitr. 23, 1898, 246–263 [der Name leitet sich von der Sage her; so noch Reichert 1985, 85].

Panzer, Friedrich: Nibelungische Ketzereien 2. Lectulus Brunihilde, in: Beitr. 73, 1951, 95–121 [der Name leitet sich von der historischen Brunichildis her].

4. *Überlieferung und Rekonstruktion*

4.1. *Die Handschriften*

4.1.1. *Beschreibung*

Nur ganz selten ist mittelalterliche Dichtung in ihrer ursprünglichen, vom Dichter verabschiedeten Form auf uns gekommen, meist kennen wir sie bloß aus späteren Handschriften. Ist ein Stück in mehreren Handschriften überliefert, dann können wir nach gründlicher Vorprüfung eine davon zur „Leithandschrift" erheben, oder wir können, in schärferem Zugriff, nach der „philologischen Methode" versuchen, aus den Handschriften einen dem Original möglichst nahekommenden Text („Archetyp") zu gewinnen. Beide Methoden haben Gemeinsamkeiten: die philologische wählt sich in der Regel auch nur *eine* Handschrift aus, an der sie sich orientiert, und wer nach dem Prinzip der Leithandschrift arbeitet, führt den aktuellen handschriftlichen Zustand gerne in einen älteren zurück, wenigstens in den, der allen Ablegern seiner bevorzugten Handschrift zugrundegelegen haben könnte. Die rekonstruierten Fassungen nennen wir Redaktionen (oder Rezensionen) und versehen ihre Sigel (auch: Siglen, d. h. Abkürzungszeichen) mit einem Stern. Die Handschriftensigel folgen dem Alphabet, wobei große Buchstaben die Handschriften bis ins 14. Jh., kleine diejenigen seit dem 15. Jh., meist nur noch Papierhandschriften, bezeichnen. Die Signierungen gingen für das Nibelungenlied von Karl Lachmann (1826) aus, spätere Funde wurden im Alphabet hintangesetzt.

Bis heute sind 32 Textzeugen des Nibelungenepos gefunden worden, teils vollständige, teils sehr fragmentarische; hinzu kommen das Aventiurenverzeichnis einer erweiterten Nibelungenversion (m) und zwei weitere Zeugen für die „Klage" (G, P), die gewöhnlich zu den Lied-Kodizes gezählt werden. 35 Handschriften – dies ist im Vergleich zu anderen Stücken der Zeit „gute Mittellage": „Tristan" und „Iwein" liegen etwas darunter, „Eneit" und „Erec" fallen ganz nach unten ab, während Wolframs Dichtungen weit darüber liegen.

Von den 32 bzw. 35 Textzeugen sind neun verhältnismäßig vollständig erhalten. Die Kodizes teilen sich insgesamt in vier Gruppen:

(1) A
(2) B, dazu: L, M, c, i, k, g (Abschrift von L)
(3) C, dazu: D, E, F, R, U, X, Z, a; zu D gehören: N, S, V, b, n (?)
(4) I, dazu: H, K, O, Q, T, Y, d (Abschrift von O), h, l, m

Da I den Gruppen von C nahesteht, dürfte das Epos durch die Redaktionen *A, *B, *C hinreichend repräsentiert sein. Bemerkenswert sind außer den Haupthandschriften A, B und C die Klagenfurter Bruchstücke (Z), die der offenbar ältesten Nibelungenlied-Handschrift (um 1200) entstammen. Man hat aus ihrem schlechten Zustand auf die Gebrauchsrolle eines fahrenden Rhapsoden geschlossen (Hermann Menhardt: Nibelungenhandschrift Z, in: ZfdA 64, 1927, 211–235; Voorwinden 1978). Die Handschrift k („Piaristen-Handschrift"; Werner Hoffmann: Die spätmittelalterliche Bearbeitung des Nibelungenliedes in Lienhart Scheubels Heldenbuch, in: GRM 60, 1979, 129–145) aus dem 15. Jahrhundert arbeitet wie das Aventiuren-Verzeichnis der Handschrift m (Darmstadt) Volksbuchtraditionen ein.

Fast alle Textzeugen wurden im Süden Deutschlands, in Österreich oder der Schweiz gefunden, auffallend viele stammen aus Tirol und Vorarlberg. Tirol und sein Umland, beherrscht vom mächtigen Massiv des Rosengarten, ist eine sagenintensive Landschaft, dort könnte das alte Epos sicherlich gerne gehört worden sein; aber sein Dichter muß dort nicht gearbeitet haben, wie man angeommen hat (Zarncke 1856). Hinzu kommt, „daß die Gegenden Südwest-, Süd- und Südostdeutschlands weit mehr zum Fortleben der mhd. weltlichen Erzählliteratur beigetragen haben als andere" (Koppitz 1980, 221), die geographische Überlieferung des Nibelungenliedes also nur ein treuer Spiegel der Überlieferung der mhd. Literatur insgesamt ist.

Die Kodizes sind z.T. sehr kostbar, neun können wir einigermaßen sicher adeligem Besitz zuweisen. Es wäre jedoch verkehrt, vom Wert der überlieferten Handschriften auf das Publikum des Epos zu schließen – konnte sich doch etwa in einem durchschnittlichen Bürgerhaushalt schwerlich eine Büchersammlung bilden; falls doch, dann werden Zeugnisse zu bürgerlichem Buchbesitz eher verschollen sein als zu adeligem. So könnte Lienhart Scheubels Eintrag in die Piaristenhandschrift (k) der seltene Reflex einer breiter repräsentierten Publikumsgruppe sein (vgl. Koppitz 1980).

Teilbibliographie XII

Die Handschriften und ihre Literatur sind verschiedentlich und sorgfältig beschrieben bzw. verzeichnet worden, nicht zuletzt in den nicht wenigen kritischen Textausgaben und der Bibliographie von Krogmann und Pretzel. Am günstigsten folgt man Batts 1971.

Kritische Ausgaben zu A, B und C

A

Der Nibelunge Not mit der Klage. In der ältesten Gestalt mit den Abweichungen der gemeinen Lesart. Hrsg. v. Karl Lachmann. Berlin 1826.

Der Nibelunge Noth und die Klage. Nach der ältesten Überlieferung mit Bezeichnung des Unechten und mit den Abweichungen der gemeinen Lesart. Hrsg. v. Karl Lachmann. Berlin 1841 [verschiedene neue Auflagen und Ausgaben mit geringen Änderungen, später von Karl Müllenhoff, zuletzt von Ulrich Pretzel besorgt].

Das Nibelungenlied. Kritisch herausgegeben und übertragen von Ulrich Pretzel. Stuttgart 1973.

B

Der Nibelunge Nôt. Mit den Abweichungen von der Nibelunge Liet, den Lesarten sämmtlicher Handschriften und einem Wörterbuche. Hrsg. v. Karl Bartsch. Teil I: Text. Leipzig 1870. Teil II, 1. Hälfte: Lesarten. Leipzig 1876. Teil II, 2. Hälfte: Wörterbuch. Leipzig 1880 [Nachdruck aller drei Bände Hildesheim 1966].

Das Nibelungenlied. Hrsg. v. Karl Bartsch. (Deutsche Classiker des Mittelalters 3) Leipzig 1866 [verschiedene, immer wieder geänderte Auflagen und Ausgaben, später von Helmut de Boor übernommen, jetzt von Roswitha Wisniewski; s. Gesamtbibliographie].

C

Das Nibelungenlied in der ältesten Gestalt. Mit den Veränderungen des gemeinen Textes. Hrsg. u. mit einem Wörterbuch versehen v. Adolf Holtzmann. Stuttgart 1857 [neue Auflagen und Ausgaben].

Das Nibelungenlied. Hrsg. v. Friedrich Zarncke. Leipzig 1856 [neue, z.T. stark erweiterte Auflagen und Ausgaben].

Das Nibelungenlied nach der Handschrift C. Hrsg. v. Ursula Hennig. (Altdeutsche Textbibliothek 83) Tübingen 1977 [leichte Überarbeitung der Hs.].

Faksimiles

Laistner, Ludwig: Das Nibelungenlied nach der Hohenems-Münchener Handschrift (A) in phototypischer Nachbildung [...]. München 1886.

Das Nibelungenlied und die Klage. Handschrift B (Cod. Sangall. 857). (Deutsche Texte in Handschriften 1) Köln, Graz 1962.

Das Nibelungenlied und die Klage. Handschrift C der F. F. Hofbibliothek Donaueschingen. Stuttgart 1968.

Der Nibelunge Liet und Diu Klage. Die Donaueschinger Handschrift 63 [Laßberg 174]. Mit einem forschungsgeschichtlichen Beitrag zu ihrer Bedeutung für Überlieferung und Textgeschichte des Epos. Hrsg. v. Werner Schröder. (Deutsche Texte in Handschriften 3) Köln, Wien 1969.

Das Nibelungenlied. Abbildungen, Transkriptionen und Materialien zur gesamten handschriftlichen Überlieferung der I. und der XXX. Aventiure. Hrsg. u. eingel. v. Otfrid Ehrismann. (Litterae 23) Göppingen 1973.

Vorderstemann, Jürgen: Die 30. Aventiure des Nibelungenliedes in der Darmstädter Handschrift *n* (Hs. 4257), in: Litterae Ignotae. Göppinger Beiträge zur Textgeschichte des deutschen Mittelalters: Neufunde und Neuinterpretationen 50. Göppingen 1977, 11–19.
Batts 1971, 823 ff. [Proben aus fast allen Hss.].

Zur Textrekonstruktion

Flashar, Hellmut/Gründer, Karlfried/Horstmann, Axel (Hrsg.): Philologie und Hermeneutik im 19. Jahrhundert. Zur Geschichte und Methode der Geisteswissenschaften. Göttingen 1979.
Koppitz, Hans Joachim: Studien zur Tradierung der weltlichen mittelhochdeutschen Epik im 15. und beginnenden 16. Jahrhundert. München 1980.
Langosch, Karl et al.: Geschichte der Textüberlieferung der antiken und mittelalterlichen Literatur. Bd. II: Überlieferungsgeschichte der mittelalterlichen Literatur. Zürich 1964.
Timpanaro, Sebastiano: Die Entstehung der Lachmannschen Methode. Hamburg ²1971.
Zarncke 1857.

4.1.2. Bewertung

Im vorigen Jahrhundert ist vor allem darum verbittert gestritten worden, welche der drei Hauptredaktionen den ursprünglichen Text bzw. die ursprünglichen Texte am treuesten bewahrt habe. Wir stellen die wichtigsten Stationen des „Handschriftenstreites" anhand der (stark reduzierten) Stemmata („Stammbäume') dieser drei Redaktionen dar.

1. Karl Lachmann (vgl. S. 43):

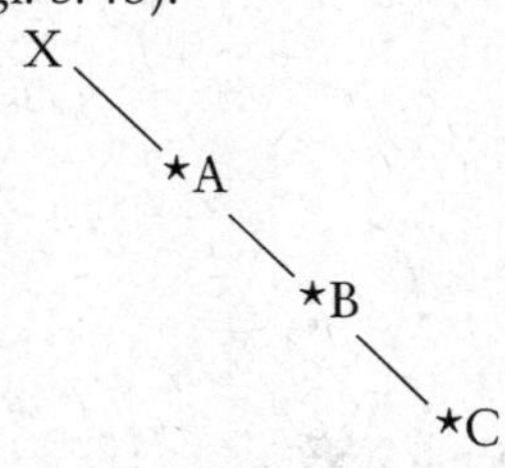

X = Archetyp

*A verfälschte die letzte „Lieder"-Sammlung am wenigsten, *B und *C nahmen eigene Zusätze und im Volk umgehende Liedstücke auf.

2. Adolf Holtzmann:

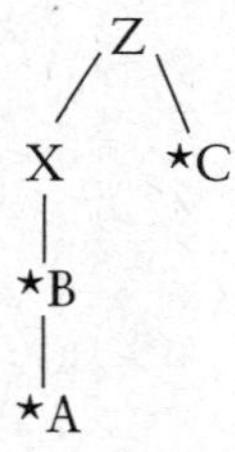

Z = Original

Dem Original geht eine lateinische Vorstufe voraus (vgl. S. 44). Die ursprüngliche Fassung eines Epos erzählt stimmig und widerspruchsfrei, sie ist in den sachlichen (z.B. geographischen) Angaben hinreichend genau. Diese epentheoretische Vorentscheidung legte die Wahl von ⋆C an oberster Stelle nahe. Friedrich Zarncke schloß sich dieser Wahl zunächst an, er folgte später zwar Bartsch, betonte aber weiterhin den ästhetischen Eigenwert von ⋆C.

3. Karl Bartsch (vgl. S. 43):

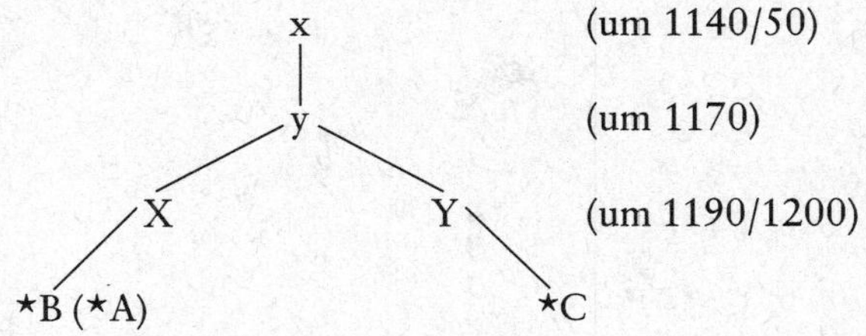

⋆B folgte der Vorlage am treuesten. Hermann Paul plazierte ⋆B gleichfalls an oberster Stelle, rückte es aber näher an ⋆C heran und kritisierte Bartschs strenge Auffassung der Reimgeschichte: schon die älteste Version habe reine Reime gehabt.

4. Wilhelm Braune:

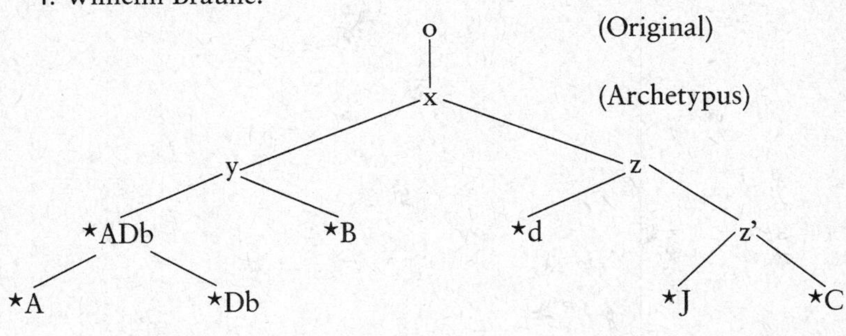

Die echte Lesart kann in y wie in z enthalten sein, im Zweifelsfall gebührt y der Vorrang, weil z Änderungen in Richtung ⋆C hin aufweist. Dieses Stemma galt, vergleichbar dem Heuslerschen Stammbaum zur Vorstufengeschichte, fast unangefochten bis in die fünfziger Jahre unseres Jahrhunderts. Es ging von einem relativ fehlerfreien Archetyp, einer geschlossenen Textüberlieferung und einer fast kontaminationslosen (‚kreuzungsfreien') Handschriftenentwicklung aus.

5. Die Überlegungen zur mündlichen Epik (vgl. Kap. I.4.2) und die wachsenden Zweifel an der Verbindlichkeit von Stemmata überhaupt führten Helmut Brackert zu der These, daß sich der Archetyp „jeder sicheren Bestimmbarkeit" entziehe (1963, 165) und daß es deshalb gar keinen gegeben habe, also auch kein „festes" Werk. Diese zweite Folge-

rung ist nicht zwingend (W. Schröder 1966). Brackert dachte sich die Entstehung des Textes als ein „allmähliches Zusammensintern" (1963, 170). Günter Kochendörfer hat ihm in einer stemmatologischen Untersuchung widersprochen und den Nachweis versucht, daß es weiterhin sinnvoll sei, nach einem Archetyp zu suchen, der „eventuell allerdings etwas unscharf" sein könne (1973, 182).

Brackerts Ansichten (vgl. Wilhelm Müller 1845, s. S. 43) haben Unruhe gestiftet, nicht nur, weil sie dazu zwangen, die Handschriftenverhältnisse neu zu überdenken, sondern vor allem, weil sie den Dichterbegriff in Frage stellten (vgl. S. 75 ff.). Sollte das Epos kein „Kunstwerk" mehr sein mit einer geschlossenen epischen Konzeption im Sinne der zeitgenössischen „Werkinterpretation" der fünfziger und sechziger Jahre?

Die Handschriftenfrage entläßt uns so ratlos wie die der epischen Vorgeschichte (vgl. S. 44). Das Nibelungenlied entfaltet eine eigene Produktionsästhetik und – dies werden wir auch hinsichtlich des epischen Erzählens beobachten (vgl. Kap. II/III) – unterläuft alle auf dem Harmonisierungsprinzip aufbauenden ästhetischen (und philologischen) Theorien. Der Verdacht liegt nahe, daß in einer tendenziell disharmonischen Form sich die tendenziell disharmonische, nur bisweilen glückliche Welt des Nibelungenepos spiegeln sollte. Allerdings wird man auch nicht jede Erzähl- und Kompositionsschwäche als geplante Disharmonie interpretieren wollen.

Teilbibliographie XIII

1. Lachmann 1816, 1826, 1836, 1841.
Zacher, Julius (Hrsg.): Briefwechsel über das Nibelungenlied von K. Lachmann und Wilhelm Grimm, in: ZfdPh 2, 1870, 193–215, 343–365, 515–528.
2. Holtzmann, Adolf: Untersuchungen über das Nibelungenlied. Stuttgart 1854.
Ders.: Kampf um der Nibelunge Hort, gegen Lachmanns Nachtreter. Stuttgart 1855.
Zarncke, Friedrich: Zur Nibelungenfrage. Ein Vortrag gehalten in der Aula der Universität Leipzig am 28. Juli. Leipzig 1854.
Zarncke 1857.
3. Bartsch, Karl: Untersuchungen über das Nibelungenlied. Wien 1865 [Nachdr. Osnabrück 1968].
Paul, Hermann: Zur Nibelungenfrage, in: Beitr. 3, 1876, 373–490.
4. Batts, Michael S.: Poetic Form as a Criterion in Manuscript Criticism, in: MLR 55, 1960, 543–552 [vgl. Batts 1961; viele Aventiuren sind in *B symmetrisch gebaut (vgl. Kap. IV.1), es ist deshalb *A und *C vorzuziehen.]
Betz, Werner: Plädoyer für C als Weg zum älteren Nibelungenlied, in: Mediævalia litteraria. Fs. f. Helmut de Boor zum 80. Geb. München 1971, 331–341 [C bietet in vielen Fällen einen ursprünglicheren Text als A und B.]

Braune, Wilhelm: Die Handschriftenverhältnisse des Nibelungenliedes, in: Beitr. 25, 1900, 1–222.
Gutenbrunner, Siegfried: Votum für A. Zur Handschriftenfrage beim Nibelungenlied, in: ZfdPh 78, 1959, 39–49.
Krogmann, Willy: Zur Textkritik des Nibelungenliedes, in: ZfdA 87, 1956/57, 275–294.
5. Brackert, Helmut: Beiträge zur Handschriftenkritik des Nibelungenliedes. (Quellen und Forschungen NF 11) Berlin 1963.
Bumke, Joachim: Zu Brackert 1963, in: Euphorion 58, 1964, 428–438.
Kochendörfer, Günter: Das Stemma des Nibelungenliedes und die textkritische Methode. Freiburg i. Br. 1973.
Schröder, Werner: Zu Brackert 1963, in: ders., Nibelungenlied-Studien. Stuttgart 1968, 19–47.

4.2. Mündliche Epik

Entstehungsgeschichte und Überlieferung des Nibelungenliedes werfen immer wieder die Frage nach seiner Offenheit bzw. Geschlossenheit auf. Man hat versucht, diese Frage auch mit Hilfe der *theory of oral-formulaic composition* zu beantworten (vgl. S. 226). Diese Theorie wurde von Milman Parry und Albert B. Lord aus der Homer-Forschung entwickelt. Parry wies zu Anfang des Jahrhunderts in den homerischen Epen eine Vielzahl von Formeln und formelhaften Wendungen nach. Sie mußten nach seiner Ansicht, da sie wiederholbar und austauschbar waren, in mündlicher Kompositionsweise entstanden sein. Sich anschließende Fallstudien analphabetischer Sänger in Süd-Jugoslawien und Vergleiche europäischer Epenkulturen, die bis in die Gegenwart reichen, untereinander, zeigten einen ähnlichen Erzählstil (Lord 1965, Bowra 1964). Formelschatz, Handlungsstruktur und wiederkehrende Erzählschablonen erlaubten einen tiefen Einblick in die Funktionstechnik des Epenvortrags, in einen Kompositionsstil, der, aus der Tradition schöpfend, ein Epos während des Vortrages entstehen läßt. Objektiver Stil, eine episch-distanzierende Darstellungsweise, die Veräußerlichung von Gedanken und Gefühlen, die „Poesie der Tat" gehören zur Typik. Der Sänger komponiert bei jedem Vortrag neu, er bewahrt zwar die Substanz, nicht aber den präzisen Wortlaut, er ist gleichzeitig Erzähler und Schöpfer. Meist ist er Illiterat. Er improvisiert mit Hilfe seiner Formeln, Erzählschablonen und Handlungsgerüste, und er ist dabei überzeugt, seinen Text jedes Mal wortgetreu wiederzugeben. In einer Stunde könnte er etwa 125 vierversige Langzeilenstrophen vortragen; 19 Stunden würde ihn also unser Lied in Anspruch nehmen, etwa eine Woche mittäglicher oder abendlicher Vorträge.

Der Grundstein mündlicher Epik ist die Formel:

„A group of words which is regularly employed under the same metrical conditions to express a given essential idea" (Lord 1965, 58; Haymes 1977, 7).

Die Formel, mit deren Definition jede vertiefende Untersuchung ringt, unterliegt den Prinzipien *extension* (‚Dehnbarkeit', Vielfalt der Epitheta) und *economy* (‚Sparsamkeit'). Sie ist zu einem *formulaic system* erweiterbar, der „eigentlichen Grundstruktur mündlicher Dichtung" (Fry 1967, 203); sie galt lange Zeit als sicheres Indiz für Mündlichkeit: mit ihrer Hilfe sollte auf präliterarische (‚vorschriftliche') Formen des Erzählens geschlossen werden können.

Die Grundgedanken der *oral-poetry*-Forschung wurden auf verschiedene mittelalterliche Texte, darunter auch das Nibelungenlied, übertragen. Franz Bäuml (1967) machte Front gegen Heusler, dessen jüngste Liedschicht er als die ältere, formelhafte nachweisen wollte. Den überlieferten Text interpretierte er nicht als „mündliche Dichtung", sah aber dessen Ursprung „in mündlicher Tradition" (Bäuml/Ward 1967, 363). Vor der Jahrhundertwende sei er niemals schriftlich fixiert worden (Bäuml/Bruno 1972, 482).

Um die Formelhaftigkeit mittelhochdeutscher Epik zu bestimmen, wurden quantitative Methoden herangezogen (vgl. Bäuml/Fallone 1976). Gegen ein solches schematisches Vorgehen wandte sich u.a. Hans Fromm: weder Formeln noch einfache Wiederholungen seien mechanisch auffindbar und beweisbar.

Die „sprachliche Variation" besitze bei den homerischen Gesängen „einen anderen Stellenwert" als im Nibelungenlied: „Formel und Variation bestimmen sich im Hinblick auf die schriftkulturelle Situation und die Merkmale des Versmaßes je verschieden. Die Formel, Sprach-, aber auch Handlungsformel, ist zudem nur voll aussagekräftig in einer vorschriftlichen oder von gleichzeitiger Schriftlichkeit isolierten mündlichen Kultur, denn in einer symbiotischen Mischkultur wird die Formel der Mündlichkeit schriftliterarisches Ausdrucksmittel mit gattungsdefinierender Aufgabe" (Fromm 1974, 66 f.).

Fromms These: Die umfangreiche Zahl der Handschriften mit vielfach gemeinsamem Textbestand zwingt dazu, ein „Original" anzunehmen, das aufgeschrieben wurde und *eine* Fassung des Sagenstoffs repräsentierte; es stand in Konkurrenz zu anderen, die mündlich umliefen. Das „Original" habe eine Persönlichkeit fixiert, „vielleicht ein vortragender Sänger, wahrscheinlich spielmännischen Zuschnitts", ein „Dichter eingeschränkter Autorität – wegen der symbiotischen Konkurrenz gleichzeitiger nibelungischer Mündlichkeit" (ebd., 70 f.).

„Der Typus [des Dichters], den wir suchen, muß entkleidet werden von der Aura des Sänger-Rhapsoden, der in einer, womöglich blinden, Absonderung von der ihn umgebenden Bildungswelt erinnerungsmächtig Inhalte und Traditionen fernster Vergangenheit bewahrt, dessen Begabung sich in der Fülle des Erinnerungswissens und seiner reinen Wiedergabe erschöpft; er ist ebenso zu entkleiden von dem Dichter-Begriff, an dem sich die Germanisten seit je erwärmen: bildungsweit, voll ‚begnadeter' Phantasie, weltanschaulichen Hintersinns und freischöpferischer vates-Größe [*vates:* ‚Seher', gottbegnadeter prophetischer Sänger]" (ebd., 69). Vgl. auch Heinrichs 1979, der statt vom Verfasser vom „Originator" spricht: „Wenn im Mittelalter jemand, der ein guter Geschichtenerzähler war und dazu schreiben gelernt hatte, auf den Gedanken kam, seine Geschichte niederzuschreiben, um sie dann vorzutragen oder vortragen, vorlesen zu lassen, er also Verfasser im heutigen Sinne wurde, dann hat er wohl kaum geglaubt, daß er etwas grundsätzlich anderes als vorher gemacht hat" (1979, 94 f.).

Ein Vergleich zwischen Nibelungenlied und Gottfrieds von Straßburg „Tristan" führte Haymes zu dem Schluß, daß die Sprache der Langzeilenstrophen „die Sprache einer mündlichen epischen Dichtung" sei, da deren Organisation nicht auf andere Genres übertragbar sei (1975, 104 f.). Die traditionellen Erzählstrukturen seien „durch ihre Anwendung in mündlicher Epik Publikum und Sänger tausendfach bekannt" gewesen, hätten das Unbewußte ergriffen (ebd., 105).

Die Wende gegen Heusler und die Vorstufenforschung wies Hoffmann zurück; er lehnte die Eingriffe der Parry-Lord-Schule in die Interpretation mittelhochdeutscher Heldenepik ab und meinte, man habe „sich auf jeden Fall den berufsmäßigen Rezitator im Besitz eines Vortragsexemplars zu denken, d. h. eines seinem Vortrag zugrundeliegenden *buoches,* einer ‚Rezitierrolle'" (1974, 53; vgl. die Überlegungen von Menhardt 1927 zur Nibelungenhandschrift Z; s. S. 70). Wie Fromm unterscheidet er die westeuropäische literarische Kultur von jener, auf der die Theorie mündlicher Epik fußt. Analphabetismus ist nicht in jeder Kultur dasselbe, ist vor allem im deutschen Mittelalter nicht nur auf die Unterschichten beschränkt (vgl. Wehrli 1984, 57). Dieses Mittelalter bringt eine eigene Kulturform aus lateinischer Dichtung und Gelehrtensprache, aus fremder und einheimischer volkssprachlicher Dichtung hervor (vgl. aber Bäuml/Ward 1967, Bäuml 1968, Bäuml/Bruno 1972, Bäuml 1980).

1977 stellte Michael Curschmann erneut die Frage nach dem Wie und der Form der Überlieferung von der Völkerwanderungszeit bis ins Jahr 1200 und nach den Handschriftenvarianten (A, B, C). Formeln, formelhafte Wendungen usw. können jederzeit die metrische Regelmäßigkeit als Ordnungsprinzip des Textes überschreiten (1977, 69). Es ist das Phänomen der „active interdependence of the two cultures that we must make part of the critical apparatus we use to interpret the Nibelungenlied as a work of art" (ebd., 74).

Die dem Nibelungenlied zugewandten, mit seiner Forschungsgeschichte vertrauten Gelehrten haben sich in jüngster Zeit von der internationalen heldenepischen Weite verstärkt wieder dem Text zugewandt und dabei die „Klage" mit einbezogen (Curschmann 1979, Wachinger 1981, Voorwinden 1981; vgl. auch Gillespie 1972, s. S. 245). Curschmann sieht unter den literaturhistorischen Bedingungen des 12. Jahrhunderts zwei Möglichkeiten, sich der unterschwellig-mündlichen Tradition des Heldenliedes oder Heldenepos zu stellen: Man kann sie ins Literarische verlängern, d. h. den Stoff zugleich mit dem Baustil und der Sprache übernehmen (Nibelungenlied), oder man kann über Heldendichtung schreiben („Klage"). Die Formelsprache im Lied ist die literarisch bewußt stilisierte, aber nicht gebrochene Fortsetzung mündlicher Tradition; sie ist „nibelungisch", d. h. an die Form der Nibelungenstrophe gebunden. Curschmann deutet die 1. Strophe des Epos (*constructio apo koinou,* s. aber S. 102 u. Kap. II.1 insgesamt) als „literarisch-poetische Metapher für den Akt mündlichen Erzählens" (1979, 95). Im *nu* verbindet sie die *alten mæren* mit dem gegenwärtigen Erzählen.

Curschmann bucht die Gewinne, die die *theory* für die Mittelalterforschung gebracht hat: „[...] ohne daß damit jeweils notwendig die Kompositions*art,* der *modus operandi,* definiert wäre, erkennen wir neben einem literarisch-schriftlichen, artifiziell strukturierenden Stil einen Kompositions*typ,* der sehr viel eher unserer Vorstellung oder Erfahrung davon entspricht, wie man ‚aus dem Stegreif' dichtet. Seine Sprache ist traditionsgebunden, stereotyp-wiederholend und flach, d. h. ohne die Dimension subjektiver Distanz zum Stoff und insofern auch ohne eigene Erzählperspektive; und sie ist formelhaft, was hier mehr im Sinn des allgemeinen Eindrucks als im Sinn meßbarer Größen verstanden sei. Daß ein solcher Stil eher einer von analphabetischen Dichter-Sängern geschaffenen und tradierten mündlichen Dichtung angemessen ist und hier auch seinen Ursprung hat, liegt auf der Hand, aber es ist nicht einzusehen, warum er deshalb dem schreibenden (oder diktierenden!), ‚gebildeten' Dichter nicht zugänglich sein sollte" (1979, 89).

Wachinger möchte den Stil des ‚Nibelungischen' nicht erst dem letzten Dichter zuschreiben, sondern annehmen, „daß die Literarisierung mündlich-epischen Stils zum uns sichtbaren ‚Nibelungischen' hin in einem längeren mehrstufigen Prozeß erfolgt ist" (1981, 93). Er spricht von einem „mündlich-offenen Gebrauchscharakter des Nibelungenliedes vor dem Archetypus" (ebd., 96), dem er sich also nicht wie die *oral-poetry*-Forschung verweigert (vgl. Bäuml/Ward 1967, 362 ff.). Schließlich könnte die „Klage" „die Voraussetzung dafür gewesen sein, daß das Nibelungenlied aus einer primär mündlichen Existenzform (die, wie wir mit Curschmann meinen, Vortragsmanuskripte nicht ausschloß, die aber eigentlich nicht teilhatte an der volkssprachlichen Schriftliteratur) den Weg in die Buchliteratur gefunden hat und von nun an mit der ‚Klage' in einen geregelten Abschreibbetrieb kam" (1981, 99).

Wir werden also neben den „reinen" Formen, wenn wir diese hinsichtlich der Mündlichkeit überhaupt fordern wollen, auch gemischte annehmen müssen – mündliche, schriftlich gestützt; schriftliche, mündlich erweitert oder mündlichen Stil nachahmend: eine reiche Skala vom fließenden zum festen Text, mag auch sein, daß ein fester Text zerfloß, um sich wieder zu festigen. Alles in allem ist durch die *theory* unser Blick geschärft worden für die Möglichkeiten epischen Erzählens. Die „Formelhaftigkeit" des Nibelungenepos könnte eine lange Überlieferungsgeschichte spiegeln, sie könnte auch als ein Kompositionsprinzip planvoll eingesetzt sein.

Die Diskussion um die mündliche Tradition im Zusammenhang mit dem Prozeß der Literarisierung ermöglicht neue Erkenntnisse über die Funktion epischer Dichtung, ihre inhaltlichen und rezeptionsästhetischen Aufgaben. Die Überlegungen zum Dichten in einer vorliterarischen Gesellschaft können für die Literatur- und Geistesgeschichte der mittelalterlichen Dichtung nicht ohne Folgen bleiben (neuer Dichter- und Literaturbegriff). Die *theory of oral-formulaic composition* veranschaulicht die Entstehung und funktionelle Mechanik von Epen und läßt Rückschlüsse auf mögliche mündliche Faktoren zu. Ihre Kriterien sollten jedoch nicht rein mechanisch angewandt werden, und sie sollten nicht die einzigen Aspekte sein, wenn die mündliche Entstehung eines Epos erwogen wird. Die *theory* liefert nur das Handwerkszeug für weiterführende Beobachtungen und Auswertungen, ihre Chance für das Nibelungenlied könnte in einer engeren Verknüpfung mit der Vorstufentheorie liegen, aber auch darin, daß sie die Offenheit des Textes zur Mündlichkeit und zum Alltag von Publikum und Produzent mit reflektiert. Zur Zeit ist sie dabei, sich mit anthropologischen und folkloristischen Studien zu verbinden und eine Abzweigung als *theory of oral prose* (Curschmann 1984) zu entwickeln (vgl. auch S. 231 f.).

Teilbibliographie XIV

Die Diskussion über das Verhältnis von *oral poetry* und Nl ist in den letzten Jahren sehr rege gewesen, einen zusammenfassenden Überblick gibt es noch nicht. Deshalb ist das folgende Literaturverzeichnis verhältnismäßig umfangreich.

Bäuml, Franz H.: Der Übergang zur artes-bestimmten Literatur des Mittelalters, in: Fachliteratur des Mittelalters. Fs. f. Gerhard Eis. Stuttgart 1968, 1–10 [Auswirkungen der Denk- und Perzeptionsschemata, die von der *artes*-Literatur verkörpert werden; ein mündlich-formulaischer Text wird, bedingt durch die Erwartungshaltung des Publikums, schriftlich gestaltet.]

Ders.: Medieval Literacy and Illiteracy: An Essay toward the Construction of a Model, in: Germanic Studies in Honor of Otto Springer. Ed. E. Kaplowitt. Pittsburgh 1978, 41–54.

Ders.: Varieties and Consequences of Medieval Literacy and Illiteracy, in: Speculum 55, 1980, 237–265 [Gegenüberstellung lateinischer Schriftkultur und der isotopischen Struktur der Volkssprachen; beider Vereinigung auf dem Weg zur illusionierenden Funktion schriftlicher Dichtung.]

Ders./Bruno, Agnes M.: Weiteres zur mündlichen Überlieferung des Nibelungenliedes, in: DVJS 46, 1972, 479–493 [Mit der schriftlichen Fixierung des Textes wechselt das Epos in eine privilegierte gesellschaftliche Gruppe. Formelanalysen als Vorbereitung einer computerfähigen Untersuchung des Nl.]

Ders./Fallone, Eva Maria: A Concordance to the Nibelungenlied. (Compendia Computer Generated Aids to Literary and Linguistic Research VII) Leeds 1976.

Ders./Spielmann, Edda: From Illiteracy to the Literacy: Prolegomena to a Study of the Nibelungenlied, in: Forum for Modern Language Studies 10, 1974, 248–259 [Die Verfasser sehen eine mündliche Tradition als Ausgangspunkt für die schriftliche Version des Nl im Rahmen seiner Höfisierung, sie geben Denkanstöße für die Anwendung literarhistorischer Fakten der *theory* in der Literaturwissenschaft. Ausführliche Überlegungen zur Funktion mündlicher Dichtung im Gegensatz zur schriftlich fixierten.]

Ders./Ward, Donald J.: Zur mündlichen Überlieferung des Nibelungenliedes, in: DVJS 41, 1967, 351–390 [Polemik gegen Heuslers Vorstufentheorie; Überlegungen zu Spuren mündlicher Tradition im Nl, die, in Anwendung der *theory,* in diplomatischen Abdrucken des Textes nachzuweisen sind.]

Bowra, Cecil M.: Heldendichtung. Eine vergleichende Phänomenologie der heroischen Poesie aller Völker und Zeiten (1952). Stuttgart 1964.

Brackert 1963.

Capek, Michael J.: A Note on Oral Formulism in the *Nibelungenlied,* in: Modern Language Notes 80, 1965, 487–489 [Sammlung einiger Formeln].

Curschmann, Michael: Oral Poetry in Medieval English, French, and German Literature: Some Notes on Recent Research, in: Speculum 42, 1967, 36–52 [Übersicht über die *theory* bis 1967 und Kritik].

Ders.: „Spielmannsepik". Wege und Ergebnisse der Forschung von 1907–1965. (Referate aus der DVJS) Stuttgart 1968 [Grundlegende Untersuchung zur Gattung „Spielmannsepik"].

Ders.: The Concept of the Oral Formula as an Impediment of Medieval Oral Poetry, in: Mediaevalia et Humanistica 8, 1977, 63–76 [Auswertung verschiedener Ansätze zur Überlieferung des Nl in bezug auf die *theory;* Einbeziehung der „Klage" als schriftlicher „Herausforderung" der mündlichen Tradition des Liedes].

Ders.: ‚Nibelungenlied' und ‚Nibelungenklage'. Über Mündlichkeit und Schriftlichkeit im Prozeß der Episierung, in: Deutsche Literatur im Mittelalter – Kontakte und Perspektiven. Hugo Kuhn zum Gedenken. Hrsg. v. Christoph Cormeau. Stuttgart 1979, 75–119 [Nl und „Klage" sind zwei „literarisch-ästhetische Antworten auf ein und dieselbe Situation".]

Ders.: The Prologue of *Thiđreks saga:* Thirteenth-Century Reflections on Oral Traditional Literature, in: Scandinavian Studies 56, 1984, 140–151 [Die "Thiđrekssaga" basiert auf einer mündlichen prosaischen Quelle, die Geschichten („Heldensage") enthielt, die praktisch jedermann erzählen konnte. Arbeitshypothese: der *theory of oral poetry* eine *of oral prose* entgegenzusetzen.]

Fromm, Hans: Der oder die Dichter des Nibelungenliedes, in: Colloquio italo-germanico sul tema: I Nibelunghi. (Accademia Nazionale dei Lincei. Atti dei Convegni Lincei 1) Rom 1974, 63–74 [Vorsichtige Einflechtung der *theory* in die traditionelle Literaturbetrachtung].

Fry, Donald K.: Old English Formulas and Systems, in: English Studies 48, 1967, 193–204 [Beispiel der Anwendung der *theory* auf anglo-sächsische Dichtung].

Grundmann, Herbert: Litteratus – illitteratus. Der Wandel einer Bildungsnorm vom Altertum zum Mittelalter, in: Archiv f. Kulturgeschichte 40, 1958, 1–65 [zum Problem der Verschriftlichung der Volkssprache, die seit dem 12. Jh. immer mehr an Raum gewinnt].

Haug 1981.

Havelock, Eric A.: Preface to Plato. Oxford 1963 [Grundlegende Einführung in das Verständnis der vorliterarischen Antike].

Haymes, Edward: Mündliches Epos in mittelhochdeutscher Zeit. (GAG 164) Göppingen 1975 [Haymes 1975/I; die streng synchronische Untersuchung sieht das Nl als (selbst-)diktierte mündliche Komposition.]

Ders.: The Oral Theme of Arrival in the *Nibelungenlied*, in: Colloquia Germanica 9, 1975, 159–166 [Haymes 1975/II; Applikation des Begriffs *theme* aus der *theory* auf das Nl].

Ders.: Das mündliche Epos. Eine Einführung in die ‚Oral Poetry'-Forschung. (Sammlung Metzler 151) Stuttgart 1977.

Haymes 1984 [Hält den Nl-Dichter für „weniger traditionsgebunden" als etwa Fromm 1974, weil er den alten Stoff durch die neue Höfik überformte.]

Heinrichs, Heinrich Matthias: Zum Problem des Verfassers in der Mündlichkeit, in: Studien zur deutschen Literatur des Mittelalters. Hrsg. v. Rudolf Schützeichel. Bonn 1979, 86–95.

Hennig, Ursula: Die Bezeichnung des Redeeingangs im Nibelungenlied – eine ‚Formel'?, in: Medium Aevum deutsch. Fs. f. Kurt Ruh zum 65. Geb. Tübingen 1979, 165–174 [Vergleichende Untersuchung zwischen Redeeingängen in Otfrids Evangelienbuch und dem Nl, um die These von der Formelhaftigkeit = Mündlichkeit des Redeeingangs in Frage zu stellen.]

Hoffmann 1974, 53–59 [Lehnt eine vortragsmäßige Entstehung des Nl ab].

Holzapfel, Otto: Homer – Nibelungenlied – Novalis. Zur Diskussion um die Formelhaftigkeit epischer Dichtung, in: Fabula 15, H. 1/2, 1974, 34–46 [Zeigt die Gefahren bei der Anwendung der *theory* auf die uns überlieferte Dichtung auf, indem er Novalis' „Heinrich von Ofterdingen" als in mündlicher Tradition entstanden einordnen kann.]

Ders.: Balladeske Umformungen des Nibelungenstoffes und kompositorische Formelhaftigkeit im Nibelungenlied, in: Hohenemser Studien zum Nibelungenlied. Hrsg. v. Achim Masser. Dornbirn 1981, 138–147.

Lord, Albert B.: Der Sänger erzählt. Wie ein Epos entsteht (1960). München 1965 [Das Werk ist mit seiner Beschreibung der mündlichen Kompositionsweise südslawischer Barden die Grundlage der *oral-poetry*-Forschung geworden.]

Meier, John: Werden und Leben des Volksepos (1909), in: Das deutsche Versepos. Hrsg. v. W. J. Schröder. (WF 1969) Darmstadt 1969, 143–181 [M.

beschreibt in gesamteuropäischem Zusammenhang die Kunst des Rhapsoden, Lieder zu schaffen; Nähe zur späteren *theory*. Kritik an Heuslers These vom Übergang vom Lied zum Epos.]

Menéndez Pidal, Ramón: Volksdichtung und traditionelle Dichtung in der spanischen Literatur (1922), in: ders., Dichtung und Geschichte in Spanien. Aufsätze und Vorträge. Leipzig 1984, 5–43 [Prangert die „übertriebene Hervorhebung der Individualität des Künstlers in unserer Zeit" an, S. 41.]

Ong, Walter I.: Orality and Literacy – The Technologizing of the Word. New York 1982.

Stein, Peter K.: Orendel 1512. Probleme und Möglichkeiten der Anwendung der *theory of oral-formulaic poetry* bei der literaturhistorischen Interpretation eines mittelhochdeutschen Textes, in: Hohenemser Studien zum Nibelungenlied. Hrsg. v. Achim Masser. Dornbirn 1981, 148–163 [Geistreiche methodologische Kritik an der *theory*].

Voorwinden, Norbert: Nibelungenklage und Nibelungenlied, in: ebd., 102–113 [„Das Nibelungenlied hat bis ins späte 12. Jh. ausschließlich als mündliche Dichtung existiert; es hatte noch keine feste Form und konnte sich von Vortrag zu Vortrag wandeln. Einen solchen Vortrag muß auch der ‚Klage'-Dichter gehört haben", S. 110.]

Ders.: Lorsch im ‚Nibelungenlied'. Die Hs. C als Bearbeitung einer schriftlich fixierten mündlichen Dichtung, in: Stauferzeit. Geschichte. Literatur, Kunst. Hrsg. v. Rüdiger Krohn, Bernd Thum, Peter Wapnewski. (Karlsruher Kulturwissenschaftliche Arbeiten 1) Stuttgart 1978, 279–294 [Die Plusstrophen in C stammen nicht aus mündlichen Vorträgen. Die drei Haupthss. gehen auf *einen, geschriebenen,* Text zurück, der seinerseits auf mündlichen Vortrag zurückgeht. Z ist die eigentliche *C-Bearbeitung und in Lorsch entstanden.]

Ders./de Haan, Max (Hrsg.): Oral Poetry. Das Problem der Mündlichkeit mittelalterlicher epischer Dichtung. (WF 555) Darmstadt 1979 [Sammlung wichtiger Aufsätze zur Anwendung der *theory* von Francis P. Magoun (1953) bis C. Soeteman (1977)].

Wachinger, Burghart: Die ‚Klage' und das Nibelungenlied, in: Hohenemser Studien zum Nibelungenlied. Hrsg. v. Achim Masser. Dornbirn 1981, 90–101.

Wehrli 1984, 47–67 [Fundierter einführender Überblick über das Verhältnis von Mündlichkeit und Schriftlichkeit].

II. Handlung und Interpretation – episches Erzählen: Teil A (1.–19. Aventiure)

0. Vorbemerkung, Bibliographie (Spezialstudien)

Um die Kapitel dem Umfang nach einigermaßen gleich zu gewichten, schien es sinnvoll, den Text in zwei Teilen zu behandeln. Die Zweiteilung ergibt sich durch die Gliederung des Epos selbst (1.–19. und 20.–39. Aventiure), sie wird während der folgenden Interpretation öfters thematisiert werden.

Der besseren Übersicht halber werden die Kapitel nach thematisch enger zusammengehörigen Strophengruppen gegliedert. Diese Gliederungen sind nicht als vom Epiker vorgegebene Struktureinheiten zu verstehen.

Außer den hier aufgelisteten Spezialstudien ist immer auch die Gesamtbibliographie am Schluß des Bandes zu Rate zu ziehen. Unter der Überschrift „Hinweise“ werden am Ende eines jeden Kapitels Fragen, die in dem betreffenden Kapitel besonders angesprochen wurden, mit weiterführenden Literaturangaben versehen.

Teilbibliographie XV

Stil, Erzähler, Erzählweise

Erzähler, Anonymität

Bowra 1964 [Anonymität ist ein Merkmal der internationalen Heldendichtung.]

Fluss, Ingeborg: Das Hervortreten der Erzählerpersönlichkeit und ihre Beziehung zum Publikum in mittelhochdeutscher strophischer Heldendichtung. (Hamburger Philologische Studien 9) Diss. Phil. Hamburg 1971.

Hamburger 1952 [Zur Interpretation von Stil und Erzählhaltung im Nl sollte man von der Frage ausgehen: Was sagt der Dichter nicht? Die Erzählhaltung des Nl-Erzählers ist dadurch charakterisiert, daß es „nichts Hintergründiges, im eigentlichen Sinne Problematisches gibt, eine Charakteranlage etwa, auf die man schließen müßte“, S. 70.]

Hatto, A.T.: *Ine weiz* ... Diplomatic Ignorance on the Part of Medieval German Poets, in: German Studies. Presented to Leonard Ashley Willoughby. Oxford 1952, 98–107.

Höfler, Otto: Die Anonymität des Nibelungenliedes (1955), in: Zur germanisch-deutschen Heldensage. Hrsg. v. Karl Hauck. (WF 14) Darmstadt 1965, 330–392 [Es gab ein „Anonymitätsgesetz“ der germanischen Heldendichtung, die Dichter wollten ein Bild der Vorzeit geben, keine Erdichtung.]

Jauß, Hans Robert: Ästhetische Erfahrung und literarische Hermeneutik. (Suhrkamp Wissenschaft. Weißes Programm) Frankfurt 1984 [Grundlegende Überlegungen zum epischen Erzählen, zum Verhältnis von Fiktion und Wirklichkeit, zum Gebrauch der Fiktion in der Darstellung von Geschichte u. a.].

Linke, Hansjürgen: Über den Erzähler im Nibelungenlied und seine künstlerische Funktion, in: GRM 41, 1960, 370–385 [Nachweis einer Erzählerfigur im Nl, die sich gegen Ende stufenweise zurückzieht].

Pörksen, Uwe: Der Erzähler im mittelhochdeutschen Epos. (Philologische Studien und Quellen 58) Berlin 1971.

Scholz 1980.

Zink, Georges: Pourquoi la *Chanson des Nibelungen* est-elle anonyme?, in: EG 10, 1955, 247–256.

Vorausdeutung

Beyschlag, Siegfried: Die Funktion der epischen Vorausdeutung im Aufbau des Nibelungenliedes, in: Beitr. 76, Tü. 1955 (recte 1954), 38–55.

Bonjour, Adrien: Anticipations et prophéties dans le Nibelungenlied, in: EG 7, 1952, 241–251 [Die Vorausdeutungen untermalen die tragische Atmosphäre in bemerkenswerter Weise.]

Burger, Harald: Vorausdeutung und Erzählstruktur in mittelalterlichen Texten (1969), in: Zeitgestaltung in der Erzählkunst. Hrsg. v. A. Ritter. (WF 447) Darmstadt 1978, 247–277.

Wachinger 1960 [s. Kap. IV.1].

Erzählschemata, Erzählfiguren

Karg, Fritz: Die construction *apo koinou* im Mittelhochdeutschen, in: Beitr. 49, 1925, 1–63.

McCarthy, Sister Mary Frances: Commoratio in the ‚Nibelungenlied', in: Monatshefte 65, 1973, 249–259 [Nachweis der begeisterten (emphatischen) Unterstützung eines Themas *(commoratio)* durch den Dichter, sei es ein Aspekt des Hauptthemas oder eines wichtigen Aventiure-Themas].

Dies.: The Use of Rhetoric in the *Nibelungenlied:* A Stylistik and Structural Study of *Aventiure* V, in: Modern Language Notes 87, 1972, 683–700.

Tisdell, Marie-Elisabeth: Studien zur Erzählweise einiger mittelhochdeutscher Dichtungen. (EH I/217) Bern, Frankfurt, Las Vegas 1978 [Nachweis von elf traditionellen Erzählschemata im Nl, die den beiden Hauptthemen, abenteuerliche Brautfahrt und Rivalität, dienen. Beim Thema der Rivalität sprengt der Dichter die alten Schemata und gelangt zu einer individuellen Erzählweise, während er beim Brautwerbungsthema konventionell bleibt. Der häufige Gebrauch von Wortpaaren gibt der Erzählung ein sehr formalistisches Gepräge, die Paare werden jedoch geschickt variiert.]

Ironie und Humor

Love, Carla Jean: Ironic Characterization in the Nibelungenlied. Phil. Diss. The Johns Hopkins University 1979 [Die konventionellen höfischen und heroischen Charakterisierungen der Gestalten werden oftmals in ironischer Absicht gebraucht, nicht nur in isolierten Handlungssituationen, sondern über ausgedehnte Teile der Erzählung. Diese ironischen Charakterisierungen demaskieren die Bedeutungslosigkeit höfischer und heroischer Qualitäten ebenso wie die tiefe Diskrepanz zwischen Schein und Sein in der epischen Welt. Kap II gibt einen Überblick über die Forschungen zur Ironie im Nl; die Studie überzeugt nicht, sie sichert sich nicht durch eine Analyse des Stils der heroischen Dichtung ab.]

Mayer, Hartwig: Humor im Nibelungenlied. Diss. Phil. Tübingen. Ulm 1966 [Drei Humorgruppen: spielmännische (Hochzeitsnächte, Alberich und die Riesen, Tarnkappe, Jagd), höfische (Kriemhilds Falkentraum, partiell der Minneroman zwischen Siegfried und Kriemhild und die 27. Aventiure), heroische (Männervergleiche, Reizreden, Verspottungen, Kampfhumor). Rumold, Brünhild, Hagen und der Kaplan tragen komische Züge.]

Sacker, Hugh: Über Ironie und Symbolismus im Nibelungenlied (1960/61), in: WF 54, 201–217 [Die Haupthandlung ist nicht durch und durch ernst zu nehmen. Die Brüche, die S. zwischen Kommentar und Handlung festzustellen meint, überzeugen nicht, weil er die Gestalten nicht als Einheit sieht und die potentielle Mehrdeutigkeit mittelhochdeutscher Wörter auch dann fordert, wenn sie eindeutig gebraucht sind. Teilweise werden Symbole tiefenpsychologisch interpretiert.]

Zeit

Hillen, Hans Jürgen: Die dichterische Behandlung der Zeit im Nibelungenlied. Diss. Phil. Masch. Köln 1951.

Steinhoff, Hans Hugo: Die Darstellung gleichzeitiger Geschehnisse im mittelhochdeutschen Epos. (Medium aevum 4) München 1964 [Nl S. 77–95; der Zeitplan im Epos ist nicht genau fixierbar, aber es gibt ein Bewußtsein für die Zeit. Der Dichter erzählt in der Regel keine gleichzeitig sich ereignenden Geschehnisse, „er stellt im allgemeinen nur *eine* Handlung dar und läßt eine etwa mögliche zweite ganz beiseite", S. 79; wichtige Ausnahmen dieser „einplanigen" Erzählweise: Doppelhochzeit, Fensterschau auf Isenstein.]

Thomsen, Ingrid: Darstellung und Funktion der Zeit im Nibelungenlied, in Gottfrieds von Straßburg „Tristan" und in Wolframs von Eschenbach „Willehalm". Diss. Phil. Masch. Kiel 1962 [Die Formanalyse stellt ein dynamisches, die Gehaltsanalyse ein ungeschichtliches statisches Zeitbild heraus. „Die dem Werk zugrundeliegende Zeitkonzeption ist vorchristlich", S. 66.]

Wachinger 1960.

Die hier behandelten Fragen können auch Gegenstand von Gesamtdarstellungen und Spezialuntersuchungen über Sinn, Struktur und Ethos sein (s. Gesamtbibliographie), die Fragen zum Erzähler sind eng mit denen zum Dichter (Kap. IV.3, Kap. IV.4) verknüpft.

Gestalten

Schwerpunkt: Gestaltengruppen

Bekker, Hugo: Kingship in the *Nibelungenlied*, in: GR 41, 1966, 251–263 [Die Auffassung einzelner Personen über das Königtum: Für Brünhild liegt das Wesen des Königtums in der Person, für Kriemhild in den Regalien; Brünhild ist zuerst Königin, dann Frau, der Streit mit Kriemhild bringt für sie kein Licht in die Kämpfe auf Isenstein.]

Gillespie 1973 [Namenliste der Helden in der deutschen Heldensage; wichtig, um die besonderen Charakterisierungen des Nibelungenepikers herausarbeiten zu können].

Love 1979 [zur ironischen Charakterisierung der Gestalten; s. o. unter Ironie und Humor].

Spiewok, Wolfgang: Funktion und Gestalt der Heroik in der deutschen Literatur um 1200. Zur Charakteristik des epischen Helden in der hochmittelalterlichen deutschen Literatur und zum Wandel des Heldenideals (1963), in: ders., Mittelalter-Studien. (GAG 400) Göppingen 1984, 151–168 [Die Literatur um 1200 begründet im allgemeinen den Herrschaftsanspruch der Feudalklasse und bettet „daher die berufliche Aktion der Angehörigen dieser Klasse in ein verklärendes Ethos" ein, S. 163. Dieser Tendenz entzieht sich das Nl, in dem die „glänzende feudalhöfische Welt schließlich untergeht", S. 164.]

Wahl Armstrong, Marianne: Rolle und Charakter. Studien zur Menschendarstellung im Nibelungenlied. (GAG 221) Göppingen 1979 [In Terminologie und Art der Interpretation eine sehr von Nagels Studien abhängige Arbeit, die die dortigen Ansätze hinsichtlich der Analyse der Menschengestaltung als einer Mischung von Rollenhaft-Funktionalem und Charakterhaft-Individuellem am Beispiel zahlreicher Personen des Epos vertieft. Die Personenbilder sind bisweilen reizvoll, reichen aber kaum über die bisherige Forschung hinaus, die zudem nur partiell und unkritisch rezipiert ist.]

Schwerpunkt: Kriemhild

Anderson, Philip N.: Kriemhild's Quest, in: Euphorion 79, 1985, 3–12 [Das Nl ist „the story of Kriemhild and her quest" (S. 3), d. h. die Suche Kriemhilds nach Rache. Kriemhild ist keine durchpsychologisierte Gestalt, sie ist geprägt vom Wunsch nach Unabhängigkeit. Konzeption des Dichters: Milderung des Unerklärbaren in Kriemhilds Charakter und Darstellung der Verkehrung ihrer Suche nach Gerechtigkeit. Der Hort ist nicht Symbol für Siegfried, sondern für Kriemhilds Suche. Die Studie überzeugt nicht: sprunghafte, stark an der Sekundärliteratur orientierte Argumentation, die sich von Behauptung zu Behauptung schwingt.]

Bischoff, Karl: Die 14. Aventiure des Nibelungenliedes. Zur Frage des Dichters und der dichterischen Gestaltung. (Akad. d. Wiss. u. d. Lit. Mainz) Wiesbaden 1970 [Nachweis der Durchpsychologisierung Kriemhilds als Beleg dafür, daß das Nl von *einem* Dichter stammt].

Hoffmann ^{2}1974, 50–74 [Zeichnung eines tendenziell stimmigen Charakterbildes von Kriemhild].

Laubscher 1954, 14–64 [Stilmittel zur Charakteristik, Entwicklung der Gestalt: Jungfrau, Königin und Witwe, Rächerin. „Ohne eigentliches Verschulden liegt in Kriemhilds Wesen der Keim eines schweren Schicksals", S. 14. Ihre Frömmigkeit ist formal, ein „Ausweg aus lähmender Ohnmacht", S. 50. Immer wieder bricht ihr Machttrieb durch, am Schluß ist sie vom Rachedämon besessen.]

Nagel 1965 [Das Nl ist als Kriemhildroman zu lesen.]

Paroli, Teresa: Varianti redazionali e struttura narrativa del Nibelunghi, in: Studi linguistici e filologici per C. A. Mastrelli. Pisa 1985, 313–337 [Untersuchung der 14. Av.; *C ist eigenständig und dramatisiert stärker als *B.]

Polenz, Peter v.: Der Ausdruck von Sprachhandlungen in poetischen Dialogen des deutschen Mittelalters, in: Zs. f. Germanistische Linguistik 9, 1981, 249–273 [Enthält u.a. eine Analyse der Senna als einer „unmittelbar adressatengerichteten und für die adressaten sozial sehr folgenreichen art von sprachhandeln, einer gesellschaftlichen STATUS-FESTSETZUNG, die als BELEIDIGUNGSKONFLIKT endet, also scheitert", S. 265.]

Rupp 1985 [Kriemhild ist keine politische Gestalt, sie hätte wissen müssen, daß Rache an Hagen allein im Lehensstaat unmöglich ist.]

Schottmann, Hans: Der Streit der Königinnen, in: „Sagen mit Sinne". Fs. f. Marie-Luise Dittrich zum 65. Geb. (GAG 180) Göppingen 1976, 133–155 [Vergleich der Senna in der nordischen und deutschen Überlieferung unter dem Aspekt der motivischen Verschiebungen: „Wie funktionieren gleiche oder ähnliche Motive oder Elemente unter den jeweiligen Voraussetzungen, wie und warum wandelt sich im neuen Kontext die Argumentationsweise?", S. 134.]

Schröder, Walter Johannes: Der Zank der Königinnen im Nibelungenlied. Zur Interpretation mittelalterlicher Dichtungen (1964), in: ders., *rede* und *meine.* Aufsätze und Vorträge zur deutschen Literatur des Mittelalters. Köln, Wien 1978, 146–163 [Der Dichter arbeitet mit zwei Kriemhild-Figuren, die Gestalt ist ohne Psychologie; vgl. Kap. IV.2.]

Schröder, Werner: Die Tragödie Kriemhilts im Nibelungenlied (1960/61), in: ders., Nibelungenlied-Studien. Stuttgart 1968, 48–156 [Grundlegende Ausführungen zur Kriemhild-Gestalt: auf der Einheit ihres Charakterbildes beruht die Einheit des Nl; starke Reibungen mit Maurers „Leid"-Studie. Vgl. Neumann 1967, 128 ff. u. Kap. IV.2.]

Washington, Ida H./Washington Tobol, Carol E.: Kriemhild and Clytemnestra – Sisters in Crime or Independent Women?, in: Cathy Davidson and E. M. Broner: The Lost Tradition: Mothers and Daughters in Literature. New York 1980, 15–21 [Versuch einer feministischen Interpretation Kriemhilds: Kriemhild widmet ihre ganze Kraft der Rache für den Mord an Siegfried und für den Verlust ihrer Unabhängigkeit. Vgl. Anderson 1985. Aus dem Machtmotiv ist für W. ein *independence*-Motiv geworden.]

Weber 1963, 5–21 [„Innerer Untergang des liebenden Weibes aus geraubter Liebesmöglichkeit", S. 21].

Wolf 1965 [Die Senna-Szenen sind ein altes Erbe und dienen zur Enthüllung der menschlichen Leidenschaften. Die Senna des Nl dient vor allem dem Frauenvergleich, sie ist „in einem sehr gut ausgeprägten machtpolitischen Handlungsstrang eingebaut, geht aber darin nicht auf", S. 195. Man muß in dieser Szene mit einer älteren, dem Stoff innewohnenden Typik rechnen. Zur Methode: Das Nl ist von der sprachlich-künstlerischen Bewältigung des Stoffes, nicht von einer Problematik aus zu interpretieren.]

Schwerpunkt: Siegfried

Andersson, Theodore M.: Why Does Siegfried Die?, in: Germanic Studies in Honor of Otto Springer. Hrsg. v. S. J. Kaplowitt. Pittsburgh 1978, 29–39 [Der Grund für Siegfrieds Tod liegt nicht in den Handlungen oder Leidenschaften der Charaktere, sondern allein in der Tradition: „The poet removed the breach of faith in his source and devised nothing adequate with which to replace it. In the Nibelungenlied Siegfried dies for no good reason at all", S. 38.]

Bartels 1982 [Im Rahmen einer Definition des Nl als Epos wird die 3. Aventiure als Beispiel einer Kollision des Heroischen mit institutionalisierter Herrschaft behandelt; solche Kollision ist der prinzipielle Konflikt in der epischen Totalität. Vgl. Kap. IV.3.]

Beyschlag, Siegfried: Das Nibelungenlied als aktuelle Dichtung seiner Zeit, in: GRM 48, 1967, 225–231 [Zur Vasallität Siegfrieds; dessen Vergleich mit Richard Löwenherz und Heinrich dem Löwen. Das Nl handelt von der Bewährung der Bindung zwischen *herre* und *man*.]

Bumke, Joachim: Siegfrieds Fahrt ins Nibelungenland. Zur achten Aventiure des Nibelungenliedes, in: Beitr. 80, Tü. 1958, 253–268 [Überlegungen zur Stoffgeschichte].

Durden, William G.: The Death of Siegfried and the Disappearance of Brunhild, in: GR 51, 1976, 85–92.

Ehrismann, Otfrid: Siefrids Ankunft in Worms. Zur Bedeutung der 3. Aventiure des Nibelungenlieds, in: Fs. f. Karl Bischoff. Köln, Wien 1975, 328–356 [1975/II; Siegfrieds erster Auftritt vor den Burgundenkönigen ist vom Epiker gut motiviert worden.]

Ders.: Siegfried. Studie über Heldentum, Liebe und Tod. Mittelalterliche Nibelungen, Hebbel, Wagner, in: HJb 1981, 11–48 [1981/I].

Fechter, Werner: Siegfrieds Schuld und das Weltbild des Nibelungenliedes. Hamburg 1948 [Siegfrieds Schuld liegt in der Lüge vor Isenstein; er mißbraucht seine Kenntnisse und seine Fähigkeiten. Der Mord stellt die Ordnung wieder her. Der Text um 1200 hat das Weltbild jener Vorstufe bewahrt, die das Germanische mit dem Deutschen verband. F. argumentiert gegen Heusler, nach dessen Ansicht Siegfried schuldlos stirbt.]

Fleet, Mary: Siegfried as Gunther's Vassal, in: Oxford German Studies 14, 1983, 1–7 [Siegfried verfolgt den Plan, Brünhild für Gunther zu gewinnen.]

Haymes, Edward R.: Chevalerie und alte maeren. Zum Gattungshorizont des „Nibelungenliedes", in: GRM 65, 1984, 369–384 [An der Siegfriedhandlung wird der Kontrast zwischen alter und neuer (*chevalerie*-Kultur, d. h. nichts anderes als die Artus- und Minnedichtung) Kultur belegt. Der Nl-Dichter transformierte die traditionelle Gattung des mündlichen Epos mit Hilfe der neuen Kultur in eine „neue Gattung" mit dem Ziel, die Brüchigkeit der neuen höfischen Minnewelt nachzuweisen: „Die Siegfriedgeschichte zeigt die Welt der *chevalerie* unter negativen Vorzeichen", S. 381. Kritik: Die zentrale Rolle der *übermüete* ist nicht thematisiert, Siegfried ist doch in seinem „Hochmut", nicht als höfischer Ritter negativ gezeichnet; die „neue Gattung" ist nicht auf den Epos- oder Romanbegriff bezogen, von dessen Kritik ausgegangen wurde, das Menschenbildproblem (vgl. Kap. IV.2) ist überhaupt nicht angesprochen. Wichtige Forschungsliteratur, gerade zur Gestalt Siegfrieds, ist nicht verarbeitet, und viele Fragen sind verbal überspielt, so daß trotz der Überformung mit strukturalistischer Begrifflichkeit sich aus dieser Studie u. E. keine neuen Gesichtspunkte ergeben. Vgl. Haymes 1986.]

Hoffmann, Werner: Das Siegfriedbild in der Forschung. (Erträge der Forschung 127) Darmstadt 1979.

Krausse, Helmut K.: Die Darstellung von Siegfrieds Tod und die Entwicklung des Hagenbildes in der Nibelungendichtung, in: GRM 52, 1971, 369–378.

Mahlendorf/Tobin 1974 [zum juristischen Handeln Siegfrieds; sein Schwert als Dingsymbol].

Müller, Gernot: Zur sinnbildlichen Repräsentation der Siegfriedgestalt im Nibelungenlied, in: Studia Neophilologica 47, 1975, 88–119 [Überlegungen zu einer Reihe „symbolischer Schaubilder" des Nl: Falke, unhöfischer Minneritter, Siegfried als Vasall. Siegfried erscheint als ein „Geopferter seiner Dienstbarkeit", S. 116, als eine der modernsten Gestalten des Nl. Vgl. G. Müller 1968.]

Müller, Jan-Dirk: Sivrit: *künec – man – eigenholt.* Zur sozialen Problematik des Nibelungenliedes, in: ABÄG 7, 1974, 85–124 [Die Handlung des Nl ist nicht „psychologisch – als Funktion der einzelnen Charaktere" zu interpretieren, sondern soziologisch (in der Nachfolge Gert Kaisers) „auf die in ihr sich abzeichnenden Interaktionsmuster hin", S. 87; vgl. J.-D. Müller 1980.]

Peeters 1986.

Pérennec, R.: La huitième aventure de la Chanson des Nibelungen, in: EG 30, 1975, 1–13.

Ders.: Remarques sur la seizième aventure de la Chanson des Nibelungen, in: EG 28, 1973, 153–166 [In der 16. Av. spiegelt sich das gesamte Epos.]

Ploß 1966.

Salmon, Paul: Sîvrits Oath of Innocence, in: MLR 71, 1976, 315–326 [Zu Str. 860; dem Epiker wird eine hohe dramaturgische Kunst zugesprochen, er habe aber die Motive nicht immer logisch ausgearbeitet.]

Schweitzer, Edward C.: Tradition and Originality in the Narrative of Siegfried's Death in the Nibelungenlied, in: Euphorion 66, 1972, 355–364.

Singer, Carl S.: The Hunting Contest: An Interpretation of the Sixteenth Aventiure of the *Nibelungenlied,* in: GR 42, 1967, 163–183 [Eine Gottfried Weber verpflichtete, gegen die Vorstufentheorien gerichtete Studie.]

Thiébaux, Marcelle: The Stage of Love. The Chase in Medieval Literature. Ithaca, London 1974 [Zum Nl S. 66 ff. Rollentausch Siegfrieds, er wird vom Jäger zum Opfer. Die Jagd spiegelt voraus und zurück, so erinnert z. B. die Vielfalt der Tiere an die Vielfalt von Siegfrieds früheren Taten und auch an die zahllosen Toten am Etzelhof.]

Wilson, Gale Louise: Epic and Symbolic Functions of the Hunt in Five Medieval German Epics. Ph. D. The University of North Carolina at Chapel Hill 1981 [Das Jagdmotiv ist in der mhd. Literatur häufig zu finden und geht auf die Antike zurück; die höfische Gesellschaft hat ein eigenes Jagdritual entwickelt. Die Jagd erlaubt dem Helden, seine Kriegertugenden unter Beweis zu stellen. Die Jagd in der Epik um 1200 hat die Aufgabe, den Leser zum Verständis der jeweiligen Dichtung zu führen. Die Eberjagd im Nl spiegelt die Gefahren, die den Helden im wirklichen Leben drohen.]

Schwerpunkt: Hagen

Backenköhler, Gert: Untersuchungen zur Gestalt Hagens von Tronje in den mittelhochdeutschen Nibelungendichtungen. Diss. Phil. Bonn 1961 [Das Nl geht einen großen Schritt in Richtung einer konsequenten Charakteristik der Personen, aber sie bleiben noch Figuren (vgl. Kap. IV.2). Zum Charakter fehlt Hagen die Geschlossenheit: er ist zunächst Mörder, dann hervorragendster Held (Doppelrolle). Seine Treue wird als eine ethische, nicht juristische Qualität begriffen, er wacht über Macht, Ehre und Ansehen seiner Könige. Sein Handeln „steht und fällt [...] mit dem übermenschlichen, als unausweichlich erkannten Schicksal", S. 92.]

Dickerson, Harold H.: Hagen: A Negative View, in: Semasia 2, 1975, 43–59 [*close-reading*-Methode: Hagen ist „a destroyer of values, a creator of voids", S. 55; das Nl ist „a document of man's existential plight", S. 56. Der Feind ist im Menschen selbst, in jedem Menschen gibt es einen Hagen oder eine hagenähnliche Macht, die ihn zu zerstören droht. Das Epos steht als Mahnung, daß der Mensch von einer höheren Macht gelenkt wird.]

Gouchet 1981 [historische Hagendeutungen, s. S. 68].

Gentry, Francis G.: Hagen and the Problem of Individuality in the *Nibelungenlied*, in: Monatshefte 68, 1976, 5–12 [Mit dem Artusroman hat das Nl das Thema der Individualität gemeinsam, aber im Nl ist das Individuum in die Gesellschaft integriert, steht ihr nicht gegenüber. Der Epiker formt den grimmen Hagen zum *trôst der Nibelunge* um.]

Haymes, Edward R.: Hagen the Hero, in: Southern Folklore Quarterly 43, 1979, 149–155 [Das Nl kombiniert eine Siegfried- und eine Hagen-Geschichte, Hagen „fulfills the structural requirements of the hero pattern", S. 156. Dazu Haymes 1986.]

Hoffmann ^{2}1974, 74–94 [An Hagen zeigt der Dichter die Position der alten Heroik, ihre beeindruckende Geschlossenheit, aber auch ihre ethische Fragwürdigkeit.]

Krausse 1971 [s. unter Schwerpunkt: Siegfried].

Mackensen 1984, 143–148 [„Aber einmal hat dieser Starrkopf sich selbst besiegt, einmal erkannt, daß Prinzipien leichter wiegen als Güte und seelische Qualität: er hat durch Rüdeger, den ‚Vater aller Tugenden', den Sinn des Seins sehen dürfen", S. 148.]

Mahlendorf, Ursula R./Tobin, Frank J.: Hagen: A Reappraisal, in: Monatshefte 63, 1971, 125–140 [Hagen ist ein voller, vielseitiger und einheitlicher Charakter, er ist ein pragmatisch denkender, intelligenter Vasall. Der Dichter hat eine große Vorliebe für ihn, die Einheit des Charakters liegt in der Intelligenz. Die *êre* als Handlungsantrieb wird übersehen.]

Salmon, P. B.: Why Does Hagen Die?, in: German Life and Letters 17, 1963/64, 3–13 [Die Motivierungen im Nl sind z. T. überflüssig und überlappen sich.]

Sonnenfeld, Marion Wilma H.: The Figure of Hagen in Germanic Heroic Poetry and in Modern German Literature. Diss. Phil. Yale University 1956 [Vermittelt das herkömmliche Hagenbild des pflichtbewußten Vasallen; vgl. Sonnenfeld 1959.]

Weber 1963, 43–58 [Hagen ist der „absolut Einsame", der „magische Mittelpunkt" des Kampfes am Etzelhof, die „Zentrifugalkraft der Vernichtung".]

Schwerpunkt: Brünhild

Andersson, Theodore M.: The Legend of Brynhild. Ithaca 1980.

Bekker 1967 [s. u. Wortgeschichte].

Bumke, Joachim: Die Quellen der Brunhildfabel im Nibelungenlied, in: Euphorion 54, 1960, 1–38.

Laubscher 1954, 65–83 [Stilmittel zur Charakteristik, Entwicklung der Gestalt: Heldenjungfrau, Königin der Burgunden; Sagengeschichte. Der Dichter nahm an Brünhild keinen tieferen Anteil, er hebt ihre Schönheit nur hervor, „um Kriemhilds Erscheinung desto lieblicher hervortreten zu lassen", S. 66; vgl. unter Schwerpunkt: Kriemhild.]

Naumann, Hans: Brünhilds Gürtel, in: ZfdA 69, 1932, 46–48 [Der Gürtel ist für Kriemhild ein Zeichen der Virginität.]

Newman, Gail: The Two Brunhilds?, in: ABÄG 16, 1981, 69–78 [Brünhilds Niederlage in der Hochzeitsnacht entspringt dem Wunsch des Dichters, eine frauliche und höfische Brünhild zu schaffen. Sie ist ein Reflex der dynamischen „social and political atmosphere of the High Middle Ages", ihr widersprüchliches Verhalten spiegelt den Versuch des Dichters, die Quellen mit der Erwartungshaltung des höfischen Publikums in Übereinstimmung zu bringen.]

See, Klaus von: Die Werbung um Brünhild, in: ZfdA 1957/58, 1–20 [Eine sagengeschichtliche Studie mit dem Versuch, ein stimmiges Bild der Werbungszene zu entwickeln.]

Ders.: Freierprobe und Königinnenzank in der Siegfriedsage, in: ZfdA 89, 1959, 163–172.

Die Studien zu Brünhild stehen meist unter sagengeschichtlichem Aspekt, Brünhild im Nl wird gewöhnlich mit Siegfried oder Kriemhild zusammen behandelt.

Schwerpunkt: Gunther

Dobozy, Maria: The Role of the King in Selected Middle High German Epics. Ph. D. University of Kansas 1978 [Obwohl der König nicht immer „the immediate motivator" des Geschehens ist, behält er „his sovereign power and prestige", und er bleibt „the protector of feudal institutions". Behandelt vorhöfische Epen und Spielmannsepen; aufschlußreich für die These vom angeblich „schwachen" König Gunther.]

Peeters, J.: *Der jungeste darunder.* Zu den Strophen 411–415 des Nibelungenliedes, in: Beitr. 104, Tü. 1982, 44–47 [Str. 414 f. ist nicht, wie man gewöhnlich annimmt, Dankwart, sondern Gunther gemeint, 412 dagegen nicht Gunther, sondern Dankwart. Aufbesserung des Gunther-Bildes.]

Schmidt, Gerhard: Die Darstellung des Herrschers im Nibelungenlied, in: Wiss. Zs. d. Karl-Marx-Univ. Leipzig 4, 1954/55. Gesellschafts- u. sprachwiss. Reihe. H. 5, 485–499 [„Die unwürdige Darstellung des Herrschers [...] ist [...] durch die Auseinandersetzung der Ethik des Christentums und der Antike mit der des Germanentums entstanden. Die damit zusammenhängenden gesellschaftlichen Veränderungen wirkten sich auf die Stellung des Dichters und seiner Zuhörer aus und beeinflußten so gleichfalls das Herrscherbild in der Dichtung", S. 499.]

Thelen, Lynn: The Internal Source and Function of King Gunther's Bridal Quest, in: Monatshefte 76, 1984, 143–155.

Wailes, Stephen L.: Bedroom Comedy in the *Nibelungenlied,* in: Modern Language Quarterly 32, 1971, 365–376.

Wisniewski, Roswitha: Das Versagen des Königs. Zur Interpretation des Nibelungenliedes, in: Fs. f. Ingeborg Schröbler. Tübingen 1973, 170–186 [Deutung Gunthers als *rex iniquus* („unfähiger König")].

Giselher
Mohr, Wolfgang: Giselher, in: ZfdA 78, 1941, 90–120 [Die Gestalt Giselhers in Sage und Heldendichtung. Zum Leitgedanken seiner Rolle im Nl wurde die Nähe zur Schwester Kriemhild, seine wichtigsten Auftritte liegen im zweiten Teil des Epos: G. entwickelt sich in „Stufen der Bewährung", S. 117. Der durch ihn repräsentierte Heldenbegriff fügt sich in das germanische Erbe ein, der Held stellt sich tapfer seinem Schicksal.]

Motivgeschichte

Varia
Beyschlag, Siegfried: Das Motiv der Macht bei Siegfrieds Tod (1952), in: Zur germanisch-deutschen Heldensage. Hrsg. v. Karl Hauck. (WF 14) Darmstadt 1965, 195–213 [Vergleich des Frauenzankes zwischen „Thiđrekssaga" und Nl: in beiden Werken fordert Kriemhild den Zank heraus (Herrschaftsanspruch). An Gunthers Hof gibt es eine Partei für Siegfried und eine für Hagen. B. betont die starke Politisierung der Gestalten.]

Braches, Hulda Henriette: Jenseitsmotive und ihre Verritterlichung in der deutschen Dichtung des Hochmittelalters. Diss. Phil. Utrecht 1961 [S. 95–110: Kampf um den Hort, Begegnung mit dem Drachen, Siegfrieds Ermordung, der Übergang der Burgunden über die Donau – dies sind Unterweltmotive.]

Brinkmann, Hennig: Schönheitsauffassung und Dichtung vom Mittelalter bis zum Rokoko, in: ders., Studien zur Geschichte der deutschen Sprache und Literatur. Bd. II. Düsseldorf 1966, 289–306.

Düwel, Klaus: Zur Jägerei im ‚Reinhart Fuchs', in: Philologische Untersuchungen gewidmet Elfriede Stutz zum 65. Geb. (Philologica Germanica 7) Wien 1984, 131–150 [1984/I; Motiv vom gejagten Jäger].

Eis, Gerhard: Die Todeszeichen im Nibelungenlied (1957), in: ders., Kleine Schriften. (Amsterdamer Publikationen zur Sprache und Literatur 38) Amsterdam 1979, 125–134 [*des tôdes zeichen* (Str. 987, 2069) sind die *signa mortis,* die Symptome des Todes nach dem griechischen Arzt Galen.]

Ertzdorff, Xenja von: Die Dame im Herzen und das Herz bei der Dame, in: ZfdPh 84, 1965, 6–46.

Jackson, W. T. H.: The Hero and the King. An Epic Theme. New York 1982 [Interpretation des internationalen epischen Themas vom unabhängigen Helden, der ein Königreich usurpieren will; Beispiele: „Ilias", „Aeneis", „Beowulf", „Cid", die Versionen des Nibelungenstoffs u. a.].

Krausse, Helmut K.: Zur Darstellung des Todes im Nibelungenlied, in: Neophilologus 61, 1977, 245–257 [Analyse einiger Stellen über Tod und Sterben, namentlich auch der Zahlenangaben].

McConnell, Winder: Marriage in the ‚Nibelungenlied' and ‚Kudrun', in: Spectrum medii aevi. Essays in Early German Literature in Honor of George Fenwick Jones. (GAG 362) Göppingen 1983, 299–320 [Die Ehen im Nl beruhen auf falschen Voraussetzungen und scheitern deshalb.]

Speckenbach, Klaus: Der Eber in der deutschen Literatur des Mittelalters, in: Verbum et signum II. München 1975, 425–476 [Nachweise der Ebersymbolik in verschiedensten Textsorten].

Ders.: Der Reichsuntergang im Reinhart Fuchs und in der Nibelungendichtung, in: Third International Beast Epic, Fable, and Fabliau Colloquium Münster 1979. Proceedings ed. by J. Goosens and T. Sodman. Münster 1981, 404–434 [Für die Motivstruktur des „Reinhart Fuchs" – der schwache machtgierige König erfüllt seine Aufgabe als Gerichtsherr nicht und deckt das Unrecht zu; Vernichtung des Hofstaates – war die Vorstufe unseres Nl das Vorbild. Der Dichter des „Reinhart Fuchs" nahm eine ironisch-kritische Distanz zur Heroik ein.]

Szövérffy, Josef: Das Nibelungenlied. Strukturelle Beobachtungen und Zeitgeschichte (1965), in: WF 54, 322–332 [Untersuchung von Motiven, die eine bestimmte handlungstragende Funktion erfüllen („Gerüstmotive"); Beispiel: Treueide].

Tally, Joyce Ann: The Dragon's Progress: The Significance of the Dragon in *Beowulf*, the *Volsunga Saga*, *Das Nibelungenlied*, and *Der Ring des Nibelungen*. Ph. D. University of Denver 1983 [Der Drache entwickelt in jedem Werk eine eigene Bedeutung. Im Nl ist er fast ganz in die Figur des Helden integriert, so daß die wirkliche Drachentötung dort Hagens Mord an Siegfried ist.]

Weinand, Heinz Gerd: Tränen. Untersuchungen über das Weinen in der deutschen Sprache und Literatur des Mittelalters. (Abh. zur Kunst-, Musik- u. Literaturwissenschaft 5) Bonn 1958.

Willson, H. Bernhard: Ordo und Inordinatio im Nibelungenlied (1963), in: WF 54, 237–292 [An Gegensatzpaaren wie *fuoge – unfuoge, mâze – unmâze, triuwe – untriuwe* wird die *ordo-inordinatio*-Kollision im Nl nachgewiesen. Die Interpretation führt zu einer tiefen religiösen Symbolik im Lied.]

Zutt, Herta: Drachenkämpfe, in: Bild und Gedanke. Fs. f. Gerhard Baumann zum 60. Geb. Hrsg. v. G. Schnitzler, G. Neumann, J. Schröder. München 1980, 206–217.

Für einen ersten Zugriff auf Motive und Symbolik ist hilfreich: Gerd Heinz-Mohr: Lexikon der Symbole. Bilder und Zeichen der christlichen Kunst. Düsseldorf, Köln 1979.

Traum

Braet, Herman: Le songe dans la Chanson de geste au XIIe siècle. (Romanica Gandensia 15) Gent 1975.

Fischer, Steven R.: The Dream in the Middle High German Epic. (Australian and New Zealand Studies in German Language and Literature 10) Bern, Frankfurt, Las Vegas 1978.

Frakes, Jerold C.: Kriemhild's Three Dreams, in: ZfdA 113, 1984, 173–187 [Parallele Erzählstruktur in den Träumen Kriemhilds. „The dreams present an inner narrative of Kriemhild's role in part one of the ‚Nibelungenlied' ".]

Gregory, Tullio (Hrsg.): I sogni nel medioevo. Seminario Internazionale Roma, 2–4 ottobre 1983. (Lessico Intellettuale Europeo 35). Rom 1985.

Mowatt, D. J.: A Note on Kriemhilde's Three Dreams, in: seminar. A Journal of Germanic Studies 7, 1971, 114–122 [Die Träume im Nl spiegeln Siegfrieds

Karriere in Worms und Kriemhilds Stellung sich und ihrer Umwelt gegenüber.]
G. Müller 1968 [Symbolik des Falkentraums].
Nordmeyer, George: Source Studies on Kriemhild's Falcon Dream, in: GR 15, 1940, 292–299.
Ploss, Emil: Byzantinische Traumsymbolik und Kriemhilds Falkentraum, in: GRM 39, 1958, 218–226.
Reiser, Irmgard: Falkenmotive in der deutschen Lyrik und verwandten Gattungen vom 12. bis zum 16. Jahrhundert. Diss. Phil. Würzburg 1963.
Schröder, Franz Rolf: Kriemhilds Falkentraum, in: Beitr. 78, Tü. 1956, 319–348.

Wortgeschichte

Achauer, Heinz: Minne im Nibelungenlied. Diss. Phil. München 1967.
Bekker, Hugo: The „Eigenmann"-Motif in the *Nibelungenlied*, in: GR 42, 1967, 5–15 [Brünhild kennt im Nl Siegfried nicht vor der Begegnung auf Isenstein, sie akzeptiert seinen Eigenmann-Status; B. verfolgt, wie sie mit diesem Begriff umgeht.]
Dalby, David: Lexicon of the Mediaeval German Hunt. Berlin 1965 [zur 16. Aventiure].
Fuss, Klaus: Der Held. Versuch einer Wesensbestimmung, in: ZfdPh 82, 1963, 295–312 [Beschreibung einiger Züge des altgermanischen Heldenbildes].
Gentry, Francis G.: Triuwe and vriunt in the Nibelungenlied. Amsterdam 1975 [Der Nibelungenepiker bestimmte die Rolle der *triuwe* durch die Beziehungen von Männern, die formal und personal einander verbunden waren. Die Helden handeln in Übereinstimmung mit den überkommenen Rechten, aber sie – auch Rüdiger – handeln falsch nach dem moralischen Urteil des Dichters; dieser verlangt ein anderes ethisches System: Die durch Treue humanisierte Freundschaft wäre der kalten feudalen Bindung vorzuziehen.]
Grimm, J., 1813 [Ironische Bemerkungen zu zeitgenössischen Versuchen, das Nl und seine Sprache populär zu machen; u. a. auch zu *recke* und *minne*.]
Hammerich, L. L.: Zu Nibelungenlied 867 (*gouch* ‚Bastard'?), in: Neophilologus 16, 1931, 96–98 [*gouch* wäre besser mit „Buhler" wiederzugeben.]
Hempel, Wolfgang: Übermuot diu alte ... Der superbia-Gedanke und seine Rolle in der deutschen Literatur des Mittelalters. (Studien zur Germanistik, Anglistik und Komparatistik 1) Bonn 1970 [Begriff und Geschichte von *übermuot/übermüete*, der für die Kennzeichnung der Personen des Nl bestimmend ist; s. besonders S. 217 ff.].
Hennig, Ursula: Die Heldenbezeichnungen im Nibelungenlied, in: Beitr. 97, Tü. 1975, 4–58 [Rang-, Herkunfts- und Herrschaftsbezeichnung der Helden, Heldenappellative (*recke, helt, degen, ritter*), Epitheta und Attribute bei Eigennamen. Das wertende und charakterisierende Beiwort bei Personennamen *(die getriuwe Kriemhilt)* scheint die wichtigste stilistische Neuerung des Nl-Dichters in diesem Bereich gewesen zu sein.]
Dies.: Herr und Mann – Zur Ständegliederung im Nibelungenlied, in: Hohenemser Studien zum Nibelungenlied. Hrsg. v. Achim Masser. Dornbirn 1981, 349–359 [Im Nl gibt es keine konsequente Verknüpfung aller Vorgänge in

rechtlicher oder machtpolitischer Hinsicht. Der Dichter benutzt zwar zeitgenössische Rechtsvorstellungen, aber er erstrebt keine durchgehende Juridifizierung des Geschehens.]

Hermans, Gertrud: List. Studien zur Bedeutungs- und Problemgeschichte. Diss. Phil. Masch. Freiburg 1953 [zum Nl S. 139–168: Betrug vor Isenstein, Brautnächte, Mord an Siegfried, Hortraub].

Jones, George Fenwick: Honor in German Literature. (University of North Carolina Studies in the Germanic Language and Literatures 25) Chapel Hill 1960 [Die Umwandlung der äußeren in die innere Ehre war um die Mitte des 18. Jh. beendet, vor dem Ende des 19. Jh. war sie allgemein anerkannt. Der wichtigste Vermittler dieser Transformation war der christliche Glaube. „The ancient warrior code of honor, a love of fame and fear of shame, was restaured as a vital social force, especially in aristocratic and military circles and was expressed perhaps most blatantly in class pride and point of honor", S. 191. Das Nl bewahrte die alten heidnisch-heroischen Werte.]

Lohse 1956/57 [*harnasch*].

Maurer, Friedrich: Leid. Studien zur Bedeutungs- und Problemgeschichte, besonders in den großen Epen der staufischen Zeit. (Bibliotheca Germanica 1) Bern, München 1969 [*êre* und *leit* sind die Schlüsselbegriffe des Nl; s. auch ders., Die Einheit des Nibelungenlieds nach Idee und Form, in: DU 5, H. 2, 1953, 27–42.]

Spiess, Gisela: Die Bedeutung des Wortes „triuwe" in den mhd. Epen ‚Parzival', ‚Nibelungenlied' und ‚Tristan'. Diss. Phil. Masch. Heidelberg 1957.

Stiegele, Peter: Wortschatz und Wortbedeutungen im Nibelungenlied. Diss. Phil. Heidelberg 1967 [Einzeluntersuchungen zu *arbeit, hôher muot, kurzwîle, leit, man, minne, vröude;* der umfangreiche Stellenindex ist nach Bartschs Ausgabe (1880) wenig hilfreich.]

Wiessner, Edmund/Burger, Harald: Die höfische Blütezeit, in: Deutsche Wortgeschichte. Hrsg. v. Friedrich Maurer u. Heinz Rupp. (Grundriß der germanischen Philologie 17/I) Berlin, New York [3]1974 [Grundlegende Erstinformation für alle wortgeschichtlichen Fragen].

Zu den Begriffen *ritter, minne, vrouwe/wîp* s. S. 32 f., 28 ff.

Rechtsgeschichte

Vgl. die Angaben zur Rechtsgeschichte S. 27 f.

Bayer, Erich (Hrsg.): Wörterbuch zur Geschichte. Begriffe und Fachausdrücke. (Kröners Taschenausgabe 289) Stuttgart [2]1965.

Dannenbauer, Heinrich: Adel, Burg und Herrschaft bei den Germanen (1941), in: Herrschaft und Staat im Mittelalter. Hrsg. v. Hellmut Kämpf. (WF 2) Darmstadt 1964, 66–134.

His 1920.

Latzke, Irmgard: Hofamt, Erzamt und Erbamt im mittelalterlichen deutschen Reich. Diss. Phil. Frankfurt 1968.

Rosenfeld, Hellmut: Die Datierung des Nibelungenliedes Fassung *B und *C durch das Küchenmeisterhofamt und Wolfger von Passau, in: Beitr. 91, Tü. 1969, 104–120.

Schlesinger, Walter: Herrschaft und Gefolgschaft in der germanisch-deutschen Verfassungsgeschichte, in: ders., Beiträge zur deutschen Verfassungsgeschichte des Mittelalters. Bd. I. Göttingen 1963, 9–52.

Ders.: Randbemerkungen zu drei Aufsätzen über Sippe, Gefolgschaft und Treue, in: ebd., 286–334 [Gegen die These von František Graus (1959), daß es die sog. germanische Treue nicht gegeben habe, wird gezeigt, daß diese in den Quellen der fränkischen Zeit und an entscheidenden Stellen vorkommt und daß es eine Kontinuität von dem Treuebegriff der germanischen Gefolgschaft zum *fides*-Begriff der entwickelten Feudalgesellschaft des Hochmittelalters gibt.]

Schmidt-Wiegand 1982.

Schubert, Paul: Die Reichshofämter und ihre Inhaber bis um die Wende des 12. Jahrhunderts, in: Mitteilungen d. Inst. f. Österreichische Geschichtsforschung 34, 1913, 427–501.

Tellenbach, Gerd: Vom Karolingischen Reichsadel zum deutschen Reichsfürstenstand (1943), in: Herrschaft und Staat im Mittelalter. Hrsg. v. Hellmut Kämpf. (WF 2) Darmstadt 1964, 191–242.

Zacharias 1961/62.

Zallinger, Otto von: Die Rechtsgeschichte des Ritterstandes und das Nibelungenlied, in: Jahrbuch der Leo-Gesellschaft f. d. Jahr 1899. Wien 1899, 32–52 [Definition des politischen Begriffs *man* als „Eigenmann"].

Historisches Handeln

Ariès, Philippe: Geschichte der Kindheit. München ²1976 [Die mittelalterliche Welt hatte kein Bewußtsein der Kindheit und sah in den Kindern kleine Erwachsene.]

Ehrismann, Gustav: Duzen und Ihrzen im Mittelalter. III. Von der Blütezeit der mittelhochdeutschen Dichtung bis zur Reformation, in: Zs. f. deutsche Wortforschung 4, 1903, 210–248.

Grimm, Jacob: War die eide (1842), in: ders., Kleinere Schriften. Bd. VII. Berlin 1884, 122.

Grosse, Carmen: Counsel Scenes in Precourtly Epics, the *Nibelungenlied* and *Kudrun:* Their Structure and Dramatic Function. Ph. D. University of Massachusetts 1981 [Strukturanalysen der *consilia* in verschiedenen Epen. Im Nl ist wenig Wert auf die äußeren Formalitäten des *consilium* gelegt, obwohl es für ein höfisches Publikum konzipiert war. Der Dichter betont eher die Konflikte im Rat und gestaltet die entsprechenden Szenen äußerst dramatisch. Obwohl die *consilia* Teil der mündlichen und literarischen Tradition sind, gestaltet sie jeder Epiker in eigener Weise und nach eigenem Bedarf; der Inhalt der Beratungen ist stets für die gesamte Dichtung entscheidend.]

Hartung, Oskar: Die deutschen Altertümer des Nibelungenliedes und der Kudrun. Cöthen 1894 [Auflistung und Geschichte des historischen Personals, der Sitten und Bräuche, des Krieges, der Waffen, auch der Frau].

Knappe, Karl-Bernhard: Repräsentation und Herrschaftszeichen. Zur Herrscherdarstellung in der vorhöfischen Epik. (Münchener Beiträge zur Mediävistik und Renaissance-Forschung 17) München 1974.

Mahlendorf, Ursula R./Tobin, Frank J.: Legality and Formality in the *Nibelungenlied,* in: Monatshefte 66, 1974, 225–238 [Allen Aktionen des Nl liegt ein einheitlicher juristischer Kode zugrunde, der dem zeitgenössischen Standard entspricht.]

Mohr, Wolfgang: Entstehungsgeschichte und Heimat der jüngeren Eddalieder südgermanischen Stoffes, in: ZfdA 75, 1938, 217–280 [S. 229 ff. zu den weiblichen Handarbeiten, *tapestry poetry,* nach einem Begriff von Gudbrandur Vígfússon].

Ders.: Mittelalterliche Feste und ihre Dichtung, in: Fs. f. Klaus Ziegler. Hrsg. v. Eckehard Catholy u. Winfried Hellmann. Tübingen 1968, 37–60 [vgl. vor allem die Ausführungen zum Mainzer Pfingstfest].

Müller, Achatz Freiherr v.: Gloria Bona Fama Bonorum. Studien zur sittlichen Bedeutung des Ruhmes in der frühchristlichen und mittelalterlichen Welt. (Historische Studien 428) Husum 1977 [Ruhm und Ehre bei den Germanen, S. 88 ff.: „Dem Germanen [...] bedeuteten Ehre und Ruhm zunächst einen numinosen Ausdruck des durch die Götter ihm zugedachten Heils, an dem Sippe und Geschlecht teilhaben", S. 89. Auch dem verchristlichten Adelsethos bleiben Ruhm und Ehre „als objektiver Ausdruck des tugendhaften Handelns und Denkens" erhalten, S. 105.]

Northcott, Kenneth J.: Verhalten und Ansehen im Nibelungenlied (1965), in: WF 54, 311–321 [Publikum und historischer Rahmen sind, anders als Mowatt 1961 annimmt, Gestaltungsprinzipien des Werkes.]

Rautenfeld, George: Nonverbal Communication in the *Nibelungenlied* Compared with that in the *Chanson de Roland* and the *Poema de mio Cid.* Ph.D. University of Maryland 1980 [Die wichtigsten Elemente der *nonverbal communication* sind die Gesten, die in spontane oder expressive und symbolische (z. B. juristische) getrennt werden. Im Nl fehlt die religiöse Gestik, anders als die romanischen Epen führt es die Begrüßungszeremonien breit aus. Die *nonverbal communication* spielt eine bedeutende Rolle für die Beschreibung der Gestalten und deren Beziehung zur Gesellschaft.]

Renoir, Alain: Levels of Meaning in the *Nibelungenlied,* in: Neuphilologische Mitteilungen 61, 1960, 353–361 [R. beschreibt die höfischen Verhaltensmuster in der 5. Aventiure und führt sie auf Andreas Capellanus' „De Amore" zurück. Kritik: Die Muster sind zu allgemein und des Capellanus' Ernsthaftigkeit strittig.]

Roos, Renate: Begrüßung, Abschied, Mahlzeit. Studien zur Darstellung höfischer Lebensweise in Werken der Zeit von 1150–1320. Diss. Phil. Bonn 1975 [Der Epiker achtet streng darauf, daß die höfischen Formen befolgt werden. Die Empfangsszenen sind etwas archaischer als im höfischen Roman, weil es den Frauen nicht erlaubt ist, nach eigenem Gefallen Ritter zu begrüßen.]

Schönbach, Anton E.: Das Christentum in der altdeutschen Heldendichtung. Vier Abhandlungen. Graz 1897 [wichtig für die Untersuchung des christlichen Alltags im Nl].

Wis, Marjatta: Zu den „Schneiderstrophen" des Nibelungenliedes. Ein Deutungsversuch, in: Neuphilologische Mitteilungen 84, 1983, 251–260 [Die sog. Schneiderstrophen 362 ff. sind ein bewußt gewähltes (kontrastierendes) Stilmittel, um den Blick der Hörer auf die Schlußkatastrophe zu richten.]

Geographie und Landesgeschichte

Worms und Lorsch

Esser, Karl Heinz/Paritschke, Werner: Das Nibelungenlied. Zeit und Bedeutung. Worms 1981.

Kranzbühler, Eugen: Worms und die Heldensage. Worms 1930.

Minst, Karl J.: Die Geschichte des Klosters Lorsch von der Gründung bis zum Jahre 1232, in: Laurissa Jubilans. Fs. zur 1200-Jahrfeier von Lorsch 1964, 21–31.

Selzer, Wolfgang: Lorsch und das Nibelungenlied, in: ebd., 106–114 [Abt Sigehard vom Kloster Lorsch hat das Nl gedichtet.]

Sommer 1929.

Wackwitz 1964 [zum Burgunderreich um Worms].

Weber, Leo: Örtliches im Waltharius und im Nibelungenlied, in: ZfdA 69, 1932, 221–223.

Sachsen, Thüringen, der Norden

Eberhardt, Hans: Thüringen, in: Geschichte der deutschen Länder „Territorien-Ploetz“. Bd. 1. Würzburg 1964, 458–473.

van der Lee, Anthony: Geographie, Toponymie und Chronologie im ersten Teil des Nibelungenliedes, in: Neophilologus 67, 1983, 228–241 [Nachweis realistischer Zeit- und Raumangaben auf dem Weg von Worms über Xanten nach Island und Norwæge: Island und Norwæge liegen in der Gegend der Rheinmündung (Hollandsche Ysel, Nivelles, Bergen/Mons). Der Dichter kannte sich auch in der Gegend um Xanten gut aus.]

Lunzer, Justus: Kleine Nibelungenstudien 4. Liudgêr, in: ZfdA 69, 1932, 225–237 [Der Name leitet sich von dem Apostel der Sachsen, dem Friesen Liudgêr, her, der um 1200 in Österreich als Sachse bekannt war.]

Ritter-Schaumburg 1981.

Die Frage nach Geographie und Landesgeschichte wird im allgemeinen auch gerne im Zusammenhang mit den Vorstufen und Vorprägungen des Stoffes behandelt (s. I.3.1.1). Eine fachjournalistisch orientierte Darstellung zur Gesamtgeographie des Epos stammt von Berndt, Helmut: Das 40. Abenteuer. Auf den Spuren der Nibelungen. (dtv 987) München 1974 [Nach Art des Genres empfiehlt sich eine sehr kritische Lektüre.]

1. *uns ist in alten mæren wunders vil geseit – Strophe *C/*A 1*

*C und *A leiten das Lied mit einer binnengereimten Strophe ein, die die Hörer zum Aufhorchen zwingen will (vgl. S. 32): *Uns ist in alten mæren wunders vil geseit.* Wir nehmen diese Strophe zum Anlaß, einige Übersetzungsfragen exemplarisch zu erörtern.

Die *alten mæren* evozieren Tradition und Geschichte, sie verbürgen Würde und Wahrheit der Erzählung (vgl. S. 11), und sie heben diese Erzählung von den modischen Artusgeschichten ab (vgl. Kap. I.1.2). Die Einleitung ist formelhaft: *Ik gihorta đat seggen,* so beginnt etwa das

„Hildebrandslied" (vgl. S. 62), *Wir horten ie dikke singen / Von alten dingen* das Lied über Erzbischof Anno von Köln, *Heyrða ec segia i sǫgom fornom* die Klage Oddruns in der „Edda". Die Fiktion wird als Geschichte zelebriert, eine Fiktion von Wahrheit, die von der passivischen Eingangskonstruktion *uns ist* [...] *geseit* in unterkühlter Objektivität unterstrichen wird. Der Erzähler verbirgt sich (Anonymität: vgl. Teilbibliographie XV), setzt sich nicht ins grelle Licht wie der Artusgeschichtendichter: *ich bin Wolfram von Eschenbach, / unt kan ein teil mit sange* (Pz. 114, 12 f.), oder: *ein ritter, der gelêret was / unde ez an den buochen las* (Hartmanns von Aue „Iwein", V. 21 f.; vgl. auch dessen „Der Arme Heinrich", V. 1 ff.). Dieser erste Vers zwingt also nicht nur die Zuhörer zum Text (*audite*-Funktion), ruft nicht nur die Quellen auf, sondern bestimmt auch die Gattung: Heldendichtung, nicht die gelehrte Poesie des *buoch,* sondern die volkstümliche, heimische, vielleicht mündliche. Im *uns* bewegt der Epiker sein Publikum zur kollektiven Erinnerung, es ist kein *pluralis maiestatis,* der ihn über seine Hörer erheben würde.

Das Audite wird durch das Staunen *(wunders vil)* verstärkt. An christliche Wunder denkt der Erzähler gewiß nicht, eher an bemerkenswerte, außergewöhnliche, erstaunenswerte Taten.

„Wunderbar" klänge zu märchenhaft, auch die bloß quantitative Version „sehr viel" träfe wohl kaum. Von der Tapferkeit eines kleinen, aber riesenstarken Königs sei *uns wunder geseit,* berichtet Hartmann („Erec", V. 4281); vom Löwenritter Iwein *sî wunder hôrten sagen* („Iwein", V. 7743). Bruder Werner spricht von der Würde vergangener Tage: *da habet ir wunder von vernomen* (Politische Lyrik des deutschen Mittelalters. Hrsg. v. Ulrich Müller. Texte I. [GAG 68] Göppingen 1972, 35).

Die *wunder* werden im letzten Abvers der Strophe noch einmal aufgenommen und geben ihr dadurch eine Zirkelstruktur. Dort wird im *ir,* wie im *uns* des ersten Anverses, die Fiktion eines anwesenden Publikums erneut hervorgerufen.

Jene, von denen man die *wunder* hört, heißen *helt* oder *recke,* später auch *degen, wîgant* oder *rîter/ritter:* tapfere, kampferprobte, unerschrockene Männer, Helden, Kämpfer, Krieger, Ritter. Der Gebrauch dieser Begriffe – mit Ausnahme selbstverständlich von *rîter/ritter* (s. S. 30) – ist insofern gattungstypisch, als die Dichtung der *alten mæren* (Heldensage) auch der alten Sprache und Begriffswelt einen breiteren Raum gewährte als die modische höfische Dichtung; Wolfram hielt sich etwa in der Mitte:

helt gebrauchte Hartmann selten, Gottfried einmal, Wolfram im „Parzival" gerne, im „Willehalm" spärlich. Das Wort soll aus dem Nordwesten gekommen, in Süddeutschland nicht heimisch gewesen sein. Woher hat es der Nibelungenepiker, wenn er aus der Passauer Gegend stammte? *recke* nahmen Hartmann und Gottfried nicht in ihre Dichtungen auf, Wolfram insgesamt nur sechsmal, davon viermal im „Parzival". *degen* verwandte Gottfried nirgends, Hartmann im „Erec" immerhin elfmal, im „Iwein" nur noch viermal, Wolfram im „Parzival" 65mal, gar nicht mehr im „Willehalm". *wîgant* führte unter diesen Wörtern das kürzeste Leben, hielt sich fast nur noch im Reim: außerhalb des Reims gebrauchte es der Nibelungendichter nur noch zweimal (61, 1002), Hartmann und Gottfried mieden es ganz, auch Wolfram hielt sich früh zurück. Hier wie auch sonst sorgloser verfuhr Ulrich von Zätzikon, der sich um die modische Sprache seines modischen Stoffs – er schrieb einen „Lanzelet"-Roman – wenig kümmerte (vgl. Wiessner/Burger 1974, 233 ff.).

Die höfische Dichtung schottete sich gegen die heimische sprachliche Tradition ab und empfahl sich durch einen übermäßigen Gebrauch des modischeren *ritter,* das auch das ältere *rîter* mit sich riß. Der Nibelungenepiker verweigerte sich jedoch dem Ritterbegriff und seiner Ethik nicht, er färbte die alten Wörter neu ein, so daß sie – *helt, degen, recke, wîgant* – mit *rîter/ritter* gleichbedeutend und vertauschbar wurden. Solche Modernisierung machte jedoch die Altertümlichkeit der Wörter erst deutlich und setzte ein altertümelndes Flair frei, das der Dichter bisweilen nutzte.

recke führt auf ahd. *wreckeo, recko,* as. *wrekkio* ‚landesflüchtiger Verbannter, Vertriebener', ags. *wrecca* ‚Flüchtling, Unglücklicher' zurück – *dat du noh bi desemo riche reccheo ni wurti* („daß Du in dessen Reich noch keine Verbannung erleiden mußtest"), sagt Hildebrand spöttisch zu Hadubrand („Hildebrandslied", V. 48). Noch Wolfram setzt den *recken* dem seßhaften Herrscher gegenüber (Pz. 99,15). *In reckewis* soll König Rother übers Meer fahren (Rother. Hrsg. v. Jan de Vries, V. 560, 589, 720), und *in recken wîse* möchte Siegfried den Rhein hinunterrudern (341), nur mit geringer Begleitung, nach Art der alten Helden (vgl. aber Hennig 1975, 22). *Reck* sagte man in der Schweiz (16. Jh.) zum Landstreicher. Im Kontext sich intensivierender Mittelalterrezeption wurde das untergegangene Wort *recke* zu Beginn des vergangenen Jahrhunderts wieder in die Hochsprache eingeführt, um den germanischen Helden zu bezeichnen (zur Etymologie Kluge/Mitzka 1967, 589 f.).

Ein schwebendes Wort ist *recke* also, ein ins Archaische treibendes Wort; wir können seine Bedeutung nicht von oben herab festsetzen, der jeweilige Kontext bestimmt es. Wir haben ihm heute kein vergleichbares mehr entgegenzustellen, und wenn wir es übernehmen, laufen wir Gefahr, ein diffuses Germanensyndrom (Syndrom: Zusammenlaufen verschiedener charakteristischer Symptome) mitschwingen zu lassen.

Vor dem Hintergrund dieser Überlegungen setzen wir einigermaßen willkürlich fest: *recke* ‚Kämpfer', *degen* ‚Krieger', *wîgant* ‚Kämpe', *helt* ‚Held', *rîter/ritter* ‚Ritter'. Es ist nur eine Notlösung.

Das Nibelungenepos handelt, auch dies gehört zur Gattung, von Helden. Dieser Begriff weckt, damals wie heute, Konnotationen (‚Bei- und Gefühlswerte') etwa folgender Art: Wille und Fähigkeit zu tapferer Tat, Ehre und Ruhm, Stolz, Verachtung der Gefahr, Mut, Handeln ohne Rücksicht auf die Folgen für die eigene Person, Konfliktlösung durch Gewalt, eher physische als intellektuelle Potenz, Frauen spielen, wenn überhaupt, nur eine untergeordnete Rolle. Der Epiker wird in dieses Vorstellungsbild eingreifen, er wird den Frauen eine gewichtige Rolle zuspielen, und er wird die Erwartung seiner Hörer nach einem reinen *carmen heroicum* nicht erfüllen.

Der dritte Vers faßt in einer erweiterten „Freud' und Leid"-Formel zusammen, wovon so erstaunlich viel erzählt werden wird: „Von Freuden, Festen, von Weinen und von Klagen".

Ulrich Pretzel (1954) hat solche Übersetzung eine „merkwürdige Aufzählung" gescholten. *fröuden hôchgezîten* sei *ein* Begriff, wie auch *weinen unde klagen eine* Formel sei; es müßte „von höchstem Glück, von tiefstem Schmerz" übersetzt werden. Recht hat er wohl kaum, zumal *C, anders als *A, zwischen die Substantive des ersten Halbverses noch ein *und* schiebt (*von freude und hôchgezîten; freude* ist hier Singular) – Pretzel setzt ein (modernes) Sprachgefühl wider den alten Text.

Vröude (Stiegele 1967) ist der Ausdruck höfischen Lebensgefühls, das im Fest (Mohr 1968) öffentlich wird. Die Feudalgesellschaft bedarf ihrer zur Selbstverwirklichung und Selbstdarstellung, auch der Nibelungenhof, dessen Herren *mit vröuden al ir leben* (12) verbrachten. Als der König Erec sich wegen seiner Frau *sô gar verlac* („so ganz ‚verlag'", „Erec", V. 2971), da verachtete ihn jedermann: *sîn hof wart aller vreuden bar* („sein Hof wurde ganz und gar freudlos", V. 2989), schreibt Hartmann. Die *vröude* gehört zur Repräsentation des Adels, sie richtet sich gegen die ärmere Umwelt und das Elend seiner Kriege. Sie vor Augen zu führen, ist Pflicht. Wer von ihr in Zusammenhang mit den Festen – *hôchgezît* wurde erst später auf die Bedeutung „Hochzeit" eingeengt – sprach, der sprach vom zeitgenössischen, modernen Hofleben, nicht vom privaten Glück.

Die Freude umrahmt die Trauer: Weinen, Klagen und *grôze arebeit* („große Mühsal"; *arebeit* hatte damals eine weitere Bedeutung als heute); da konnte das seelische Leiden anklingen, auch das der Frauen, nicht nur das Leiden der Männer, das Leiden im Kampf. *A hat sich dieser Mehrdeutigkeit beraubt, es schreibt *kuonheit* statt *arebeit*, es verstärkt die heroische Stimmung, die im *strît* (*C, hier dem heldenepischen Stil näher als *A, bedient sich des substantivierten Verbs *strîten*) der *küenen recken* nochmals hervorgerufen wird. Da wir uns entschieden haben, *recken* mit „Kämpfer" zu übersetzen, müssen wir uns für *strît* mit dem weniger heroischen „Streit“ begnügen – wissen wir aber, wie der alte Dichter und sein Publikum empfanden, gehörte doch zum *strît* auch die spöttische Reizrede?

Nu – Bertau (1972, 745) möchte es als „heutzutage“ verstehen: „Indem die Wirklichkeit der alten Zeit zur literarischen Realität der Gegenwart wird, wird die Gegenwart der Vergangenheit überlegen.“ Wir werden im Epos kein Überlegenheitsgefühl der Gegenwart ausmachen können und möchten überhaupt das kleine Wörtchen nicht mit solch großen Gedanken befrachten, denn es deutet, zusammen mit seiner Strophe, auf den kommenden Inhalt des Epos voraus (vgl. Curschmann 1979, s. S. 78).

Die Grammatik der ersten Strophe ist zerrissen und fügt sich problemlos nur der Rezitation.

Ein weites Präpositionalgefüge schiebt sich zwischen zwei vollständige Sätze, auf die es beziehbar ist. Wer, wie es die Übersetzer müssen, irgendwo einen Schnitt macht, zerstört den großen Bogen. Man hat diesen als *constructio apo koinou* interpretiert, doch dort ist das *koinon* (d. i. das gemeinsame Glied) meist „ein Substantiv in der Funktion des Subjekts oder eines Akkusativ-Objekts; wo es sich um einen präpositionalen Ausdruck handelt, ist vielfach eine andere syntaktische Auffassung wenigstens erwägenswert“ (Paul/Moser/Schröbler 1975, 476). Die Grammatiker lassen uns im Stich und führen unsere Strophe niemals als Beispiel an. Das *koinon* – im folgenden Beispiel *her Hagene* – müßte nach vorn *und* hinten zu beziehen sein, nicht entweder nach vorn oder nach hinten: *dô spranc von dem gesidele her Hagene alsô sprach* (Kudr. 538,2).

Die *alten mæren* sind erzählt, *ist geseit* (Zustandspassiv zu *sagen* ‚sagen, erzählen‘) berichtet der Epiker, nicht *wirt geseit* (Vorgangspassiv). Eine Übersetzung könnte auch diese kleine Nuance berücksichtigen:

Uns ist in alten Geschichten erstaunlich viel erzählt
von ruhmreichen Helden, von großer Mühsal,
von höfischen Freuden und Festen, von Weinen und Klagen
vom Streiten kühner Kämpfer könnt ihr nun Staunenswertes erzählen hören.

Wieviel „schöner“ hat Karl Simrock, dem wir die meistgelesene, noch heute käufliche Nibelungenlied-Übersetzung verdanken ([1]1827), diese Strophe zu fassen vermocht, hat sie noch mit einem archaisierenden Stabreim geschmückt *(melden – Mären)* und alles in einen romantisierenden Märchenton getaucht:

Viel Wunderdinge melden die Mären alter Zeit
von preiswerthen Helden, von großer Kühnheit,
Von Freud' und Festlichkeiten, von Weinen und von Klagen,
Von kühner Recken Streiten mögt ihr nun Wunder hören sagen.

Wer das Lied zur Hand nimmt, betritt eine andere Welt, der er sich öffnen muß, wie jeder neuen fiktionalen Welt auch. Diese Anstrengung verlangte schon der alte Epiker von seinen Hörern, *C und *A haben sie in der ersten Strophe hintergründig zum Thema gemacht, haben das Lied gattungstypologisch eingeordnet, den Inhalt grob umrissen und die von der Gattung geforderte Tonlage, den feierlich pathetischen Rhythmus, bestimmt. Sie haben Vergangenheit und Gegenwart verknüpft, das Publikum mit der Geschichte, der Erzählung wie der Historie, zusammengeführt.

Hinweise

In diesem Kapitel sind einführend Übersetzungsfragen behandelt worden; vgl. zur Vertiefung:

Buchbinder, Reinhard: Übersetzungen des Nibelungenlieds. Ein Vergleich, in: ZfdPh 92, 1973, 37–61.

Kaempfert, Manfred: Quantifizierende Verfahren zur Beurteilung neuhochdeutscher Übersetzungen aus dem Mittelhochdeutschen, in: ZfdPh 90, 1971, 481–499 [K. unterscheidet drei Typen: wort- und versgetreue Übertragung, umbildende Übertragung, interpretierende Prosa. Er geht besonders auf die Nibelungenlied-Übersetzungen ein.]

Lubrich, Elga: Die deutschen Übersetzungen des Nibelungenliedes. Ein Beitrag zum Problem des Übersetzens aus dem Mittelhochdeutschen. Diss. Phil. Masch. Hamburg 1951.

Mohr, Wolfgang: Wolfram von Eschenbach. Parzival. Übersetzt. (GAG 200) Göppingen 1979 [im Vorwort allgemein interessierende Bemerkungen zur Arbeit des Übersetzers].

Pretzel, Ulrich: Einige Anfänge mittelhochdeutscher Dichtungen. Bemerkungen zur richtigen Übersetzung altdeutscher Dichtung, in: Zeiten und Formen in Sprache und Dichtung. Fs. f. Fritz Tschirch zum 70. Geb. Köln, Wien 1972, 1–16 [Korrektur zu Nl 2,3 b *eins konegs wîp*, damit sich die folgende Zeile logischer anschließe].

Ders.: Das Institut für deutsche Sprache und Literatur, in: Veröffentlichungen des Instituts für deutsche Sprache und Literatur 1, 1954, 105–123 [zu Str. 1, V. 3 u. 4].

Ders.: Das Nibelungenlied, in: Germanistik in Forschung und Lehre. Vorträge und Diskussionen des Germanistentages in Essen. Hrsg. v. Rudolf Henß u. Hugo Moser. Berlin 1965, 13–19 [Bemerkungen zu Textkritik und Interpretation mit dem Ziel, die eigenständige Leistung eines christlichen Dichters des 12. Jh. zu verstehen; *A wird bevorzugt, besondere Distanz zu Weber 1963.]

Außerdem sind die Studien zur Wortgeschichte (s. S. 94 f.) heranzuziehen.

Zur Frage der Anonymität des Erzählers vgl. die entsprechende Literatur unter II.0.

Zu *recke* vgl. die sehr theorieabhängigen Ausführungen in Weber 1963, 151 ff. (vgl. S. 238 f.), zu *rîter/ritter* die Literatur S. 32 f. Zum Begriff „Held" vgl. Fuss 1963; Hoffmann 1974, 26.

2. *ez wuohs in Burgonden ein vil edel magedîn* – Kriemhild (1. Aventiure)

Die 1. Aventiure ist besonders undurchsichtig überliefert (vgl. Brackert 1963, 146 ff.), wobei auffällt, daß *B die meisten Gemeinsamkeiten mit den anderen Redaktionen hat, sei es, daß es mit *A gegen *C, sei es, daß es mit *C gegen *A zusammengeht. Öfter trifft es mit *C als mit *A zusammen, *C seinerseits öfter mit *B als mit *A, so daß *A hier am eigenwilligsten verfährt.

Der Epiker erzählt (1.) zunächst von der Königsfamilie, beginnend mit Kriemhild, dann (2.) von den Vasallen (Lehensleuten), schließlich (3.) von einem Traum Kriemhilds, der ihre Zukunft vorausspiegelt.

Hs. I, die die ersten beiden Aventiuren zusammenfaßt, bietet eine kürzere (Panzer 1954, 278: ursprünglichere) Version an. Sie verzichtet auf die Nennung der Eltern und einzelner Helden (7–12), auf einen Teil des Gesprächs zwischen Mutter und Tochter (16 f.) und auf die Rahmenstrophen (1, 19). Damit konzentriert sie sich auf Kriemhild und die Brüder.

(1.) Die Königsfamilie (2–7): *Ez wuohs in Burgonden* – der Hörer erfährt von Kriemhild, dem schönsten aller Mädchen. Die Namensnennung (Str. 2, 3) wird durch schweren Rhythmus betont (|–́| ×́ × |–́| ×̀ ∧ ; *A liest schneller). *B und *C heben den hohen Adel stärker hervor als *A: *ein vil edel magedîn* („ein hochadeliges Mädchen"; *A: *schœne*). Die höfische Dichtung würde den Jungmädchenbegriff nicht so leicht verwendet haben (vgl. Wiessner/Burger 1974, 238).

Die Prinzessin lebt *in Burgonden* (vgl. E. Schröder 1938), und sie, präziser: ihre Schönheit, wird die Ursache der sich entwickelnden Katastrophe sein:

> *si wart ein scœne wîp.*
> *dar umbe muosen degene vil verliesen den lîp.* (2)
>
> Sie wurde eine schöne Frau. Deshalb mußten viele Krieger das Leben lassen. (Pretzel 1972, 12 f., lehnt die enge Bindung an die Schönheit ab.)

Die Schönheit spiegelt ihr Wesen (vgl. S. 32; Brinkmann 1966, Wehrli 1984).

Mit seiner Schuldzuweisung steht der Dichter in einer großen (epischen) Tradition: Homer klagte über Helena, „um welche so viel der Achaier / Umgekommen vor Troja, so weit vom Lande der Väter" („Ilias" II, 161 f.), Herodot begann seine kriegerischen Historien mit den Entführungen von Jo, Europa, Medeia und Helena, Vergil sah in der Königstochter Lavinia die Ursache für die verlustreichen Kämpfe um Italien („Äneis" XI, 479 f.).

Solche Hinweise dienen einem potentiellen Assoziationsambiente. So war Helena den Zeitgenossen keine Fremde: der Troubadour Bertrand de Born verglich mit ihr charmant Matthilde, Gattin Heinrichs des Löwen (Jordan 1980, 215), in Chrétiens von Troyes „Erec" (V. 6344) taucht sie auf, und Knuts IV. von Dänemark Schwester, 1202 mit dem Bruder Ottos IV. vermählt, trug ihren Namen. Die „Äneis" wurde von Heinrich von Veldeke nachgedichtet (vgl. S. 36).

Die Erzähler sind sich einig: die Frau ist das Schicksal der Geschichte. Ihre Schönheit ist der Vorschein des Schrecklichen. „Denn das Schöne ist nichts / als des Schrecklichen Anfang [...] Ein jeder Engel ist schrecklich" (Rilke, „Duineser Elegien", I).

*A und *I lassen der Strophe über Kriemhild eine weitere über ihre Schönheit, ihren Adel und ihre *tugent* (‚Sittsamkeit, höfische Zucht') folgen, und sie fügen einen Vers von ihrer Wirkung auf die Helden hinzu: *der minneclîchen meide triuten wol gezam / in muote küener recken* („In den Gedanken der kühnen Kämpfer konnte das liebliche Mädchen wohl liebkost werden", *A 3). Bartsch/de Boor ändern in *ir muoten* („sie begehrten"), in Anlehnung an I *(Ir gerten).*

Die Fiktion verlangt gegen die Wirklichkeit die Frau an der Spitze, denn um die schöne Prinzessin wird sich die Geschichte drehen. Drei Königsbrüder sind ihr Vormund, sie ist deren höchster Besitz, ein Faustpfand der Machtpolitik – so würde die Zeit denken. Der Epiker äußert sich dazu nicht, läßt aber später mit diesem Gedanken spielen (289). Die drei werden der Rangfolge nach genannt: Gunther, der älteste, Gernot, dann Giselher, der sein Leben lang den Beinamen *der junge* oder *daz kint* trägt (vgl. Richter 1934, 30 ff.). Im epischen Erzählen gilt die einmal gesetzte Beziehung und ihre Symbolik, aber auch in der damaligen Wirklichkeit konnte eine solche Apposition lange beibehalten werden (vgl. das Beispiel in Karnein, Alfred: De Amore in volkssprachlicher Literatur. Heidelberg 1985, 31 f.).

Der Rangfolge nach werden die Brüder sprechen und handeln. Das Erbe haben sie gemeinsam angetreten (vgl. Str. 7), der Vater hatte nicht streng geteilt. Im alten fränkischen Reich (vgl. die Zeittafel am Schluß des Bandes) war die Erbteilung unter die Söhne möglich, und man konnte wohl auch bisweilen in derselben Residenz zusammenleben. Gewöhnlich aber hatte man seinen Reichsteil, von dem aus man die Herrschaft ausübte. Jeder der Söhne bezeichnete sich dann als *rex Francorum* (HRG II, 1013). Im späteren Lehnsrecht trat der älteste Sohn die Nachfolge an, oder das Erbe wurde geteilt, doch galt Erbteilung nur für den Vasallenhof (vgl. Bloch 1982, 249). Die Königstrias der Burgunden wäre also vielleicht zur Zeit der germanischen Reichsgründungen, keinesfalls jedoch um die Wende zum 13. Jahrhundert möglich gewesen. Der Epiker folgt dem Stoff wider die Wirklichkeit der Gegenwart und erhöht dadurch die Vorzeitfiktion. Dies dient auch der Idealisierung: Freigebigkeit *(milte)*, hoher Adel *(von arde hôh erborn)*, Heldenmut *(mit kraft unmâzen küene*, 5). Solche Attribute hatten einst magische Qualität, so *sollten* Könige sein, und so waren sie (eben) früher. Genauso setzt der höfische Roman *seinen* Idealkönig, Artus, in eine ferne Vergangenheit (vgl. S. 36). Vollkommenheit, auch Zeitlosigkeit, ist der schöne Zustand des Anfangs, den nun bald der vagabundierende Held zerstören wird.

Der Name der Residenz ist Worms, eine Stadt, die im 12. Jahrundert hochangesehen war. Sie erreichte unter den Staufern ihre höchste Blüte und weiteste Ausdehnung, sie wurde ein Mittelpunkt kaiserlicher Macht und erhielt 1184 die Große Freiheitsurkunde.

A schreibt allerdings *ze wornitz*, C – man muß genau hinschauen – *ze wornitze*. Beide halten diese Schreibungen nicht durch, die an das *werniza* der „Thiđrekssaga" erinnern, das im Niflungenland liegt. Hier könnte für die Schreiber zu Beginn des Epos noch die Erinnerung an andere, der nordischen Sage näherstehende Nibelungenstücke wach gewesen sein.

Ohne eine glänzende Ritterschaft können sich die Menschen der Jahrhundertwende einen mächtigen Hof nicht vorstellen (Str. 6). So wirft die Gegenwart ihre Schatten auf die Vorzeit, und schon hier entsteht jener schwebende Zustand zwischen Modernität und Archaik, der das gesamte Epos durchzieht. Die Würde des Hofes gründet sich auf Tradition, er ist ererbt (nicht usurpiert; vgl. Kap. II.3 und Schmid 1957, 57).

(2.) Die Vasallen (8–12): Den Königen folgen die obersten Vasallen – wir verwenden im folgenden, wenn nicht näher bestimmt, den Begriff Vasall in dem für das Mittelalter charakteristischen weiten Sinne, der auch dem Wort *man* innewohnt (vgl. Bloch 1982, 180; Bosl 1964, 161 f.; s. S. 23) –, die Kronvasallen, der Altadel. An erster Stelle *von Tronege Hagene* (*A: *von Tronyn*). Der Dichter nahm die politischere Erzählvariante auf, wie schon der Dichter des „Waltharius" (s. S. 48), und verbannte den Siegfried-Mörder aus der engeren Herrscherfamilie. Doch die Verwandtschaft bleibt, wie man später erfährt (1133); erst später hört man auch von Hagens Vater Aldrian (1539): dies ist eben jetzt nicht wichtig, der Epiker erzählt für den Bedarf des Augenblicks und nur in lockerer Systematik; er trägt die Dinge dann vor, wenn er sie braucht. Die Verwandtschaft zu den Königen ist wenig bestimmt. Nach Hagen folgt Dankwart, sein Bruder, dann Ortwin von Metz, beider Neffe (vgl. 119): ein *clan* um Hagen also und der *clan* der Könige, verwandtschaftlich und vasallitisch gebunden, wobei Hagen zwar alle drei Könige zu Herren hat, zum besonderen Herrn aber möglicherweise Giselher (vgl. 1678, 2012). Zwei Markgrafen befinden sich am Hof, Gere und Eckewart, schließlich *Volkêr von Alzeye*, ein *videlære* (‚Fiedler'), aber kein *ioculator* in der Narrenpose, sondern ein unerschrockener, im Charakter Hagen verwandter Krieger – dies wird man später vernehmen. Vorerst ist er nur da, um, wie die anderen Vasallen, die Macht des Hofes zu veranschaulichen.

Einige Vasallen vom Altadel, nicht Hagen, haben Hofämter inne; nun werden neue Namen hinzugefügt, die alle auf *-olt* enden, eine Gruppe, die damit wohl auch als verwandtschaftlich gebunden bestimmt ist. Die Ämterliste beginnt mit einem für die Jahrhundertwende noch einigermaßen neuen, offenbar erst an wenigen Höfen eingebürgerten Amt, dem *magister coquine (kuchenmeister)*. Rumold hat es inne, ein schlichter Koch ist er nicht, vielmehr ein *ûz erwelter* (*C, *A), *tiuwerlîcher* (*B) Krieger, und als die Burgunden zu den Hunnen reisen, wird er zum Statthalter ernannt (1519). Das Küchenmeisteramt, dem Truchseßamt nahe verwandt, taucht erstmals in einer Urkunde des Hochstifts Regensburg 1181 auf, und es erscheint gerade in bayerischen Quellen häufiger. Als herzogliches Amt ist es dann 1194 unter Heinrich VI. belegt, als Reichshofamt wurde es wohl erst 1202 eingerichtet: König Philipp hatte 1198 das bisher von den Rotenburgern verwaltete Erbamt des Reichstruchseß an das Geschlecht der von Waldburg übertragen, aber die Rotenburger machten Erbansprüche geltend; um den Streit zu beenden, richtete der König für sie 1202 das Reichshoferbamt des *magister coquine* ein (Latzke 1970, 207 ff.; Rosenfeld 1969). Der Epiker blendet also Zeitgeschichte ein, und dies nicht ohne Brisanz, weil er das Amt schon an den Königshof verlagert, also eine enge Parallele zum staufischen Hof zieht.

Die übrigen vier Ämter sind die klassischen erblichen Hofämter, schon bei den Merowingern, den Langobarden und Westgoten nachweisbar: Mundschenk (Sindold), Kämmerer (Hunold), Marschall (Dankwart) und Truchseß (Ortwin).

Der Mundschenk *(pincerna, buticularius)* war am fränkischen Königshof mit der Aufsicht über Keller und Weinberge betraut, im späteren Reich wurde das Hofamt zum erblichen Erzamt, das dem König von Böhmen zustand; die Funktion als Reichserbamt übten die Schenken von Limburg aus.

Der Kämmerer *(camerarius, camerlengus)* beaufsichtigte unter den Merowingern den königlichen Schatz, dann auch die königliche Wohnung. Im Laufe des Mittelalters wurde er durch besondere Schatzmeister verdrängt und auf den persönlichen Dienst beim Herrscher eingeengt.

Das fränkische Hofamt des Marschalls (zu ahd. *marah* ‚Pferd', *scalc* ‚Knecht'; ahd. *marahscalc*, mlat. *mariscalcus*) diente der Aufsicht über die Pferde, auch über das fürstliche Gesinde auf Reisen und Heerzügen. Man könnte Dankwart unter dieser Perspektive auf dem Zug der Burgunden zu den Hunnen genau beschreiben (vgl. z. B. 1658, –89). Seit dem 10. Jh. war das Amt eines der Erzämter, verantwortlich für Zeremoniell und Hofdienst. Wie alle Ämter, so war auch dieses an den meisten größeren Höfen beheimatet.

Der Truchseß (zu ahd. *truht* ‚Schar, Gefolge'; ahd. *truhtsâzzo* ‚der in der Kriegerschar sitzt, ihr vorsitzt') stand an der Spitze der vier germanischen Hofämter, schon bei den Merowingern hatte er für die königliche Tafel zu sorgen. Mit dem Amt des Truchseß war im Merowingerreich das des Seneschall funktionsgleich, das der Epiker nicht aufnahm und das sich im Westfrankenreich stärker entwikkelte.

Die Amtsträger sind hohe Herren, sie bestimmen Ansehen und Würde des Hofes, der weithin bekannt ist (12). Unter diesem Aspekt ist es bezeichnend, daß das höfische Zeremoniell, das den Hof erst als Adelshof konstituiert (vgl. Kleinschmidt 1976), in den Händen des Altadels liegt. Die Rumold-Gruppe steht unter der Hagen-Gruppe, die die höchsten Ämter begleitet: es scheinen die Neuen zu sein, die Ministerialen (vgl. S. 21 f.), bei den Empfängen werden sie deutlich zurückstehen, auch besitzen sie kein Landlehen wie die *vassi casati* (,behauste Vasallen') Hagen, Dankwart und Volker, sie sind *vassi incasati* (,unbehauste Vasallen'), am Hof ansässig.

Die Herren, die Landlehen besitzen, können zum Heeresaufgebot beitragen. Beim Zug ins Hunnenland werden Hagen und Dankwart zusammen 80, Volker 30 Mann aufbieten (1475 ff., vgl. S. 166). Zahlenunterschiede spiegeln Rangunterschiede.

Der Truchseß Ortwin gehört zwar zum Altadel, wurde aber offenbar noch nicht mit Land belehnt; er könnte ein junger Vasall sein, der sein Erbteil noch nicht erhalten hat (vgl. Bloch 1982, 208). Am Hof, der für uns so einheitlich aussieht, gibt es also Rangunterschiede (vgl. aber Hennig 1981, 352), die für den mittelalterlichen Hörer selbstverständlich waren, und es gibt ein komplexes Geflecht verwandtschaftlicher und juristischer (vasallitischer) Bindungen. Es ist auffällig, daß der Altadel, anders als um 1200 üblich, noch Ämter innehat.

Vielleicht ist Volker zu sorglos dem Altadel zugerechnet; seine Nähe zu Hagen und sein Auftreten nach Etzels Werbung berechtigen dazu.

Der Epiker hätte den Hof ausführlicher schildern können, so verschweigt er etwa den Klerus, obwohl es ihn gibt (vgl. 1508). Der würde jetzt aber noch stören: die Macht der Herrscher und der ritterliche Glanz sind im Augenblick das Thema, ihnen sich hinzugeben, ist die Pflicht der Hörer. Die zeitgenössische Wirklichkeit spielt in den Hof hinein, geht aber nicht voll in ihm auf. An diesem Hof der historischen Phantasie arbeiten alter Adel und neue Ministerialität gut zusammen, die (potentielle) Differenz zwischen ihnen ist offengehalten. Wer die Gruppen auseinanderbringen möchte, um ihre reale Konfrontation in der Fiktion zu spiegeln (Kaiser 1981, J.-D. Müller 1980), tut ihnen unrecht. Auch sitzen wohl beide Parteien gemeinsam beieinander, um dem Erzähler zu lauschen – warum sollte er eine von ihnen vergrämen wollen?

(3.) Der Traum (13–19): Das notwendige Personal ist skizziert: die

Gunther Gernot Giselher	(Oberkönig)	Könige
Hagen Volker		Altadel
Ortwin Dankwart	(Truchseß) (Marschall)	
Sindold Hunold Rumold	(Mundschenk) (Kämmerer) (Küchenmeister)	Ministerialen

Der Burgundenhof

Hagen, Dankwart und Ortwin sind mit den Königen abgestuft verwandt.
vassi casati: Hagen, Dankwart, Volker
vassi incasati: Ortwin, Rumold, Sindold, Hunold. (In der „Klage" besitzt Rumold allerdings ein Landlehen.)

Könige, die schöne Prinzessin, die mächtigen Vasallen. Bald wird der schöne Prinz kommen und um die Königstochter werben – dies weiß das Publikum alles, wird aber trotzdem neugierig bleiben, wie der Erzähler die Geschichte einfädelt, die diffuse Stofftradition bewältigt; wird sich freuen, wenn es dies oder jenes im neuen Gewand wiedererkennt. Der Auftritt des Werbers beginnt im düsteren Zukunftstraum der Prinzessin – und schon sind beide füreinander bestimmt: Sie zieht einen schönen, starken, ungestümen Falken heran, den zwei Adler zerfleischen (13).

Den Träumen wurden von alters her prophetische Kräfte zugesprochen, die Dichter bewahrten die Weissagungen der Träume, nutzten sie als poetisches Mittel der Vorausdeutung, das die Zukunft der Geschichte mit Schauder überziehen und die Unwissenheit der Akteure vor dieser Geschichte bloßstellen konnte. Träume setzten den Hörer ins Bild und überließen die Akteure dem Schicksal: So träumte Parzivals Mutter von einem Drachen, ihrem Sohn, der sie zerriß; er wird an ihrem Tod schuld sein. Für die Träume sind vor allem die Frauen empfänglich, wie denn immer ihnen gerne die magische Welt zugeordnet wird (vgl. „Das Grönländische Atlilied", s. S. 51) – man muß dies nicht auf den germanischen Glauben einschränken (vgl. aber Nagel 1965, 149). Die Männer mißachten die Träume.

Falkenträume gehören zum internationalen Motivrepertoire (Ploss 1958, F. R. Schröder 1956), in Kriemhilds Traum könnte noch das alte donauländische Lied des Kürenbergers (s. S. 40) mitklingen. Der Falke ist der geliebte Ritter, die befragte Mutter bestätigt es im ersten Dialog der Dichtung, die sich im wesentlichen aus den Dialogen entfalten wird.

Hoffnungsvoll schränkt sie das Unheil ein: *in welle got behüeten, du muost in sciere vloren hân* („wenn Gott ihn [den *edel man*] nicht beschützt, dann wirst du ihn bald verlieren müssen", 14). Der Traum verheißt den sicheren Mord und trotzdem vertraut die fromme Ute auf Gott. Diese Haltung ist beispielhaft für die Differenz zwischen (magischem) Wissen und aktueller Hoffnung, und sie zeigt, daß die Akteure ihr Tun nicht von der Magie, deren Äußerungen immer die (unabwendbare) Zukunft voraussagen, bestimmen lassen. So wird auch Hagen im Hunnenland niemals resignieren (vgl. Kap. III).

Die junge Frau wehrt ab, sie wolle immer *âne recken minne* bleiben (15). Mag auch das alte Kriegerwort die höfische Mode mitgemacht haben, so wirkt seine Verbindung mit *minne* doch brüskierend, zumal die Mutter das schöne *edel man* vorgegeben hatte.

*I tilgt die Brüskierung *(mannes minne)*, *C verstärkt sie und schreibt auch im vierten Anvers *recke* statt *man.*

Das Mädchen denkt an seine Schönheit, die unter der Liebe leiden könnte (15,3), sie wehrt sich gegen die Liebe, die ihr Wesen zu zerstören droht, und sie zitiert naseweis eine Weisheit, die sich im Laufe der Erzählung zur Wahrheit entwickeln wird: schon oft sei offenbar geworden, *wie liebe mit leide ze jungest lônen kan* („wie Freude am Ende mit Leid lohnt", 17). Mit bloßen Virginitätsängsten hat dies wenig zu tun, und auch die Ahnung finsterer Mächte (vgl. Weber 1963, 5 ff.) kann man ihr nicht unterstellen. Sie hat alles so gelernt.

Vgl. MF VIII/XIII, 2 (Dietmar von Eist): *liep âne leit mac niht sîn.* Die Formel klingt noch nach in Oswalds von Wolkenstein Lied *Ain anefank,* V. 18. *liebe* bedeutet u. a, ‚Freude, Liebe', wobei der übergeordnete Begriff ‚Freude' gewöhnlich im Vordergrund steht. Die *liebe-leit*-Formel kann also sowohl im engeren (‚Liebe') als auch im weiteren (‚Freude') Sinne, der den engeren nicht ausschließt, gebraucht werden. Wer sie für das Nibelungenlied im engeren Sinne verwendet (z. B. Reichert 1985, 45 f.), verengt es zum Liebesroman und schließt die nichtliebenden Personen von der Weisheit der Formel aus.

Der Erzähler wird am Ende Kriemhilds Worte an sich reißen (2378), sie verallgemeinern und objektivieren, zum Leitthema seines Stücks erhoben haben. Die Schönheit, die sie im Verweigern der Liebe bewahren möchte, sie wird gerade die Ursache des Heldensterbens sein (Str. 2), weil sie den schönen Prinzen anlockt (Av. 2). Der Hörer, der ja die Fabel im groben kennt, macht die Erfahrung, wie das ahnungslos gesprochene Wort sich in späterer schrecklicher Wahrheit erfüllt. Worte und Ereignisse (z. B. der Traum) können zwielichtig sein, auf das spätere grausame Geschehen hin transparent. Immer spricht so der (wissende) Epiker durch seine (ahnungslosen) Gestalten zu dem (ahnenden) Hörer.

Kriemhild lebt in der Zone zwischen Mädchen und Frau, sie reagiert überzogen und heftig, wie es Mädchenart ist, und die erfahrene Mutter nimmt denn auch ihren Entschluß, jungfräulich zu bleiben, nicht ernst. Erst durch *mannes minne* – freilich muß es der rechte sein – könne sie eine schöne Frau werden, d.h. könne sich ihr Wesen vollenden (16). Kriemhilds Wunsch ist ein mythischer Wunsch nach ewiger Jungfräulichkeit, wie ihn schon die auf den Knien ihres Vaters Zeus sitzende Artemis äußert. Die 1. Aventiure ruft insgesamt ein Bild der Zeitlosigkeit hervor und ist so der Spiegel von Kriemhilds Wunschträumen. Der Erzähler baut einen Hof auf, der zwischen der staufischen Gegenwart und der Zeit der *alten mæren* schwebt und der nun nach epischem Muster der Störung durch den unbekümmerten (naiven) Menschen harrt, der an der hochritualisierten und intriganten Wirklichkeit zerbricht. Im übrigen: ein Erzählbeginn, den wir ähnlich z.B. auch in den – sonst ganz anderen – „Liebesgeschichten aus Tausendundeine Nacht" finden können (Manesse Bibliothek Zürich 1984, 9 ff.).

Vorausdeutungen stimmen den Hörer auf den schrecklichen Verlauf der Geschichte ein, es sind kurze und prägnante, meist ans Strophenende plazierte Sätze, dazu der Traum. Dieses Stilmittel der Heldenepik ist sehr gezielt und nicht bedenkenlos (vgl. Panzer 1954, 120) eingesetzt, wie sich wohl für das gesamte Epos nachweisen ließe. Die Vorausdeutungen überziehen dieses mit einem eine lockere Einheit stiftenden Gerüst, das entscheidend mit dazu beiträgt, eine eigene (epische) Welt zu schaffen. „Leitmotive" (Körner 1921, 94) nach Art der Musik Wagners sind sie nicht, weil sie Personen und Ereignisse nicht charakterisieren.

Hinweise

Die Literatur zu dem Stilmittel der Vorausdeutung ist unter II.0 verzeichnet, vgl. zusätzlich Körner 1921, 93 ff.; Hamburger 1952; Tisdell 1978, 113 ff.
Zeitdarstellung: Vgl. die entsprechende Literatur unter II.0.
Traummotiv: Vgl. die Literatur unter II.0 (Motivgeschichte) und zusätzlich Dalby 1965, 253 ff. (Falkenmotiv).
Kindheit im Mittelalter: Ariès 1970 [dem Mittelalter fehlte das Verständnis für die Kindheit]; Ennen 1985 [Gegenposition zu Ariès]; Gerhard Jaritz in Kühnel 1985, 165.
Hofämter: Vgl. die Literatur unter II.0 (Rechtsgeschichte).
Königtum: HRG II, 999–1023.
Hofkultur: Jaeger 1985. Zur Würde des Hofes vgl. Schmid, Karl: Zur Problematik von Familie, Sippe und Geschlecht, Haus und Dynastie beim mittelalterlichen Adel [...], in: Zs. f. die Gesch. d. Oberrheins 105, 1957, 1–62; Kleinschmidt, Erich: Herrscherdarstellung. Zur Disposition mittelalterlichen Aussageverhaltens. (Bibliotheca Germanica 17) Bern, München 1974.
Vasallität: S. Kap. I.1.2.
Namen: S. Kap. I.3.2.2.

3. *dô wuohs in Niderlanden eins edelen küneges kint – Siegfrieds Werbung (2.–5. Aventiure)*

Der Dichter steht vor folgender Aufgabe: er muß das Motiv vom fremden (naiven) Helden, der (objektiv) den Königshof bedroht, mit dem eigenen Plan, die Prinzessin mit dem Prinzen zu verheiraten, zusammenführen. Das Motiv ist wahrscheinlich schon verhältnismäßig fest vorgeformt. Die Aufgabe ist brisant und erfordert einen erzählerischen Drahtseilakt, weil das Motiv Feindseligkeit, der Plan Friedfertigkeit verlangt. Nach der Vorgabe der 1. Aventiure muß die zeitgenössische Kultur, müssen *minne* und Ritterwesen mit hereinspielen, braucht der Held eine würdige Heimat. Beobachten wir, wie der Epiker den Prinzen aufwachsen (1.) und ihn den Entschluß zur Ehe fassen (2.) läßt, wie er den Prinzen an den Hof führt: ihn dort bekannt macht (3.), die Begegnung von der Feindseligkeit (4.) zur Friedfertigkeit hin (5.) entwickelt; wie er ihn zum Helfer der Könige werden läßt, und wie ihn die Könige mit dem Anblick der Prinzessin und einer ersten Begrüßung belohnen (6.). Integration von Held und Hof: Niemals eindeutig, aber immer hintergründig versuchen die burgundischen Machthaber, die unbestimmte Bedrohung, als die ihnen der Held erscheint, im Rahmen des Vasallitätswesens zu entschärfen, und sie bringen dadurch ein weiteres verwandtes Erzählmotiv ins Spiel, das Scheitern des naiven Menschen an den Intrigen des Hofes.

(1.) Siegfrieds Jugend (20–43, 2. Av.): Parallel zur 1. Aventiure hebt der Erzähler an, er intensiviert den Verweis durch *dô* – *dô wuohs in Niderlanden* („da wuchs in Niederland auf [...]“, 20). Eine „unvermittelte höfische Wende“ (Haug 1974, 39) zwischen 1. und 2. Aventiure kann dies nicht sein, denn schon dort bestimmte die Schwebe zwischen staufischer Gegenwart und den *alten mæren* die Erzählung. Geographie und Personal sind schnell genannt, alles konzentriert sich hier auf den Prinzen: Niederland, die Gegend *nidene bî dem Rîne* („am Niederrhein“, 20); das Elternpaar, Siegmund und Sieglinde, einst ein mythologisches Geschwisterpaar, das den Sohn im Inzest zeugte (vgl. Kap. I.3.1.3 und 3.2.1), nun geachtetes Herrscherpaar; *ze Santen* (Xanten), eine weithin bekannte, mächtige Residenz. Nicht bei Hindin und Schmied wächst der Königssohn auf (vgl. Kap. I.3.1.3), Siegfried.

Der Dichter nannte ihn *Sîvrit*, die neuhochdeutsche Diphthongierung hat *Sei-* aus dem ersten Glied gemacht, die Silbendehnung *-fried* aus dem zweiten (vgl. z. B. „Hürnen Seyfried“). Unsere Form mit *-g-* ist eine gelehrte Rekonstruktion, die sich die Elternnamen zu Hilfe geholt hat (vgl. die Literatur S. 67 f.). Die Forschung tut sich gelegentlich schwer mit diesem Namen (Varianten z. B.: Sifrid, Siefried, Sigfrid), wir behalten die rekonstruierte Form bei, die die vertrauteste geworden ist.

Der junge Prinz *versuochte vil der rîche* („durchstreifte viele Länder“, 21), er *reit in menegiu lant* (*A/*B „ritt in viele Länder“, 21), *suochte fremdiu lant* (*C „suchte fremde Länder auf/heim“); *michel wunder* (22), die Wendung erinnert an die Eingangsstrophe, erzählte man von ihm.

*C nimmt noch eine Strophe hinzu und evoziert in formelhaften Wendungen die umgehenden Siegfried-Lieder, drängt sie zugleich ab: *dâ von man immer mêre mac singen unde sagen; / des wir in disen stunden müezen vil von im gedagen* („davon kann man noch viel mehr singen und erzählen; wir müssen aber jetzt vieles über ihn verschweigen“, *C 21).

Der Epiker gewährt seinem Helden einen Freiraum, den er später nach Bedarf ausfüllen wird, immer dann, wenn er die Requisiten der mythischen Tradition, des Unglaublichen benötigt: Tarnkappe, Hornhaut, Hort. Auf einem der jugendlichen Streifzüge könnte also Siegfried Herr über das Land *zen Nibelungen* (484) geworden sein. Weil diese Züge aber zunächst nur unbestimmt angedeutet werden, fällt der Übergang von der Welt der *alten mæren* in die höfische Welt der Gegenwart des ritualisierten Minnedienstes (26) kaum auf. Danach findet das prächtige Fest zur Verleihung der Ritterwürde statt („Schwertleite“, s. S. 30), das der Erzähler seinem Publikum pflichtgemäß breit entfaltet (27–41).

Der Hof zu Xanten prägt Siegfried nicht in dem Maße wie etwa Kriemhild der Hof zu Worms. Xanten steht für Siegfrieds höfische Seite, ebenso typisch ist für ihn die Abwesenheit vom heimatlichen Hof (vgl. aber Wahl Armstrong 1979, 192): Siegfried ist der personifizierte Schwebezustand zwischen Gegenwart und Vorzeit. Der Dichter trägt der schwächeren Gewichtung Xantens Rechnung, indem er es blasser als die anderen Residenzen, Worms und Etzelnburg, zeichnet. Dadurch kann er seinem Helden einen Teil der (nordischen) Einsamkeit zurückgeben, die er ihm durch Rittertum und Minnewesen geraubt hat – beides braucht er für die Werbung um die Prinzessin. Ein Drahtseilakt des Erzählers: den Helden zu binden und ihn ungebunden zu lassen. So hält sich der Held auch zurück, wenn es darum geht, Herrschaftspflichten zu übernehmen (42), aber er schützt das Land gegen drohende Gefahren (43).

*C zeichnet ihn ausschweifender: niemals ruhte er, war nur auf Kampf aus – *sîn ellenthaftiu hant / tet in zallen zîten in vremeden rîchen wol bekant* („seine Tapferkeit machte ihn zu allen Zeiten in fremden Reichen berühmt“, *C 43).

Zallen zîten – am Ende der einführenden Heroenskizze wieder der Rückfall in die Zeitlosigkeit. Der Zustand in Xanten entspricht dem Zustand in Worms (vgl. S. 106).

(2.) Der Eheentschluß (44–70): Dies ist die Voraussetzung für die Zusammenführung von Prinz und Prinzessin. Der Ruf der schönen Prinzessin dringt nach Norden. Der Prinz, nach der Schwertleite reif dazu (vgl. Faber 1974, 31 ff.), denkt an Werbung, Liebe und Ehe:

Do gedâht ûf hôhe minne daz Siglinde kint.
ez was ir aller werben wider in ein wint. (47)

Da dachte Sieglindes Sohn an „hohe Minne“, nichts war ihm gegenüber ihr aller Werben [d.i. das Werben der übrigen Freier].

In stolzem Pathos rühmt der Epiker *seinen* Helden: so wie Siegfried ist keiner, er wird nicht zurückgewiesen werden (47). Der Hörer mag sich kaum an die düsteren Vorahnungen aus der 1. Aventiure erinnern, und nur noch zurückhaltend ist späteres Leiden angedeutet (44). *Hôhe minne* bedeutet hier *stæte minne* (‚beständige Liebe‘, 48; vgl. ähnlich Wolframs von Eschenbach „Willehalm“, V. 95, 13), nicht die entsagende Liebe des Minnesangs (s. S. 35 ff.; vgl. aber z. B. Dürrenmatt 1945, 230 ff.; de Boor 1979 Anm.).

Das höchste Ziel ist für Siegfried gerade gut genug (49). Noch hat er von der Schönheit der Prinzessin nur gehört. Die Schönheit der Frau, so kann man im Mittelalter denken (vgl. Faber 1974, 21 f.), ruft die Liebe hervor. Ungestüm und naiv bricht sich der Besitzwunsch Bahn: *sô wil ich Kriemhilden nemen* („dann will ich Kriemhild nehmen“, 48).

Die elterlichen Einwände werden in den Wind geschlagen. Vater und Mutter kennen Gunther und die stolzen Vasallen von Worms (51, 56), die Mutter weint schmerzerfüllt – und abschiedsmotivgerecht (51, 60); der Vater warnt besonders eindringlich vor Hagen: *der kan mit übermüete der hôhverte pflegen* („der ist übermütig und stolz“, 54).

übermuot/übermüete: dieser Begriff (Hempel 1970) baut im Epos sein eigenes Bedeutungsfeld auf, Konnotationen etwa: Unachtsamkeit, Leichtfertigkeit, Überheblichkeit, Egozentrik; andere wie: Grausamkeit, Wildheit, Gefährlichkeit sind eher zufällig (vgl. aber ebd., 219). Die Wertung des Wortes schillert, der Epiker wägt es gewöhnlich auf der negativen Seite, mögliche positive Wertungen könnten gelegentlich denkbar sein. Heute entspricht es wohl am ehesten dem Wort Stolz, wobei mitzuhören wäre, daß der Stolz für die mittelalterlichen Menschen ein wesentlicher Bestandteil des adeligen Standesbewußtseins war (Bloch 1982, 352); es ist auch ein zentrales Motiv in den isländischen Sagas. Die positive Seite des Stolzes übernimmt in der Regel die Wendung *hôher muot* (vgl. Stiegele 1967, 176 ff.), in ihr schwingt nur selten der sich der *minne* verdankende *hôhe muot* der höfischen Dichtung mit.

Wer *übermuot/übermüete* hat, denkt an den Vorteil und die Lust des Augenblicks, weniger an die möglichen, auch für ihn schlimmen Folgen seines Handelns. Er fordert – Freude an der Provokation – das Schicksal heraus und ist identisch mit dem, der *hôhverte* hat. Ihm fehlt die Demut *(diemüete/diemuot);* sie wäre nicht notwendig nur im tiefen christlichen Sinne zu verstehen. Die Wertung des *übermuot*-Begriffs in unserem Epos spiegelt die Wertung des Heroenbegriffs vom Standpunkt humaner Sorge aus.

Zuweisung von *übermuot* bedeutet im allgemeinen Zuweisung von Schuld (vgl. Hempel 1970, 220), wobei der christliche Gehalt solcher Zuweisung, wie er lat. *superbia* innewohnt, nur schwer zu bestimmen, gewöhnlich nicht spürbar ist, niemals aufdringlich hervortritt. Hier mochte der Hörer einiges hinzutun, bloße Didaxe hatte der Erzähler sicherlich nicht im Sinn (vgl. aber Bostock 1960). Im *übermuot*-Begriff bricht sich die Eigenwertung der Akteure, für die Stolz und Ehre gruppenkonstituierende Merkmale sind (vgl. Bloch 1982), mit der skeptischen Wertung des Epikers.

Die Übermut-Kritik ist international (vgl. die nordischen Sagas) und gehört zur Topik didaktisierender Poeten (vgl. Hesiods „Werke und Tage", V. 134, in dem der Untergang des Silbernen Zeitalters mit dem Übermut des damaligen Geschlechts begründet wird).

Dem Gesetz des *übermuot* folgt nicht nur Hagen, sondern auch, nun sogar im Urteil des Erzählers (68), Siegfried, der sich alle Handlungsmöglichkeiten offenhält: was er nicht durch freundliches Bitten bekommen könne, werde er sich mit Gewalt holen: *ich trouwe an in ertwingen beide liute unde lant* („ich traue mir zu, ihnen Land und Leute abzutrotzen", 55). Der Epiker, in der Pflicht, Motiv und Plan zu verbinden, konditioniert seinen Helden für eine friedfertige Handlungsweise (Minneritter) ebenso wie für eine kriegerische (Usurpator). Welche Haltung wird der Prinz ergreifen, wenn er nun prächtig ausgestattet (65–68), jedoch nur mit kleinem Gefolge, am siebten Morgen am Ufer zu Worms ankommt?

Die Größe des Gefolges darf der Hörer nicht genau nachrechnen. Nach *A/*B 59 *(selbe zwelfte)* sind es elf Begleiter, Str. 64 zwölf; *C korrigiert Str. 59 zu zwölf.

Van der Lee 1983, 233 weist auf die realistische Zeitangabe: die unwegsame Strecke von Worms nach Xanten (ca. 350 km) ist bei einem täglichen Ritt von 50 km zurückzulegen.

(3.) Hagens Bericht (71–104): Die Szenenregie: die ungeduldig harrende Gruppe um Siegfried im Burghof, die Gruppe um Gunther im Palas (der *Palas* ist das Hauptwohngebäude der Burg, meist unterkellert und zweigeschossig; Saal und Wohnräume befinden sich im Obergeschoß). Die Gruppe oben berät die neue Lage und schreitet dann zur Gruppe unten.

Der König erkundigt sich nach dem Neuankömmling, Truchseß Ortwin, für Empfänge zuständig, verweist auf Hagen – *dem sint kunt diu rîche und ouch diu vremden lant* („der kennt die Reiche und die fremden Länder", 82). Fast immer, nur einmal, auf Island, nicht, wird Hagen Bescheid wissen. Der Erzähler braucht keine kleinlichen Erklärungen, etwa die, woran Hagen denn Siegfried genauer erkennt. Dieser berichtet nun aus der heroischen Szene, aus Siegfrieds „anderem Leben": von dessen Kampf mit den Nibelungen, dem Hort, den er ihnen raubte, dem

Schwert Balmung, dem Zwerg Alberich, der *tarnkappe* (mhd. *kappe* ‚Mantel mit Kapuze'), dem Drachenkampf, der Haut aus Horn. Er ist ein *vreislîcher man* („schrecklicher Mann', 97; *C *vil küene*); das auffällige Adjektiv wird nicht mehr oft erscheinen und nur auf Siegfried und Brünhild angewandt werden, es ist also ein Signal für eine ihnen beiden mögliche Lebensform, mit der der Epiker später spielen wird. Der Hörer braucht ein enormes Erinnerungsvermögen, wenn er mit dem Gedächtnis des Erzählers Schritt halten will, denn dieser bringt das eine oder andere gerne nur erst von ungefähr ins Spiel, um es dann immer wichtiger werden zu lassen. So errichtet er sich eine eigene Motivwelt.

Den Siegfried, wie ihn Hagen vorstellt, kennt das Publikum, der Erzähler hatte seinerseits der Möglichkeit zur „anderen" (heroischen) Existenz in der einführenden Aventiure fast unvernehmlich Raum gegeben (21 f., s. S. 113). Auf diese Weise wurden die Bilder von Ritter (Plan) und Usurpator (Motiv) aufeinander zu komponiert. Wenn das Motiv-Bild gerade jetzt, auf Siegfrieds Minnefahrt, ausgemalt wird, dann wird eine Konfrontation beabsichtigt, ein kontrastierendes Spiel von Minne/Modernität und Heroik/Archaik.

Das zeitgenössische Publikum konnte solche Signale aus der Monster- und Zwergenwelt durchaus als Vorzeitsignale verstehen, es glaubte nicht, daß diese Welt in seiner Gegenwart möglich sei. Der Erzähler läßt sie aufleuchten, weil die *alten mæren* davon sprechen, und insofern sind sie als ehemalige Wirklichkeit verbürgt (vgl. Lewis 1966, Fromm 1986).

Hagen hat hohen Respekt vor dem Gast und rät seinem König, ihn freundlich zu empfangen, wobei er – noch unmerklich intrigengerecht – listig formuliert: *man sol in holden hân* (101). Dies kann bedeuten: „man sollte ihn zum Freund haben", doch in *holt* (Adj.)/*holde* (Subst.) schwingt auch der Kommendationsbegriff mit, der späterhin für die Geschichte so wichtig werden wird. Wir müssen lernen, solche Mehrdeutigkeit der (oft entscheidenden) Begriffe als epische Eigenart und List zu akzeptieren und nicht über ihr zu verzweifeln oder sie willkürlich einzuengen. Zu übersetzen ist sie nicht. Durch den Akteur Hagen hindurch spricht also auch der Epiker, der einen festen Plan hat, wie wir ihn Hagen nicht unterstellen dürfen. Hagen hat allenfalls eine vage Absicht, aber noch keinen festen Plan, sie auszuführen. Daß er eine Absicht haben könnte, ergibt sich aus seinem späteren Handeln, das mit dem mehrdeutigen Rat nach nibelungischem Erzählmuster wie von ungefähr inszeniert wird. Das höfische, der sozialen Wirklichkeit abgeschaute Ritual verlangt, das *consilium* des Vasallen nicht in den Wind zu schlagen.

(4.) Der Usurpator (105–122): Man würdigt den Gast, indem man ihm entgegengeht und ihn gemäß dem Zeremoniell des Hofes nach Herkunft und Absicht fragt. Dieser durchbricht das Zeremoniell einigermaßen unbekümmert durch eine Kampfansage (vgl. 102):

ich wil an iu ertwingen swaz ir muget hân:
lant und bürge, daz sol mir werden undertân. (110)

Ich will Euch alles im Kampf abnehmen, was Ihr besitzt: Länder und Städte (Burgen), alles soll mir untertan werden.

Siegfried, der hier seine Worte aus Xanten aufnimmt, setzt Ansehen *(êre)* und Leben *(houbet)* aufs Spiel (109), und er betont seine Ebenbürtigkeit: *Ich bin ouch ein recke und solde krône tragen* („Auch ich bin ein Kämpfer und zur Herrschaft bestimmt", 109).

Siegfrieds Auftritt hat die Forschung immer wieder überrascht, sie hat sich entweder nur auf die Seite des Minneritters oder nur auf die Seite des Usurpators gestellt und nur zögerlich versucht, beide zu vereinen. Haug (1974, 41): Ein „Ärgernis" der Interpreten; Tonnelat (1926, 22): Das Verhalten des Helden ist literarische Tradition; Panzer (1954, 308 f.): Der verunsicherte Siegfried zeigt sich in der Gesellschaft laut und keck (ähnlich W. Schröder 1960/61, 88 f.); Mergell (1950, 9 f.): Siegfried identifiziert Sache und Person, der kraftvolle Landesherr verantwortet den Landesschutz, nicht der bloße Erbe; Schwietering (1941, 202): Ein plötzlicher „Überschwang der jugendlichen Kraft", dies ist „Geist der Heldendichtung"; W. J. Schröder (1954, 75): „Siegfried, der Vorzeitmensch, betritt die höfische Welt von 1200"; Bertau (1972, 731): „Rolle als Vorzeitrecke"; Nagel (1965, 141 ff.): „Tradition der altgermanischen Heldendichtung", die „als Erbpoesie weithin deren Ethos" wahre; Ihlenburg (1969, 53 ff.): „Eine sehr kurze Episode in seinem ganzen durchaus vorbildlich ritterlichen Entwicklungsgang", übernommen „aus dem landläufigen Sagen- und Überlieferungsbild [...] vielleicht als Konzession an die mittelalterliche Hörerwelt"; Wehrli (1980, 399): Herausforderung, Machtanspruch; Neumann (1967, 67): Das Streitgespräch wurde grundlos in Gang gesetzt, man darf nicht „das Einzelne bis ins letzte auflichten" wollen; Czerwinsky (1979, 55): Demonstration von „Gewaltsamkeit und Konsum", „Überfluß an Gebrauchswerten"; Dürrenmatt (1945, 246): der Auftritt überrascht nicht, schon vorher wurde Siegfried als „kampflustiger Recke" gekennzeichnet; Müller (1974, 93): Die Herausforderung entspricht dem Herrenverhalten um 1200; Wahl Armstrong (1979, 198 f.): Sie ist die erste Möglichkeit zur Bewährung; Burger (1985, 51 ff.): Irrationalität und anschließende Besinnung.

Der Epiker hat Siegfried so angelegt, daß dieser reagieren kann, wie er reagiert, aber nicht so, daß er reagieren müßte, wie er reagiert. Nach den elterlichen Warnungen würde allerdings eine bescheiden vorgetragene Bitte dem Adelsstolz nicht angemessen sein.

Gunther antwortet höfisch und überlegen, er heizt das Klima nicht weiter auf, weicht aber auch nicht zurück; die Tradition seiner Familie gibt ihm ruhige Sicherheit: lange und ehrenvoll habe der Vater regiert, wo läge der Grund, das Erbe aufs Spiel zu setzen? Tradition und Zeremoniell wider Usurpation und Naivität. Siegfried erhöht sein Angebot und setzt *sein* Erbe ein (113 f.). Gernot verdeutlicht die Worte des Bruders:

man wolle auf diese Art keine Länder erwerben – *wir haben rîchiu lant, / diu dienent uns von rehte* („wir besitzen mächtige Länder, die uns rechtmäßig dienen", 115). Die Könige setzen Recht und Herkommen gegen Eroberung und unterstellen Siegfried damit, daß ihm diese Werte nichts gelten.

Nach den Königsbrüdern redet – Abstieg der Gesprächspartner – der Truchseß Ortwin. Er lehnt eine Versöhnung ab und heizt höhnisch und beleidigend die Stimmung an (117).

Vasallen dieser Zeit konnten so sein: Als Otto von Wittelsbach auf dem Reichstag in Besançon (1156) nicht ohne Grund annahm, der Papst wolle den deutschen Kaiser zum Vasallen erniedrigen, wollte er sich mit gezücktem Schwert auf den päpstlichen Legaten stürzen. Der Kaiser hielt den Heißsporn zurück (Jordan 1980, 63).

Siegfried läßt sich provozieren und weist den Truchseß zurück, der doch gar nicht zu ihm, sondern zum König gesprochen hatte, der ihm denn auch hätte antworten müssen. Scharf betont er den Rangunterschied – im Augenblick, als er ihn mißachtet: *ich bin ein künec rîche, sô bistu küneges man* („ich bin ein mächtiger König, du bist aber bloß Königsvasall", 118). Verächtliches Du. Der Epiker arbeitet vorausschauend und konkretisierend, denn er läßt seinen Helden schroff zurückweisen, was dieser später freiwillig vorschlagen wird (vgl. 386).

Gunther verharrt in Würde, Gernot hält Ortwin, der schon nach dem Schwert ruft, zurück, er sieht noch eine Chance, den Streit mit Anstand (*mit zühten,* 120) zu schlichten und Siegfried zum Freund zu gewinnen. Nun schaltet sich Hagen, Ortwins Onkel, der nach Gunthers Ansicht schon zu lange dem Treiben schweigend zugesehen hat, ein; auch er wendet sich protokollgerecht nicht direkt an den Gast: in dieser Form hätten seine Herren Siegfried nicht beleidigt, er wäre besser nicht hergekommen, um zu kämpfen. Wieder fährt Siegfried unziemlich dazwischen, behandelt Hagen aber respektvoll (122). Er bleibt dabei, er will in Burgund herrschen.

Gernot macht dem Ganzen durch einen verbalen Kraftakt ein Ende und gebietet seinen Männern, die stolzen Reden (*reden* [...] *iht mit übermüete,* 123) zu unterlassen. Damit trifft er auch Siegfried. Die Könige, besonders Gernot, haben die Grenzen des naiven Heldentums durch Diplomatie deutlich gemacht. Gunther, dies ist seine königliche Pflicht, darf sich nicht in das Gezänk verlieren; dies ist kein Zeichen von Verhandlungsschwäche, sondern im Gegenteil zeremonialgerechtes Verhalten.

(5.) Der Minneritter (123–138): In der Ruhe des Schweigens wechselt der Epiker vom Motiv zum Plan, nach dem Scheitern der feindseligen Alternative wird die friedfertige vorbereitet. Siegfried denkt an Kriemhild: *dô gedâhte ouch Sîvrit an die hêrlîchen meit* („da dachte Siegfried an die herrliche junge Frau", 123).

Der Vers ist formal hervorgehoben, auf freien Zeilenstil (Beyschlag 1932, 226 f.) folgt hier, am Strophenende, der strenge, Satz und Vers entsprechen sich. Ein Gedankenstau ist entstanden, der auf den Schluß drückt. Der freie Zeilenstil seinerseits beschwert den Inhalt dieser Verse: Gernots Schweigegebot. Die beiden Themen der Strophe werden also durch die Form betont, die Perspektive wechselt auf der Szene von Gernot zu Siegfried. Nach der Begrüßung (106) ist dies die erste Strophe, in der die Kontrahenten wieder gemeinsam auftreten. Die Strophe ist die Nahtstelle der Konfliktlösung.

Das diplomatische Protokoll und die Minne, die sich als moderne Lebensform zwanglos mit diesem verbündet, weisen den heldischen Stolz *(übermüete)* in die Schranken. Die Liebe, die so stark ist, um die noch nicht geschaute Geliebte in die Gedanken zu holen, ist höfisch. Das Motiv der gedachten schönen Geliebten, die den Helden viele Monate in Atem hält, reicht über Gramoflanz und Itonje in Wolframs „Parzival" bis in den gegenwärtigen Fantasy-Roman (vgl. z. B. Chant, Joy: Könige der Nebelinsel. Bergisch Gladbach 1984, 162).

Ruhig und bestimmt spricht Gernot in Siegfrieds Gedanken hinein: der Tod der Helden – welcher auch immer, so die kluge Formulierung – brächte den Burgunden wenig Ansehen *(êre)* und Siegfried keinen Nutzen (*vil kleinen frum*, 124). Solches Denken ist zeitlos menschlich und keinesfalls wider die alte Heroik (vgl. „Hávamál", Str. 65, in: „Die Edda" 1984: „Besser ist es, am Leben zu bleiben und wohlhabend, denn es ist der Lebende, der die Kuh bekommt.").

Nun muß der Epiker die Aufgeregtheit seines Helden dämpfen. Er läßt ihn mehrdeutig reagieren, so daß für den Hörer in der Schwebe bleibt, ob der Held den usurpatorischen Anspruch aufrecht erhält, nur mannhaft scherzt oder einfach ratlos ist (125).

War umbe bîtet Hagene und ouch Ortwîn, / daz er niht gâhet strîten mit den friwenden sîn, / der er hie sô manegen zen Burgonden hât? („Warum wartet Hagen mit Ortwin und eilt nicht, mit seinen Freunden zu kämpfen, von denen er hier bei den Burgunden so viele hat?"). Dies könnte bedeuten: (1.) Sollen Hagen und Ortwin doch mit ihren burgundischen Freunden kämpfen! (2.) Sollen Hagen, Ortwin und ihre burgundischen Freunde doch herkommen und mit mir kämpfen! – die von der Forschung am meisten favorisierte Variante; (3.) Warum kämpft denn keiner von denen mit mir? Die dritte Variante wäre die beste Voraussetzung für die folgende Gastfreundschaftsformel *Ir sult uns wesen willekomen* (126).

Siegfried wendet sich wieder den Königen zu und verhält sich nun protokollgerecht, so daß ihm Gunther in der Formel der Gastfreundschaft das anbieten kann, was er ihm zuvor, mit der Kampfansage konfrontiert, verweigern mußte – „höfische Kontrafaktur von Siegfrieds provokatorischer Forderung" (Haug 1974, 41):

allez daz wir hân,
geruochet irs nâch êren, daz sî iu undertân,
und sî mit iu geteilet lîp unde guot. (127)

Alles, was wir haben – geruht Ihr es ehrenvoll anzunehmen – sei Euch untertan, Hab und Gut wollen wir mit Euch teilen.

Die Könige haben Siegfried gelehrt, *nâch êren* zu handeln, d.h. die Worte genau zu wägen und sich kontextgerecht zu verhalten. Im Kontext des Hofes gilt das Wort anders als im Kontext der Fehde, wenn es auch gleich lautet (vgl. aber Neumann 1967, 67). Seine Bedeutung ist nicht mehr naiv, sondern sie ist protokollarisch verfremdet. So spiegelt sich in der kontextspezifischen Variabilität der Wortzeichen das Motiv der Einbindung des naiven Helden in den (potentiell intriganten) Hof. Dabei formuliert der Epiker auffallend parallel (vgl. Str. 110 und 127) und zwingt dadurch die Hörer, auf die Mehrschichtigkeit der Worte zu achten.

Insofern Siegfried den höfischen Kode nicht beherrscht, handelt er unadelig, weil sich der Adel im perfekten Zeremonialhandeln beweist (vgl. Kleinschmidt 1976, 73). Verhaltensebene und Sozialebene decken sich nicht, und so zeigt sich Siegfried auf jener als der, als den ihn später Brünhild einstufen wird *(man, eigenman)*. Der Epiker beginnt das Thema der ständischen Differenz unmerklich (über die Beachtung des Protokolls) einzuspielen, vielleicht für uns noch weniger hörbar als für die Zeitgenossen. Eine solche leise Einspielung, die dann im Streit der Königinnen (14. Av.) zum Geschrei anschwillt, konnte ja schon in Hagens Rat *man sol in holden hân* (101) als dem Beginn der Kommendationsstrategie vorliegen.

Die dramatische Situation mündet in einen breiten Bericht, man feiert, Siegfried lebt sich am Hof ein, und er verliert sein Ziel, die *hôhe minne* (131, vgl. S. 114), nicht aus den Augen. Er lernt, minnegemäß zu warten.

Es ist eine Eigenart epischer Erzählweise, sich vom Augenblick, von bestimmten Situationen mitreißen zu lassen, sich in sie zu verlieren, in die Feste, die Rüstung, die Kleidung, gewisse Personen. Jauß (1984, 132) spricht treffend von „Aisthesis [...] als genießendem Verweilen in der Gegenwart einer vollkommenen Erscheinung". Dem Dichter solches vorzuhalten (vgl. z.B. Nagel 1954, 373; Neumann 1967, 83), hieße nichts anderes, als ihm die epische Kunst zum Vorwurf zu machen.

(6.) Sachsenkrieg und erste Begrüßung von Prinz und Prinzessin (139–324, 4. und 5. Av.): Ein Jahr vergeht; diese Zeit erinnert an das Falkenlied des Kürenbergers (vgl. S. 40) – nach einem Jahr ist der Falke jagdtauglich, der Liebende minnetauglich. Der Prinz hilft seinen Gastgebern in einem gefährlichen Krieg gegen die usurpierenden Dänen und Sachsen, den versprochenen Lohn (Str. 157) erhält er nicht. Dann, beim Siegesfest, darf er die Prinzessin erstmals begrüßen. Der Erzähler entfaltet eine innig-pathetische Stimmung: wie das Morgenrot aus dem Dunkel, wie der strahlende Mond vor den Sternen tritt Kriemhild auf; neben ihr der so schüchterne Siegfried. Es sind Bilder aus der epischen und lyrischen Tradition, z. T. bis auf das „Hohe Lied" Salomos zurückgehend, die mit der heroischen (Siegfrieds Jugendtaten, der gerade vergangene Krieg, der kommende Burgundenuntergang) kontrastieren. Dazwischen die banalen und ehrlichen Träume der Statisten vom Schlaf mit der Prinzessin (296). Gernots wenige Worte – *dâ mit wir haben gewunnen den vil zierlîchen degen* („damit haben wir den hübschen Krieger gewonnen", 289) – verraten, daß die Könige Siegfrieds Bindung an den Burgundenhof zielstrebig, wenn auch ohne festen Plan, verfolgen.

Die Schönheit der Prinzessin und die Liebe zu ihr fesseln den Prinzen weiterhin an den Hof – *dar umbe sît der küene lac vil jæmerlîche tôt* („deshalb fand der Kühne später einen jämmerlichen Tod", 324). Das Thema von Schönheit, Liebe und Tod war eine Zeitlang zurückgedrängt worden, eindringlich weist seine Zitierung auf die Eingangsstrophe (2) zurück.

*C fügt Strophe 324 die Strophe 325 und eine Zusatzstrophe unmittelbar an und öffnet dadurch die Aventiure sehr stark zur folgenden hin. So kann es allerdings deren Doppeleingang (325, 326) vermeiden. Das Problem war wohl, den eingängigen Vers *Iteniuwe mære sich huoben über Rîn* (325) nicht fallen lassen zu müssen.

Hinweise

Kap. II.3 zeigt, wie der Dichter ein international stark vorgeformtes Motiv (der Held und der König) seinem Erzählplan dienstbar macht; vgl. dazu Jackson 1982.
Siegfrieds Ankunft in Worms ist außer in den Gesamtdarstellungen (s. Gesamtbibliographie) eingehender besprochen in Bartels 1982, Ehrismann 1975/II, G. Müller 1975, J.-D. Müller 1974; vgl. dazu Hoffmann 1979.
Siegfrieds „andere" Existenz: Vgl. Kap. I.3.1.3/4 und u. a. Ploss 1966, Zutt 1980, Braches 1961.
Minne und Ehe: Vgl. die Literatur S. 29 f., 38 und von Ertzdorff 1965.
Übermuot/übermüete: Hempel 1970, Stiegele 1967.
Liudger: Lunzer 1932.
Zur Geographie: Vgl. van der Lee 1983.

4. *ez was ein küneginne gesezzen über sê* – *Gunthers Werbung (6.–9. Aventiure)*

Prinz und Prinzessin sind nahe zusammengeführt, noch aber schiebt der Erzähler die Hochzeit auf und greift die nächste, weitaus brisantere Stoffvorgabe an, Brünhild. Die Sage hat sie eng mit Siegfried verbunden (Verlobung), dann aber Gunther zur Frau gegeben. Er wird sie mit der betrügerischen Hilfe des vagabundierenden Helden bekommen können, Hinterhältigkeiten, Gestaltentausch, Eifersüchteleien, Vergessenstrünke stehen ins Haus. Wir müssen beobachten, was der Nibelungendichter davon verwendet und wie er es in seinen Erzählplan einfügt: (1.) Die Vorgeschichte, die mit Siegfrieds Scheinkommendation vor Isenstein endet, (2.) Begrüßung auf Island und Brünhilds Irritationen, (3.) Brünhilds Wettkämpfe, (4.) Siegfrieds Fahrt ins Nibelungenland, (5.) der Ausklang, der mit Siegfrieds Botendienst schließt. Der Erzähler arbeitet mit beiden Siegfriedbildern, dem Minneritter und dem unbekümmerten Helden, und immer schärfer entwickelt er die Hofintrige, indem er Siegfried dem Kommendationsverdacht aussetzt.

(1.) Die Vorgeschichte der Werbungsfahrt (325–388, 6. Av.): *Iteniuwe mære sich huoben über Rîn* („Ganz neue Geschichten stiegen über dem Rhein auf", 325) – der König geht auf Brautschau. Jenseits der See, wo die Sagen immer gerne ihre werbungsbedürftigen Königinnen ansiedeln, herrscht Brünhild: *diu was unmâzen scœne, vil michel was ir kraft* „Sie war grenzenlos schön, sehr groß war ihre Kraft", 326). Schönheit und Kraft stehen für eine sowohl höfische wie urtümliche Welt, die auch von Siegfried repräsentiert werden kann (vgl. *vreislîch* in bezug auf Brünhild Str. 330, 340; s. S. 116). Wer Unterhaltungswerte schätzt, mag sich die Kampfspiele der Königin konkreter vorstellen: Speerwurf, Steinweitwurf, Weitsprung. Sie sind bitterernst gemeint, zahlreich sind die toten Werber (Erzählmotive: Freierprobe mit möglicher Todesfolge; der Widerspenstigen Zähmung).

Siegfried kennt Brünhild genau, und er weiß den Weg in ihr Land. Doch erfährt der Hörer des Nibelungenliedes nichts von einer früheren Bekanntschaft zwischen beiden. Stark reizt ihn der Epiker, die Sage (vgl. S. 42 f.) zu evozieren, dann wendet er sie ab.

Wieder (vgl. 2) gerät die schöne Frau in den Verdacht, den Heldenuntergang zu verschulden (338). Gunther, zum Minneritter stilisiert, wagt starke Sprüche, sie zu gewinnen. Siegfried soll die Werbung organisieren – später, in einem vergleichbaren Fall, wird Rüdiger dies tun: eine Vasallenaufgabe. Er ist nun jedoch nicht mehr so einfältig wie zur Zeit des Sachsenkrieges und bedingt sich einen Lohn aus: die Königstochter. Der König willigt ein, man schwört Eide (334 f.). Der Gewinner dieses Handels, den sich der Nibelungenepiker ersonnen hat, bleibt Gunther, denn er erhält die mächtigste Frau der Welt und stärkt damit sein politisches Ansehen beachtlich. Zugleich ist Siegfried als potentielle Gefahr für das Königreich Burgund gebannt. Der Prinz gewinnt „nur" privates Glück. Die Funktion der *tarnkappe* (vgl. S. 116) wird mit epischem Freimut erweitert, weil nun Kraft notwendig ist: die Kappe macht nicht nur unsichtbar, sie verleiht auch die Stärke von zwölf Männern (336 ff.). ⋆C schmückt aus: sie macht auch unverwundbar.

Nur mit kleiner Mannschaft, in urtümlichem Flair (*in recken wîse,* 341), aber in prunkvollen, repräsentativen Gewändern, die Kriemhild mit ihren Damen geschneidert hat (vgl. Hinweise S. 131), wird geworben. Gunther spricht minneritterlich von *höfscen rîten verre in vremdiu lant* („eine Hoffahrt unternehmen, weit in fremde Länder", 350) und von *kurzwîlen in Prünhilde lant* („Kurzweil [höfische Unterhaltung] haben in Brünhilds Land", 354). Der Epiker erzählt also von einer Reise, die mit dem typischen Widerspruch der Nibelungenliedwelt zwischen Modernität und Archaik belastet ist. Er erzählt hier im übrigen wieder meisterhaft, rechnet niemals kleinlich nach – so müßte sein Boot, das er nun mit aufgeblähten Segeln zur See schickt, völlig überladen, eigentlich kentern. Am zwölften Morgen ist Isenstein erreicht.

Isenstein: zu mhd. *îsen* (‚Eisen, Waffe') und *stein* (‚Fels, Feste, Stein'); es liegt auf Island (zu mhd. *îs* ‚Eis'). Der Hörer tut gut daran, sich das Land im Norden nicht zu deutlich als Island vorzustellen, das würde zu viele Probleme aufwerfen. Die Herren sind 20 Meilen (⋆A/⋆B; ⋆C: *manige mîle*), ca. 28–30 km, am Tag gefahren, insgesamt also ca. 350 km; sie hätten von Worms aus etwa die holländische Rheinmündung erreicht. Man hat deshalb u. a. an die Hollandsche Ysel (944 *Isla*) gedacht (van der Lee 1983, 235). Brünhilds Land in der Rheinmündung: dies würde die Werber vor einer gefährlichen Hochseefahrt bewahrt haben und auch erklären, warum sich Siegfried hier, in der Nähe seines Niederland, so gut auskennt.

Siegfried berichtet dem König von den Burgen, dem weiten Land und den schönen Damen; eine höfische Welt würdiger Repräsentation. Archaisches Ambiente heißt niemals *eo ipso* unhöfisches Ambiente. Dann seine Sorge (385), die ihm einen ungewöhnlichen Vorschlag eingibt: er fordert seine Begleiter auf, sie sollten so tun, als ob er Gunthers Vasall sei – *Gunther sî mîn herre, und ich sî sîn man* („[Sie sollten sagen:] daß Gunther mein Herr ist und ich sein Vasall", 386).

Die Formulierung in ⋆C (*sîn eigen man;* vgl. Hennig 1981, 355), die dem *man*-Begriff seine typische Weite (s. S. 23) nimmt, wird Siegfrieds Standesdenken nicht gerecht. Er hat keinen Grund, so tief zu greifen. ⋆C verfälscht die dem Nibelungenlied-Dichter eigene Art, Wortbedeutungen kontextspezifisch zu verschieben (vgl. S. 116), und legt schon Siegfried die erst für Brünhild typische Einschränkung in den Mund.

Der ahnungslose Held unterstützt nun selbst die Kommendationsstrategie seiner Partner, die, ohne zu zögern, mit seinem Vorschlag einverstanden sind (387). Der Erzähler spricht von *übermüete. Übermüete* – dies ist auch der Vorteil des Augenblicks (s. S. 114 f.). Der rangbewußte Prinz (vgl. 109, 118) demütigt sich für seine Liebe; „ichbezogen" (Bostock 1960, 90) ist dies nicht. Der Gestaltentausch der Sage ist zeitgemäß politisch umformuliert, in der Aufgabe des Ranges spiegelt sich die Aufgabe feudalen Denkens. Für Siegfried bleibt, was in der Fiktion sich objektiviert, Schein, die anderen Akteure versuchen den Schein in die fiktionale Wirklichkeit zu überführen. Der Epiker hat mit der Welt der *übermüete* eine verkehrte Welt aufgebaut. Diese verkehrte Welt, die sich der stolze Adel hier errichtet, indem er das Heroische scheinbar integriert und sich unterwirft, ist eine Welt des Betrugs, an der alle arbeiten, auch wenn sie die lautersten Motive vorgeben:

„Jane lob' ichz niht sô verre durch die liebe dîn
sô durch dîne swester, daz scœne magedîn.
diu ist mir sam mîn sêle und sô mîn selbes lîp.
ich wil daz gerne dienen, daz si werde mîn wîp." (388)

„Ich gelobe dies allerdings nicht so sehr, um *Dir* einen Gefallen zu tun, sondern wegen Deiner Schwester, der schönen jungen Frau. Sie ist mir wie meine Seele und wie mein eigenes Ich. Ich will dies freiwillig tun, damit sie meine Frau wird." (*A hat diese Strophe gestrichen.)

Was die Herren *loben* (‚feierlich versprechen', 387), *lobt* also auch er, er bekräftigt ihr Versprechen durch das eigene, Gunther gegenüber als Vasall aufzutreten. Die Form dieses Gelübdes bleibt für den Hörer im dunkeln; so kann sich die Welt von Schein und Intrige besser entwickeln, eine Welt, in der das Recht verschieden interpretierbar ist.

(2.) Die Begrüßung (389–416): Nach dieser Szene – das Boot vor der Burg, die den *ordo* verachtenden Männer – lenkt der Epiker den Blick nach oben, zu den Damen in den Fenstern. Wir müssen sehr genau lesen, um seine Arbeit durchleuchten zu können. Gunther, klugen Blickes, macht die schönste Dame aus, Brünhild; schneeweiß gekleidet steht sie da (392), heißt jetzt ihre Dienerinnen zurücktreten: *sin' solden dâ niht stân / den vremden an ze sehene* („sie sollten da nicht herumstehen, den Fremden zum Anblick", 394). Immer stehen die Frauen in den Fenstern (vgl. Pz. 17, 30 ff.), ein Zeichen permanenter Erwartungshaltung. Man macht sich ein bißchen hübsch – der Epiker gibt seine Regel des einplanigen Erzählens (Steinhoff 1964, 83 f.) einmal auf und schildert zwei gleichzeitige Begebenheiten, er gibt sich auch als Frauenkenner. Dann tritt man neugierig *an diu engen venster,* die schmalen Schießscharten, die man nicht von außen einsehen kann (395).

Die Fremden gehen an Land, Siegfried führt Gunthers Pferd am

Zügel: *unz der künic Gunther in den satel gesaz. / alsô diente im Sîfrit, des er doch sît vil gar vergaz* („bis sich König Gunther in den Sattel gesetzt hatte. So leistete ihm Siegfried Dienst, doch später vergaß er dies ganz", 397). Mit *er* könnten beide gemeint sein, Gunther und Siegfried: der eine will sich des erniedrigenden Steigbügeldienstes (Stratordienst; vgl. G. Müller 1975, 104 ff.) nicht gerne erinnern, der andere dankt ihm nicht und beteiligt sich an seiner Ermordung. Die Damen sehen den Dienst: *daz sâhen durch diu venster diu wætlîchen wîp* (396).

Der Steigbügeldienst war von hoher Symbolkraft: einst hatte Barbarossa gezögert, ihn dem Papst zu leisten (vgl. Jordan 1980, 56). Man hat behauptet, dieses Ereignis spiele in das Epos herein, doch sind die Umstände zu verschieden.

*A hat den Königssohn von diesem Dienst befreit, leidet wohl mit ihm, der nun unter den Augen der Damen, es wird wiederholt (398), sogar das eigene Pferd vom Boot holen muß.

Schneeweiß sind Gunther und Siegfried gekleidet – der Epiker braucht es erst jetzt und deshalb erzählt er es erst jetzt –, zum Verwechseln ähnlich, eine listige Erinnerung des Epikers an den Gestaltentausch; sie sind so auch mit der schneeweißen Königin verbunden. Rabenschwarz heben sich Hagen und Dankwart ab. Der prächtige Zug, der Erzähler genießt ihn, kommt auf Brünhilds Saal zu – *daz sach allez Prünhilt, diu vil hêrlîche meit* („dies sah alles Brünhild, die herrliche junge Frau", 401). Sind die Worte sorgfältig gewählt, dann sehen die hinter den Schießscharten sich drängenden Damen Siegfrieds Dienstleistungen (396, 398), die Königin aber nur den Zug zum Saal (vgl. auch Bekker 1967, 6). Dies würde ihr weiteres Verhalten am besten erklären.

Hagen weigert sich zunächst, die Rüstung abzulegen, er lenkt auf Siegfrieds Bitte hin aber ein; wieder weiß dieser, was hier der Brauch ist (*man pfliget in dirre bürge,* 407). Die Königin – wie einst Gunther – fragt nach den Ankommenden, und einer aus dem Gefolge gibt eine ähnliche Auskunft wie damals Hagen: einer, der aussehe wie Siegfried, sei darunter, *den sult ir wol enpfâhen, daz ist mit triuwen mîn rât* („den sollt Ihr gut aufnehmen, dies rate ich Euch aufrichtig", 411). Er unterläßt freilich Andeutungen im Stil des Wormser Vasallen (*man sol in holden hân,* 101; s. S. 116). Mit scharfem Blick stellt er die anderen vor – *A spart sich dies –, nennt offenbar Dankwart nach Siegfried, Gunther, steigernd, erst am Schluß (Peeters 1982). Dem hübschen König schenkt er zwei Strophen und läßt im Wort *blîde* die Sprache Heinrichs von Veldeke, die Sprache des höfischen Nordens, anklingen: *Swie blîde er pflege der zühte* („wie heiter und sittsam er auch sein mag", 415).

Brünhild ist unbeirrbar und kommt ohne Umschweife zur Sache, so wie Siegfried früher rasch zur Sache gekommen war:

„nu brinc mir mîn gewant.
unt ist der starke Sîfrit komen in diz lant
durch willen mîner minne, ez gât im an den lîp.
ich fürhte in niht sô sêre, daz ich werde sîn wîp.“ (416)

„Nun bring mir mein Kampfgewand. Ist der starke Siegfried um meiner Minne willen in dies Land gekommen, dann geht es ihm ans Leben. Ich fürchte ihn nicht so sehr, daß ich seine Frau werden müßte.“

Man kennt auf Isenstein Siegfried nur vom Hörensagen, man kennt, wie Hagen einst in Worms, seine Heldentaten. Brünhild hat Siegfried nie zuvor gesehen, wieso er sie kennt, erfährt der Hörer nicht; zwischen beiden gibt es keine Vorverlobung nach Art der Sage: *dô ich's aller êrste sach* („als ich sie [Gunther und Siegfried] zum ersten Mal sah“, 820), wird Brünhild der Schwägerin später erzählen. Wenn sie nun auf Siegfried zugeht und ihn als ersten begrüßt, so deshalb, weil der Vasall nur ihn mit Namen genannt und weil sie seine Dienstleistungen nicht gesehen hatte. Er war es auch gewesen, der Hagen in die Schranken gewiesen, sich also als Herr gezeigt hatte (407).

Der Epiker balanciert gewagt zwischen der Sage und seiner Neukonzeption, die trotz aller Unwahrscheinlichkeiten auf eine höhere Wahrscheinlichkeit hinausläuft, stärkere Anreize zur aktuellen Rezeption schafft. Siegfrieds Jugendtaten wurden stark zurückgeschnitten, Waberlohe und Gestaltentausch überflüssig. Die neue Welt ist politischer, und sie macht den alten Zauber symbolfähig.

Siegfried steht seine Vasallenrolle durch: nicht ihn solle die Königin zuerst begrüßen, sondern Gunther – *wand' er ist mîn herre* („denn er ist mein Herr“, 420; vgl. Beyschlag 1967). Er fällt ins Du, als er die Werbung vorträgt; alte Form der Reizrede:

durch die dîne liebe sîn wir gevarn her.
der wil dich gerne minnen, swaz im dâ von geschiht.
nu bedenke dichs bezîte: mîn herre erlâzet dich ez niht. (421)

Aus Liebe zu Dir sind wir hergefahren, er [Gunther] möchte gerne Deine Minne erwerben, was ihm auch geschehe. Überlege es Dir rechtzeitig: mein Herr läßt nicht davon ab.

*C erzählt den Anfang anders: *er hât durch dînen willen gesuochet ditze lant* („er hat um deinetwillen dieses Land aufgesucht“). Es tilgt damit die böse Zweideutigkeit, die in *durch die dîne liebe* („um Deiner Liebe willen“) stecken könnte.

Der Werber wird noch grober:

jâ gebot mir her ze varne der recke wol getân:
möht' ich es im geweigert hân, ich het es gerne verlân. (422)

Der schöne Kämpfer befahl mir allerdings herzufahren; ich hätte es gerne unterlassen, wenn ich es ihm hätte verweigern können.

Ein trotziger Vortrag, der ein bißchen die Rolle des Vasallen übertreibt, sie aber mit großer Selbstverleugnung spielt. Vorzeitwelt wird atmosphärisch herangeholt. Mit wenigen Worten, ohne sich überhaupt an Gunther zu wenden, fügt sich Brünhild in die neue Lage und nennt die Kampfbedingungen:

Si sprach: „ist er dîn herre unt bistu sîn man,
diu spil, diu ich im teile, getar er diu bestân,
behabt er des die meisterschaft, sô wird' ich sîn wîp,
unt ist, daz ich gewinne, ez gêt iu allen an den lîp.“ (423)

Sie sprach: „Ist er Dein Herr, und bist Du sein Vasall, dann werde ich, wenn er die Spiele, die ich ihm vorschreibe, aufzunehmen wagt und siegt, seine Frau. Gewinne aber ich, dann geht es Euch allen ans Leben.“

*C gestaltet alles etwas menschlicher und höfischer:

behabt er des die maisterschaft, sô minne ich sînen lîp;
anders muoz er sterben, ê ich werde sîn wîp.

siegt er, dann liebe ich ihn; sonst muß er sterben, ich werde dann nicht seine Frau.

Solche Grausamkeit ist eine Folge feudaler Logik, denn die Königin setzt mit sich auch ihr Land und ihre Leute aufs Spiel (vgl. 468), die Pflicht des Personenverbandsstaates verlangt, sie keinem Schwächling anzuvertrauen; eine innige Verbindung von Erotik und Politik.

(3.) Die Wettkämpfe (417–481): So gesehen, könnte der isländische Dreikampf: Steinwurf, Weitsprung, Gerschießen, sowohl politisch wie erotisch symbolfähig werden, mochte er daneben des Publikums große Gaudi bleiben, „burlesk-phantastisch“ (Haug 1974, 43) wirken. Brünhilds Stärke symbolisiert die Stärke ihres Landes, die Spiele symbolisieren die Verteidigung dieses Landes – wohl kaum das „elementare und poetische Gesetz“, daß „die Frau dem gehört, der sie im Lebenskampf wirklich errungen hat“ (Neumann 1967, 111). Die Spiele könnten entgegen aller heutigen Erwartung verhältnismäßig jung sein, nur der Nibelungenlied-Dichter überliefert sie; allerdings hat man sie älteren Vorstufen zuschreiben wollen. Der Epiker könnte das höfische Turnier, das bisweilen auch dem Erwerb von Königin und Land diente – man denke an Frau Herzeloyde in Wolframs „Parzival“ –, rearchaisiert haben. Ohnehin ist er bemüht, Isenstein so höfisch wie archaisch zu zeichnen, er läßt die Königin vom *gêr* sprechen, statt vom *sper* (‚Speer‘), wie es Turnierbrauch wäre (vgl. Wiessner/Burger 1974, 230).

Die Kunst des Mittelalters verwendet das Lanzensymbol als phallisches Lebenssymbol (Heinz-Mohr 1979, 179), und so spiegelt der isländische Dreikampf den späteren Kampf zwischen König und Königin im

Bett zu Worms voraus (s. Kap. II.5). Die Frau wird in der männlichen Phantasie wie ein Land erobert; das entsprechende Bilderrepertoire ist den Zeitgenossen geläufig. Kriegsspiel und Liebesspiel; die Ehre der Königin ist die Ehre des Landes. Brünhild ist eine durch und durch politische Gestalt, die ihre Ehre nicht leichtfertig aufs Spiel setzt und bis zum äußersten – aber ehrlich, ohne Intrige – dafür kämpft.

Die Kämpfe enden wie zu erwarten. Mit Hilfe seiner *tarnkappe* macht sich Siegfried unsichtbar und greift Gunther unter die Arme – „wo in den Nibelungen die Tarnkappe anfängt, hört immer die Wahrscheinlichkeit auf" (Heusler 1921, 89). Der Epiker kostet das aus: Rüstung und Spiel, die Angst der Burgunden mehr als siebenhundert fremden Kriegern gegenüber, den triumphalen Auftritt der Königin, ihr Bewußtsein der Überlegenheit – *mit smielendem munde si über ahsel sach* („mit einem Lächeln auf den Lippen blickte sie über die Schulter", 447) –, ihr wachsendes Entsetzen, ihren Zorn (465). Sie erträgt die Niederlage würdig: *ir sult dem künic Gunther alle wesen undertân* („Ihr sollt König Gunther alle untertan sein", 466); so befiehlt sie ihren Kriegern und Vasallen. Sie unterwerfen sich, fallen vor *Gunther dem rîchen* (467) auf die Knie. Brünhild überträgt ihm die Herrschaft:

> *dô nam in bî der hende diu maget lobelîch.*
> *si erloubte im, daz er solde haben dâ gewalt.* (468)
>
> Da faßte ihn die ruhmreiche junge Frau an den Händen und übergab ihm die Herrschaft über das Land.

Wie ganz anders als Kriemhilds verliebter Händedruck (293), als sie Siegfried erstmals begrüßt: dieselbe Geste, einmal als politisches Zeremoniell, einmal als innige Zuneigung. Brünhild, die die Spiele austrug, *sam ob si solde strîten umb elliu küneges lant* („als ob sie um alle Königreiche kämpfen müßte", 434), ist eine würdige Landesherrin; sie beweist es nicht zuletzt dadurch, daß sie ihr Reich in Ordnung zurücklassen möchte: *wem lâz ich mîniu lant? / diu sol ê bestiften mîn unt iuwer hant* („wem vertraue ich meine Länder an? Sie müssen zuvor von mir und Euch einen Statthalter erhalten", 522); eine selbstbewußte Frage an den neuen König, die auch deutlich macht, daß Brünhild Landesherrin bleibt. Der Epiker verzeichnet die Vorgänge sehr genau und unterstreicht damit noch einmal die politische Funktion des Dreikampfes. Dem der Liebe verschriebenen Paar Siegfried/Kriemhild setzt er das der Politik verschriebene Gunther/Brünhild entgegen. Aber nicht einseitig: die Liebenden können politisch, die politisch Orientierten als Liebende handeln.

Als Brünhild Gunther die Herrschaft übertragen hat, läßt der Dichter nicht ihn, sondern Hagen triumphieren: *des freute sich dô Hagene, der degen küene unde balt* („darüber freute sich Hagen, der kühne und tapfere Krieger“, 468). Hagen, Burgunds politisches Gewissen, sieht eben nur die *gewalt* (‚Herrschaft‘), Gunther auch die Königin.

Siegfried hat die *tarnkappe* abgenommen und fragt gespielt daher, warum man nicht mit den Kämpfen beginne (471). Brünhild reagiert, nicht der mit *mîn herre* angesprochene Gunther; plurale Anrede, *ir, her Sîfrit:* wie er denn habe die Kämpfe nicht bemerken können (472). Hagen, nicht Siegfried, antwortet, und zwar sehr distinguiert, er spricht sie mit *ir, vrouwe* an. Siegfried sei beim Schiff gewesen. Dieser, heuchlerisch aufatmend, zu der, die sich für seine neue Herrin halten muß:

„Sô wol mich dirre mære, [...]
daz iuwer hôhverte ist alsô hie gelegen,
daz iemen lebet, der iuwer meister müge sîn.
nu sult ir, maget edele, uns hinnen volgen an den Rîn.“ (474)

„Diese Nachricht freut mich sehr, [...] daß Euer Hochmut hier so zu Fall gebracht wurde, daß jemand lebt, der Meister über Euch sein kann. Nun, edle junge Frau, müßt Ihr uns zum Rhein folgen.“

Eine merkwürdige ironische Höflichkeit, die jeden Verdacht älterer Vertraulichkeit beseitigt; *maget edele,* so redet kein Vasall mit seiner Herrin, wirft ihr keinen Hochmut vor, gegen Hagen fällt dies ab. Es stört offenbar niemanden, schafft Atmosphäre, Siegfried ist keiner wie Hagen, als *vrouwe* wird er Brünhild nicht anerkennen. In der Verletzung des Zeremoniells spielt er den, für den er sich öffentlich ausgibt (vgl. S. 126 f.).

Brünhild schickt zum Abschied nach ihren Verwandten und Vasallen. Als da immer mehr eintreffen, brummt Hagen verdrossen:

„jârâjâ, [...] *was haben wir getân!*
wir erbeiten hie vil übele der schœnen Prünhilde man.“ (477)

„Herrje, [...] was haben wir getan! Wir erwarten hier zu unserem Verderben die Leute der schönen Brünhild.“

Er zweifelt an Brünhilds Loyalität, ohne Grund. Alles wirkt etwas aufgebauscht. Siegfried beruhigt: er habe hier tausend Mann in der Nähe, die wolle er holen. Nun wird die Unruhe der Burgunden verständlich: der Epiker sucht einen Vorwand, um Siegfried ins Nibelungenreich zu schikken – *daz ir mich habt gesendet, daz sult ir Prünhilde sagen* („daß Ihr mich fortgeschickt hättet, sollt Ihr Brünhild sagen“, 481), läßt er Siegfried seinem König raten. So zieht eine Lüge die andere nach sich.

(4.) Das Nibelungenland (482–506): Gut 24 Stunden fährt Siegfried in sein Land, *daz hiez zen Nibelungen, dâ er den grôzen hort besaz* („das hieß ‚bei den Nibelungen‘, da besaß er den großen Schatz“, 484). Man erfährt später, daß es *ze Norwæge in der marke* („in der Mark Norwegen“, *A/*B 739; Pretzel 1973: *ze Nimwege;* vgl. van der Lee 1983,

239) liegt. Norwegen, das Königreich des Nordweges (vgl. Bloch 1982, 42); man braucht nicht zwingend an das westliche Skandinavien zu denken. Siegfried taucht tief in die Welt seiner Jugend ein, er gebärdet sich als strenger und gefürchteter Landesherr. Eine Welt, in der das Urtümliche überwiegt (vgl. z.B. 497), in der es aber auch *vil minneclîchiu wîp* (506) gibt.

(5.) Brünhilds Abschied, Siegfrieds Botendienst (507–578): Tausend Mann führt Siegfried den Burgunden zu; es sind immer tausend, wenn viele und gute gemeint sind. Diese tausend werden das ganze Lied durchgeistern (vgl. S. 168). Brünhild wundert sich über Siegfrieds Macht, Gunther gibt die Männer, nach dessen Vorschlag, als seine eigenen aus. Sie verläßt ihr Reich mit repräsentativem Gefolge, reich ausgestattet. Hagen und Dankwart beleidigen sie und vergeuden ihren Schatz (516; *C streicht diese Passage). Der Abschied wird für immer sein, der Epiker nimmt die düsteren Vorahnungen wieder auf: *zuo ir vater lande kom diu vrouwe nimmer mê* („in ihr Vaterland kehrte die Herrin nie mehr zurück", 526). Sie verweigert sich dem drängenden Gunther auf der Fahrt. Dann erlebt sie, wie Siegfried anstelle Hagens als Bote in die burgundische Residenz vorausgeschickt wird. Hagen treibt auf diese Weise Siegfrieds Kommendation voran.

Mit homerischem Genuß verharrt der Epiker beim Protokoll und bei der Ausführung der Botschaft, baut ein neckisches Spielchen um den Botenlohn ein und kontrastiert das Ganze mit dem Bild des usurpierenden Heros aus der 3. Aventiure. Er hat einen schwierigen Drahtseilakt zwischen Sage, Hörererwartung und Neukonzeption zuende gebracht. Es ist einigermaßen gut abgegangen, obwohl Fragen offenbleiben, vor allem, wenn man schärfer nachhakt, gerade in der 8. Aventiure (vgl. Pérennec 1975). Der Erzähler blickt gebannt auf die Haupthandlung und sagt, was er für den Augenblick braucht, er zieht oft genug den Hörer in diesen Augenblick hinein. Er nutzt seine Zeit anders als der Interpret: für das Genießen, nicht für das Erklären. So erzählt er, wie seine stolzen Akteure leben: für die Gunst der Stunde, immer ist etwas Glücksspiel dabei. Dafür läßt er sogar ein überladenes Boot den Rhein hinunter nach Island fahren – und hätte doch wenigstens erwähnen können, daß man da in der Nähe von Xanten vorbeifährt!

Naiv (vgl. Maurer 1963, 42) erzählt er ganz und gar nicht, sondern er arbeitet planvoll mit der Geschichtlichkeit des Stoffes. Er verdrängt sie nicht, evoziert sie bisweilen herausfordernd; er will den alten Stoff nicht einebnen (vgl. Nagel 1965, 12), sondern mit ihm den Kontrast zur höfischen Sensibilität und Modernität aufbauen, einen Kontrast, der in seine Menschen hineinspielt, der *in* ihnen ist wie in ihrer Umwelt. Er setzt seine Gestalten für den Hörer in diesem Kontrast zusammen, so daß allmählich kompakte Bilder entstehen. Dabei führt er das Publikum an der langen Leine, es mag ausschmücken, wo es ausschmücken möchte: Zwang zur produktiven Rezeption.

Gunther hat durch die Werbung Macht und Herrschaft erweitert, Brünhilds Reich ist ihm zugefallen, unter der Hand hat ihm Siegfried noch 1000 Krieger geschenkt. Der mittelalterliche König bedarf solcher Macht, weil sie die Würde seines Reiches spiegelt und dessen Legitimität und Dauer verbürgt. In den Rahmen solchen Denkens gehört auch der Plan, den mächtigen Königssohn aus dem Norden an das Burgundenreich zu binden, wobei verschiedene Formen denkbar wären: am ehesten wohl eine Beziehung der Art, wie sie zeitweilig zwischen England, unter Richard Löwenherz, oder Dänemark und dem Reich der Deutschen bestand. Ein König, der so viel erreicht hat, heißt zu Recht *der rîche* (467). Aber da ist der *übermüete*-Vorwurf des Epikers: die Expansion des Reiches beruht auf betrügerischen Machenschaften, der *ordo* ist nachhaltig gestört (vgl. Willson 1963).

Hinweise

Den Kontrast höfisch-heroisch behandelt exemplarisch Haug 1974. In diesem Zusammenhang sind auch die sog. Schneiderstrophen bedeutungsvoll (vgl. Wis 1983, -84, -85). Die schneidernde Königin Brünhild taucht „Oddrúnargráttr" auf (vgl. Mohr 1938, 229 ff.). Vgl. das verdammende Urteil von Hugo Kuhn (1971, 155); Lachmann hielt die entsprechenden Strophen für unecht, schon *A kürzte einiges.

Die Frage von Vasallität und Macht ist zu vertiefen durch Beyschlag 1952, Bekker 1967, Szövérffy 1965, J.-D. Müller 1974, Hennig 1981.

Die 8. Aventiure (Siegfrieds Nibelungenfahrt) ist gerne im Rahmen der Quellenfrage behandelt worden: vgl. Bumke 1959; aufschlußreich ist Pérennec 1975. Zum Heldenhumor in dieser Episode s. Mayer 1966, 41 ff.

Die Probleme der Geographie und Schiffahrt erörtert van der Lee 1983.

Zu Brünhild und Gunther s. die entsprechenden Studien unter II.0 und die Gesamtbibliographie. Zur „burlesken" Szenerie vgl. u.a. Mayer 1966, 26 ff.; Hatto 1984, 316; Mackensen 1984, 157; Sacker 1960/61, 203 ff. Zur Stoffgeschichte der Spiele vgl. Panzer 1954, 333; von See 1957/58, 1959; Bumke 1960; Andersson 1980, 219. Zum internationalen Motiv der Brautwerbung mit seinen Begleitmotiven s. Geißler, Friedmar: Brautwerbung in der Weltliteratur. Halle 1955; und Hugo Kuhn 1973.

5. *man hiez si zuo ein ander   an dem ringe stân – die Hochzeiten (10.–11. Aventiure)*

Nach zwei Viererblöcken (2.–5. und 6.–9. Aventiure) enden die Bewegungen aus dem Norden nach Worms in der Bindung der beiden Fremden, Siegfried und Brünhild, an die burgundische Residenz. Die 9. und 10. Aventiure gehen ziemlich nahtlos ineinander über, ohne düstere Vorausdeutung, in neidvoller Rückschau: *sô schœnes ingesindes   nû niht küniges künne hât* („ein so prächtiges Gefolge hat heutzutage kein Königshaus mehr“, 577). Der Epiker hat im Hörer die Erwartung rauschender Hochzeitsfeste genährt, er wird diese Erwartung aber nun nur bedingt erfüllen. Er reiht die Ereignisse wie folgt: (1.) Empfang in Worms, (2.) Ehe von Prinz und Prinzessin, (3.) Irritation Brünhilds während der ersten beiden Nächte, (4.) Irritation Kriemhilds, (5.) Ende des Festes, Reise an den Hof des Prinzen.

(1.) Der Empfang (579–600): Die Bewunderung der Schönheit, ein Frauenvergleich, beherrscht die Empfangsszene, hat man doch nie zuvor *alsô schœnes* [...] *sô die vrouwen beide* („so etwas Schönes wie diese beiden Herrinnen“, 592) gesehen:

Die vrouwen spehen kunden unt minneclîchen lîp,
die lobten durch ir schœne daz Guntheres wîp.
dô sprâchen dâ die wîsen, die hetenz baz gesehen,
man möhte Kriemhilden wol vor Prünhilden jehen. (593)

Jene, die die Damen nach ihrem lieblichen Aussehen zu beurteilen verstanden, die lobten Gunthers Frau wegen ihrer Schönheit. Die Weisen, die genauer hingesehen hatten, sprachen aber, man könnte wohl Kriemhild über Brünhild stellen.

Hinter solcher männertypischen Zurschaustellung der Frau bringt der Erzähler die epische Welt in Ordnung: es kann nur eine Schönste geben, sie muß dem Helden gehören.

(2.) Die Eheschließung (601–627): Siegfried klagt seine Ehe ein, Gunther kommt dem nach. Die Eheschließung von Prinz und Prinzessin geht in rechtsförmlichem Zeremoniell vor sich (614) und wird gattungsgerecht abgeschildert.

Der Konsens des Paares im Ring der Verwandten und Freunde (vgl. auch 1683) rückte bis zum 11./12. Jahrhundert in den Mittelpunkt der (christlichen) Eheschließungszeremonie, er konstituiert die Ehe. Die Eheschließung *in facie ecclesiae* („vor dem Angesicht der Kirche“) verlangte erst das IV. Laterankonzil 1215. Doch noch bis zum Konzil von Trient (1545–1563) kämpfte die Kirche gegen die sog. heimlichen Ehen *(clandestina matrimonia)*. Kriemhild und Siegfried schließen also eine rechtsgültige und christliche Ehe, das Ganze ist nicht nur eine Verlobung (vgl. aber Brackert 1970 zu Str. 616).

Die Öffentlichkeit des Zeremoniells ist episch notwendig, denn sie ermöglicht Brünhilds bestürzte Reaktion. Die Ehe zwischen Gunther und Brünhild meidet die festliche Form, sie wird nicht so glücklich verlaufen. Brünhild weint:

dô sah si Kriemhilde (done wart ir nie sô leit)
bî Sîfride sitzen: weinen si began.
ir vielen heize trähene über liehtiu wange dan. (618)

Da sah sie [Brünhild] Kriemhild neben Siegfried sitzen (nie war sie je so traurig gewesen): sie weinte. Heiße Tränen fielen über ihre hellen Wangen herab.

Man hat ihr nachgesagt, sie sei eifersüchtig, traure dem ehemaligen Geliebten nach (vgl. Tonnelat 1926, 58 f.); dies hieße aber, die Anstrengung des Dichters, die Sage seinem Plan dienstbar zu machen (vgl. S. 130 f.), gering zu achten. Brünhild trauert um Kriemhilds *verderben:*

„umbe dîne swester ist mir von herzen leit.
die sihe ich sitzen nâhen dem eigenholden dîn.
daz muoz ich immer weinen, sol si alsô verderbet sîn." (620)

„Ich traure von Herzen um Deine [d. i. Gunther] Schwester. Die sehe ich bei Deinem Leibeigenen sitzen, soll sie so zugrunde gehen, dann habe ich doch allen Grund zu weinen.

Diese Trauer ist ernst (vgl. aber Bertau 1972, 732) und mehr als Mitleid (vgl. Wachinger 1960, 110); die Sorge um Kriemhild wäre begründet: man hat Brünhild gegenüber Siegfried als Gunthers *man* ausgegeben, Kriemhild träte mit der Ehe in den minderen Stand ihres Gatten (vgl. Bischoff 1970, 9; Faber 1974, 56 ff.):

Al si ein man sime wibe nicht ebenbortig, her ist doch ir vormunde und si ist sin genozinne unde trit an sin recht, wenn si an sin bette get. Wenne her abir stirbit, so iz si ledig von sime rechte unde behelt recht nach irer geburt. (Sachsenspiegel [Landrecht]. Hrsg. Schwerin. [Reclam 3355/56], I/XLV)

Wenn ein Mann seiner Frau nicht ebenbürtig ist, ist er doch ihr Vormund, und sie ist ihm gleich an Stand und tritt in sein Standesrecht, wenn sie in sein Bett geht. Wenn er aber stirbt, so ist sie frei von seinem Standesrecht und behält das Standesrecht ihrer Geburt.

Aber da ist noch mehr im Spiel, auch Provokation: Brünhild verschärft den *man*-Begriff, bedient sich seiner unteren Skala, spricht vom *eigenholden,* nicht vom hohen Vasallen. Gunther legt ihr nahe zu schweigen, sie reizt weiter und nennt Kriemhild die *wine* Siegfrieds (622), gebraucht also abfällige Wörter für den verachteten Stand (vgl. Wiessner/Burger 1974, 238). Gunther ist herausgefordert, er preist nun Siegfried als *künic rîch* (623), der wie er Städte/Burgen *(bürge)* und weite Länder besitze. Brünhild schweigt, sie findet sich nicht zurecht: *swaz ir der künic sagete, si hete trüeben muot* („was ihr der König auch erzählte, sie blieb betrübt", 624). Das kleine, scharfe Gespräch öffnet dem Hörer Brünhilds Seele: die Königin ist nachdenklich, denn da ist der *man,* der während der Wettkämpfe in der Heimat abwesend gewesen war, und der Bote, der Kriemhild ihre Ankunft gemeldet hatte, und da ist der mächtige König, der Held, dessen Ruhm man in Island bewunderte.

(3.) Die ersten Nächte (628–683): Die Bettgeschichten bringen Gunthers Schwäche an den Tag. Brünhild: *ich wil noch magt belîben* [...] *unz ich diu mær' ervinde* („ich will noch solange Jungfrau bleiben, bis ich die Geschichte herausbekommen habe", 635). *Diu mære,* dies ist nun ihre, Brünhilds, Geschichte, die Geschichte vom Betrug an ihr und ihrem Land. Sie fesselt Gunther, hängt ihn an die Wand. Am andern Morgen nimmt sie den Jammernden ab, er verkriecht sich in die äußerste Ecke des Bettes.

Diese Geschichten sind der erotische Spiegel der isländischen Kampfspiele. So muß auch jetzt Siegfried wieder helfen, das *vreislîche wîp* (655, s. S. 122) zu bezwingen. *A, das sich während der ganzen Szene keusch zurückhält, schreibt *angestlîch* („angsterregend'), *C, das *vreislîch* auch sonst meidet, *ungehiure* („schrecklich'). Gunther mahnt ihn: *Ane daz du iht triutest* [...] *die mîne lieben vrouwen* („Daß Du nur nicht mit meiner lieben Herrin schläfst", 655). Mit Hilfe der *tarnkappe* kommen die beiden erneut ans Ziel: ein lebensbedrohender Kampf als Parodie auf das Liebesspiel und das höfische Turnier.

Siegfried stiehlt sich davon, er zieht der Königin noch sanft einen Ring vom Finger. Ihn und ihren Gürtel, Gunthers Fessel, nimmt er mit. Der Erzähler fingiert Ratlosigkeit: *ine weiz ob er daz tæte durch sînen hôhen muot* („ich weiß nicht, ob er dies aus seiner Hochstimmung heraus tat", 680; vgl. Hatto 1952, 99 f.). Selbstverständlich weiß er es doch: er braucht beides später als Beweisstücke beim Streit der Königinnen (s. S. 144 f.), und so erzählt er schon jetzt vorsorglich, daß Siegfried sie seiner Frau zu seinem Unglück nach der Krönung in Xanten schenken wird (680, 684). Der Erzähler, der sich ja leicht etwas hätte ausdenken können, begeht im Unwissenheitstopos eine augenzwinkernde Flucht vor einer (notwendigen) textinternen Begründung und macht auf seine Weise klar, daß die wirkliche Begründung in der epischen Notwendigkeit liegt. Die (textinterne) Vermutung des *hôhen muot* ist offenbarer Unsinn, da er nach Ansicht der Zeitgenossen erst das Ergebnis erfüllter Liebe sein könnte, und sie hatte Siegfried bei Brünhild gewiß nicht gefunden. Die Provokation des Hörers hat Methode auch deshalb, weil sie eine Sagenfassung evoziert, wie sie etwa in der „Thiđrekssaga" vorliegt (vgl. S. 52 f.).

Der Gürtel ist ein Sinnbild von Kraft und Herrschaft, und er ist ein Virginitätssymbol (HdA III, 1211 ff.). Im Gürtel konzentriert der Erzähler noch einmal die Identität von politischer und erotischer Eroberung, und er verschweigt nicht, wie wichtig die Erotik – Gunthers Zuständigkeitsgebiet – für den Kräfteverlust ist:

von sîner heimlîche si wart ein lützel bleich.
hey waz ir von der minne ir grôzen krefte entweich! (681)

Von seinen [d. i. Gunthers] Vertraulichkeiten wurde sie ganz schön blaß.
Hei, wie ihre großen Kräfte durch die Liebe wichen!
(*A, wieder keuscher, spart sich dies.)

Die Bettgeschichten sind Geschichten von subtilen Spiegelungen zwischen Erotik und Politik. Sie spiegeln nicht nur die isländischen Kampfspiele wider, sondern auch im Raub der Macht durch Siegfried den Raub der Virginität durch Gunther. Die Identität von Erotik und Politik ist in der durch die *tarnkappe* ermöglichten Identität beider Männer versinnbildlicht. Der Dichter, der sich nicht wie andere Kollegen vom Gaudi der nächtlichen Ereignisse mitreißen läßt, entfaltet ein resigniertes Geschichtsbild und erzählt von der verbrecherischen und intriganten Zerstörung der Frau, ihrer politischen und menschlichen Würde.

(4.) Kriemhilds Frage (683 f.): Im eigenen Bett wehrt Siegfried Kriemhilds Frage, wo er denn gewesen sei, ab (684), schon am Abend zuvor hatte sie ihn plötzlich vermißt (661). Von ihren doch eigentlich notwendigen Irritationen erfährt der Hörer nichts, sie kommen erst beim späteren Streit mit Brünhild (Kap. II.6) zum Ausbruch.

(5.) Das Fest, die Reise nach Xanten (685–723): Der Prinz führt seine Prinzessin in die neue Heimat. Die Prinzessin, die politisches Bewußtsein (Bewußtsein der Notwendigkeit von Macht und Herrschaft) demonstriert, keinesfalls Machtgier, hat auf seinen Wunsch hin weder ihr Erbteil noch den Vasallen Hagen als Mitgift in Empfang nehmen dürfen. Hagen hatte ihr Verlangen außerdem wütend zurückgewiesen: *jane mac uns Gunther ze werlde niemen gegeben* („Gunther kann uns niemandem auf der Welt verschenken“, 698). So wehrt sich der Altadel gegen seine Gleichsetzung mit der Ministerialität, über die der Herrscher leichter verfügen könnte. Eine Szene voller aktueller Hintergrundsspannung (vgl. Kaiser 1981).

Nun faßt der Epiker rasch das Allernotwendigste zusammen: Krönung des Paares, kluge und strenge Herrschaft Siegfrieds; Geburt des Erben Gunther nach zehn Jahren, Sieglinde stirbt. In Worms Geburt des Erben Siegfried. Ein erster großer Erzählbogen ist abgeschlossen: Heirat und Herrschaft. Das Geschehen fällt in die epische Zeitlosigkeit zurück.

Hinweise

Das Kapitel ermöglicht einen facettenreichen Einblick in die mittelalterliche Eheschließungspraxis (Literatur s. S. 29 f.).

Die Brautnachtszenen greifen Motive der Schwankdichtung auf (vgl. Wailes 1971 und die Studien zu Ironie und Humor unter II.0). Man hat von hier aus versucht, eine eigene „spielmännische Schicht“ des Epos herauszuarbeiten (W. Mohr, s. Mayer 1966). Es ist lohnend, die Parallelität von erotischer und politischer Symbolik schärfer zu verfolgen als hier geschehen konnte. Die Forschung müht sich gewöhnlich nur mit der Virginitätsfrage ab (vgl. z. B. W. Schröder 1960/61, 92; Neumann 1967, 75; G. Müller 1968, 133 ff.; Hoffmann ^{2}1974, 31; s. auch Faber 1974, 170 ff.; Wailes 1971, 372 f.).

6. *ich hân einen man, / daz elliu disiu rîche ze sînen handen solden stân – der Streit (12.–14. Aventiure)*

Der Epiker hat Prinz und Prinzessin, König und Königin zusammengeführt, der Prinz hat dem König geholfen, die Herrschaft der Männer ist glänzend gesichert. Der Prinz, nun König, hat hoch gespielt, um sich seine Liebe zu erfüllen. Die Frauen sind in einer (intriganten) Weise behandelt worden, die sie verwirren mußte, ihre Fragen sind nicht beantwortet: wie steht es mit Siegfrieds Vasallität, wo war er die zweite Nacht? Brünhild, am stärksten gedemütigt, zweifelt, ob sie, ihr Reich, nicht schmählich betrogen worden waren. Kriemhilds Irritationen sind vergleichsweise gering, einiges klärt sich in Xanten; sie spielt die Rolle einer Königin, für die Repräsentation und Macht bedeutungsvoll sind. Beides gehört für das Mittelalter zu einer würdigen Herrschaft und ist keinesfalls im Ambiente der Moral zu werten.

Das Interesse der Männer: den Betrug zu verschleiern; das Interesse Brünhilds, vielleicht auch Kriemhilds – dies bleibt zweifelhaft: den Betrug aufzudecken. Der Männeroffensive folgt die Frauenoffensive, zunächst dominiert Brünhild. Sie überredet Gunther, Siegfried und Kriemhild nach Worms einzuladen (1.), die Botschaft wird ausgeführt (2.), man trifft Vorbereitungen (3.), empfängt die Gäste und verbringt einige Tage zusammen (4.). Dann der Streit der Königinnen über den Rang ihrer Männer (5.), der Versuch der Männer, die Dinge in alter Weise ins Lot zu bringen (6.), Brünhilds Trauer (7.) und Hagens Initiative im Mordrat (8.). Wir gelangen zur epischen Wende und sind gezwungen, vor dem Hintergrund sehr kontroverser Forschungen in langsamen Schritten voranzugehen.

(1.) Brünhilds Überredung (724–737): Der Anfang der 12. Aventiure führt aus der epischen Zeitlosigkeit in eine neue Gegenwart zurück. Die Zeit hat die Probleme nicht geheilt, sondern verschärft:

> *Nu gedâht' ouch alle zîte daz Guntheres wîp:*
> *„wie treit et alsô hôhe vrou Kriemhilt den lîp?*
> *nu ist doch unser eigen Sîfrit ir man:*
> *er hât uns nu vil lange lützel dienste getân.“ (724)*
>
> Während dieser ganzen Zeit dachte Gunthers Frau: „Warum trägt denn Frau Kriemhild den Kopf so hoch? Schließlich ist doch Siegfried, ihr Mann, unser Eigen: er hat uns aber lange Zeit keine Dienste geleistet.“

Sie führt sich wieder die untere Skala des *man*-Begriffs vor Augen (s. S. 133), obwohl sie doch ahnen muß, wenn man auch wenig voneinander weiß (727, 749), wie mächtig Siegfried ist. Aber sie kennt nur Worte, denen der Augenschein widerspricht. Klarheit über Siegfried ist Klarheit über Gunther, Verwunderung über Kriemhild keine Eifersucht, sondern eine Frage der Herrschaftsgewalt, der Gewalt über Siegfried: Warum hat Kriemhild die Ehe mit Siegfried nicht geschadet? Diese Frage bewegt sie in der Zeit des Schweigens (725), einer Zeit des *trüeben muot* (624, s. S. 133). Der Epiker läßt sein Publikum an ihren Gedanken teilhaben, aber nur an deren politisch-gesellschaftlicher Zone, geht es doch nicht nur um die Frage nach der Zerstörung ihres Wesens als Königin, sondern auch als Frau. Er öffnet nur einen Teil der Seele, der aber die ganze spiegelt. Der Hörer ist aufgefordert, aus der Spiegelungstechnik, die der Erzähler in der Struktur seiner Geschichte – Doppelung/Bespiegelung der Kämpfe auf Isenstein und während der Brautnächte – vorgeführt hat, zu lernen und sie selbst anzuwenden. Frauenrolle und Königinrolle sind untrennbar. Die Trennung widerspräche auch dem gegenüber heute politischeren Menschenbild des Mittelalters.

Nachts, als sie sich einmal ein Herz gefaßt hat, zu vertraulicher Stunde (*heinlîche,* 726) – dies ist die Zeit, in der Heldenfrauen ihre Bitten vortragen (vgl. u.a. Str. 1400) –, schlägt Brünhild Gunther vor, Kriemhild einzuladen. Ihm scheint der Gedanke nur *mæzlîchen guot* („mäßig gut", 726), er ahnt also, daß Unheil in der Luft liegt, aber er läßt sich überreden, denn Brünhild weist auf die Gehorsamspflicht des Vasallen hin:

> *„Swie hôhe rîche wære deheines küniges man,*
> *swaz im gebüte sîn herre, daz sold' er doch niht lân."* (728)
>
> „Wie groß und mächtig auch eines Königs Vasall sein mag, er sollte doch dem nachkommen, was ihm sein Herr gebietet."

Diesmal provoziert sie Gunther nicht und spricht nicht vom *eigenholden* (620, s. S. 133). Der König wehrt lächelnd ab, er hat nichts dazu gelernt. Sie stellt ihre Überredungstaktik geschickt um und lügt: an nichts läge ihr mehr, als Siegfried und Kriemhild einmal zu sehen, wie schön sei doch die Erinnerung an den Tag der Hochzeit (730). Die königliche Kommunikation ist nun auch auf Brünhilds Seite falsch geworden. Die „Naive" hat die Intrige des Hofes gelernt wie Siegfried den Betrug gelernt hat. Da Gunther ausweicht, muß Brünhild einen anderen Weg suchen, ihre Fragen zu klären.

(2.) Die Botschaft (738–768): Weitschweifig malt der Dichter die Botschaft aus, immer wieder fällt auf, wie wenig man voneinander weiß, man war auch in der historischen Wirklichkeit auf zufällige Erzählungen angewiesen (vgl. Bloch 1982, 88). Siegfried hält sich mit Familie und Hofstaat *ze Nibelunges bürge* („in der Burg/Stadt Nibelungs", 739; s. S. 129 f.) auf; die Mark Norwegen gewinnt schärfere Konturen, der Epiker weckt allmählich den schlummernden Hort, dessen Schicksal er eng mit seinem Besitzer verbinden wird.

Auch die Königin von Nibelungenland trauert – weniger bestimmt, wie auch ihre Irritation weniger bestimmt war: *gegen ir herzeleide wie liebiu mære si bevant* („welche frohe Botschaft gegen ihre Trauer vernahm sie", 741). Heimweh (W. Schröder 1960/61, 89; de Boor 1979 Anm.; Brackert 1970)? Das Los, in der Fremde nicht heimisch zu werden, mußte sie mit mancher Königstochter teilen (vgl. Ennen 1985, 75). Vielleicht wollte aber auch sie genauere Aufklärung über das, was in den Brautnächten geschehen war, hatte ihr doch Siegfried inzwischen Ring und Gürtel geschenkt.

Siegfried macht sich die Entscheidung nicht leicht, er verhält sich ähnlich zögernd wie Gunther (751); lange muß Gunthers Bote, Markgraf Gere, auf ihn einreden. Ein Staatsakt wird inszeniert, ein *consilium* einberufen, denn schließlich wäre der König lange Zeit außer Landes – *nu kœm ich im vil gerne, wan daz sîn lant ze verre lît* („ich [d. i. Siegfried] würde ja sehr gerne zu ihm [d. i. Gunther] reisen, aber sein Land liegt zu weit weg", 758). *Si sitzent uns ze verre* („sie leben zu weit ab von uns", 727), hatte Gunther zu seiner Frau gesagt. Das sind Vorwände; das *consilium* spürt es nicht, es nimmt den Wunsch ernst und schlägt eine repräsentative Aufmachung vor: 1000 Kämpfer (vgl. S. 130), Siegmund schließt sich mit 100 an, die Schar der Damen wird folgen.

(3.) Die Vorbereitungen (769–777): Die burgundischen Festvorbereitungen laufen nach eingefahrenem Muster ab. Dazwischen Brünhild und Hagen. Unumwunden fragt Brünhild Gere nach Kriemhild und ihrer *zühte:*

„nu sagt mir, kumet uns Kriemhilt? hât noch ir schœner lîp
behalten iht der zühte, der si wol kunde pflegen?" (771)

„Nun sagt mir, kommt Kriemhild zu uns? Hat die schöne Frau noch die feine Sitte bewahrt, die sie früher so sehr auszeichnete?"

Der Hörer erinnert sich an die nächtlichen Worte zu Gunther: *Dîner swester zühte unt ir wol gezogener muot* („Deiner Schwester feine Sitte und ihr vollendetes Empfinden", 730). Die Frage nach *schœne* und *zuht* klingt unhöflich, und so wird es Gere, der nur schroff antwortet – *si kumt iu sicherlîchen* („gewiß kommt sie", 771) –, auch empfunden haben. Sie ist jedoch eine Frage nach Kriemhilds Rechtsstatus: im Stand des minderen Rechts gibt es keine *schœne* und keine *zuht.* Der Epiker inszeniert ein Versteckspiel, denn die Frage nach Kriemhild ist die Frage nach Siegfried.

Über Hagen bringt der Erzähler den Hort in Erinnerung, Hagen läßt sich von den prächtigen Geschenken, die die Boten mitbringen, nicht beeindrucken; Siegfried könne leicht schenken:

hort der Nibelunge beslozzen hât sîn hant.
hey sold er komen immer in der Burgonden lant! (774)

Den Hort der Nibelungen hält er fest in Besitz. Hei, könnte er doch für immer in das Land der Burgunden kommen!

Das zweite *er* kann sich auf Siegfried *und* den Hort beziehen; dies ist eine grimmige, hagengemäße Zweideutigkeit, die Hort und Held identifiziert. Der Epiker bereitet von ungefähr den späteren Hortraub vor; noch klingt alles nur, als ob es einfach so dahergesagt wäre. Der Hort bedeutet Macht, grenzenlose Macht: *er'n kundez niht verswenden, unt sold er immer leben* („er könnte es [d.i. das Gold] nicht aufbrauchen, selbst wenn er ewig leben sollte", 774). Wer Siegfried hat, hat den Hort, hat die unendliche Macht. Das wissen alle, gewiß auch Kriemhild. Hagen versucht, sobald Siegfried sich nähert, eine Neuauflage der Erniedrigung Siegfrieds; er hat dazu keinen festen Plan – „*könnte* er doch kommen" –, wird aber jede Gelegenheit nutzen, die ihm dienlich sein kann.

(4.) Der Empfang, die ersten Tage (778–813, 13. Av.): Der Blick wendet sich nach Norden zurück, doch düstere Vorausdeutungen durchbrechen die fröhliche Reisestimmung (779, 780, 781). Ihre Häufung überschattet den Glanz des folgenden Empfangs, den ausschweifenden Bericht über die lärmenden Ritter, die festlichen Turniere in der burgundischen Residenz. Das üppige Mahl und der schöne Beginn des anderen Tages verschärfen den Kontrast zum bevorstehenden Ausbruch der Feindseligkeiten; es sind die letzten Tage der Freude.

Die Königinnen begrüßen sich freundlich, zwischen ihnen gibt es weder Haß noch Neid. Brünhild beobachtet jedoch genau und ist nachdenklich (799). Kriemhild gleicht dem strahlenden Gold – dies ist die Antwort auf Brünhilds Fragen (vgl. 724, 771). Entsprechend wundert sie sich über Siegfried, den sie, des Kontrastes wegen, wieder auf der unteren *man*-Skala ansiedelt:

Prünhilt diu künegîn
gedâht', daz eigenholde niht rîcher kunde wesen.
si was im noch sô wæge, daz si in gerne lie genesen. (803)

Brünhild, die Königin, dachte, daß kein Leibeigener hätte mächtiger sein können. Sie war ihm noch so gewogen, daß sie sich freute, ihn am Leben zu sehen.

Im Schlußvers greift der Dichter voraus, baut den Kontrast zum späteren Haß auf.

Tags darauf, im Lärm der Turniere, gehen die beiden Königinnen gemeinsam zur Messe in den Dom, die Frühmesse (*missa matutina*, 807; vgl. S. 140) – das Publikum sollte jetzt den kommenden Streit vor dem Dom vorauswissen. Noch einmal, und dies gilt für die folgenden zehn Tage, der Epiker schildert repräsentativ nur den ersten, noch einmal wird Brünhilds Zuneigung ihren Gästen gegenüber hervorgehoben (812, vgl.

803), niemand versucht zu provozieren, einen Streit vom Zaun zu brechen: *ir vreude nie gelac / dâ zer hôhgezîte unz an den einleften tac* („ihre Freude auf dem Fest legte sich nie, bis zum elften Tag", 813). Elf – dies läßt aufhorchen, denn während die Zehn nach der christlichen Zahlensymbolik u.a. Ordnung und Vollendung bedeutet, für den Epiker deshalb eine Zahl ist, um ruhiges Leben zu veranschaulichen, meint elf eine „negativ geladene, destruktive Zahl" (Heinz-Mohr 1979, 312). Die Zahl deutet auf die Zerstörung des *ordo*.

*C schickt dem Streitbeginn zwei Strophen voraus: Brünhild sinnt darüber nach, wie sie Kriemhild dazu bringen könnte, ihr zu erzählen, warum Siegfried keinen Zins zahle. Die Absicht ist klar: für den folgenden Streit soll Brünhild die Verantwortung tragen; *C steht auch sonst auf Kriemhilds Seite, man ist ihm in diesem Punkt gerne gefolgt (vgl. Bischoff 1970, 6 f.). Es interpretiert Brünhilds kommende Worte als Eingebung des Teufels, wie man im Mittelalter Böses zu begründen pflegte (vgl. S. 201): *Sus warte si der wîle, als ez der tiufel riet* („so wartete sie auf die [geeignete] Stunde, wie es der Teufel riet", *C 822).

(5.) Der Streit (814–850): Nicht Brünhild, sondern Kriemhild beginnt das verhängnisvolle Gespräch mit verhängnisvollen Worten: *ich hân einen man, / daz elliu disiu rîche ze sînen handen solden stân* („Ich habe einen Mann – alle diese Reiche sollten unter seiner Herrschaft stehen!", 815). Es ist später Nachmittag.

vor einer vesperzîte („vor der *hora vesperalis*", 814), d.h. gegen 18 Uhr, was aber nicht unserer Zeitrechnung entspricht. Man teilte den Tag nicht in gleiche Stunden, sondern in Tagesstunden von Sonnenaufgang bis Sonnenuntergang, so daß im Sommer die Tagesstunden länger waren als die Nachtstunden (vgl. Kühnel 1985, 9).

Die Zeitangabe symbolisiert das Ende der glücklichen Zeit. Man schaut gerade den turnierenden Rittern im Hof zu (vgl. 810, 814), die Könige werden darunter gewesen sein – „doppelte Bühnenszene, Spiel im Spiel" (Hugo Kuhn 1952, 196). Dann solche Worte von einer Frau, die froh ist, in der alten Heimat zu sein, die um des Mannes willen den heimischen Erbteil aufgegeben hat, die Brünhilds Ring und Gürtel im Reisegepäck mitführt und die die Schwägerin für die Mätresse (*kebse*, 839) ihres Mannes hält, die weiß, daß er, der Besitzer des Hortes, der mächtigste König der Welt ist. Da ist Machtbewußtsein (vgl. aber z.B. W. Schröder 1960/61, 12 vs. z.B. Weber 1963, 10; Mackensen 1984, 153), aber kein Anspruch auf Macht (vgl. aber Beyschlag 1952, 197): den hatte Siegfried formuliert, als er zum ersten Mal nach Burgund gekommen war – *daz sol mir werden undertân* (s. S. 117). Kriemhild gebraucht den Konjunktiv: die Reiche *sollten* unter Siegfrieds Herrschaft stehen, aber sie stehen eben nicht. Ein machtgeprägter, resignativer Traum; es wäre einseitig, ihn als Forderung zu interpretieren.

Wieder hat der Epiker nur einen Teil der Seele geöffnet, und wieder nur den politischen (s. S. 136 f.). Er ist dabei, eine Sagentradition zu relativieren, die einseitig gewichtet und die Schuld am Streit nur Brünhild oder nur Kriemhild zuschiebt (vgl. Beyschlag 1952). Keine der beiden ist bösartig und machtbesessen, aber in jeder gärt es, sind Fragen offen, Fragen, in denen Politik und Liebe aufs engste miteinander verknüpft sind.

Sind Kriemhilds Worte eine gezielte Provokation oder nicht? Man streitet: sie seien „unbedacht“ und „harmlos impulsiv“, meinen die einen (z.B. Tonnelat 1926, 72; Panzer 1955, 227; Maurer 1969, 19; W. Schröder 1960/61, 90; Bischoff 1970, 6; Wahl Armstrong 1979, 271 f.; Hatto 1984, 317; Mackensen 1984, 149), „herausfordernd“ die anderen (z.B. Beyschlag 1952, 197; Neumann 1967, 78; wohl auch Kaiser 1981, 188). Ihlenburg (1969, 78 f.) hat beiden Königinnen eine provokative Absicht zugesprochen, allerdings Kriemhild einseitig belastet. Abstrakter Wachinger (1960, 111): beiden Seiten gehe es darum, einen „Zustand, in dem der Schein herrscht“, aufzudecken. Treffend Schweikle (1981, 63): „[...] Kriemhilds naiv stolze Worte, mit denen sie unbewußt an für Brünhild existentielle Fragen rührt“.

Der Epiker überläßt dem Hörer ein Gutteil der Gewichtung, harmlos ist Kriemhilds Rede von der Herrschaft jedenfalls nicht, sie ist eher der Spiegel einer Seele, die im träumerischen, unbedachten Augenblick äußert, was sie sonst, im wirklichen politischen, im höfischen Gespräch zurückhalten würde. Sie verletzt den Kode des Hofes, unbedacht und naiv wie einst Siegfried, auf dessen Worte ja angespielt ist (vgl. 110).

Brünhild faßt Kriemhilds Worte schärfer als sie gemeint sein können, eben nach den Regeln des höfischen Kode, auf dem sie besteht, als Herrschaftsanspruch (816), und sie beharrt auf der Rechtmäßigkeit von Gunthers Herrschaft. Ob sie im Augenblick daran denkt, ihre offenen Fragen zu klären, ob ihre Antwort also gezielt provokatives Potential enthält, ist durchaus zweifelhaft, war sie bisher ihren Gästen doch *wæge* (‚gewogen‘, 803, 812).

Kriemhild träumt den (unbekümmerten) Traum vom schönen Heros weiter und spricht in tiefer Erinnerung an ihre Jugendjahre (vgl. Bischoff 1970, 5 f.), aus der Seele, nicht aus dem Bewußtsein. Sie vergleicht Siegfried dem Mond vor den Sternen (817). Dieses Bild hatte der Epiker bei ihrer ersten Begegnung mit Siegfried für sie gemalt, nun gibt er es aus Kriemhilds Mund Siegfried zurück (283). Eine innige Einigkeit beider, die Kriemhild, indem sie sie ausspricht, nun zerstört. Brünhild könnte solche Worte als Steigerung des Herrschaftsanspruchs empfinden, und erneut antwortet sie freundlich und bestimmt: Gunther stehe über allen Königen (818).

Diese Worte beenden Kriemhilds Traum, jetzt redet sie in vollem Bewußtsein: schlichtend, beschwichtigend, aber stolz; sie ergreift den höfischen Kode. Sie weiß nicht, worauf es Brünhild ankommt: *geloubes-*

tu des, Prünhilt, er ist wol Gunthers genôz („glaube doch, Brünhild, er ist Gunther wohl gleich", 819). Dieses Einlenken verlangt Kriemhild ein Stückchen ihres Selbstbewußtseins ab, fordert aber in der Gleichstellung der beiden Könige Brünhild zu weiterer Klärung heraus. Immer noch bleibt diese freundlich und entschuldigt sich für ihr bohrendes Nachfassen; sie läßt nun erkennen, worum es ihr geht. In einem auffallend langen, endlastigen Satz mit Strophenenjambement – Zeichen der Erregung (vgl. S. 40) – bringt sie den entscheidenden Begriff ins Gespräch: Siegfried habe auf Island selbst gesagt, er sei *'sküneges man* („der Vasall des Königs", 821), deshalb halte sie ihn für ihr Eigen (820 f.). Sie spielt auf ihren ersten Wortwechsel mit Siegfried an (423, s. S. 127), nichts ist vergessen.

Nun ist Kriemhild verwirrt, diese Worte der Schwägerin kann sie nicht begreifen, sie muß sich angegriffen fühlen. Langsam, zunächst noch als bittere Ironie, entfaltet sich ihr Zorn, trübt sich wieder ihr Bewußtsein. Erneut übergreift die Rede zwei Strophen, der Dialog wechselt in der Strophe (821): *eigen mannes wine* („das Liebchen eines Eigenholden", 822) sei sie nicht. Genau dies war Brünhilds Frage an der Hochzeitstafel gewesen, die Begriffe *eigenman* (*eigenholde,* 620) und *wine* (622) verweisen darauf.

Kriemhilds Reaktion ist weder panisch, tödlich wild noch unverständlich, und sie erreicht die Öffentlichkeit noch nicht (anders Kaiser 1981, 193 f.). Kriemhild hat nicht den geringsten Grund, um ihre Herrschaftsgrundlagen zu fürchten (vgl. aber ebd., 194). Auch das Publikum durchschaut, wie falsch der Vorwurf der Unfreiheit ist, und so sehen wir hier keine Spiegelung zeitgenössischer Altadelsängste, keine Furcht des Altadels vor einer Ministerialisierung (vgl. S. 106 ff.). Dies schließt jedoch nicht aus, daß in diesem Streitgespräch die Konkurrenz zwischen Altadel und Ministerialität den Hintergrund abgibt (s. u. Str. 828).

Brünhild hakt nach, sie pocht auf ihre Herrschaft – warum sollte sie auf Siegfrieds Macht verzichten (823)? Dies ist schon weniger verbindlich, und Kriemhild, nun zornig, nimmt ihren früheren Kompromiß zurück und stellt – dies zeigt, daß ihre ersten Worte der Vorschein heimlicher Gedanken waren – Siegfried wieder über Gunther (823 f.), sie nimmt die lehensrechtliche Argumentation bitter ironisierend aufs Korn: Warum Siegfried denn keinen Zins gezahlt habe (825). Der Epiker kostet dies aus: Kriemhild Brünhilds Fragen aussprechen zu lassen (vgl. 724 f.); *C, das das Zins-Motiv planmäßiger ausführt (*C 732, 821, 833), stärker als *A und *B.

Im *übermüete*-Vorwurf (825) fällt die erste gewollte Beleidigung, *C spart sie sich, schiebt damit Brünhild die erste Beleidigung zu: *Du ziuhest dich ze hôhe* („Du willst zu hoch hinaus", 826). Ein grenzenloser Zorn bricht auf (826), Brünhild drängt auf einen öffentlichen Rangbeweis,

Kriemhild stimmt zu: Wer geht als erster in den Dom (827)? Die feudale Gesellschaft spiegelt den Rang ihrer Mitglieder in der Reihenfolge ihres Auftritts (vgl. S. 20 ff.). Der Epiker überliefert weder die Badeszene („Altes Sigurdlied“: die Königinnen streiten sich beim Baden im Rhein) noch die Szene in der Königshalle („Thiđrekssaga“, s. S. 52 f.), sondern offenbar eine eigene Version, die dem christlichen Schauplatz und der Vasallitätsthematik angepaßt ist. Kriemhild will beweisen, daß sie *adelvrî* ist, frei *(liber)* und von Adel (*nobilis* [vgl. Cormeau/Störmer 1985, 43 f.], vom Dynastenadel und Herrenstand, nicht von der aufsteigenden [unfreien] Ministerialität [vgl. Bosl 1980, 199]; aber auch allgemeiner: von höchstem Adel); darüber hinaus, daß ihr Mann *tiwerr,* von höherem Ansehen als Gunther ist (828). Böse Ironie, ohne Zweifel, im Bewußtsein des Hortbesitzes (828 f.). Der Rang der Männer ist der Rang der Frauen. Kriemhild macht hassend wahr, was ihre Seele im Traum freigegeben hatte. Man trennt sich; erster Szenenwechsel.

Repräsentation ist der Spiegel der Macht. So fordert Kriemhild ihre Damen auf, sich prächtig einzukleiden, auch sie selbst legt Schmuck und schöne Kleider an. Der Erzähler gerät ins Schwärmen, er kühlt die nachflimmernde Hitze des Streites und baut zugleich den Gegensatz zu Brünhild aus, die sich nicht umkleidet (vgl. Bekker 1966). Der Hörer wird auf Kriemhilds Robe zu achten haben.

Szenenwechsel. Der Hofstaat wundert sich, warum die Königinnen nicht gemeinsam auftreten – ein Hinweis auf die vergangenen glücklichen Tage. Beide gehen an den scherzenden Rittern und Damen vorüber, vor dem Dom herrscht Brünhild Kriemhild *vil übellîche* („sehr bösartig“, 838) an: sie solle stehenbleiben – *jâ sol vor küniges wîbe nimmer eigen diu gegân* („Fürwahr, vor der Frau des Königs darf die Leibeigene nicht gehen“, 838).

Kriemhild antwortet scharf, gut vorbereitet, sie spielt aus, was sie lange „wußte“ und bis jetzt zurückhielt. Im Zorn (839, 1) hält sie der Schwägerin vor, die Mätresse *(kebse)* ihres Mannes gewesen zu sein, sie übertreibt, wie Brünhild den *man*-Begriff übertrieben interpretiert hatte (839). Brünhild fragt nach: *Wen hâstu hie verkebset?* („Wen hast Du hier zur Mätresse gemacht?“, 840); und Kriemhild triumphiert:

„daz tuon ich dich“, sprach Kriemhilt. „den dînen schœnen lîp
den minnet' êrste Sîfrit, der mîn vil lieber man.
jane was ez niht mîn bruoder, der dir den magetuom an gewan.
(840)

„Dich“, antwortete Kriemhild. „Deinen schönen Körper liebkoste Siegfried als erster, mein geliebter Mann. Ja, es war nicht mein Bruder, der Dir die Jungfräulichkeit nahm.

Die Worte sind schamlos und übertrieben, sie tun Siegfried bitter unrecht und werfen nicht einmal auf Kriemhild selbst das günstigste Licht. Man nimmt an, die sinnliche Phantasie sei mit ihr durchgebrannt (vgl. Sacker 1960/61, 211; Naumann 1932), aber da ist mehr, denn sorgfältig verbirgt sie vor der Öffentlichkeit den Zeitpunkt und sagt auch später nur vage: *daz brâhte mir mîn vriedel, dô er êrste bî iu lac* („dies [d.i. der Ring] brachte mir mein Geliebter, als er zum ersten Mal bei Euch gelegen war", 847). Dies ist rundweg geschwindelt, Siegfried gab ihr Ring und Gürtel erst später (684, s. S. 134); und es legt den Verdacht nahe, daß er öfters bei Brünhild war, vielleicht schon vor seiner Ehe, so genau ist der Zeitraum, den *dô* umgreift, ja nicht bestimmt. Jedenfalls stiftet Kriemhild, gezielt und im Zorn, Verwirrung, sie befreit ihre Seele und demütigt ihre Gegnerin, mit der, wie sie wohl vermutet, Siegfried sie gedemütigt hat. Für den Hörer bleibt manches im dunkeln, soll es sicher auch: die Gefühle herrschen, der Epiker, hingerissen von der Gunst der dramatischen Situation, evoziert das Sagensyndrom der alten Bekanntschaft Brünhilds mit Siegfried (s. Kap. I.3.1.3), das er schon einmal nur mühsam seinem Plan dienstbar machen und abwehren konnte (vgl. Kap. II.4).

Die perfide Erwähnung des königlichen *magetuoms* macht den Hof zu Burgund lächerlich: dort herrscht nun die Mätresse des Nibelungenkönigs. Dies fordert Gerüchte heraus, und es gab Zeitgenossen, die sich schämten: *A, auch sonst dezenter, ersetzt das Hymen durch den Hengst *(meidem),* was sinnlos, vielleicht auch witzig ist, da man ja Brünhilds gutes Verhältnis zu ihrem Roß Grane aus der Sage kennt.

Kriemhild zerschmettert theatralisch die Gegnerin vor den Rittern und Damen, sie kostet die Verblüffung aus: *zwiu lieze du in minnen, sît er dîn eigen ist?* („weshalb ließt Du Dich von ihm lieben, da er doch Dein Eigenmann ist?", 841). Kriemhilds Moral ist nicht die unsrige, kirchentreue und bürgerliche, es ist die politische des Hohen und Frühen Mittelalters: Der Seitensprung des Mannes ist in der alten Gesellschaft eher verzeihbar, weil eher an der Tagesordnung, als der Lustgenuß der Frau (vgl. Duby 1985, 254f.). Schmachvoll ist der königliche Genuß mit einem niedrigen Vasallen, denn die Königin begibt sich in dessen Rang. Hier überwiegt die soziale Einschätzung des (vorgeworfenen) Vorgangs die moralische bei weitem. Der politische Sprengsatz – vom Erzähler im Hintergrund gehalten, er verbalisiert die menschlichen Fragen – ist ungemein, er zielt auf die Legitimität des Erben und die Seriosität der Herrschaft in Burgund.

Brünhild ist sprachlos, sie will alles ihrem Mann erzählen (841). *dîn übermuot dich hât betrogen* („Dein Stolz hat Dich verblendet", 842), schleudert ihr Kriemhild entgegen, ihr täte dies leid, Brünhild habe es nicht anders gewollt. Diese weint; ihre Tränen spiegeln jene an der Hochzeitstafel zurück, als sich der Betrug an ihr durch den Betrug an ihr als

Frau intensivierte. Nun ist er aufgedeckt, und auch die Vorgänge auf Island stehen nun für sie unter einem anderen Licht.

Kriemhild geht als erste in den Dom. Kurzer Wechsel der Szenerie (843 f.), kaum kann Brünhild das Ende der Messe erwarten, sie brennt darauf, mehr von Kriemhild, dem *wortræzen wîp* („scharfzüngige Frau", 845), wie sie sie bei sich nennt, zu hören, und sie denkt weiter an Siegfrieds Tod: *hât er sichs gerüemet, ez gêt an Sîfrides lîp* („hat sich Siegfried damit gebrüstet, dann geht es an sein Leben", 845). Da ist sie ganz die alte (vgl. 416, 423). Wenn sie den Mordgedanken auf ihre Demütigung als Frau einschränkt, so spielt doch die politische Demütigung immer wieder mit herein; auch der Raub der Virginität ist ein politischer Akt. Brünhild verlangt den Beweis, und Kriemhild ist vorbereitet: *ich erziugez mit dem golde, daz ich an der hende hân.* („Ich beweise es mit dem Gold, das ich an der Hand trage", 847). Man ist zum Ihr übergegangen, Brünhild hatte damit begonnen (846). Im gefühlvollen Wort für den Geliebten (*vriedel,* 847, vgl. Wiessner/Burger 1974, 238; vgl. S. 151), damals wie *wine* in der höfischen Dichtung gemieden, betont Kriemhild ihre Zuneigung zu Siegfried. Wie ein Echo nimmt es der Epiker wenige Strophen später noch einmal auf (855) und knüpft damit eine Verweiskette zu Siegfrieds Tod (1103) und zum Ende des Liedes (2372). *A, wieder prüde, meidet das Wort in der Streitszene noch.

Brünhild weiß nicht, wann ihr der Ring abhanden gekommen ist, sie vermutet einen Diebstahl (848, vgl. 679). Dies beleidigt Kriemhild; dem Epiker bietet sich die Gelegenheit, das zweite Beweisstück hervorzuholen. Immer wieder hatte Kriemhild die Schwägerin angehalten, doch zu schweigen und den Streit nicht weiter voranzutreiben (839, 847, 849). Eine Diebin will sie nun nicht sein, und sie zeigt den Gürtel, den sie sich umgebunden hat – Seide aus Ninnive, Edelsteine: der Erzähler dämpft die hitzige Atmosphäre, er läßt raten, daß es Brünhilds Gürtel ist und macht deren Sprachlosigkeit hörbar. Neue Tränen (850) und der Triumph Kriemhilds: *jâ wart mîn Sîfrit dîn man* („Ja, mein Siegfried wurde Dein Mann", 849). Aber eben nicht im politischen Sinne – Spiel mit dem *man*-Begriff. Wortlos verläßt Kriemhild dann die Szene.

Die Streitszene, *senna* (an., ‚Rede, Zank, [Wort-]Streit'), zeichnet ein facettenreiches Bild Kriemhilds: von der Träumenden, die an die Jugendzeit erinnert, zur bitter Zornigen, die die Rächerin vorausspiegelt. Die Senna ist die planvoll aufgebaute Mitte, sie ist ein Brennspiegel der seelischen Entfaltung: auf den Jungmädchentraum folgt die Zeit der Liebe, dann als Stufe der politischen Vollendung die repräsentationsfähige Königin, die im Stil der Zeit stolz reagiert, wenn ihr Rang in Frage gestellt wird, die aber den höfischen Kode nicht perfekt internalisiert hat und sich durch Gefühle überwältigen lassen kann. Sie will die Eskalation der Ereignisse nicht, obwohl sie sie durch ihren Stolz herbeiführt.

(6.) Siegfrieds Eid (851–862): Die weinende Brünhild läßt Gunther rufen und berichtet ihm von Kriemhilds Beleidigung: *si giht, mich habe gekebset Sîfrit ir man* („sie sagt, Siegfried, ihr Mann, habe mich zur Mätresse gemacht", 853). Sie erzählt von Ring und Gürtel, Gunther schickt nach Siegfried und hält ihm vor: *du habes dich des gerüemet, daz du ir schœnen lîp / allerêrst habes geminnet* („Du hättest Dich damit gebrüstet, daß Du ihren schönen Körper als erster geliebt hättest", 857). *rüemen* – dasselbe Wort, das Brünhild in ihren Gedanken gebraucht hatte (845), dies bedeutet keine Umlenkung des Mätressen-Vorwurfs zur Prahlerei (vgl. Wachinger 1960, 112; Ihlenburg 1969, 69); nicht nur das Prahlen, auch der Inhalt des Prahlens steht zur Beeidung an, die Siegfried nun vorschlägt und die Gunther verlangt. Siegfried:

und wil dir daz enpfüeren vor allen dînen man
mit mînen hôhen eiden, daz ichs ir niht gesaget hân. (858)

und ich bin bereit, dies vor allen Deinen Männern mit meinen hohen Eiden für unwahr zu erklären und zu schwören, daß ich ihr dies nicht gesagt habe.

Gunther:

den eit, den du dâ biutest, unt mac der hie geschehen,
aller valschen dinge wil ich dich ledic lân. (859)

der Eid, den Du leistest, der soll hier gesprochen werden; dann werde ich Dich von allen falschen Vorwürfen freisprechen.

Siegfried leistet den Eid: *Sîfrit der vil küene zem eide bôt die hant* („Siegfried der Kühne hob zum Eid die Hand", 860; *C: *Sîfrit gein dem eide hôhe bôt die hant*). Da sind Rechtssprache und Rechtshandeln im Spiel, die Burgunden haben sich zum Ring aufgestellt; der Beklagte nutzt sein Recht, sich durch Eid zu reinigen.

Man hat angenommen, Gunther verzichte auf diesen Eid, *biuten* Str. 860 hieße dann nur „anbieten" (z. B. de Boor 1979 Anm.; Beyschlag 1952, 199; Bumke 1960, 18; W. J. Schröder 1964, 20; Hoffmann ²1974, 32). Warum aber sollte Gunther, der das Wort *biuten* vorgibt (859), die bloße Anbietung des Eides verlangt haben, und dies sofort (859, 2 b)? Daß der Eid geleistet wurde, nehmen u. a. an: Maurer 1969, 20; Wachinger 1960, 112; Pretzel 1965, 16; Neumann 1967, 79; Bischoff 1970, 19 f.; vgl. Ihlenburg 1969, 69 f. u. schon Tonnelat 1926, 79.

Gunther spricht Siegfried frei, wie er es zuvor versprochen hatte (859 f.). Der Erzähler verschweigt den genauen Wortlaut des Eides, er hatte ihn früher in Siegfrieds Worten schon angedeutet (858). Der Mätressen-Vorwurf ist rechtsgültig beseitigt, Siegfried droht seiner Frau Strafe an (861).

dô sâhen zuo z'ein ander die guoten ritter gemeit („da sahen sich die tapferen, frohen Ritter an", 861). Dieser Vers, der unmittelbar auf die Strafandrohung folgt, kann sich auf die Drohung beziehen (Bischoff 1970, 20). Wer allerdings annimmt, der Eid sei nur angeboten worden, nimmt auch gerne an, der Umstand (= die Zeugen) hätte sich betroffen angeschaut (z. B. de Boor 1979 Anm., Wahl Armstrong 1979, 43 f.). Dabei ist nicht einmal klar, wer eigentlich gemeint ist, vielleicht ja nur Gunther und Siegfried: sie schauen sich in die Augen, in stummem Einverständnis, ihr Verbrechen an Brünhild zu verschweigen; mag sein, auch nur deshalb, weil sie meinen, nun seien die dunklen Wolken am Horizont wieder verzogen.

Siegfried, durch den Streit in eine unangenehme Lage gebracht, durch den Begriff des *rüemen* in die Rolle des Schuldigen gedrängt, die ihm objektiv tatsächlich zukommt (vgl. aber Wahl Armstrong 1979, 175), wehrt das Ganze als Weibergeschwätz ab, für das er sich schäme (862, 4). Er wendet es ins Leichte, versucht die Grauzone, die Ring und Gürtel hinterlassen, zu verwischen:

„Man sol sô vrouwen ziehen", sprach Sîfrit der degen,
„daz si üppeclîche sprüche lâzen under wegen. (862)

„Frauen", sprach Siegfried, „muß man so erziehen, daß sie leichtfertiges Gerede unterlassen."

Dies bedeutet Schläge, und später wird Kriemhild Hagen davon erzählen (894). Siegfried erfüllt Pflicht und Recht (gerade auch Pflicht, vgl. Duby 1985, 154) des Gatten. Dies wird ihm im Mittelalter kaum jemand bestritten haben, selbst die Gattin ist einverstanden; *ultra modum maritale* („über das eheliche Maß"; Ennen 1985, 232) ist er dabei nicht hinausgegangen. Der Liebe tut dies keinen Abbruch.

(7.) Brünhilds Trauer (863): Der Epiker verschweigt, ob Brünhild über ihre Vergangenheit nachdenkt, er hat den Streit vom Vasallen-Vorwurf in den Mätressen-Vorwurf überführt. Der Hörer weiß, wie eng alles miteinander zusammenhängt, er mag sich eigene Gedanken machen; der Erzähler läßt Brünhild den Sieg über die Rivalin nicht auskosten, er verfolgt ihre Probleme, die sie doch nun mit Gunther haben müßte, nicht weiter, im Gegenteil: er nimmt Brünhild allmählich aus der Szene und stilisiert sie zur großen Trauernden im Hintergrund (863). Sie spiegelt die trauernde Kriemhild (Kap. II.7) voraus, im folgenden wird sie nicht mehr selbst auftreten und nur noch einige Male aus der Ferne erscheinen (864, 917, 1010, 1100, 1416, 1485 f., 1515 f.). Ihr gilt eine Abschiedsstrophe am Ende der 18. Aventiure, als Siegfried beigesetzt und Siegmund nach Hause gefahren ist:

Prünhilt diu schœne mit übermüete saz.
swaz geweinte Kriemhilt, unmære was ir daz.

sine wart ir guoter triuwe nimmer mê bereit.
sît getet ouch ir vrou Kriemhilt diu vil herzenlîchen leit. (1100)

Die schöne Brünhild hielt stolz Hof. Wie sehr Kriemhild auch weinte, es war ihr gleichgültig, zu vertrautem Umgang mit ihr war sie nie mehr bereit. Später wurde sie auch von Frau Kriemhild in tiefstes Leid gestürzt.

Da gibt die eine der andern nichts nach, sie sind sich zu ähnlich geworden, nur *eine* kann der Epiker gebrauchen. Zudem wird Hagen Brünhilds Ziele übernehmen.

Brünhild ist liebevoll, durchaus feinsinnig, keineswegs „mißgünstig" (Heusler 1921, 116), eher voll Mitleid gezeichnet. Sie hat den schwierigen Part der stolzen, dem Archaischen zugewandten Königin, der Fremden in der südlichen, zivilisierteren Welt bravourös gespielt. Wieviel leichter konnte sich da die liebliche Kriemhild dem Hörer einschmeicheln, die sich nun freilich als ebenso stolz – Adelskrankheit der Zeit (s. S. 114 f.) – erweist. Der Erzähler hat uns Brünhilds höhnisches Lachen über Siegfrieds Tod („Altes Sigurdlied", „Jüngeres Sigurdlied") erspart; vielleicht ist ihre *übermüete* (1100) noch ein Rest davon.

Brünhilds früher Abgang ist episch ebenso notwendig wie unbefriedigend, darüber trösten auch die schönsten Worte der Interpreten nicht hinweg: „In einer Welt ohne Siegfried ist für Brünhild kein Raum, zumindest keine Möglichkeit sinngemäßer Lebenserfüllung" (Nagel 1965, 124); „das Schicksal ist über sie hinweggeschritten" (Weber 1963, 41).

(8.) Der Mordrat (864–876): Hagen, den der Hörer aus den Augen verloren hatte, verspricht seiner Königin Rache; Siegfried muß für Kriemhilds Beleidigung büßen. Im Gespräch mit den Königsbrüdern gaukelt Hagen Gunther die unendliche Macht vor, die ihm durch Siegfrieds Tod zufallen könnte (870). In dieser Szene bleibt der Erzähler seinen Hörern viel, wohl allzu viel schuldig. Sehr deutlich wird aber, wie Hagen seinen Herrn unter Druck setzt; Giselher ist sein Gegner, Gernot schweigt. Überraschend ist das Machtmotiv nach Hagens Traum vom Hort, nach Gunthers kraftvoller Inbesitznahme von Island nicht mehr (vgl. aber de Boor 1979 Anm.). Um zu überleben, muß der Personenverbandsstaat seine Macht ausbauen (s. S. 20 ff.); freilich mit guten Gründen, und sie fehlen den Burgunden (vgl. 868). Gunther muß darüber hinaus zwischen den Parteiungen am Hof (vgl. 871) vermitteln, muß die Stimmung unter seinen Männern abwägen, des Hofes Ehre wahren. Seine Lage ist wenig beneidenswert, und in der Zwickmühle von Macht und Moral wählt er die Seite des Überlebens, die Macht. Das Prädikat des Schwachen sollte man ihm deshalb nicht anheften, es ist moralisierend-unhistorisch (vgl. S. 198 f.).

Parallel zur 3. Aventiure, nun gesteigert, wurde in der 14. eine hochritualisierte Gesellschaft durch einen naiv entfachten Streit aus dem

Gleichgewicht gebracht und dann wieder zur (scheinbaren) Ruhe zurückgeführt. In der Steigerung verschärft sich die Intrige: nicht mehr Kommendation, sondern Mord. Der Hof hat sich durch die Aussicht auf Machtsteigerung verwandelt, die Intrige ist zu seinem offenen Wesen geworden: *Der künic mit sînen vriunden rûnende gie* („Der König beriet sich heimlich mit seinen Freunden und Verwandten", 882; vgl. 870).

Hinweise

Die 14. Aventiure bietet besondere Gelegenheit, die Dialog- und Szenentechnik des Epikers kennenzulernen (Hugo Kuhn 1952, Weydt 1980).
Der Königinnenzank wird vor allem in der Kriemhild-Literatur (s. unter II.0), aber auch in den Gesamtdarstellungen immer wieder behandelt.
In Kap. II.6. ist Brünhild abschließend behandelt (s. unter II.0, Gesamtdarstellungen und Durden 1976).
Vertiefend zur Frage der Konkurrenz Altadel vs. Ministerialität: Fleckenstein 1977, Bosl 1980, Störmer in Cormeau/Störmer 1985.

7. *ez hât nu allez ende unser sorge unt unser leit – Siegfrieds Tod (15.–19. Aventiure)*

Nach Brünhild verläßt Siegfried die Geschichte. Tod und Sterben beginnen, breit entfaltet sich das Pathos des *carmen heroicum*. Siegfrieds Tod spiegelt den Tod der Burgunden (Nibelungen) voraus. Die Stationen: (1.) Hagens Listen, (2.) Jagd, (3.) Mord, (4.) Siegfrieds Sterben, (5.) Kriemhilds Klage und Anklage, (6.) Siegmunds Abreise, (7.) Versöhnung mit Gunther, (8.) der Hort.

(1.) Hagens Listen (877–915, 15. Av.): Hagen treibt den König zum Handeln (882), sein Plan, Siegfried zu täuschen, gelingt – Jagd statt Krieg. Listig erfragt er von Kriemhild die Stelle, an der das Lindenblatt die Verhornung des Helden durch das Drachenblut verhindert hatte. Der Epiker legt ein weiteres Detail der Sage frei. Kriemhild wird ein Kreuz auf Siegfrieds Gewand nähen und ihn dadurch ungewollt verraten (905). Objektive Schuld bei subjektiver Unschuld; so war auch die Senna in Gang gekommen. Die tragische Inszenierung reißt den Erzähler erneut mit, denn Siegfried wird zum Mord ein anderes Gewand tragen.

Nach *B (911) soll es an einen heldenepischen Ort gehen: *cem Waschemwalde* (D, b: *wasigen walde, I, h: wælschen Walde,* d: *wasethen walde;* textkritische Rekonstruktion: *zem Waskenwalde* ‚Vogesen'), dort hatten schon die Kämpfe im „Waltharius" stattgefunden (s. S. 48; Leo Weber 1932). *A kennt sich wohl nicht so recht aus: *ce dem was kein walde.* *C bringt alles in Ordnung und nähert die Fiktion der Wirklichkeit von Worms an: wer von dort aus in den Vogesen jagen möchte, braucht nicht wie die Burgunden über den Rhein zu setzen (927); es verlegt deshalb die Jagd in den Odenwald *(zem Otenwalde).*

Siegfrieds Abschied von Kriemhild ist dramatisch: Warnträume, die der Held (gattungsgemäß; vgl. S. 52) mißachtet. Zwei Wildschweine hetzen ihn in Kriemhilds Traum zu Tode, zwei Berge begraben ihn unter sich; so kehrt der Falkentraum gedoppelt wieder.

Die Germanen verbanden den Eber mit der Vorstellung des Heroisch-Kriegerischen, Ungestüm-Kämpferischen, die frühhöfische Dichtung und die deutsche Heldenepik tradierten diese Vorstellung weiter, die sich mit lateinischer Tradition verbinden konnte (vgl. Speckenbach 1975, 445; „Thiđrekssaga“, S. 376, s. S. 53, 89 u. 179) und schon dem homerischen Epos vertraut ist (vgl. „Ilias“ VII, 257; XI, 414 ff.; XII, 146; XVII, 21 f. u. ö.; vgl. ergänzend Vergils „Äneis“ X, 707 ff.). Der Eber-Heros-Vergleich ist also ein internationales episches Motiv.

(2.) Die Jagd (916–971): Die Jagd, der Gernot und Giselher fernbleiben, wird breit, anschaulich und hintergründig entfaltet. Der Epiker arbeitet mit dem Motiv des gejagten Jägers und kontrastiert den ahnungslosen Helden mit der Welt des (planvollen) Verrats, er bildet im Tod der Tiere den Tod der Burgunden (Nibelungen) voraus, wie ihn Siegfried (indirekt) über Kriemhilds Rache verursachen wird.

(3.) Der Mord (972–986): Die Herren erlauben sich einen Spaß und veranstalten einen Wettlauf zur Quelle, um den Durst zu löschen; Siegfried legt die Jagdausrüstung nicht ab (vgl. aber Reichert 1985, 75).

Die Quelle fließt bei einer Linde (Topos *locus amoenus,* gewöhnlich für Liebesszenen eingesetzt, die hier also konterkariert werden; vgl. Hartmanns von Aue „Iwein“, V. 572 ff.; Trist. V. 16882 ff.). *C 1013 führt eine genauere Ortskenntnis an: die Quelle liege im Dorf *Otenhein* am Fuß des Odenwaldes. Der Ort ist nicht auszumachen, Gras-Ellenbach und Hüttental im Odenwald, Odenheim im Kraichgau, Edigheim b. Frankenthal u. a. streiten sich um die Ehre (vgl. Berndt 1974, 115 ff.).

Als Siegfried über der Quelle kniend trinkt, durchbohrt ihn Hagen mit dem Speer.

(4.) Der Tod (987–1001): Der Held stirbt qualvoll (*C 1008 malt dies aus), geprägt von *des tôdes zeichen* (*signa mortis,* Eis 1957: Todessymptome). Im Sterben verwünscht er die Verwandten, das ganze Geschlecht sei nun befleckt (990, 995). Den heuchlerisch klagenden Gunther stellt er vor den Rittern bloß. Hagen triumphiert und rechtfertigt den Mord als politisch notwendig (vgl. 870):

ez hât nu allez ende unser sorge unt unser leit.
wir vinden ir vil wênic, die getürren uns bestân.
wol mich, deich sîner hêrschaft hân ze râte getân. (993)

Nun hat alles ein Ende, unsere Sorge und unser Leid. Wir finden nun niemanden mehr, der gegen uns zu kämpfen wagte. Wohl mir, daß ich seine Herrschaft beendet habe.

Um seiner Liebe willen und aus *übermüete* war Siegfried leichtfertig mit den Werten des Feudalsystems umgegangen. Der naive Held war an den Intrigen des Hofes zerbrochen und hatte sich selbst schuldig gemacht, nun, angesichts des Todes, setzt der Epiker alles daran, diese Schuld zu verdrängen und ihm ein ehrendes Andenken zu wahren; so wird er auch bei Rüdigers Tod verfahren (s. S. 192). Er läßt Siegfried, einst der furchterregende Räuber des Hortes, dann der gefürchtete, geachtete König, als den großen Liebenden sterben und bringt gerade dadurch dessen Naivität und objektive Schuld noch einmal deutlich ans Licht.

Die letzten Worte richtet der Sterbende an Gunther, er vertraut ihm seine Frau an: *lât iu bevolhen sîn / ûf iuwer genâde die holden triutinne mîn* („Eurer Gnade vertraue ich meine treue Geliebte an", 996). *holde triutinne,* dies ist von derselben Qualität wie Kriemhilds *holder wine* (898, s. S. 145) und macht die innige Bindung zwischen beiden hörbar. Der Sterbende ist einsam, er muß sich auf den treulosen Schwager verlassen. Im lyrischen Pathos klingt das Sterben aus, Kriemhilds Jagdtraum – *dâ wurden bluomen rôt* (921) – ist erfüllt:

> *Die bluomen allenthalben von bluote wurden naz.*
> *dô rang er mit dem tôde. unlange tet er daz,*
> *want des tôdes wâfen ie ze sêre sneit.*
> *dô mohte reden niht mêre der recke küen' unt gemeit. (998)*
>
> Überall wurden die Blumen naß von Blut. Er rang mit dem Tode – nur kurze Zeit, denn das Schwert des Todes schnitt wie immer zu schmerzlich. Da konnte der kühne und einst lebensfrohe Kämpfer nicht mehr reden.

Grenzenloses Mitleid empfinden nun Epiker und Hörer für einen Helden, dessen Stolz *(übermüete),* die Ursache allen Unheils, vergessen scheint. Meisterhaft steigert sich der Erzähler in den Augenblick hinein und reißt den Hörer mit, der nicht nach kleinlichem Aufrechnen von Schuld verlangt.

(5.) Die Klage (1002–1072, 17. Av.): Hagen rechtfertigt den Mord mit der Senna (1001), er läßt die Leiche nachts über den Rhein bringen und vor Kriemhilds Kemenate ablegen. Laut schreit Kriemhild auf, als man ihr den Toten meldet: Brünhild habe es geraten, Hagen habe es getan (1010). Erschütternde Totenklage, Kriemhild möchte den Mörder öffentlich überführen. Die Bahrprobe (s. S. 49) entlarvt ihn, was jedoch ohne Folgen bleibt.

Mit der Bahrprobe leitet Kriemhild den Prozeß, den ihr der König verweigert, selbst ein. Dem Mittelalter ist das Denken nach heutigen Rechtsformen fremd, es gehört zu den Pflichten, auch der Verwandten, den Totschlag eines Angehörigen zu rächen. Der einzelne muß zur Selbsthilfe greifen, weil es ein staatliches Monopol im Bereich der Jurisdiktion nicht gibt. Zwar werden für Totschlag

Geldbußen („Wergeld“, zu ahd. *wer* ‚Mann‘, also ‚Wert eines Mannes‘) in abgestufter Form verlangt, aber manch einer war zu stolz, sich die Rache abkaufen zu lassen, schon gar bei hohem politischem Mord. Das Gottesurteil ist ein legitimes Beweismittel, man rekonstruiert nicht – anders als im späteren Inquisitionsprozeß (zu lat. *inquisitus* ‚untersucht‘) – den Tathergang und die Tatumstände. Die Wahrheit wird mit Gottes Hilfe ans Licht gebracht.

Mühsam dämpft Kriemhild die Wut der Nibelungen, die Wut Siegmunds, der seinen Sohn rächen möchte; sie fürchtet ihr aller Tod durch die Burgunden (1027–1032) und stellt die Rache für einen geeigneteren Zeitpunkt in Aussicht (1033).

Die Rache im Nibelungenlied ist immer wieder in Zusammenhang mit seiner germanischen und heidnischen Tradition diskutiert, der Rachegedanke besonders Kriemhild angelastet worden. Schon der bisherige Verlauf des Epos hat gezeigt, daß Racheakte und -gedanken keine besonderen Eigenheiten Kriemhilds sind: außer an die Nibelungen und Siegmund denke man an Alberich, der seine Herren Schilbung und Nibelung rächen wollte (96), später werden die bayerischen Herren Gelpfrat und Else den Tod ihres Fährmannes rächen (1603), oder die Thüringer und Dänen den Tod Irings (2070 ff.). Die Rache würde sich, wenn nicht anders definiert, nicht nur auf die Person des Mörders, sondern auf sein ganzes Geschlecht beziehen: Blutrache. Die Blutrache, die im übrigen nicht an eine bestimmte soziale Gruppe gebunden ist, ist der Krieg zwischen zwei Geschlechterverbänden, dessen Ausgangspunkt in der Regel ein Totschlag ist, und sie begegnet im allgemeinen dort, wo ein Volk geschlechterrechtlich organisiert ist. Sie ist nicht nur ein Recht, sie ist eine Pflicht für alle Geschlechtsgenossen, und sie braucht an erster Stelle nicht immer den Täter selbst zu treffen; dann trifft sie den, „der im Verwandtschaftsbild dem Getöteten entspricht“ (Mitteis/Lieberich 1965, 25). Dies wird am Hunnenhof Dankwarts Verhängnis werden.

Die Blutrache (Vendetta) hat zwar ihre germanischen und heidnischen Wurzeln – könnte sie also auch für unseren Stoff haben –, wie sie überhaupt im Denken archaischer, primitiver Völker wurzelt, aber sie spielte bis in die Anfänge der Neuzeit hinein im Denken der Deutschen – und anderer Völker – eine bedeutende Rolle. Anton Schönbach (1897, 30 f.) betonte schon um die Jahrhundertwende, wie wenig der Rachegedanke spezifisch an das Heidentum gebunden war.

Die Klage- und Begräbnisszene spiegelt die zeitgenössische kirchliche Praxis, hier verdichtet sich die christliche Terminologie. Kriemhild verteilt Gold für Siegfrieds Seele (1053 f.).

Dabei geht es nicht um unmittelbare Geschenke an die Armen, vielmehr sollen die Leute das Gold als Totenopfer der Kirche darbringen. Die übrigen frommen Stiftungen haben sich anzuschließen. *C tilgt das Verteilen des Goldes trotzdem hier und Str. 1060, behält es nur einmal, in der Zusammenfassung, bei (1063). Vielleicht möchte es die Spiegelung mit der späteren Hortverteilung meiden (s. S. 154).

Drei Tage und drei Nächte wacht die verzweifelte Königin am Sarg ihres Mannes:

> *waz ob daz got gebiutet, daz mich ouch nimt der tôt?*
> *sô wære wol verendet mîn armer Kriemhilde nôt.* (1056)
>
> Was wäre, wenn Gott dem Tod gebieten würde, auch mich mitzunehmen? Dann wäre all das Leiden der armen Kriemhild zuende.

Kriemhilde nôt ist eine Vorausschau auf der *Nibelunge nôt* (2379), und sie ist deren Ursache. Der Epiker macht dies im Reim hörbar. Die Antiphonen (d. i. liturgische Wechselgesänge) werden gesungen, die Psalmen rezitiert, Segensgebete gesprochen oder gesungen (1065). Wir gewinnen einen Einblick in den mittelalterlichen Begräbnisalltag. Kriemhild weint an dem noch einmal geöffneten Sarg blutige Tränen.

Das Bild der blutigen Tränen (vgl. Weinand 1958, 149) ist international bekannt; vgl. z. B. „Wisramiani". (Manesse Bibliothek) Zürich 1957.

Auf die große Liebe folgt das große Leiden, Kriemhild möchte nicht mehr leben (1070).

(6.) Siegmunds Abreise (1073–1100, 18. Av.): Giselher, den der Erzähler nur selten einblendet, und dann immer als den, dem Kriemhild ganz vertrauen kann (vgl. S. 194), der als einziger die Mordpläne entschieden mißbilligt hatte und sich nicht hatte umstimmen lassen (vgl. 866 ff.), der zusammen mit Gernot, dessen Rolle bei den Plänen stets etwas zwielichtig bleibt, der Jagd ferngeblieben war – er überredet die zögernde Schwester, in Burgund zu bleiben. Siegmund hatte sie gebeten mitzukommen, und sie hatte Hagen nicht mehr sehen wollen: *vor leide muoz ich sterben, swenne ich Hagenen müese sehen* („vor Leid würde ich sterben, wenn ich Hagen sehen müßte", 1079). Sie gibt die Herrschaft in Niederland auf (1075, 1086), auch ihren Sohn (*mîn liebez kindelîn,* 1090; vgl. 1087), ohnehin war sie im Norden nicht heimisch geworden (s. S. 138).

Der Verzicht auf das Kind mag uns heute befremdlich erscheinen, leicht sind wir mit dem Vorwurf mangelnder Mutterliebe zur Hand. Doch da gibt es Gründe, die von der Zeitgeschichte her verstehbar sind: Königliche Kinder waren in erster Linie Erben, eine starke Bindung der Mutter an sie dürfte eher die Ausnahme gewesen sein; Gründe, die die Struktur verlangt: die Parallele zur Aufgabe ihres Kindes Ortlieb, das sie mit Etzel hat (s. S. 179 f.), und der Epenplan: der Sohn müßte, wie dies mit einigen Gudrun-Söhnen der nordischen Sage auch geschieht, zum Rächer des Vaters herangezogen werden, das würde einen ganz anderen Verlauf der Erzählung bedeuten – so ist es besser, ihn zu vergessen und den Vorwurf der mangelnden Mutterliebe genau abzuwägen.

Kriemhild unterstellt sich nach zeitgenössischem Recht durch ihr Verbleiben in Burgund der Vormundschaft *(munt)* ihrer Brüder, später (1135) wird sie Giselher um die Vormundschaft bitten.

Giselher gibt Siegmund das Geleit. Wenn er in der folgenden Aventiure mit Gernot den Hort nach Worms gebracht haben wird, wird die Welt Siegfrieds endgültig aus dem Blick der Hörer schwinden. Der Epiker räumt das Feld für ein neues Volk, er gruppiert das Personal um.

(7.) Die Versöhnung mit Gunther (1101–1115): Die 19. Aventiure geizt ungewöhnlich stark mit den Motivierungen (vgl. Wachinger 1960, 116 ff.; Richter 1934, 24 ff.; Heinzle 1985 hält dem Dichter vor, er sei gescheitert). Wir berichten kurz: Kriemhild lebt fromm und zurückgezogen in einem Gebäude am Dom. Nach dreieinhalb Jahren bringt Giselher die Versöhnung *(suone)* zwischen ihr und Gunther zustande: Totschlagsühne unter Teilnahme der Verwandten – *si verkôs ûf si alle wan ûf den einen man* („sie [d. i. Kriemhild] verzieh allen, nur dem einen [d. i. Hagen] nicht", 1115). Hagen gerät mehr und mehr in die Isolation, er gräbt seinen alten Goldplan aus (1107, s. S. 138 f., 148).

(8.) Der Hort (1116–1142): Siegfried hat, wie der Hörer nach epischer Manier erst jetzt erfährt, den Hort Kriemhild als Morgengabe gegeben (1116).

Die Morgengabe ist das Geschenk des Mannes an die Frau am Morgen nach der Hochzeit. Es fällt als Erbe dem überlebenden Teil zu und kann dadurch auch der Witwenversorgung dienen.

Giselher und Gernot holen den Hort nach Worms, die 8. Aventiure kommt in Erinnerung. *C (1138) läßt beide Brüder das Nibelungenland erobern, das wird ihm später die Übertragung des Nibelungennamens auf die Burgunden erleichtern (vgl. S. 168). Kriemhild betreibt Armenfürsorge (vgl. Mollat 1984, 82 ff.) und verteilt das Gold. Hagen sieht darin den Plan, Anhänger für ihre Rache zu gewinnen (1128). Gegen den erklärten Willen der Königsbrüder (1131 ff.) versenkt er das Gold *ze Lôche* in den Rhein (1137).

*A schreibt *loche,* *C, das die Geographie immer in Ordnung bringt, *zem loche.* Man denkt gewöhnlich an das heute wüste Lochheim bei Worms (vgl. u. a. Kranzbühler 1930, 45 ff.), doch sind in der Gegend *loch*-Namen nicht gerade selten. Die Fiktion kommt einem Loch doch sehr nahe, und wahrscheinlich bindet der Epiker seine Geschichte bloß an andere Geschichten vom Gold im Rhein an.

Die Könige sehen schließlich dem Vasallen auch diese offene Rebellion nach (1139), doch es bleiben Narben zurück, Hagen hat überzogen, und er verdankt sein Leben nur der Sippenbindung (1133).

Es folgen 13 Jahre Witwentrauer (1142), 25 Jahre etwa sind nach Siegfrieds Ankunft in Burgund vergangen.

*C (1158–1165) übergießt das Ende mit Lokalkolorit, um die Reichsabtei Lorsch mit dem Epos zu verbinden. Ute habe nach Dankrats Tod (nach der Art reicher Witwen) diese Abtei gestiftet, Kriemhild habe nun ihren Teil dazugegeben. Die Mutter habe sich auf einen Herrenhof (*sedelhof,* 1161) des Klosters zurückgezogen, Kriemhild sei später mit ihrem toten Mann nachgekommen. (Plusstrophen von *C und mündlicher Vortrag: vgl. Voorwinden 1978).

Hinweise

Kap. II.7 behandelt Siegfried abschließend (Literatur s. Gesamtbibliographie und II.0; außerdem Roos 1975, 266 ff.: Abschiedsszene).

Jagd: Dalby 1965; Eis 1957; G. Müller 1968, 171 ff.; Speckenbach 1975; Düwel 1984/I, 134 f.; Wis 1985; Thiébaux 1974; Hartung 1894 (zu den Tieren); Schweitzer 1972; Curtius, Ernst Robert: Europäische Literatur und lateinisches Mittelalter. Bern, München [8]1973, 192 (zu Str. 935, der Löwe im Nl; Mackensen 1984, 109, bringt diesen mit Heinrich dem Löwen in Verbindung). Die Jagdszene soll zum ältesten Liedgut gehören (Heusler 1921, Panzer 1955, F. R. Schröder 1955).

Traumsymbolik: Vgl. die Studien unter II.0.

Geographie: Vgl. die entsprechenden Studien unter II.0 und Bohnenberger 1917.

Rache, Totschlag, Rechtsempfinden: His 1920; Zacharias 1961/62; Mitteis/Lieberich 1965, 25; Schmidt-Wiegand 1982; Bloch 1982, 160 ff.; HRG I, 459–461; Schild 1980, 1985.

Morgengabe: Faber 1974, 212 ff.; Schmidt-Wiegand 1982, 377; Grimm, Jacob: Deutsche Rechtsaltertümer. 3. Ausg. Göttingen 1881, 440 ff.

Kirchliche Bräuche: Schönbach 1897, Klein 1981.

Stoffgeschichte der sog. Mittelpartien: Richter 1934; McLintock 1976/77 [quellenkritische Studie zur 19. Av. mit allgemeinen Überlegungen zur epischen Arbeit des Dichters]; Joachim Heinzle in: Erste Passauer Nibelungen-Gespräche, Referat F. P. Knapp, in: Universität Passau, Nachrichten und Berichte. Nr. 43. Nov. 1985, S. 19.

III. Handlung und Interpretation – episches Erzählen: Teil B (20.–39. Aventiure)

0. Vorbemerkung, Bibliographie (Spezialstudien)

Vgl. die Vorbemerkung zu Kapitel II. Die Forschungsliteratur ist für die Kapitel II und III vielfach dieselbe.

Teilbibliographie XVI

Gestalten

Die Forschungsliteratur zu den Schwerpunkten: Gestaltengruppen, Kriemhild, Hagen, Gunther und Giselher ist Kapitel II verzeichnet (s. S. 85 ff.). Zu Hagen vgl. zusätzlich Wynn, Marianne: Hagen's Defiance of Kriemhilt, in: Mediaeval German Studies. Presented to Frederick Norman. Leeds 1965, 104–114 [Die provokative Gestik, mit der Hagen Siegfrieds Schwert über die Knie legt (Str. 1783), wird über die Rechtssymbolik des Schwertes interpretiert. Vergleiche mit Wolframs „Willehalm" und dem „Beowulf" erweisen, daß die Szene im Nl eine traditionelle Provokationssymbolik hervorruft. Der Erzählerkommentar zur Stelle scheint uns nicht so schwach wie W. meint, weil *übermüete* aus Str. 1783 zum Kommentar hinzugehört.]

Schwerpunkt: Rüdiger

Bekker, Hugo: The *Nibelungenlied:* Rüdeger von Bechelaren and Dietrich von Bern, in: Monatshefte 66, 1974, 239–253 [Rüdigers und Dietrichs Rollen sind durch die oberste gesellschaftliche Regel bestimmt, daß Freude überwiegen muß. Der Dichter schildert eine Welt, die nach den Prinzipien einer Scheinordnung gestaltet ist. Rüdiger ist eher zur Freude bestimmt als zur Ehre; Dietrich schenkt Freude, glaubt aber nach bitterer Lebenserfahrung nicht an sie.]

Finch, R. G.: Rüdiger and Dietrich, in: trivium 12, 1977, 39–57 [R. verantwortet die Folgen des Eides, den er Kriemhild geleistet hat. Beschreibung der Notlage Rüdigers ohne deren Aufhellung durch die feudalen Zwänge; R. entscheidet für Gott, die Welt ist nicht mehr harmonisch, wie er geglaubt hatte, er fühlt sich allein. Der Begriff *sêle* Str. 2150 ist religiös bestimmt. Insgesamt eine religiös-existenzphilosophisch überformte Gestaltanalyse.]

Harms, Wolfgang: Der Kampf mit dem Freund oder Verwandten in der deutschen Literatur bis um 1300. (Medium aevum 1) München 1963 [Zu Rüdiger S. 36 ff.; die Anreicherung des überlieferten Stoffs mit christlichen Vorstellungen hat zu einer „Differenzierung und Steigerung der Problematik beim Kampf von Freunden und Verwandten" im Nl geführt, Verwandtschaft und Freundschaft haben „gesteigerten Anspruch auf Integrität erfahren", S. 46.]

Jentzsch, Peter: „Der guote Rüedeger". Beobachtungen zur epischen Funktion des personalen Epitheton ornans im „Nibelungenlied" und in der mittelalterlichen Dietrichsepik, in: ‚Getempert und gemischet' für Wolfgang Mohr zum 65. Geb. (GAG 65) Göppingen 1972, 167–217 [exemplarischer Nachweis, daß die schmückenden Beiwörter im Nl gezielt und nicht übermäßig zur Charakterisierung der Gestalten eingesetzt sind].

G. Müller 1968 [Zur Symbolik von Rüdigers Schildgabe].

Nagel 1965, 228–249 [Rüdiger ist eine Gestalt von christlich-ritterlichem Geist, eine Alternative zur „reinen Heroik". Für ihn ist heroische Ehre nicht mehr der höchste Wert des Lebens, er ist eine zerrissene Gestalt, sein Konflikt ist nicht nur ein moralisch-rechtlicher, sondern auch ein „religiöser Gewissenskonflikt". Er entscheidet für die Lehenspflicht, gegen die Freundestreue.]

Naumann, Hans: Rüdegers Tod, in: DVJS 10, 1932, 387–403.

Splett 1968 [Gesamtanalyse der Rüdiger-Gestalt].

Wapnewski, Peter: Rüdigers Schild. Zur 37. Aventiure des Nibelungenliedes (1960), in: WF 54, 134–178 [W. betont die juristische Komponente in der Entscheidung Rüdigers für Kriemhild, er erhebt Hagen zum Haupthelden der Aventiure und ordnet die Szenerie in „Dichtung und Lebenswirklichkeit ihrer Zeit" ein. Es wird u. a. übersehen, daß die Rechtsbegriffe nicht nur in der 37. Av. eine wichtige Rolle spielen.]

Weber 1963, 85–102 [Rüdiger ist ein hochsinniger Ehrenmann und höfischer Ehrgeizling; er sieht nicht, wie die christliche Haltung die heldisch-germanische ersetzen könnte, auch er folgt dem Leitbild der heldischen Ehre.]

Wiegmann, Hermann: Rüdiger von Bechelaren, Max Piccolomini und Winnetou. Beobachtungen zum Topos vom Untergang des Schuldlosen, in: Jb. d. Karl-May-Gesellschaft 1982, 185–195 [„Im Untergang der Schuldlosen zeigt sich die ‚Schuld des Seins' ", S. 189.]

Schwerpunkt: Dietrich

Bekker 1974 [s. unter Rüdiger]

Ehrismann, Otfrid: Dietrich oder die Produktivität der Tränen – verhinderte Trauerarbeit am Nibelungenlied, in : Album für Dieter Arendt zum 65. Geb. Gießen 1986 [1986/III; ersch. auch in: Diskussion Deutsch. Problematisierung der Utopiefähigkeit Dietrichs].

Finch 1977 [vgl. unter Rüdiger; Dietrich gleicht in manchen Punkten Rüdiger, doch sind seine Beziehungen zu den Burgunden nicht so stark wie bei diesem. Dietrichs Sieg bedeutet kein Hoffnungszeichen, vielmehr ist Dietrich der tragische Held, dessen persönliche Katastrophe die allgemeine Katastrophe der Nibelungenwelt unterstreicht.]

Harms 1963, 43 ff. [s. unter Rüdiger].

Haymes, Edward R.: Dietrich von Bern im Nibelungenlied, in: ZfdA 114, 1985, 159–165 [H. konstatiert drei Schichten der Ethik im Nl: Heldenethik (Hagen), die „modische aber politisch destabilisierende Ethik der höfischen Epik und Lyrik" (Siegfried-Kriemhild-Handlung), die Ethik einer durch Erbfolge gesicherten Herrschaft, die ihre Konflikte durch Diplomatie regelt. Horacek 1976 ist nicht bekannt. Dazu Haymes 1986.]

Horacek, Blanka: Der Charakter Dietrichs von Bern im Nibelungenlied, in: Fg. f.

Otto Höfler. Hrsg. v. Helmut Birkhan. (Philologica Germanica 3) Wien, Stuttgart 1976, 297–336 [Zerstörung des herkömmlichen Dietrichbildes vom edlen Friedensfürsten: Dietrich kämpft nur für sich, er ist egoistisch. H. gewichtet Dietrichs Bindungen an die Nibelungen, die der Epiker sorgfältig entwickelt, nicht und kommt deshalb zu diesem Fehlurteil.]

Mohr, Wolfgang: Dietrich von Bern, in: ZfdA 80, 1944, 117–155 [Das Dietrich-Bild in der Heldendichtung und im Nl. Dietrichs Versöhnlichkeit entspringt aus der Freundschaft mit den Burgunden. M. neigt gelegentlich zu Überzeichnungen: „Vulkanische Kräfte seiner Seele", S. 131.]

Ott, Norbert H.: Kompilation und Zitat in Weltchronik und Kathedralikonographie. Zum Wahrheitsanspruch (pseudo-)historischer Gattungen, in: Geschichtsbewußtsein in der deutschen Literatur des Mittelalters. Tübinger Colloquium 1983. Tübingen 1985, 119–135 [u. a. zum Dietrichbild in der kirchlichen Ikonographie, das stets negativ akzentuiert ist: Dietrichs Höllenritt].

Nagel 1965, 250–265 [Dietrich ist wie Rüdiger eine Alternative zur „reinen Heroik", er ist frei vom „heroischen Fanatismus" der Burgunden, und er siegt im Zeichen sittlicher Überlegenheit. Er verzeiht den Feinden und öffnet in christlichem Mitleid das Tor zu einer das Heroische überschreitenden Welt.]

Plötzeneder, Gisela: Die Gestalt Dietrichs von Bern in der deutschen Dichtung und Sage des frühen und hohen Mittelalters. Diss. Phil. Masch. Innsbruck 1955 [Dietrich der vertriebene König der Amelungen, der Teufelsverfallene und Kirchenfeind, der Dämonenbekämpfer und Märchenheld – dies sind die möglichen Ausprägungen des Dietrich-Bildes. „Im Nibelungenlied hat Dietrich zugleich die schönste, seelisch tiefste und reichste Darstellung gefunden, wie sie ihm sonst in der mittelhochdeutschen Dichtung nirgends zuteil geworden ist", S. 84.]

Stein, Peter K. in: Erste Passauer Nibelungen-Gespräche, Referat F. P. Knapp, in: Universität Passau. Nachrichten und Berichte. Nr. 43. Nov. 1985, S. 18 [St. konstatiert drei Verhaltensmuster politischer Machthaber im Nl: das archaische physisch-kraftvoller Gewalttätigkeit, das moderne intellektueller Zivilisiertheit, das pragmatische Streben nach Ausgleich und Konfliktvermeidung (Dietrich). Das Werk hat keine eindeutige „Botschaft".]

Etzel

Schmidt 1954/55, Williams 1981, de Boor 1932, Klein 1978, 162 ff.

Motivgeschichte

Varia

Betz, Werner: Der Gestaltwandel des Burgundenuntergangs von Prosper Aquitanus bis Meister Konrad, in: Gestaltprobleme der Dichtung. Günter Müller zu seinem 65. Geb. Bonn 1957, 1–8 [Nachweis einer langen und verhältnismäßig festen Motivkette für den Burgundenuntergang von Prospers Bericht an.]

Braches 1961, Eis 1957, Krausse 1977, Speckenbach 1981, Szövérffy 1965.

Dolfini, Giorgio: Limen. Per un'interpretazione della XXV Aventiure del Nibelunghi. Milano 1970 [Der Übergang über die Donau ist eine Reise ins Jenseits.]

Wailes, Stephen L.: Wärbel und Swemmel. Zur verräterischen Botschaft im Nibelungenlied, in: Archiv f. d. Studium d. neueren Sprachen u. Literaturen 219, 1982, 261–276 [Zur Funktion von Spielleuten als Boten, auch auf dem Hintergrund der Sagengeschichte des Nl. Das schlechte Renommee der Spielleute ermöglichte es, sie eine verräterische Botschaft ausführen zu lassen. Überlegungen zum blinden Motiv des verhinderten Auftritts bei Brünhild. Sehr hypothesenreich.]

Traum
Vgl. die entsprechenden Studien in Kap. II (s. S. 93 f.).

Hort
Eis, Gerhard: Die Hortforderung (1957), in: ders., Kleine Schriften. (Amsterdamer Publikationen zur Sprache und Literatur 38) Amsterdam 1979, 92–112 [Übereinstimmung von Str. 2367 ff. mit dem „Alten Atlilied" (s. S. 51), außerdem werden Zusammenhänge mit irischer Volkssage und der Legende der Märtyrer Laurentius und Xystus nachgewiesen.]

Kuhn, Hans: Kriemhilds Hort und Rache, in: Fs. f. Paul Kluckhohn u. Hermann Schneider. Tübingen 1948, 84–100 [In den wichtigsten Vorstufen war Kriemhilds Rache eine Rache an Gunther und Hagen, der ihr nächster Verwandter war. In der Hortforderung am Schluß des Nl sind Rache- und Goldgiermotiv gekoppelt worden.]

Ders.: Der Teufel im Nibelungenlied. Zu Gunthers und Kriemhilds Tod (1965), in: WF 1976, 333–366 [Nachweis der Koppelung von Rache- und Hortgiermotiv; der Nl-Epiker habe das Hortmotiv nicht opfern wollen. Die Studie steht in der Tradition der Vorstufentheorien und vermeidet eine textnahe Interpretation des Epos.]

G. Müller 1968 [zur Symbolik des Hortes].

Schröder, Werner: Zum Problem der Hortfrage im Nibelungenlied (1968), in: ders., Nibelungenlied-Studien. Stuttgart 1968, 157–184 [Der Hort hat für Kriemhild im materiellen Sinn nur eine akzidentielle Bedeutung, er bedeutet für sie hauptsächlich die Erinnerung an Siegfried.]

Wortgeschichte

Vgl. die in Kap. II verzeichneten Studien (s. S. 94 f.).

Rechtsgeschichte

Vgl. die Angaben zur Rechtsgeschichte S. 95 f.

Fiesel, Ludolf: Zum früh- und hochmittelalterlichen Geleitsrecht, in: Zs. d. Savigny-Stiftung f. Rechtsgeschichte. Germ. Abt. 41, 1920, 1–40.

His, Rudolf: Das Strafrecht des deutschen Mittelalters. Teil I. Leipzig 1920.

Kern, Fritz: Gottesgnadentum und Widerstandsrecht im früheren Mittelalter. Darmstadt 1954.

Lawn, Elizabeth: „Gefangenschaft". Aspekt und Symbol sozialer Bindung im Mittelalter – dargestellt an chronikalischen und poetischen Quellen. (EH I/214) Frankfurt, Bern, Las Vegas 1977.

Müller, Jan-Dirk: Heroische Vorwelt, feudaladeliges Krisenbewußtsein und das

Ende der Heldenepik. Zur Funktion des ‚Buchs von Bern', in: Adelsherrschaft und Literatur. Hrsg. v. Horst Wenzel. (Beiträge zur Älteren Deutschen Literaturgeschichte 6) Bern, Frankfurt, Las Vegas 1980, 209–256 [Zur Vertiefung der Ministerialität-Vasallität-Problematik].

Schmidt-Wiegand, Ruth: Kriemhilds Rache. Zu Funktion und Wertung des Rechts im Nibelungenlied, in: Tradition als historische Kraft. Interdisziplinäre Forschungen zur Geschichte des frühen Mittelalters. Hrsg. v. Norbert Kamp u. Joachim Wollasch. Berlin, New York 1982, 372–387 [Zu Morgengabe, Eid, Sühne, Rache, Geiselschaft].

Wunderlich, Werner: Gabe, in: Enzyklopädie des Märchens. Hrsg. v. Kurt Ranke. Bd. 5. Berlin, New York 1986, 625–637.

Zacharias, Rainer: Die Blutrache im deutschen Mittelalter, in: ZfdA 91, 1961/62, 167–201.

Historisches Handeln

Hartung 1894, Knappe 1974, A. Müller 1977, Northcott 1965, Rautenfeld 1980, Roos 1975, Schönbach 1897.

Weydt, Harald: Streitsuche im Nibelungenlied: Die Kooperation der Feinde. Eine konversationsanalytische Studie, in: Literatur und Konversation. Sprachsoziologie und Pragmatik in der Literaturwissenschaft. Hrsg. v. Ernest W. B. Hess-Lüttich. Wiesbaden 1980, 95–114 [Interpretation des zweiten Teils des Nl als „strategisches Aushandeln von Rollen", S. 95. Die Gespräche werden unter dem Begriff der „Kooperation" (d. i. „jegliche Form von gemeinsamer Handlung von zwei oder mehreren Aktanten", S. 95) analysiert. Die Studie verstellt zwar den Blick auf die menschliche und juristische Motivation und faßt manches Triviale in „schöne" Terminologie, arbeitet aber gut das nüchterne Strategiekonzept Hagens heraus.]

Geographie und Landesgeschichte: Bayern und Österreich

Bohnenberger, Karl: Nibelungenstätten, in: Beitr. 42, 1917, 516–538.

Eis, Gerhard: Die angebliche Bayernfeindlichkeit des Nibelungendichters (1956), in: ders., Kleine Schriften (Amsterdamer Publikationen zur Sprache und Literatur 38) Amsterdam 1979, 113–124 [Aus den Bemerkungen über die räuberischen Bayern im Lied ist nicht auf eine Bayernfeindlichkeit des Dichters zu schließen.]

Heger, Hedwig: Bischof Wolfger von Passau und die deutsche Literatur des Hochmittelalters, in: Ostbairische Grenzmarken. Passau 1977, 76–85.

Heuwieser, Max: Passau und das Nibelungenlied, in: Zs. f. bayerische Landesgeschichte 14, 1943/44, 5–62 [Passau ist die „Stadt des Nibelungenliedes", in ihr entstand unter Bischof Wolfger das Nl, unter dem Babenberger Bischof Konrad wahrscheinlich die „Ältere Not" (s. S. 44), unter Bischof Pilgrim die „Nibelungias" (s. S. 44). Dazu Klebel, Ernst: Das Attila-Epos aus Passau, in: ders., Probleme der bayerischen Verfassungsgeschichte. Gesammelte Aufsätze. München 1957, 95–99: K. unterstützt Heuwiesers These eines lateinischen Nibelungenepos; ders., Baiern und das Nibelungenlied, in: ebd., 90–94: Das Nl setzt politische und geographische Zustände der Karolingerzeit voraus, baut also offenbar auf älteren bayerischen Dichtungen auf, die mehrere Jahrhunderte mündlich weitergetragen worden waren, ehe sie den Nl-Dichter erreichten.]

Münz 1971.

Nellmann, Eberhard: Zeizenmûre im Nibelungenlied und in der Neidhart-Tradition, in: Fs. f. Siegfried Grosse zum 60. Geb. (GAG 423) Göppingen 1984, 410–425.

Panzer, Friedrich: Der Weg der Nibelungen, in: Erbe der Vergangenheit. Fs. f. Karl Helm zum 80. Geb. Tübingen 1951, 83–107.

Ploss, Emil: Zeizenmûre und die Helchenburg. Zur Vorgeschichte der donauländischen Heldensage, in: FF 31, 1957, 208–215.

Sommer, Robert: Die Nibelungenwege von Worms über Wien zur Etzelburg. Ein deutsches Wanderbuch. Gießen o. J. [1929].

Spindler 1967 [Handbuch der bayerischen Geschichte].

Splett 1968 [zu Rüdiger und seiner möglichen Geschichtlichkeit].

Störmer, Wilhelm: Der Herkunft Bischof Pilgrims von Passau (971–991) und die Nibelungen-Überlieferung, in: Ostbairische Grenzmarken 1974, 62–67 [Pilgrim hatte ein besonderes Interesse an der Nibelungentradition, er leitete seine Herkunft von den Nibelungen ab. Es gab nur wenige Adelige namens Pilgrim in Bayern, der Name ist für das Nl also Programm.]

Weber, Leo: Der schöne Brunnen. Ein topographischer Beitrag zur alten Nibelungennot, in: ZfdA 63, 1926, 129–164 [Die Quellen, in denen die *merwîp* baden, Str. 1533 ff., sind die Quellen des Kelsbaches im Dorf Ettling.]

Weller, Karl: Die Nibelungenstraße, in: ZfdA 70, 1933, 49–66.

Wesle, Carl: Der Donauübergang im älteren Nibelungenepos, in: Beitr. 46, 1922, 232–247.

Zatloukal, Klaus: Das Nibelungenlied und Niederösterreich. (Wissenschaftliche Schriftenreihe Niederösterreich 33) St. Pölten, Wien 1978.

Vgl. die Literatur zur „Nibelungias“, S. 47

1. *daz was in einen zîten, dô vrou Helche erstarp – Etzels Werbung, der Zug nach Süden (20.–26. Aventiure)*

Ein starker Schnitt markiert den Einbruch der hunnischen Geschichte in die burgundische: (1.) Etzel wirbt um Kriemhild, Rüdiger ist der Werber, (2.) Kriemhilds Reise zu Etzel, (3.) Kriemhilds Einladung an Hagen und die Brüder nach 13 Jahren, (4.) Beratungen in Worms, Heeresaufgebot; (5.) die Reise: der Abschied (5.1.), die Burgunden erhalten den Nibelungennamen (5.2.), vom Main zur Donau (5.3.); Geschichten mit Hagen: Hagen und die *merwîp* (5.4.), Hagen und der Fährmann (5.5.), Hagen und der Kaplan (5.6.); jenseits der Donau: der nächtliche Überfall der Bayern (5.7.), Markgraf Eckewart (5.8.). Steigerung und Parallelisierung sind das Aufbauprinzip, wir werden es aus Raumgründen nur selten präzise beschreiben können. Wichtig wird Rüdigers Überredungskunst.

(1.) Rüdigers Werbung (1143–1281): König Etzel wirbt, anders als Siegfried oder Gunther, in tadelloser höfischer Form um die burgundisch-nibelungische Witwe. Etzels Reich, dies ist nun die wirklich große Welt, Worms, Xanten oder Isenstein können es mit ihm nicht aufnehmen, eine Vielzahl namhafter Vasallen und Vasallenkönige halten sich dort auf. Markgraf Rüdiger von Pöchlarn *(Bechelâren),* der sich am Burgundenhof auskennt, übernimmt die Werbung, zwölf Tage dauert sein Ritt zum Rhein. Der Erzähler protokolliert die höfische und juristische Form genau. Hagen rät von der neuen Ehe ab, denn er fürchtet Etzels Macht in Kriemhilds Händen (1210), aber er findet im *consilium* keine Mehrheit.

Rüdiger scheint anfangs gar nicht zu bemerken, wie lästig er Kriemhild fällt (1230), doch könnte dies eine taktische Ignoranz sein, denn er steuert sein Ziel planvoll an und ruft Kriemhild sehr eindringlich die Macht ins Gedächtnis, die sie durch Etzel erreichen könnte. Sie zögert, Ute und Giselher, auch er Etzels Herrschaft vor Augen, raten zu. Gott möge ihre Entscheidung lenken; sie hat Skrupel, den Heiden Etzel zu heiraten (1248). Etzel, der sich bei den Christen ganz gut auskennt, der durchaus christlicher handelt als Gunther, hatte eben dies befürchtet (1145). Rüdiger weist auf die zahlreichen Christen am Etzelhof hin, Kriemhild könne ja versuchen, den König zur Taufe zu bewegen (1262). Meint der Werber dies wirklich ernst?

*C bietet eine noch stärkere Entscheidungshilfe an: Etzel sei kein ganzer Heide mehr, denn er sei schon einmal Christ gewesen, dann aber wieder zum Heidentum zurückgekehrt (*C 1284). So denkt die Zeit über die Renegaten (‚Glaubensabtrünnige').

Kriemhilds Sorge ist durchaus eine Sorge ihrer Zeit: „Im kanonischen Recht rückt gegen Ende des 12. Jh.s die *Cultus disparitas* [‚Glaubensunterschied'] allmählich in die Reihe der trennenden Ehehindernisse" (Faber 1974, 53). Ein brandaktuelles Problem also, das einigermaßen elegant umschifft und dem alten Stoff angepaßt werden mußte.

Der Epiker hält das Religionsproblem als Motiv durch (vgl. Kap. IV.5), er verbeugt sich vor der Kirche und verabschiedet Kriemhild ins Heidentum. Sie wird Etzel nicht bekehren, sie wird im Heidentum versinken, politisches Handeln wird jederzeit das christlich motivierte überlagern.

Das Epos gibt keinen Hinweis darauf, daß Kriemhilds tagelanges Zögern nur gespielt wäre; man muß es ernst nehmen. Rüdigers Werbung wendet ihre Seele, läßt die Hoffnung in ihr wachsen, daß die Rache an Hagen sich doch noch erfüllen könnte. Kriemhild hat auf solche Rache nicht hingearbeitet, sie hatte sich in ihr *gezimber* (1102) am Dom zurückgezogen (s. S. 154). Jetzt erst erweckt Rüdiger ihre heimliche Sehnsucht (vgl. 1033, s. S. 152) zu neuem Leben, indem er ihr in aller Vertraulichkeit (*in heimlîche,* 1255) Hilfe verspricht (vgl. Bertau 1972, 734 u. 738). Er hat sich dieses Mittel seiner Überredungskunst bis zum

Schluß aufbewahrt, er hat nun alle Register von der Mission bis zur Macht gezogen:

Er sprach zer küneginne: „lât iuwer weinen sîn.
ob ir zen Hiunen hetet niemen danne mîn,
getriuwer mîner mâge, und ouch der mînen man,
er müeses sêr' engelten, unt het iu iemen iht getân." (1256)

Er sprach zur Königin: „Hört auf zu weinen. Wenn Ihr bei den Hunnen niemanden hättet außer mir, meinen treuen Verwandten und meinen Männern, so müßte doch jeder schwer dafür büßen, der Euch etwas angetan hätte."

Hierauf geht Kriemhild ein – *dâ von wart wol geringet dô der vrouwen muot* („dadurch wurden die Gedanken der Herrin leichter", 1257; *C: *ein teil geringet*). Sie verlangt Rüdiger einen Eid ab:

si sprach: „sô swert mir eide, swaz mir iemen getuot,
daz ir sît der næhste, der büeze miniu leit."

Sie sprach: „So schwört mir, daß Ihr der erste seid, der meine Leiden rächt, was immer mir jemand antut."

getuot: die Form ist mehrdeutig; nicht notwendig nur futurisch (vgl. Brackert 1971, 285), eher, wie das Präfix *ge-* andeutet), perfektiv: „was immer mir jemand angetan hat" (vgl. Str. 1256; dagegen aber z. B. Pz. 516, 13).

Er weiß sehr genau, worum es geht, denn er kennt den Grund von Kriemhilds Tränen, hatte er doch selbst auf die Vergangenheit angespielt (*unt het iu iemen iht getân,* 1256). Wer ihm Unverständnis zuspricht, entschuldigend zugesteht (z. B. Tonnelat 1926, 102 f.; W. Schröder 1960/61, 139; Nagel 1965, 228 ff.; Ihlenburg 1969, 118; Splett 1968, 54; Brackert 1971, 285; Hoffmann [2]1974, 38), der interpretiert ihn von seinem tragischen Ende her, als der Dichter ihn, wie es sterbenden Heroen zukommt, überhöht (s. S. 192). Jedoch: kein Ehrgeiz (vgl. Weber 1963, 98 ff.), sondern Pflicht. Der Diplomat hat einen Auftrag, er spielt mit dem Feuer, um ihn zu erreichen; er spielt mit den Worten, was aber bedeutet, daß er sie genau kennt:

Mit allen sînen mannen swuor ir dô Rüedegêr
mit triuwen immer dienen, unt daz die recken hêr
ir nimmer niht versageten ûz Etzelen lant,
des si êre haben solde, des sichert' ir Rüedegêres hant. (1258)

Rüdiger schwor, ihr mit allen seinen Männern immer treu zu dienen; die erlesenen Kämpfer aus Etzels Land würden ihr niemals etwas abschlagen, wodurch sie Ansehen haben könnte – dies sicherte ihr Rüdiger zu.

Es ist sinnvoll anzunehmen, daß Rüdiger für sich und seine Männer schwört, nicht, daß er *und* seine Männer schwören. Das brisante Gespräch mit Kriemhild, und man darf annehmen, auch der Eid, sind vertraulich (1255). Beim folgenden, öffentlichen Problem, Etzels Heidentum, sprechen dann wieder die Brüder mit – nur Gernot und Giselher können gemeint sein (1263) –, die offenbar schon zu Anfang des Gesprächs dabei waren (vgl. 1255: *Niht half, daz si gebâten*). Der Eid an die Frau ist bindend, sind doch auch Frauen grundsätzlich aktiv eidesfähig (HRG I, 864).

Rüdiger weiß also, was er schwört, ohne sich über die genauen Folgen seines Eides im klaren sein zu können. Auch Kriemhild hat erst eine ungefähre Ahnung von der Möglichkeit der Rache (1259). Präzise Pläne hat keiner, kann keiner haben. Man läßt sich – wie der Epiker, wie der Politiker im Mittelalter viel eher als heute – von der Geschichte treiben und wartet den günstigen Augenblick zum Handeln ab. Schon deshalb sollte man Kriemhild keinen „Willen zur Macht" (Nagel 1977, 506) unterstellen.

(2.) Die Reise (1282–1386): Wieder bleibt die materielle Ausstattung aus (vgl. S. 135), wieder ist Eckewart *gesinde* (1278 ff.). Gunther begleitet die Schwester nur wenige Meter vor die Stadt (1288), Giselher, Gernot und einige andere fahren bis zur Donau mit. Die Stationen (s. Karte am Schluß des Bandes): *Vergen* (Pförring b. Ingolstadt, der alte Donauübergang; z. Zt. des Dichters benutzte man allerdings die 1146 fertiggestellte Brücke in Regensburg: der Erzähler archaisiert), *Pledelingen* (Plattling, nur *C 1324), *Pazzouwe* (Passau); der dortige Bischof ist mit dem Königshaus eng verbunden.

Der Bischof von Passau heißt *Pilgrîn* (Pilgrim, 1296), was ‚Pilger, Kreuzfahrer' bedeutet. Passau hatte einen gefeierten Träger dieses Namens auf seinem Bischofsstuhl (971–991), verwandt mit Kaiser Heinrich II. und dessen Schwester Gisela von Ungarn. Zur repräsentativen Verwandtschaft eines Königshauses gehörte, im Epos wie in der Wirklichkeit, eben auch ein Bischof (vgl. Wenskus 1973, 433). Der dem Nibelungendichter zeitlich nahestehende Passauer Bischof hieß Wolfger von Erla, „ein Kirchenfürst mit feudaler Hofhaltung" (Heger 1977, 77), ein Österreicher, u. a. Mäzen Walthers von der Vogelweide. Er war am Todestag Pilgrims inthronisiert worden und hatte Pilgrims Andenken erneuert. Wolfger hatte Ambitionen auf den Erzstuhl von Aquileja, sein dortiger Konkurrent hieß Peregrin – spielte unser Epiker mit diesem Namen, griff er der Geschichte zugunsten seines Bischofs voraus oder ironisierte er etwa die bischöflichen Pläne? Wolfger, hier wieder Erbe des alten Pilgrim, der Passau zur Erzdiözese für das ungarische „Pannonien" hatte erheben wollen, betrieb die Aufwertung Passaus zum Erzbistum, seine Loslösung von Salzburg.

Keine Frage, der Epiker kannte sich hier aus, aber Fragen genug, zu viele Zweifel, um ihn hier mit Sicherheit anzusiedeln (vgl. Kap. IV.4.2). Was er da wußte, war doch alles sehr bekannt. Die Bindung an Passau müßte das originalnähere *B stärker spiegeln als *C, das die Wormser Landschaft so schätzte (vgl. S. 154 f.), aber auch dieses kennt sich ganz gut in der Donaugegend aus (vgl.

neben Plattling auch Traismauer). Die „Klage" baute Pilgrims Rolle aus, der Bischof sollte die Aufzeichnung des Liedes veranlaßt haben (s. S. 44).

Passau war seit der Jahrhundertmitte staufisch gesinnt, so könnte die Würdigung seines Bischofs, wenn es eine ist, die gelegentlich möglichen staufischen Impressionen des Epos vermehren, aber zu einer Tendenz, gar antiwelfischen, verdichtet sich dies alles nicht (vgl. aber Birkhan 1977).

Nach Passau: *Everdingen* (Eferding), *Trûne* (Traun), man lagert an der Enns-Mündung; *Bechelâren* (Pöchlarn, Residenz des Markgrafen Rüdiger; unter dem weiten Palas strömt die Donau dahin – dies zu wissen, bedeutet mehr, als zu wissen, daß bei Passau der Inn in die Donau fließt [1320, 1295]!), *Medelicke* (Melk), *Mûtâren* (Mautern), *Treisem* (Traisen, ein Nebenfluß der Donau; hier beginnt Etzels Reich), *Zeizenmûre* (Zeiselmauer).

Dieser Ort, den *A und *B überliefern, ist der Mittelpunkt einer größeren passauischen Grundherrschaft (Heuwieser 1943/44, 23), er liegt aber östlich von Tulln, das erst später erreicht wird. *C schreibt deshalb korrekter *Treysenmûre* (Traismauer, *C 1359, 1363), es liegt an der Mündung der Traisen in die Donau, dort steht Helches mächtige Burg (vgl. Ploss 1957, Hoffmann 1982, 100 f.).

In *Tulne* (Tulln) reiten Etzels Kriegerscharen auf der weiten Ebene heran, beruhigender Stolz überkommt Kriemhild (1347). Das Paar begrüßt sich in aller Form. *Ze Wiene* (Wien) finden zu Pfingsten (vgl. 271: an Pfingsten hatte Kriemhild Siegfried zum ersten Mal begrüßen dürfen) siebzehntägige Hochzeits- und Krönungsfeierlichkeiten statt. Etzels Spielleute Wärbel (*Wärbelîn* ‚Werberchen') und Swemmel (*Swemmelîn* ‚Schwämmchen') werden nebenbei erwähnt. Dann: *Heimburc diu alte* (Hainburg), *Misenburc* (Wieselburg/Moson an der Kleinen Donau), *Etzelnburc* (Gran, vgl. 1497; man hat auch an Ofen/Buda gedacht, dort wird Etzel nach der „Kaiserchronik", V. 14179, begraben).

(3.) Die Einladung (1387–1421, 23. Av.): Nach sieben Jahren erblickt Ortlieb, der Erbe, das Licht der Welt, er wird christlich getauft (1388). Nach 13 Jahren, dies entspricht der Trauerzeit in Worms (1142), betreibt die Königin die Einladung ihrer burgundischen Verwandten – Parallelen zu Brünhilds Einladung (12. Aventiure). Kriemhild hat sich Freunde am Hunnenhof gemacht und Siegfried die ganze Zeit über niemals vergessen (1391). Der Rachegedanke ist nun fest verankert, der Erzähler bringt sie erstmals mit dem Teufel in Verbindung (*C hält ihn noch von ihr fern): *der übel vâlant* müsse ihr geraten haben, aus Burgund wegzugehen.

vâlant – Grundbedeutung ‚der Schreckende', verwandt ist u. a. an. *fâla* ‚Riesenweib, Hexe'; Goethe gebraucht das Wort noch „Faust" 4023: „Platz! Junker Voland kommt", nach seiner Vorlage „Blocksbergs Verrichtung", 1669, von Joh. Praetorius. Die männliche Form *vâlant* verwendet der Nibelungenepiker nur hier, zur weiblichen Variante s. S. 174 f.; er bereitet hier (unauffällig) diese Variante, die für Kriemhild sehr bedeutungsvoll werden wird, vor.

Der Teufel erscheint nun etwas häufiger im Lied, etwa zehnmal. Zuvor stand er in Beziehung zu Brünhild (438, 450) und Siegfried (216), Hagen und Liudeger nahmen ihn in den Mund.

Falsches Handeln, Mord und Lüge, ist Eingebung des Teufels (vgl. S. 140); Schönbach (1897, 8) verweist hierzu auf Joh. 8, 44: „Derselbige [d. i. der Teufel] ist ein Mörder von anfang / und ist nicht bestanden in der Warheit" (Übersetzung: Luther 1545).

Etzel, bisweilen peinlich ahnungslos, freut sich auf das Fest, das zur nächsten Sonnenwende stattfinden soll. Eine gewisse, im einzelnen durchaus verschiedene Ahnungslosigkeit ist epische Königsart, auch die Siegfrieds und Gunthers, und sie ist notwendig, damit die Intrigen der anderen sich entfalten können. Die Ahnungslosigkeit ist die notwendige Bedingung der Kompromiß- und Friedensfähigkeit, die sich in der Gestalt Etzels immer wieder, wohl auch im Übermaß (vgl. 1896), zeigen wird.

(4.) Das Heeresaufgebot (1422–1505, 24. Av.): Wärbel und Swemmel richten die Botschaft aus, wieder rät Hagen auf dem *consilium* entschieden ab, wieder kann er sich gegen die Königsbrüder nicht durchsetzen. Nur Rumold unterstützt ihn (*der Rûmoldes rât,* 1465–69). Dessen Figur wird lautstark überhöht, er darf zu Hause bleiben und wird Statthalter während der Abwesenheit des Königs (1519). Ein hohes Amt für die Ministerialität, der Altadel zieht in den heroischen Untergang. Hagen kann aber doch erreichen, daß man in Waffen fährt.

Die Zahlen zum Heeresaufgebot spiegeln die Rangunterschiede der Helden (s. S. 108), über 2000 Krieger werden aufgeboten, die meisten von Gunther (1060), er führt außerdem 9000 *knehte,* auch: *ingesinde* (1735) mit. Unter allen wird man Gunthers Hauskrieger (vgl. Bloch 1982, 188) zu verstehen haben, seine Gefolgsleute, kleinere und größere Lehensherren mit ihren Knappen. Die Größe von 1060 Mann für ein Heeresaufgebot wäre nicht unrealistisch: Heinrich der Löwe kam 1159 mit 1200 Rittern Barbarossa in Italien zu Hilfe (zu Gunthers Aufgebot vgl. 1507). Vgl. Kroeschell, Karl in HRG I, 1433–37 („Gefolgschaft") und Schulze 1985, 39 ff.

Die 80 Krieger, die Dankwart heranführt, gehören ihm zusammen mit seinem Bruder (1475), sie erscheinen in *harnasch und gewant* (1475). Harnasch ist aus altfranzös. *harnas, harneis, harnais* übernommen und erstmals 1158 in einer Verordnung Kaiser Friedrichs I. als *harnascha* nachzuweisen. Zu Ende des 12. Jh. ist es ein Modewort der Ritterdichtung geworden, erscheint im Nibelungenlied aber nur an der genannten Stelle. Von ihm könnte es die „Thiđrekssaga" übernommen haben, die es in einem ähnlichen Kontext dreimal hintereinander verwendet (vgl. Lohse 1956/57, 58 f.; Ploss 1959, 90).

Volker, dessen Bedeutung als Spiegel Hagens der Epiker allmählich herausstellt, wird zum zweiten Mal eingeführt (9, 1477; eine dritte Einführung 1584). Der Epiker zielt auf Ausgewogenheit: drei Könige, drei Vasallen (Hagen, Dankwart, Volker).

(5.1.) Die Reise (1506–1649, 25. und 26. Av.), der Abschied (1506–1521): Zum letzten Mal wendet sich der Blick nach Burgund zurück. Fünf Reisen zwischen Donau und Rhein führen die beiden Residenzen Worms und Gran eng zusammen: Rüdigers Werbung, Kriemhilds Brautfahrt, Hin- und Rückritt der Spielleute, der Zug der Burgunden. Düstere Vorahnungen: 1393 f., 1413, 1420, 1422, 1507, 1511, 1513, 1520, 1523. Dazu Utes Traum, Erinnerung an Kriemhilds Warnträume vor der Jagd (s. S. 150; vgl. auch die Warnträume von Hagens Frau im „Grönländischen Atlilied", s. S. 52): alle Vögel liegen tot im Land. Sinnfällige Verknüpfung von Jagd und Burgundenuntergang. Noch einmal wirken die Differenzen aus dem *consilium* nach, Hagens Unmut (1511 ff.). Die Königin liebt zum Abschied ihren Mann (1515); dies ist epische Pflicht und muß nicht viel bedeuten. Ein alter Bischof aus Speyer ist da und scheint dem Heer seinen Segen geben zu wollen; der Dichter läßt in beziehungsreichem Dunkel, ob er es tut (1508).

Nach Wahl Armstrong (1979, 60 f.) spricht er den Segen: Die Ehre der Burgunden werde in die Hand Gottes gelegt. De Boor 1979 Anm. betont: *„ir êre,* nicht: ihr Leben!" Der Bischof spricht nur mit Ute. Aber warum kommt er aus Speyer, und nicht aus Worms, das doch auch einen Dom hat? Heusler (1921, 82) dachte an einen historischen Reflex der Begegnung des Bischofs von Speyer im Frühjahr 1200 mit dem Bischof von Passau, Wolfger (s. S. 164), auf dem Hoftag in Nürnberg. Doch der in Frage kommende Speyrer Bischof Konrad III. von Scharfenberg (1200–1224) hätte damals erst ca. dreißig Jahre gezählt, er wäre also wohl kaum konkret als *alt* zu bezeichnen gewesen. Hans Delbrück (Das Werden des Nibelungenliedes, in: Historische Zs. 131, 1925, 409–420) brachte deshalb Konrads Vorgänger Otto von Henneberg (1190–1200) ins Spiel und reflektierte auf dessen Beziehungen nach Thüringen; er flocht seine Ansicht in die These ein, Walther von der Vogelweide, der sich zeitweilig in Thüringen aufhielt, sei der Dichter des Nibelungenliedes gewesen. Diese Ansichten sind wenig überzeugend. Die Strophe scheint nicht der Reflex konkreter Speyrer Bischofsgeschichte zu sein, sondern Wormser Diözesangeschichte. Der Wormser Bischof Lupold von Schönfeld (1196–1217; 1199 Reichsabt von Lorsch), ein Parteigänger Philipps von Schwaben, okkupierte den Erzstuhl von Mainz gegen den päpstlichen Kandidaten Siegfried von Eppstein und wurde deshalb 1202 gebannt. Er war demnach als Bischof nicht uneingeschränkt literarisch verwendungsfähig, anders als der Speyrer, der als Suffragan des Mainzers sich ohne weiteres in Worms aufhalten konnte. Er brauchte dort kein Amt innezuhaben, ein solches wäre auch nicht aktenkundig zu machen. Konrad scheint von nicht geringer politisch-kultureller Bedeutung gewesen zu sein – dies macht ihn für das Nibelungenlied attraktiv, aber zu konkret sollte wegen seines Alters nicht an ihn gedacht werden. Nähere Datierungsmöglichkeiten sind von Str. 1508 aus also nicht möglich, sie stützt eine Datierung „um 1200/erste Jahre des 13. Jahrhunderts". Fazit: Die Strophe ist historisch möglich, aber nicht konkret verifizierbar, ihr Ziel ist episch und politisch: ein Bischof ist eben alt (= weise), und er steht nicht unter dem Bann. (Vgl. Bienemann, Friedrich: Conrad von Scharfenberg. Bischof von Speier und Metz und kaiserlicher Hofkanzler. 1200–1224. Diss. Straßburg 1886; Berendes, Hans Ulrich: Die Bischöfe von Worms und ihr Hochstift im 12. Jahrhundert. Phil. Diss. Köln 1984.)

(5.2.) „Nibelungen" (1522–1526): *Die Nibelunges helde kômen mit in dan* („Nibelungs Helden zogen mit ihnen", 1523). Tausend sind es, tausend Kettenhemden (*halsperge,* 1523) nennt der Dichter. *mit in:* dies sind nach der vorangehenden Strophe *die snellen Burgonden* (1522), nicht die Könige, wie man gerne annimmt, um alles stimmiger zu machen (de Boor 1979 Anm.). Nibelungs Helden sind – in epischer Zeitlosigkeit – jene Männer, die Siegfried Gunther auf Island zugeführt und in Burgund zurückgelassen hatte (503, 505, 688; vgl. auch 1021 und Richter 1934, 9 ff.). Keine Frage, der Epiker verunsichert den Hörer, bloßes Ungeschick braucht dies nicht zu sein (vgl. de Boor 1979, XXX). Wieder balanciert er zwischen seiner Konzeption und der Überlieferung, denn er schiebt die wahrscheinlich umlaufenden konkurrierenden Sagenlieder (vgl. Heusler 1921, 54 u. Kap. I.3.1.3) nicht einfach zur Seite. Die untergehenden Helden müssen Nibelungen sein, also muß er nun deren Namen auf die Burgunden übertragen. Diese Übertragung leitet er durch das Verwirrspiel von Str. 1523 ein, läßt dann die „Fanfare" (Richter 1934, 11) von Str. 1526 ertönen:

Dô reit von Tronege Hagene z'aller vorderôst.
er was den Nibelungen ein helflîcher trôst.

Da ritt Hagen von Tronje an der Spitze, er war für die Nibelungen ein sicherer Schutz.

Nun gibt es keinen Zweifel mehr für die Hörer: die Burgunden sind die Nibelungen geworden, der Erzähler mischt beide durcheinander, er wird die Namen beliebig variieren. Der Hörer mag sich den Kopf zerbrechen, ob nun die tausend alten Nibelungenhelden wirklich dabei sind oder nicht.

*C arbeitet wieder „korrekter" und streicht Str. 1523, der Namensübertragung kann es sich dann freilich nicht entziehen. Man hat auch einen „vernünftigen" Grund gesucht: die Burgunden können sich Nibelungen nennen, weil sie die Hortbesitzer sind (Bartsch 1966, II, 230), nach *C haben sie sogar das Nibelungenland erobert (s. S. 154). Aber warum heißen sie dann erst seit der Reise *zen Hiunen* Nibelungen?

Der Namenswechsel kommt der Vorausdeutungsstrategie entgegen: der Tod des einen, des Nibelungenherrschers, bildet den Tod der vielen Nibelungen voraus.

(5.3.) Vom Main zur Donau (1524–1526): Der Weg (s. Karte am Schluß des Bandes) führt den Main aufwärts (*gegen dem Meune,* 1524), durch Ostfranken (*ûf durch Ôstervranken,* 1524) in den Gau Schwalbfeld (*gên Swalevelde,* 1525; nach der Schwalb, einem Nebenflüßchen der Wörnitz, benannt) und zum alten Donauübergang bei Großmehring (*ze Moeringen,* 1591; gut 10 km donauaufwärts von Pförring gelegen). Die Burgunden hatten also offenbar zunächst, als sie mainaufwärts ritten, den neuen Donauübergang über die steinerne Brücke bei Regensburg (s. S. 164) ins Auge gefaßt, waren dann aber in eine alte Heerstraße abgebogen: der Epiker wirft zwei Wege zusammen, sei es, daß er sich wirklich nicht auskannte – er läßt die Landschaft zwischen Main und Donau immer etwas im Dunkel –, sei es aber auch, daß er in seiner bekannten Weise Altes mit Neuem planvoll mischte. Für die folgenden Donaugeschichten kann er die moderne Welt von Regensburg nicht gebrauchen, er benötigt eine alte, urtümliche Welt, die Merkmale der Anderen (mythisch-volkstümlichen) Welt aufnehmen kann (vgl. Gillespie 1985).

(5.4.) Die *merwîp* (1527–1549): Die Donau führt Hochwasser, es ist also Ende Mai. Auf der Suche nach einem Fährmann trifft Hagen zwei *wîsiu wîp* (1533, vgl. Wachinger 1960, 46 ff.), sie heißen auch *merwîp* (zu *mer* ‚See‘, ursprünglich ‚stehendes Gewässer, wässeriges Gelände‘), Hadeburg und Sieglinde (1535–39). Sie baden *in einem schœnen brunnen* („in einer schönen Quelle“, 1533; es könnten die Quellen des Kelsbaches im Dorf Ettling, nordwestlich von Pförring, sein, vgl. Weber 1926, 140 ff.): *Si swebten sam die vogele vor im ûf der fluot* („sie schwebten wie Vögel vor ihm auf der Flut“, 1536). Er stiehlt ihnen die Kleider, da verkündet ihm Hadeburg eine schöne Zukunft. Er gibt ihnen die Kleider zurück, Sieglinde prophezeit den Tod der Burgunden (1540), nur der Kaplan des Königs käme mit dem Leben davon (1542). Hagen tötet die Frauen nicht, anders als in der „Thiđrekssaga“, der „Hvenschen Chronik“ und „Grimilds Hævn“ (vgl. S. 52 f.); ihre Weissagungen schlägt er in den Wind. Seit langem wird er wieder einmal der *übermüete* genannt (1549): Stolz als Begründung des weiteren Handelns.

(5.5.) Der Fährmann (1549–1573): Die *merwîp* hatten Hagen verraten, wie man den Fährmann mit einer List herbeilocken könnte. Es folgt eine Szene von elementarer Gewalt: *dô ruofte er mit der krefte, daz al der wâg erdôz* („da brüllte er [d. i. Hagen] mit einer Kraft, daß die ganze Flut erbebte“, 1552). Er lockt den goldgierigen Fergen – der könnte sein Spiegelbild sein – herüber, er gaukelt ihm einen falschen Namen vor und erschlägt ihn, als dieser ihn mit dem Ruder erschlagen will; da sollte es keinen Vergleich mit dem Mord an Siegfried geben (vgl. aber Sacker 1960/61, 214 ff.). Die düstere Szenerie öffnet einen mythologischen Hintergrund, öffnet Verweise zur griechischen Mythe vom grimmigen Fergen Charon (vgl. „Aeneis“ VI, 385 ff.), der die der Unterwelt Verfallenen aufnimmt und über den Fluß Styx führt, oder zur germanischen Welt, wo gespenstische Frauen Gunnar ins Totenreich laden („Grönländisches Atlilied" 27 f., s. S. 52; vgl. Panzer 1955, 386 f.; vgl. auch „Gudruns Sterbelied", in dem Sigurd aus dem Totenreich herbeigerufen wird, s. S. 52; die Heldin des „Herwörlied" fährt mit einem Boot zur Toteninsel, s. „Die Edda", 344 f.). Die Szenen mit den *merwîp* und dem Fährmann sind Verweisszenen auf Tod und Sterben, sie zeigen die innige Verbindung von wirklicher und Anderer Welt in der Fiktion des Epikers; Mythe und Volksglauben, die ihm keineswegs fremd sind (vgl. aber Wahl Armstrong 1979, 259), unterlaufen die Realität.

(5.6.) Der Kaplan (1574–1583): Hagen bringt mit Mühe (vgl. Panzer 1955, 383) das Boot zum Heer, und er rudert das gesamte Heer über den Fluß, die Rosse schwimmen; *C macht alles etwas plausibler, indem es die Größe des Schiffes beschreibt (*C 1609). Den Erzähler reißt, wie schon auf der Fahrt zu Brünhild (6. Aventiure), die Szene mit, und er provoziert die Öffnung ins Mythische. Es darf nur *einen* Fährmann und nur *ein* Boot geben – wo führe denn eine Flotte ins Totenreich? Auf der letzten Fahrt stößt Hagen den Kaplan in die Fluten, aber Gottes Hand rettet ihn; *C, kirchlicher, malt die Szene aus. Auf der Fahrt ins Totenreich ist das Heer von Gott verlassen, das christliche Wunder widersteht dem finsteren Fergen. Hagen versucht nicht Gott (vgl. aber Nagel 1965, 227), sondern er prüft Hadeburgs Weissagung. Sie ist bestätigt, da zerschlägt er das Boot, keiner soll mehr zurückkommen.

Dies erinnert an Alexander den Großen, der nach dem Übergang über den Euphrat die Brücke zerstörte, um seinem Heer jeden Rückzug abzuschneiden („Straßburger Alexander", V. 2642 ff.; vgl. Braches 1961, 104); auch an die fünf Helden im „Grönländischen Atlilied", die das Boot treiben lassen, als sie über den Fjord zu Atli gerudert sind (Str. 37, s. S. 52).

Jetzt erst erzählt er dem bestürzten Heer, was er erlebt hat. Dem Wort mißtrauend, hat er den sichtbaren Beweis abwarten wollen, und er hat zugleich einen Beweis seines Stolzes, der Adelstugend, geliefert. Der stolze Held resigniert nicht durch die Gesichte träumender und weissagender Frauen (vgl. z. B. „Grönländisches Atlilied"): Ästhetik des Trotzes und des Todes.

In den Niederungen der Donau treffen volkstümlicher Glaube und heroisches Ambiente zusammen. Volksglaube: er kann heidnischen, germanisch-heidnischen Ursprungs sein, auch das Christentum verstand während des gesamten Mittelalters, gut damit zu leben. Wer den Volksglauben evoziert, evoziert nicht notwendig eine „heidnische" Welt.

(5.7.) Die Bayern (1584–1630): Volker, als Abbild Hagens zum dritten Mal eingeführt (1584, s. S. 166 f.) reitet dem Heer voran, Hagen und Dankwart übernehmen die Nachhut. So ist das Heer sinnbildlich in

Hagens Hand. Die *merwîp* hatten vor Markgraf Gelpfrat und seinem Bruder Else gewarnt, der Tod des Fergen ist zu rächen. Die Namen könnten aus der Zeit des Nibelungenepikers stammen (Heuwieser 1943/44, 42 f.; Rosenfeld 1966, 249). Der Hörer ist auf die räuberischen Bayern vorbereitet (vgl. 1174/1302), man wird dem Dichter von seinem Epos aus keine Bayernfeindschaft anlasten wollen (Eis 1956) oder ihm gar von hier aus eine antiwelfische Tendenz unterstellen (vgl. aber Reichert 1985, 48).

Noch in der ersten Nacht überfallen die bayerischen Brüder die Nachhut. Nach erbittertem Kampf wird Gelpfrat von Dankwart erschlagen, Hagen hatte ihn zu Hilfe holen müssen, denn er war nicht alleine mit ihm fertig geworden (1613; vgl. Northcott 1965, 312 ff.). Dies läßt aufhorchen, wir werden Hagens Beistandsbedürftigkeit im Auge behalten müssen. Else flieht, 100 der 700 Bayern und vier Nibelungen bleiben auf dem Schlachtfeld.

(5.8.) Markgraf Eckewart (1631–1649): Hinter Passau (1627–30) treffen die Burgunden, auf Rüdigers Mark, den schlafenden Eckewart, Kriemhilds Vasallen (vgl. 1283), der die Mark bewachen sollte (1631–49). Hagen nimmt ihm das Schwert und gibt es ihm, als er klagend erwacht, zusammen mit sechs Goldringen wieder zurück. Die Szene ergibt auf der literalen (‚buchstäblichen') Ebene wenig Sinn, so werden Grenzen nicht bewacht, schon gar nicht von einem Markgrafen; alte Quellenreste könnten schlecht überliefert sein, man könnte an einen Namensvetter des Kriemhild-Vasallen denken (Heusler 1921, 55). Doch warum sollte dieser über den Verlust Siegfrieds klagen (1633)?

Dagegen öffnen sich auf der sinnbildlichen Ebene einige Deutungsmöglichkeiten. (1.) Liegt Kriemhilds Vasall an der Grenze zu Etzels Reich, dann hat sie dort das Sagen. (2.) Die Nibelungen fallen bewaffnet in ein schlafendes Reich ein. (3.) Eckewart ist eine Spiegelung Rüdigers, auch er ist sorglos, unachtsam, hat mit der Werbung um Kriemhild – objektiv – dem Reich einen schlechten Dienst erwiesen, er wird weiterhin unachtsam bleiben, Dietrich wird es ihm – nur in Gedanken – vorhalten (1723). (4.) Eckewart (‚Schwertwächter') verliert durch den Schwertraub seine Identität, Hagen gibt sie ihm, zusammen mit einem Geschenk, neu zurück: nun ist er nicht mehr Kriemhilds treuer Vasall, als den ihn der Hörer kennt, denn er warnt die Burgunden vor dem Haß der Königin (1635) und wird Wegweiser und Bote des Heeres nach Pöchlarn. Die Burgunden haben einen ersten Freund im Reich von Etzel und Kriemhild gewonnen – eine Freundschaftspflege, die Hagen planmäßig fortsetzen wird, steigernd: über Rüdiger zu Dietrich.

Neben solchen Textspiegelungen, Vorausdeutungen und Symboliken führt die Eckewart-Figur tief in den Volksglauben hinein (Panzer 1955, 391 ff.) und setzt damit die mythenverdächtigen Donaugeschichten fort:

als Warner schreitet Eckewart vor dem Wilden Heer einher, einer im Volksglauben verwurzelten ekstatisch herumziehenden Gruppe, oder er sitzt als Warner vor dem verderbenbringenden Venusberg. Die Figur des Wächters ist eine mythische Anspielung auf das Reich der Verdammnis. Eckewart, der Warner, bildet die Mitte einer Triade, den Übergang von der Warnung der *merwîp* zur Warnung Dietrichs (1724 ff.). Der Epiker hat ihm deshalb beides verliehen, fiktiv-mythische wie auch fiktiv-reale Züge.

Hinweise

In Kap. III.1 wendet sich das Epos sichtbar zur Geschichte, deshalb wäre jetzt Kap. I.3.2.2 besonders stark heranzuziehen.
Das Kapitel bietet Gelegenheit, das Verhältnis von Mythos und Fiktion textnah zu untersuchen; vgl. Kap. I.3.2.1 und Hartung 1894, 527 f. (mit Verweis auf Karl Simrock); Braches 1961, 103 ff.; G. Müller 1968, 226 ff.; Dolfini 1970.
Erstmals ist Rüdiger in den Blick gekommen; um seine Gestalt zu erarbeiten, empfiehlt es sich, von Splett 1968 auszugehen.
Der Epiker läßt sein Personal durch die Landschaft seiner Zeit reisen, er macht sich dabei auch ältere Reisewege zunutze. Man reist durch die Herzogtümer Franken, Schwaben, Bayern und Österreich: s. die Studien unter III.0 (Geographie), vor allem Weber 1926, Weller 1933; und: Tonnelat 1926, 328 ff.; Richter 1934; Rosenfeld 1966; Bernd 1974, 145 ff.; Mackensen 1984, 116 ff.
Auf den Reisen spielen Passau und der dortige Bischof eine besondere Rolle: S. außer III.0 Panzer 1955, 369 ff.; Wenskus 1983; Hatto 1984, 358 ff.; Mackensen 1984, 121 ff.
Namenswechsel der Burgunden: S. u. a.: de Boor 1979, XXX; Heusler 1921, 54; Richter 1934, 9 ff.; Weber 1963, 242 ff.; Neumann 1967, 89; Mowatt/Sacker 1967, 114 f.; Brackert 1971, 289; Hoffmann ²1974, 65.
Rumolds Rat: Mayer 1966, 123 ff.; de Boor 1924; s. S. 229 f. (Datierungsfrage).
Spielleute als Boten: Wailes 1982.

2. *Kriemhilt noch sêre weinet den helt von Nibelunge lant – Bechelâren, die Ankunft bei Etzel (27.–30. Aventiure)*

(1.) Bechelâren (27. Av.): Hagen setzt die Strategie, Freunde zu gewinnen, in der markgräflichen Residenz fort. Er arbeitet Kriemhild, die dies 13 Jahre lang getan hat (s. S. 165), entgegen und bindet Rüdiger an die Burgunden: (1.1.) durch die Verheiratung Giselhers mit Rüdigers Tochter (1650–87), (1.2.) durch die Annahme der Gastgeschenke (1688–1707).

Unter den Vorzeichen von Tod und Verdammnis, die sie aber nach heroischer Manier trotzig und stolz mißachten, haben die Nibelungen Pöchlarn erreicht. Kontrastbildung, Rückspiegelung der Jagdaventiure in gesteigerter Form: vor dem sicheren Sterben die sorglose Atmosphäre, die der Epiker nun unter großem Zeitaufwand genießt; die Interpreten sprechen gerne vom „Idyll von Bechelâren“. Hinsichtlich der Sorglosigkeit und Ahnungslosigkeit ist Rüdiger mit Siegfried verwandt, zu wenig stört ihn die Bewaffnung der Burgunden.

(1.1.) Giselhers Heirat (1650–1690): Listig, durch sein Double Volker beiläufig eingefädelt, erreicht Hagen die Verheiratung Giselhers, seines Herrn (1678), mit der Vasallentochter, der Tochter Rüdigers; *A spielt den Ranggegensatz herunter (es tilgt Str. 1676). Die Bindung ehrt den Markgrafen, und er verpflichtet sich den neuen königlichen Verwandten, da er kein Land zu verschenken hat (1681), mit der vasallitischen Formel: *sô sol ich iu mit triuwen immer wesen holt* („so werde ich Euch mit Treue [Lehenstreue] immer zu Diensten sein“, 1682). Er faßt seine Worte allgemein, wohl nahe an der Grenze zur Doppelvasallität: er kommendiert sich zwar nicht, verspricht aber die Hilfeleistung des Vasallen *(auxilium).*

In Schönheit, aufkeimender Liebe und feudaler Mesalliance erinnert das junge Paar sinnfällig an Siegfried und Kriemhild; auch die Gedanken der Statisten sind die gleichen (1683, s. S. 121). Noch einmal wird durch Kriemhilds liebsten Bruder die schöne Zeit der Liebe zurückgespiegelt.

(1.2.) Geschenke und Geleit (1691–1717): Erst am vierten Morgen läßt Rüdiger die Gäste ziehen, er ehrt sie durch Geschenke, seine Gastfreundschaft ist grenzenlos. Die Könige ehren ihn, indem sie seine Geschenke annehmen, wie sie seine Tochter angenommen haben: eine Rüstung für Gunther, ein Schwert für Gernot – es wird Rüdiger töten (1696). Der Erzähler wahrt streng die Hierarchie und spiegelt den *ordo,* dessen Versinnbildlichung Bechelâren ist. Nach den Königen werden Hagen und Volker (von der Markgräfin) beschenkt; Volker erhält zwölf Goldringe, Hagen, dies ist eine besondere Auszeichnung (Brackert 1971, 290), darf sein Geschenk selbst aussuchen. Er wählt den Schild Nuodungs, ihn erschlug Witege (1699). In der Geschichte um Dietrich ist Nuodung Gotlindes Bruder oder ihr Sohn. Nur wer von den Hörern ihn von dorther kennt, kann Gotlindes Trauer nun verstehen (1699).

Einzelne düstere Vorahnungen durchbrechen beide Szenen, die Hochzeit (1685) und die Vergabe der Geschenke (1696, 1704). Sie setzen sich während des Abschieds fort (1709–11). Rüdiger ehrt seine Gäste durch das Geleit (1708–17, s. S. 186), 500 eigene Krieger begleiten ihn. Geleit, Gastung und Gabe, Verwandtschaft – der Markgraf hat sich den Nibelungen eng verbunden. Die Bande sind von kaum zu definierender Qualität, anzusiedeln in der Zone zwischen Brauchtum und Recht – werden sie aufzuwiegen sein gegen die juristisch eindeutige Bindung der Vasallität zu Etzel (s. S. 185 ff.)? Die Nibelungen haben gleichsam als Gegengabe Rüdiger gesellschaftlich geschmeichelt, ihn aufgewertet, ihm das Gefühl der Gleichheit gegeben.

Kriemhild beobachtet die herannahenden Nibelungen von einem Fenster aus. Dies ist Königinnenart, so stand schon Brünhild auf Isenstein (392). Sie erwartete den Werber in der Weise der von der Zinne *über heide* schauenden (Minne-)Dame – Kriemhild erwartet den verhaßten Hagen.

Während sich Etzel über die Ankunft der Gäste freut, freut sich Kriemhild über die Rüstungen und bietet Gold dem, der ihre Leiden teilt (1717). *C (1756f.) ändert dieses auffällige Verhalten, hier richtet Kriemhild ihre Rachegedanken auf Hagen und spricht nicht öffentlich.

(2.) Die Ankunft (28.–30. Av.): Beim Empfang der Gäste gruppieren sich die Männer gegen die Frau und zeigen auf ihre Weise die gefühlsmäßigen Bindungen an. Der Erzähler bettet in die Begrüßungen durch Dietrich und Etzel zwei spiegelbildlich angeordnete Grußverweigerungen ein. Die folgenden Stationen: (2.1.) Dietrichs Warnung, (2.2.) Kriemhilds Grußverweigerung, (2.3.) Dietrichs Freundschaft, (2.4.) Hagens und Volkers Grußverweigerung, (2.5.) Etzels Empfang, die Schildwacht. Diese Szenen leben aus dem Spiel mit dem höfischen Zeremoniell, denn dort bedeutet der Gruß Freundschaft, seine Verweigerung Haß und Tötungsabsicht.

(2.1.) Die Warnung (1718–1731): Dietrich warnt die Burgunden vor Kriemhilds Schmerz (1724, vgl. 1726, –30). Die Triade der Warnungen schließt sich, die Triade der Freundesgewinnung ist noch offen. Auf Rüdiger fällt bei all dem kein gutes Licht.

(2.2.) Kriemhilds Grußverweigerung (1732–1749): Kriemhild läßt Gunthers Gefolge gesondert lagern – der Epiker braucht diese Trennung: erst der Massentod, dann der Tod der Heroen. Über die Begründung denkt er allzu wenig nach (vgl. 1735, unsinniger *C 1775). Die Königin meidet Hagen und Gunther bei der Begrüßung (vgl. 1737: Hagen bindet den Helm fester), eine Geste, die in einer hochritualisierten Gesellschaft von hohem (öffentlichem) Symbolwert ist, und sie fragt Hagen nach dem Hort. Hagen reagiert barsch und beleidigend (1744, 1746), er reizt sie mit Siegfrieds Schwert. Kriemhild behauptet, sie trauere um den Hort, jeder aber weiß, daß ihre Trauer Siegfried gilt: wenn sie vom Hort redet, meint sie also Siegfried. Hagen verweigert ihr diese Symbolisierung. Der Epiker spielt mit Kriemhilds Goldgier aus der Sage und macht sie seinem Plan gefügig.

(2.3.) Dietrichs Freundschaft (1750–1757): Dietrich schimpft die wütende Kriemhild eine *vâlandinne* (‚Teufelin, Teufelsweib, Hexe', 1748). Sein Vorwurf ist nicht unbegründet, betreibt sie doch hinterlistig die Ermordung seines Freundes Hagen. Die Männer erniedrigen die Frau zur Hexe.

vâlandinne ist die weibliche Form zu *vâlant* (s. S. 165 f.). Das zeitgenössische Dietrichbild war mehrschichtig, nirgendwo so vorteilhaft, wie es der Nibelungenepiker brauchte; vor allem im Volksglauben war Dietrich selbst teufelsverdächtig (vgl. Plötzeneder 1955). Wenn er die Königin, was zweifellos ungewöhnlich ist (vgl. de Boor 1979 Anm.), schon jetzt eine Hexe/Teufelin nennt, dann spricht auch der Epiker zu seinem Publikum: es möge doch das gute Dietrichbild evozieren, nicht das des Teufelsverfallenen. Dietrich mit visionären Kräften zu begaben, scheint etwas weit hergeholt: Nagel (1965, 254) hält Dietrichs Schelte für eine „Kampfansage an den Teufel, der von Kriemhild Besitz ergriffen" habe; W. Schröder (1961, 14) meint, Dietrich habe die Katastrophe vorausgeahnt.

Wir möchten Dietrichs Vorwurf wörtlich und historisch nehmen: die dem Teufel verbundene Frau ist die Hexe. Die Literatur zum Nibelungenlied scheut sich, Kriemhild mit diesem Begriff in Verbindung zu bringen, man ließ sich die erstaunlichsten dämonologischen Varianten einfallen (vgl. S. 201 f.). *Vâlandinne* ist ein Schimpfwort und zunächst nicht mehr, es grenzt die Gescholtene aus der Gemeinschaft der Ehrenmänner aus und verwünscht ihr hinterlistiges Tun als Teufelswerk. Das Wort ist hier noch nicht mit dem stark formalisierten Hexenbegriff und den abstrusen Teufelsbundphantasien zu verbinden, die sich im Rahmen der Hexenprozesse des 15. Jahrhunderts herausbildeten (vgl. Schormann 1981), aber es gehört doch wohl zu deren weitverzweigter engeren Vorgeschichte. Daß es Kriemhilds weitere Entwicklung vorausspiegelt, ist die List des Epikers und auf der Ebene der Akteure Zufall, es ist nicht die Weisheit Dietrichs.

Hagens Strategie, Freunde zu gewinnen, ist also von Erfolg gekrönt. An anderem Schauplatz orientiert sich Etzel nach Königsart über die Neuankömmlinge (keine Verzögerungstaktik, sondern epische Notwendigkeit; vgl. aber Mahlendorf/Tobin 1971, 137). Vor dem Hörer weitet sich der außernibelungische Heldenkosmos, namentlich der „Waltharius" (s. S. 48) ist angesprochen.

(2.4.) Hagens und Volkers Grußverweigerung (1758–1801): Hagen und Volker, den Kriemhild mehr als jenen fürchtet (1768), verweigern nun ihrerseits Kriemhild den Gruß. Hagen hat Balmung über den Knien liegen – eine Szene von hoher Symbolkraft (Wynn 1965: Hagen ahmt das Bild des Richters nach, der über Leben und Tod befindet). Der Erzähler tadelt dies als *übermüete*. Vergeblich stachelt Kriemhild ihre Hunnen zum Kampf an.

(2.5.) Etzels Empfang (1802–1817), die Schildwacht (1818–1848, 30. Av.): Hagen setzt Etzel gegenüber die Freundschaftspflege fort (1811). Der Tag geht zur Neige (1818; vgl. Wolf 1981, s. S. 50), die Ritter ziehen sich in eine weite Halle voller prächtiger Lager zurück. Hagen und Volker halten Schildwacht. Der Epiker kostet die düstere, spannungsgeladene Stimmung und die Freundschaft der Helden aus; ein heroisches Pathos voll Lyrik. Volker fiedelt die Krieger in den Schlaf, später vertreiben seine Schmähworte die sich anschleichenden Hunnen.

Hinweise

In Kap. III.2 wird das Rüdiger-Bild weiter ausgebaut und das Dietrich-Bild konstituiert sich, es ist aber sinnvoll, beide erst nach der Kenntnis der weiteren Entwicklung zu interpretieren. So sollte man auch mit der Interpretation des Hortmotivs abwarten. Zur Symbolisierung des Hortes vgl. Hans Kuhn 1948; Nagel 1965, 135; W. Schröder 1968; Hoffmann ²1974, 65 f.

Str. 1748 äußert Dietrich den Teufelin- und Hexenvorwurf. Die Literatur zu den Hexen ist in den letzten Jahren sehr angeschwollen; sie hier zu zitieren, würde zu weit führen. Wir möchten nur hinweisen (1.) auf die wichtigste Quelle: Jakob Sprenger/Heinrich Institoris: Der Hexenhammer (Malleus maleficarum). Aus dem Lateinischen übertragen und eingeleitet von J. W. R. Schmidt (dtv bibliothek 6121) München 1982; und (2.) auf die u. E. beste Einführung: Gerhard Schormann: Hexenprozesse in Deutschland. (Kleine Vandenhoeck-Reihe 1470) Göttingen 1981. Vgl. auch Kap. V.9.

3. *als ie diu liebe leide z'aller jungeste gît – die Kämpfe (31.–39. Aventiure)*

3.1. *nu trinken wir die minne unde gelten 's küneges wîn – die Fremden (31.–36. Aventiure)*

Am ersten Morgen in Etzels Burg beginnen nach Kirchgang (1.1.) und Turnier (1.2.), dem (epischen) Vorspiel, während des Festmahls die Kämpfe zwischen Hunnen und Burgunden im Lager des Gesindes (2.1.–2.3.). Sie greifen auf den Festsaal über (3.1., 3.2.), die Freunde der Burgunden, Dietrich und Rüdiger, verlassen mit dem Königspaar die Szene. Um den thüringischen Markgrafen Iring ranken sich nach neuem Vorspiel (4.1., 4.2.) weitere Kämpfe, Iring fällt (5.). Kriemhild schlägt das Angebot der Brüder aus, dem Morden in königlichen Zweikämpfen ein Ende zu bereiten (6.), und befiehlt, den Festsaal, in den sich die Nibelungen wieder zurückgezogen haben, anzünden zu lassen (7.). Die Szenengruppe klingt mit der Abwehr eines neuen Hunnenangriffs am andern Morgen aus (8.).

(1.1.) Der Kirchgang (1849–1867): Hagen weckt die Helden und fragt, ob sie zur Messe wollten – die übliche *missa cantata* (Schönbach 1897, 18). Sie sollten in Waffen gehen: *sît daz wir wol erkennen der argen Kriemhilden muot* („weil wir doch Kriemhilds Arglist kennen", 1853); und sie sollten beichten, innig beten:

Mîne lieben herren, dar zuo mâge und man,
ir sult vil willeclîchen zuo der kirchen gân,
unde klaget got dem rîchen sorge und iuwer nôt,
und wizzet sicherlîchen, daz uns nâhet der tôt.

Ir'n sult ouch nicht vergezzen, swaz ir habet getân,
unde sult vil vlîzeclîche dâ gein gote stân;
des wil ich iuch warnen, recken vil hêr.
ez enwelle got von himele, ir vernemet messe nimmer mêr. (1855 f.)

Meine lieben Herren, Verwandte und Männer, geht bereitwillig zur Kirche, klagt Gott dem Allmächtigen Eure Sorge und Eure Not und seid gewiß, daß uns der Tod naht.

Ihr sollt auch nicht vergessen, was immer Ihr getan habt, Gott andächtig gegenüber zu treten; ich warne Euch, große Kämpfer, wenn es Gott im Himmel nicht will, hört Ihr niemals wieder eine Messe.

Solch fromme Worte aus Hagens Mund erstaunen.

Schönbach (1897, 26) erklärte die Stelle für unecht, er folgte damit Lachmanns kritischer Edition (s. S. 72). Mergell (1950, 35; dazu Nagel 1965, 212) tauchte Hagen in transzendentales Licht, Nagel sprach von Hagens „priesterlichem Gebaren“ (1954, 401; zur Kritik Klein 1978, 99), seiner „Seelsorger-Rolle“, nannte das Ganze eine „Predigt“: „Hagens fromme Predigt an die Burgunden ist also nicht eigentlich eine Rede Hagens; sie stammt vielmehr aus dem kirchlich-christlichen Bedürfnis des Dichters, der den Helden gleichsam zu seinem Sprachrohr macht und verkünden läßt, was an dieser Stelle aus allgemeinen geistlichen Erwägungen gesagt werden muß“ (1965, 215; vgl. auch Splett 1968, 75; Hoffmann ²1974, 88). Der Held als Rollenträger (vgl. Kap. IV. 2), er nimmt die Rolle auf sich, die gerade verlangt wird, und spricht nicht aus eigenem Antrieb.

Man muß diese Worte nicht hochspielen, denn Hagen bezieht sich selbst in den Kirchgang nicht mit ein, und er trennt sorgfältig *ir* und *uns* (vgl. Willson 1963, 275). Er verlangt, in Waffen zur Kirche zu gehen, nicht mit *rôsen* und Festkleidern (1853). *Rôsen:* das könnten Rosenkränze sein, die um die Jahrhundertwende gerade erst aufkamen (vgl. Mackensen 1984, 93; de Boor 1979 Anm. denkt an wirkliche Rosen). Hagen, der auch einmal *wizze Krist* („bei Gott“, 103) sagen oder *got von himele* (2195, –99) anrufen kann, weiß, was christliche Helden brauchen; aber mehr: er fordert sie auf, ihr Schlachtritual einzuhalten – vor dem Kampf das Gebet (vgl. Hatto 1984, 316) –, und er versichert sie damit des nahen Todes. Mit der Beichte (1856,1) könnte das zur Messe gehörende *confiteor* (öffentliches Schuldbekenntnis) gemeint sein (vgl. Schönbach 1897, 27). Hagen verbeugt sich vor den christlichen Helden, weil er ihre Unterstützung braucht. Er krönt sein Bündnissystem, in das er Rüdiger und Dietrich fest einspannen konnte, mit dem höchsten Verbündeten, Gott.

Vor der Kirche entsteht ein hautnahes Gedränge der verfeindeten Krieger. Etzel wundert sich über die Bewaffnung – er bleibt ein Denkmal der Ahnungslosigkeit.

(1.2.) Das Turnier (1868–1897): Nach dem Kirchgang wird auf Volkers Rat hin ein Turnier veranstaltet, das die folgenden Kämpfe vorausspiegelt. Weder Dietrichs 600 noch Rüdigers 500 Ritter dürfen teilnehmen; Thüringer und Dänen, 1000 Ritter, reiten gegen die Burgunden, Blœdel, Etzels Bruder, mit 3000 gegen Gunthers Männer. Vor den Augen des Herrscherpaares und gegen den Rat seines Königs – besser sollten doch die Hunnen den Streit anfangen (1887) – tötet Volker einen mächtigen hunnischen Markgrafen; auch dies ist ein Spiegel kommender Ereignisse (vgl. 2016). Hagen und die Krieger der Könige reiten sofort zu Volkers Schutz heran, Etzel verhindert den Ausbruch des drohenden Kampfes und entschuldigt Volker.

(2.1.) Blœdels Überredung (1898–1910): Kriemhild sinnt auf *untriuwe* (1903, *C tilgt den Vorwurf). Vor dem Festmahl bittet sie Dietrich um Hilfe gegen die Nibelungen; er lehnt ab. Da verspricht sie Blœdel Reichtümer und die Mark Nuodungs (vgl. 1699, s. S. 173), dazu dessen schöne Witwe. Dieser politisch-erotische Handel sagt ihm zu, der Epiker deutet seinen Tod voraus (1903, –08) und prangert damit die *untriuwe* an.

(2.2.) Etzels Sohn (1911–1920): Kriemhild läßt Ortlieb (s. S. 165), sechs Jahre alt, zur Festtafel tragen, um ihre Pläne weiterzutreiben: *dô der strît niht anders kunde sîn erhaben* („da der Streit nicht anders in Gang gebracht werden konnte", 1912). Der Erzähler kommentiert: *wie kunde ein wîp durch râche immer vreislîcher tuon?* („wie konnte eine Frau aus Rache jemals schrecklicher handeln", 1912). Er baut also den Verdacht auf, mehr ist es nicht, daß Kriemhild Ortliebs Ermordung provoziert; wieder balanciert er gegen den Sog der Sage an: in der „Thiđrekssaga", die hier die alte Form bewahrt haben könnte, läßt Kriemhild ihren Sohn Högni ohrfeigen, und es gab Lieder, in denen sie ihre Kinder selbst tötete, ja ihrem Gemahl zur Speise vorsetzte (s. Kap. I.3.1.3).

Man nimmt an, die Strophe sei als alter Rest stehen geblieben, denn erst nach Dankwarts Erscheinen im Saal tötet im Nibelungenlied Hagen den Etzelsohn (vgl. de Boor 1979 Anm.; Heusler 1921, 102; W. Schröder 1960/61, 135; Hoffmann ²1974, 68). Zu scharf formuliert Nagel (1954, 407): sie opfere ihr Kind; zurückhaltender Panzer (1955, 233), Weber (1963, 17), Ihlenburg (1969, 89): sie reize Hagen.

Der Vorwurf des Epikers kann ein objektiver Vorwurf sein, denn er setzt nicht Kriemhilds Wissen um den Tod ihres Sohnes voraus, ihre Berechnung, daß Hagen ihn töten würde. Sie, die Etzel nicht liebt, weiß doch, wie sehr Etzel an dem Sohn hängt. In dessen Präsentation präsentiert sie ihren Stolz und fordert damit die Burgunden heraus, die nach dem Ehrenkodex der Zeit herausfordernd antworten müssen. Dann würde Etzel sehen können, wen er da eingeladen hat.

Diese (psychologisierende) Interpretation ist so gut oder so schlecht abzusichern wie jene Ansichten, die Kriemhild belasten; sie will nur zeigen, daß man Kriemhild nicht den Plan zur Sohnestötung unterstellen muß. *C hat die Königin von jedem Verdacht befreit und gezielt geändert: der Sohn wird zufällig hereingetragen.

Der ahnungslose Etzel unterläuft ihren Plan, er will den Sohn bei den Burgunden aufziehen lassen. Hagen dagegen reagiert gehässig, wie sie wohl berechnet hatte; der Epiker lenkt allzu deutlich seine schicksalsschweren Worte: der junge König sei *sô veiclîch getân* („so vom Tode gezeichnet", 1918), ihn, Hagen, werde man kaum an den Hof gehen sehen, um nach Ortlieb zu schauen (1918). Eine schauerliche Bosheit, ein Grauen, wie es die Moritat braucht, da kann es dem Hörer kalt über den Rücken rieseln.

(2.3.) Blœdels Tod, der Tod des Gesindes (1921–1950, 32. Av.): Marschall Dankwart hat Gunthers Gesinde in seiner Obhut, Kriemhild hatte es abseits lagern lassen (s. S. 174). Blœdel hatte Kriemhild versprochen, einen Streit vom Zaun zu brechen, in dessen Verlauf dann Hagen getötet werden könnte (1909); vor seinem königlichen Bruder wagte er Hagen nicht direkt anzugreifen (1905). Blœdel nimmt den Umweg über Dankwart – diese Ausweitung der Rache auf ihn und das Gesinde verantwortet Kriemhild nicht –, er denkt im Rahmen der Blutrache. Die Sippe – Dankwart ist Hagens Bruder – muß mit dem Täter büßen (vgl. 1925, s. S. 152).

Zwingend motiviert ist dies alles nicht, aber episch überzeugend und dem Steigerungsprinzip unterworfen: die namenlosen Massen, 9000 Männer, müssen, als wenig heroische Einstimmung, das Leben lassen, damit die großen Helden um so strahlender auftreten können: der Mond vor den Sternen. Nur unzureichend sind die Burgunden bewaffnet, und die Hunnen töten sie alle, bis auf Dankwart. Er schlägt Blœdel den Kopf ab und kämpft sich unter großen Mühen zum Saal durch, in dem die Könige tafeln: *dô gie er vor den vîenden als ein eberswîn / ze walde tuot vor hunden* („da rannte er vor den Feinden wie ein Eber im Wald vor den Hunden", 1946). Der Tiervergleich angesichts des Todes, das Bild vom geschlagenen Heros, ist eine Erinnerung an Siegfrieds Jagd (s. S. 150), und er ruft zugleich das verächtliche, abendländisch-überhebliche Bild von den hunnischen Hunden hervor.

(3.1.) Ortliebs Tod (1951–1980): Blutüberströmt tritt Dankwart unter die Tür des Festsaales, er schreit Hagen den Tod des Gesindes zu und bewacht auf dessen Zuruf hin den Eingang. Hagen zu den Umsitzenden:

Ich hân vernomen lange von Kriemhilde sagen,
daz si ir herzeleide wolde niht vertragen.

nu trinken wir die minne und gelten 's küneges wîn.
der junge vogt der Hiunen, der muoz der aller êrste sîn. (1960)

Ich habe lange genug erzählen hören, daß Kriemhild ihr tiefes Leiden nicht verschmerzen könne. So trinken wir nun die Minne und zahlen den Wein des Königs zurück. Der junge Vogt der Hunnen, der muß der allererste sein.

Er schlägt Ortlieb den Kopf ab – die neu aufgefundenen Bruchstücke der Hs. Q (Ende 14. Jh.) nehmen hier Rücksicht auf die Gefühle der Hörer und verdrängen das grausame, aber dennoch vorhandene Bild: nicht mehr springt der Kopf des Kindes in der Königin Schoß, sondern es schwebt nur noch das Blut über dem Tisch der Fürsten. Es rinnt das Schwert, Siegfrieds Schwert, entlang und befleckt die Hände des Mörders (1961). Der Minnetrunk ist ein Gedächtnistrunk, das Minnetrinken ist ein alter Brauch; das Wort *minne* hat hier seine ursprüngliche Bedeutung bewahrt (s. S. 35 f.). Kriemhild, meint Hagen, vergesse Siegfried nicht, so sollten auch die Burgunden sich seiner erinnern. Der Gedächtnistrunk gilt Siegfried.

Ähnlich schon Bartsch 1870, 330, anders aber de Boor 1979 Anm.: der Trunk gelte Ortlieb, mit den Worten Hagens sei er schon tot; dazu kritisch auch Brakkert 1971, 294. Wiercinski (1964, 32) versteht *minne* als Versöhnung, der Begriff sei hier pervertiert und bedeute „Rache". Ähnlich spricht G. Müller (1968, 249) von einer Persiflage des christlichen Sinnbereichs des Symbols. Dies alles kompliziert Hagens Gedankengang unnötig.

Die Minne im Symbol vom Wein des Königs: es mag der Festwein sein, es ist das Blut des erschlagenen Gesindes. Dieses gilt es zurückzuzahlen. Hagen macht Etzel für den Tod des Gesindes verantwortlich – er ist dies letztlich auch – und tötet deshalb seinen Sohn. Später werden die Burgunden tatsächlich Blut für Wein trinken (2114, –16, s. S. 184). Im Sohn löscht Hagen symbolisch das Leben des Königspaares aus.

Die Grausamkeit der Szene verschwindet hinter der vollendeten archaisierenden Ästhetik. Der Tod Ortliebs verlangt vom Hörer die mythische Erinnerung, die Einstimmung in die archaische (fiktionale) Heroik, nicht die moralische Wertung. Hagen und Volker, dann die drei Königsbrüder töten im Saal, wen sie erreichen können; sie nutzen die Überlegenheit ihrer Bewaffnung aus, wie Blœdel diese gegenüber Gunthers Gesinde ausgenutzt hatte (vgl. aber Krausse 1977, 245 f.). Volker tut sich besonders hervor: *er begonde videlende durch den palas gân* („er schritt fiedelnd durch den Palas", 1976). Das Fiedeln als Metapher des Tötens, eine neue Variante der Ästhetik des Mordens (vgl. 1966, 2002 ff.). Das Pathos des Epikers genießt sich selbst, er genießt die todesmutigen Kämpfe.

(3.2.) Der Auszug der Freunde (1981–2008): Dietrich nimmt das Heft in die Hand und greift angesichts des ängstlichen Etzel Hagens Trankmetapher auf: *hie schenket Hagene daz aller wirsiste tranc* („hier schenkt Hagen den allerbittersten Trank ein [auch: verschenkt]", 1981). Im gleichen Bild sind die Freunde aufeinander bezogen. Dietrich lehnt das Hilfegesuch der Königin ab, er müsse doch auch um sich selbst sorgen (1984). Man hat ihm diese Bemerkung als egoistisch angekreidet und dabei wohl übersehen, daß er unbewaffnet und Hagen sein Freund ist (vgl. Horacek 1976, 314). Laut brüllt er nun ins Kampfgetöse, derlei ist auch sonst seine Stärke: *daz sîn stimme erlûte alsam ein wisentes horn* („daß seine Stimme wie ein Bisonhorn ertönte", 1987); aus Bisonhörnern sind Kriegshörner gemacht. Er bittet für sich und seine Helden um freien Abzug, Rüdiger schließt sich an (vgl. das Turnier 1873 ff., s. S. 178). Gunther gewährt die Bitte, er betrachtet sie als Freunde, er spricht von *triuwe.* Dietrich führt unter seinen schützenden Armen das Königspaar hinaus – ein großartiges, sinnfälliges Bild, das alle Ansichten über seinen Egoismus (Horacek 1976) Hohn straft. Der Vasall zwischen den Fronten rettet das Leben seines Herrschers und wahrt die Treue zu den Freunden: dies ist nur in der ruhigen, selbstbewußten Flucht, im Verzicht auf Heroismus, möglich.

Die zurückbleibenden Hunnen werden getötet, 7000 an der Zahl; nach *C, das mit seiner Kleinkrämerei die Parallelität zum Tod des Gesindes zerstört, nur 2000. Hervorragend kämpft Volker: *als ein eber wilde,* ein *tiuvel* (2001); das Eberbild verbindet ihn mit Dankwart (s. S. 179). Das Ende der Palas-Schlacht beendet eine erste Kampfrunde, eine Runde der kleinen Leute, als einzig namhafter Held ist Blœdel gefallen, sein Name steht wohl – Tradition des heroischen Witzes – für diese kleinen Leute: *blœde,* dies bedeutet schwach, zaghaft. Der Epiker nutzt die Gunst des – ja auch historischen – Namens.

(4.1.) Giselhers Rat (2009–2018): Giselher hat die Hoffnung, daß seine geliebte Schwester noch einlenken würde, aufgegeben, und er befürchtet neue Kämpfe. Er rät, die Toten aus dem Saal zu werfen. Er, seit seiner Heirat eng mit Rüdiger und wieder enger mit Hagen verbunden, war an der Seite des Markgrafen zu Etzels Empfang gegangen (1804), hatte sich in den späteren Kämpfen hervorgetan (1971). Gegen die treulose Schwester stellte er sich so auf die Seite der vasallitischen Bindung, war ihm doch hier Hagens Schutz besonders anvertraut (s. S. 173). Deshalb erntet er jetzt das auffallend überschwängliche Lob seines Vasallen: *sô wol mich sölhes herren* (2012).

Im Lob des „Alten" über den „Jungen" offenbart sich der Sieg des vasallitischen Denkens über das Verwandtschafts- und Sippendenken. Giselher spiegelt in diesem Punkt Rüdiger (37. Aventiure).

Volker tötet einen Markgrafen, der einen toten Verwandten retten möchte (2016); Spiegelung des Turniers (s. S. 178). Spiegelung vielleicht auch der allenthalben zerrissenen verwandtschaftlichen Bindungen. Die Hunnen ziehen sich zurück.

(4.2.) Hagens Herausforderung (2019–2027): Hagen, nun im Schulterschluß mit allen seinen Herren, beleidigt Etzel, der nicht an vorderster Linie kämpft wie sie, kein *volkes trôst* („Schutz des Heeres', 2020) sei. Nur mühsam kann Kriemhild den Gatten zurückhalten, feige ist dieser also nicht; *C verstärkt die Sympathie für Etzel (2081). Hagen reizt im Stil der mittelalterlichen Kampfrede weiter: *künec vil bœse* („gemeiner König", 2023); der Vasall duzt den königlichen Gegner, Siegfried gehe ihn doch nichts an: *er minnete Kriemhilde ê si ie gesæhe dich* („er liebte Kriemhild lange vor Dir", 2023), warum also stelle er ihm, Hagen, nach? Die mitverspottete Kriemhild bietet, wie schon einmal, Städte, Länder und Gold für den Kopf Hagens. Hagens Plan, zuerst mit Freundschaft inszeniert (s. S. 175): Etzel und Kriemhild auseinanderzubringen. Der Plan scheitert.

(5.) Irings Tod (2028–2080, 35. Av.): Iring, Markgraf von Thüringen, folgt dem Aufruf seiner Königin; mit ihm bewaffnen sich Irnfrid, Landgraf von Thüringen – thüringer Landgrafen gibt es erst seit 1130 –, und Hawart von Dänemark, der Herr der Thüringer – insgesamt 1000 Mann (vgl. S. 130): Herren und Gefolge zum Schutz des Markgrafen, so muß es nach Lehensrecht sein.

Irnfrid und Iring sind wohl thüringische Namen (vgl. Panzer 1955, 414 ff.), die historischen Träger dieser Namen mögen sich aber nicht recht mit den fiktionalen Helden verbinden; wie im Krieg mit den Dänen und Sachsen wird nur ein diffuses historisches Ambiente evoziert. Die Erinnerung an jenen Krieg (4. Aventiure) wird deutlich wachgerufen, waren die Thüringer doch seit dem ausgehenden 9. Jh. mit den Sachsen staatsrechtlich verbunden. Maurer (1963, 47 ff.) hat einen parallelen Aufbau zwischen der 4. und 35. Aventiure erarbeitet (s. Kap. IV.1).

Iring im Schutz – die Nibelungen zürnen darüber, Volkers Spott zwingt ihn, alleine zu kämpfen. Wieder hat die Provokationsstrategie Erfolg, führt der Stolz zum Tod. Iring, gleich Siegfried auf der Jagd, kämpft wie ein Wilder, er rennt die Treppe zum Palas hinauf, trifft gegen Hagen, dann gegen Volker, weiter zu Gunther, zu Gernot und Giselher. Dessen gewaltiger Hieb schlägt ihn besinnungslos, er rafft sich wieder auf, verwundet im Rückzug Hagen. Der stürmische Held hat seine Kräfte vertan, keiner der Gegner ist ernsthaft verletzt, wie eine Mauer stehen sie gegen den Feind, ein solches Bild wachzurufen, war dem Epiker dieser Amoklauf wert.

Erneut geht Iring zum Angriff über, Hagen erschießt ihn mit einem Ger, den er vor seinen Füßen findet (2064) – der Erzähler läßt ihn wohl aus der Odenwaldjagd heranwehen –, jenes altertümliche Kriegsgerät, mit dem Siegfried erstochen wurde (980 ff.). An dessen Tod erinnert darüber hinaus das Bild von des *tôdes zeichen* (987, 2069; s. S. 150), das der Erzähler nur ihm und Iring zugesteht. Das Bild des toten Siegfried ist eingeblendet, denn auch er war ahnungslos gegen Hagen angetreten und mußte erfahren, daß es den Tod bedeutete, gegen diesen zu kämpfen (2068).

Nach lehensrechtlicher Pflicht greifen nun Fürst und Landgraf in den Kampf ein, sie unterliegen mit ihrem tausendköpfigen Heer; Volker erschlägt Irnfried, Hagen Hawart. Die ersten namhaften, nichthunnischen Helden fallen. Dann Totenstille, das Blut strömt durch die Abflußlöcher in der Palasmauer und plätschert in die Rinnsteine (2078). Ästhetik des Todes.

(6.) Die Verhandlung (2081–2110): 20 000 Krieger – *C, mehr Realist als Epiker, verschweigt die Zahl – greifen auf Befehl des Königspaares nach kurzer Ruhepause die Nibelungen erneut an; Etzel steht jetzt also ganz auf der Seite seiner Frau. Der Angriff wird abgewehrt, die Könige wollen weiteres Blutvergießen verhinden und schlagen Etzel vor – man könnte an ähnliche Szenen der „Ilias" erinnern –, die Schlacht in Zweikämpfen mit seinen Helden zu entscheiden; dies sei für beide Seiten ehrenvoll (2096; *C 2143 bemüht sich noch einmal um Kriemhild: nur den Hagen habe sie töten wollen). Sie machen Etzel, der, so die Rechtsformel, *vride und suone* („Frieden und Versöhnung", 2090) ablehnt, deutlich, daß sie gegen alles Gastrecht, gegen alle *triuwe* (2091), angegriffen worden waren. Kriemhild hintertreibt diesen Vorschlag, nach dem Hagen ja von den Kämpfen ausgeschlossen wäre. Vergeblich fleht Giselher, er schlägt den alten, vertrauten Ton an, gewiß wider besseres Wissen (vgl. 2009 ff., s. S. 181), er schmeichelt ihr (*vil schœniu swester mîn* [2101]), *vil liebiu swester mîn* [2102]), immer sei er ihr *getriuwe* gewesen und habe gehofft, daß sie ihm gewogen sei, Gnade solle sie walten lassen (2102) – *wie hân ich an den Hiunen hie verdienet den tôt* („warum habe ich hier von den Hunnen den Tod verdient", 2101).

Kriemhilds Antwort: Sie müßten alle für Hagen büßen, es sei denn, sie gäben ihn als Geisel heraus (2103 f.). Gernot antwortet in der Pflicht des Lehensrechtes: keinen ihrer Vasallen gäben sie als Geisel, auch wenn tausend aus der burgundischen Königssippe sterben müßten (2105) – Rechtsdenken vor Sippendenken. Giselher unterstreicht dies, des sicheren Todes nun gewiß (2106). Schließlich setzt sich Dankwart für den Bruder ein (2107). Kriemhild ist gescheitert, sie hat die Brüder nicht auseinanderzubringen vermocht, nicht Hagens vasallitische Bindungen zerschneiden können:

doch wolden nie gescheiden die fürsten und ir man.
sine konden von ir triuwen niht ein ander verlân. (2110)

> Doch die Fürsten wollten sich niemals von ihrem Vasallen trennen, sie konnten von ihren lehensrechtlichen Verpflichtungen gegeneinander nicht Abstand nehmen.

Dies ist Nibelungentreue, die Verpflichtung des vasallitischen Vertrags. Ihm gegenüber gibt es keinen privaten Handlungsspielraum, vor allem dann nicht, wenn der Vasall unrechtmäßig angegriffen worden war (s. S. 24), wie es die das Gastrecht brechende Kriemhild tat. Anders war es gewesen, als Hagen rebelliert, Kriemhild den Hort geraubt hatte, da konnte ihn, den Rechtsbrecher, nur die Verwandtschaft retten (s. S. 154). Das Gefolgschaftsbild ist keineswegs schwärmend überhöht, der Epiker beschwört keine „Utopie im rückwärtsblickenden Gesellschaftsmodell einer idealisierten Gefolgschaft" (Kaiser 1981, 197). Er spiegelt vasallitisches Recht.

Die Könige spielen Kriemhild vor, wie sie Erfolg haben könnte, sie müßte sich des vasallitischen Systems bedienen.

(7.) Brand des Palas (2111–2119): Kriemhild hatte befohlen, die Burgunden in den Saal zurückzutreiben, den sie jetzt an allen vier Ecken anzünden läßt. Der Dichter evoziert den alten Holzbau der Sage, Gudrun hatte Atli im Saal verbrennen lassen (s. S. 51). Nun ist der neue Bau aus Stein, da brennt nur das Dach, man kann sich an die Mauern retten und löscht das herabfallende Feuer im Blut der eigenen Toten; die Hunnen waren ja hinausgeworfen (2013). Auf Hagens Vorschlag löscht man auch den Durst mit Blut, die Metapher zu Ortliebs Tod ist Wirklichkeit geworden: der Wein zum Blut (2115 f., s. S. 180). Der Epiker bewältigt das grauenvolle Bild, indem er es in die Symbolbezüge des Epos einbringt, die er planvoll inszeniert. Wir zweifeln, ob es über die epischen Bezüge hinaus naheliegt, an die Eucharistie zu denken (vgl. aber Willson 1963, 280; Weber 1963, 57; dazu Hoffmann ^{2}1974, 91).

(8.) Neuer Angriff (2120–2134): In der Kühle des Morgens stellen sich Hagen und Volker vor den Saal, sie wiederholen das Bild der Nachtwache vom Vortag (30. Aventiure). 600 Nibelungen sind noch am Leben, unbegreiflich für die entsetzten Hunnen. Die Gäste geben nicht auf, obwohl sie wissen, daß sie sterben werden. Da sind weder Hoffnung noch Todessehnsucht. Da sind Stolz und die trotzige (berechnende) Strategie, gegen den Tod zu kämpfen. Sie schlagen einen neuen Angriff von 1200 Hunnenkriegern ab.

Die Kämpfe am Etzelhof haben die Nibelungen nicht auseinandergebracht, ein Triumph der vasallitischen Treue – kein „heroisches Gebot unbedingter Ehr- und Selbstbehauptung" (Nagel 1965, 139).

Hinweise

Dankwart: Wahl Armstrong 1979, 115 ff.
Iring: Wahl Armstrong 1979, 74 ff.; Thüringen: Eberhardt 1964.

Dietrich: Es ist reizvoll, sich das Dietrich-Bild anhand der Studie von Horacek (1976) zu erarbeiten. Sie interpretiert Dietrich als einen Helden, der im wesentlichen auf seinen Vorteil bedacht ist. Dagegen Ehrismann 1986/III.
Minnetrinken: Wiercinski 1964, 24ff.; Kolb 1958, 171ff.; Achauer 1967; G. Müller 1968, 246ff.; vgl. auch das „Grönländische Atlilied" (s. S. 52).
Darstellung des Todes: Krausse 1977.

3.2. *daz ich die sêle vliese, des enhân ich niht gesworn – die Freunde (37.–39. Aventiure)*

Am dritten und letzten Tag kämpfen die Nibelungen gegen die Freunde; der Kampf gegen die Freunde bedeutet in der mittelalterlichen Dichtung immer die schwerste Form des Kampfes (Harms 1963). Der Burgundenkampf gliedert sich in drei große Szenen: (1.) Rüdiger, (2.) Dietrichs Krieger, (3.) Dietrich. Auf der Seite der Burgunden sterben zuerst Gernot, dann Volker, Dankwart und Giselher, schließlich Gunther und Hagen; also zuerst der mittlere Königsbruder, der die geringsten Verpflichtungen trägt, dann Giselher, Hagens besonderer Herr, mit zwei Hagen eng vertrauten Vasallen, dann erst die beiden Hauptverantwortlichen an Siegfrieds Tod, der Mörder zuletzt. Episches Prinzip der Steigerung; auch auf hunnischer Seite: immer mächtigere Vasallen treten auf, nach Iring Rüdiger, nach ihm Dietrich, der fürstliche Vasall. Im Auftritt der Helden spiegelt sich das Lehenswesen, alle Helden handeln nach seinen Regeln, die Alternative christliches oder archaisch-heroisches Handeln stellt sich ihnen nicht.

(1.) Rüdiger (37. Av.): Seine Szene stellt vor das Sterben (1.4.) drei lange Gesprächsteile: die Entscheidung für Kriemhild und Etzel (1.1.), die Aufkündigung der Bindungen an die Burgundenkönige (1.2.), die Schildbitte Hagens (1.3.); Klage und Offenbarung des Todes stehen am Ende (1.5.). Rüdiger, seit der 20. Aventiure in das Geschehen verflochten, ist nicht zur „Nebenfigur" (Wapnewski 1960, 135) des Epos abzustempeln, er beherrscht diese Szene wie Dietrich *seine* Szene beherrschen wird: jetzt ist *sein* epischer Augenblick gekommen, in Rüdigers Größe spiegelt sich auch die Größe des Nibelungenkampfes.

(1.1.) Die Entscheidung für Kriemhild und Etzel (2135–2166): Rüdiger war seinem Herrscherpaar doppelt verbunden, dem König durch den vasallitischen Vertrag, der Königin durch den Eid, ihre Leiden zu rächen (s. S. 163). In Bechelâren hatte er sich den Nibelungen durch Gastfreundschaft (Gastung und Gabe), Geleit und Verheiratung seiner Tochter verpflichtet; diese drei Verpflichtungen werden im folgenden eine wichtige Rolle spielen, sie sind von einer besonderen Qualität und Dichte, in der Grauzone von Recht, Brauch und Emotion angesiedelt.

Gastung und Gabe: Sie begründet kein formelles juristisches Verhältnis, wohl aber nach der Tradition des Volksglaubens ein Verhältnis, das die gegenseitige Unantastbarkeit verbürgt. Sie besitzt keinen Eigenwert, sondern stiftet als „Zweckschenkung widerrufliches Recht [...], das Verbundenheit ausdrückt und eine Gegengabe erfordert" (Wunderlich 1986). Vgl. „Hávamál", Str. 33: „Mit Waffen soll man Freunde / und mit Gewanden erfreun, / das sieht man an sich selbst: / Geber und Vergelter / bleiben gute Freunde, / ist ihnen günstig das Glück" (Übersetzung Genzmer in: „Die Edda" 1984).

Geleit: Wie stark die verpflichtende Kraft des Geleits wirklich war, ist heute nur noch schwer auszumachen. Es bezog sich formalrechtlich im allgemeinen nur auf den Weg, und so ist es an der entsprechenden Stelle auch formuliert: *daz iu ûf der strâze niemen müge geschaden* („damit euch auf dem Weg niemand schaden kann", 1708). Man weiß aus der Geschichte des Zweiten Kreuzzuges, als die Byzantiner das Kreuzfahrerheer in die Wüste irre-leiteten, wie gering das Heeresgeleit geachtet werden konnte.

vriuntschaft: (‚Verwandtschaft', 2160), die verwandtschaftliche Bindung hebt eine gegenläufige juristische Bindung nicht auf.

Rüdiger, den immer nur die besten Epitheta kennzeichnen, namentlich *guot* (Jentzsch 1972), hofft auch jetzt noch, mit Dietrich eine Schlichtung herbeiführen zu können (2137 f.). Er hatte sich mit ihm vom Geschehen entfernt, als er nun zurückkommt und die Leichen auf dem Hof vor dem Palas sieht, weint er.

Rüdiger weint, wie homerische Helden weinen können, dies hat nichts mit Sentimentalität und Empfindsamkeit zu tun (vgl. aber Nagel 1965, 138; dazu Wehrli 1972, 109 f., allgemein: Weinand 1958). Dichtern wie Hartmann oder Wolfram ginge das Weinen wider die *mâze.*

Ein Hunne klagt ihn öffentlich vor dem Königspaar der Feigheit an, der Gleichgültigkeit gegenüber den Geschicken des Hofes – er schlägt ihn mit der Faust zu Tode. Dies ist der Zorn (2147) auf den elenden Schmeichler, der Leiden und Schmerz (2143) nicht versteht.

Rüdiger tötet aus Wut (vgl. u.a. Wapnewski 1960, 147; Splett 1968, 74 f.; Hoffmann ²1974, 36 f.; Wahl Armstrong 1979, 54). Man tut sich aber schwer, ihm, dem *guoten,* diese Wut zuzugestehen, man weist ihm eine abweichende Rolle zu (Splett 1968, 75; vgl. S. 177) oder nimmt an, er habe im Stile Hagens provozieren wollen (Mowatt/Sacker 1967, 135). Man sieht zu eng, um so enger, je mehr man ihn – von seinem Ende her (vgl. 2202: *vater aller tugende*) – idealisiert.

Rüdigers Zorn ist auch ein Zeichen dafür, daß er nicht nur berechnend handelt. Er, so sagt er, habe die Gäste hergeleitet, deshalb könne er mit ihnen nicht kämpfen (2144). Augenscheinlich spielt er die Bedeutung des Wegegeleits hoch und bringt es klug in die Nähe des Übeltätergeleits.

Das Übeltätergeleit ist der Schutz, „den Übeltäter oder Schuldner erhalten gegen die Angriffe oder Klagen von seiten der Geschädigten, wenn sie sich in deren Stadt begeben" (Fiesel 1920, 33).

Vielleicht meint er aber auch, ohne auf eine bestimmte Art des Geleits anzuspielen, daß er, der die Gäste hergeleitet habe, nicht gerade der sein könne, der nun gegen sie kämpfe, zumal er fremd hier sei:

jâ was ich ir geleite in mînes herren lant;
des ensol mit in niht strîten mîn vil ellendes hant. (2144)

Ich gab ihnen doch das Geleit in das Land meines Herrn; deshalb kann ich, der Fremde, nicht mit ihnen kämpfen.

Kriemhild geht auf die Geleitfrage nicht ein, obwohl er sie wiederholt (2150), sie erinnert ihn an seinen Eid in Worms (s. S. 163). Er gesteht ihn ein, sieht ihn also als rechtswirksam an, entgegnet aber, er habe damals nicht geschworen, seine Seele zugrunde zu richten: *daz ich die sêle vliese, des enhân ich niht gesworn* (2150); *vliesen (verliesen)* bedeutet auch ‚dem Verderben hingeben'. Dies heißt: er habe die jetzige Situation nicht voraussehen können, die Entscheidung für eine der Parteien würde seine Seele ins Verderben, die Hölle, stürzen. Die religiöse Dimensionierung rechtfertigt sich im Hinblick auf die unmittelbar folgenden Ereignisse. Rüdiger gewichtet seine Bindungen an die Burgunden so stark wie die an die Hunnen. Da ist er objektiv im Unrecht, offenbart aber ein Denken, das sich dem alten Herkommen verpflichtet weiß. Er entscheidet sich nicht blindlings für das vasallitische Recht. Die Seele: sie stiftet die Bindung zu Gott.

Die Königin wiederholt die Erinnerung an den Eid, auch der König fleht ihn an; beide werfen sich vor ihm auf die Knie und kehren damit im symbolischen Akt das Vasallenverhältnis um (2152).

Der Hörer konnte sich an den Fußfall Friedrichs I. vor Heinrich dem Löwen erinnern: Barbarossa bat um Hilfe für einen Italienzug. Für die Zeitgenossen war ein solcher Fußfall keine starke persönliche Demütigung (Jordan 1980, 189).

Rüdiger muß sich zwischen dem stärkeren Recht, auf seiten der Hunnen, und dem minderen, auf seiten der Burgunden, entscheiden; weil er das mindere, Tradition und Brauch, hoch gewichtet, verzweifelt er und sucht die Entscheidung bei Gott. Seine Klage ist ergreifend:

„Owê mir gotes armen, daz ich dize gelebet hân.
aller mîner êren der muoz ich abe stân,
triuwen unde zühte, der got an mir gebot.
owê got von himele, daz michs niht wendet der tôt! (2153)

„Weh mir, dem Gottverlassenen, daß ich dies erleben muß. Alles, was Gott mir darbot, mein Ansehen, meine Zuverlässigkeit und Anständigkeit, das muß ich aufgeben. Weh, Gott im Himmel, warum wendet es nicht der Tod!

Unmittelbar nach Siegfrieds Tod war Kriemhild eine *gotes arme* (1080) genannt worden, eine, die aus der Gnade Gottes gefallen war. Man kann den Begriff religiös verschieden werten, auch eine bloße Steigerung könnte er andeuten („gottserbärmlich“, de Boor Anm. zu 1080).

Angesichts der seelischen Not besinnt sich Rüdiger auf Gott, wie sich Kriemhild einst auf Gott besonnen hatte. Ob er den Burgunden oder den Hunnen folgt, er wird unrecht (*bœslîche, vil übele* 2154) handeln; auf welcher Seite er tötet, jedermann wird ihn hassen.

vil sêre vorhte er daz, / ob er ir einen slüege, daz im diu werlt trüege haz („er fürchtete sehr, daß ihn alle hassen würden, wenn er einen von ihnen erschlagen würde“, 2156). De Boor 1979 Anm. bezieht dies auf die Burgunden, was aber nicht zwingend ist. Im Gegenteil, zuvor sind nur König und Königin genannt, dies verleiht den Versen einige Brisanz.

Nur Gott kann helfen: *nu ruoche mich bewîsen, der mir ze lebene geriet* („nun leite mich der, der mir das Leben gab“, 2154). Kein Gebet, und man wird an dieser Stelle kein direktes Eingreifen Gottes erwarten (vgl. aber Weber 1963, 91). Die Frage nach dem religiösen Menschen ist hier nicht das Thema, sondern die Frage nach der richtigen Entscheidung bei alternativen Handlungsmöglichkeiten: Gott gibt das rechte Handeln ein, wie der Teufel das falsche (vgl. S. 140). Rüdiger ist ein christlicher Held vom Schlag der Paladine Karls des Großen im „Rolandslied“, nicht der Weltabgewandtheit verdächtig. Er ist so religiös wie Kriemhild, die seine Entscheidungsnot durchaus versteht (vgl. u. 2166).

Der Markgraf versucht den vasallitischen Vertrag rückgängig zu machen (*diffidatio*, s. S. 24), er will dem König sein Lehen zurückgeben und in die Verbannung gehen (2157). Ein Vorschlag der Verzweiflung: der Eid für Kriemhild bestünde weiter, den Vertrag könnte er wohl eigenmächtig aufkündigen, er würde sich dann aber der Hilfeleistungspflicht für den unrechtmäßig angegriffenen König entziehen; unrechtmäßig: dies bezieht sich auf die Ermordung des Königssohnes. Der König lehnt selbstverständlich ab, was Rüdiger aber nicht zu binden braucht. Wohl nicht zuletzt deshalb bietet ihm Etzel eine hohe Königskrone an (2158). Rüdiger setzt seine weiteren Bindungen an die Burgunden dagegen: Gastung und Gabe, Verheiratung seiner Tochter (2159–61). Ohne Erfolg, Kriemhild verweist auf ihren und des Königs Schmerz: *gedenke wol dar an, / daz nie wirt deheiner sô leide geste gewan* („denke daran, daß kein Gastgeber jemals Gäste hatte, die solches Leiden brachten“, 2162). Dem hat er, der ja gerade erst die zahllosen Leichen auf dem Hof beweint hat, nichts mehr entgegenzusetzen, und er entscheidet sich für die Hunnen. Dies müßte dann auch die Entscheidung sein, die ihm Gott eingegeben hat: Gott will den Gang der Geschichte so und nicht anders, und es ist Gott, nicht ein archaisches Schicksal. Die Entscheidung ist aus verschiedenen juristischen und seelischen Elementen zusammengeflossen: dem vasallitischen Vertrag, dem Eid für Kriemhild, dem Leiden mit ihr und dem König. Diese Elemente sind untrennbar, es ergibt wenig Sinn, über eine Rangfolge nachzugrübeln (vgl. aber Panzer 1955, 258; Ihlenburg 1969, 118 ff.), setzte doch schon der Schmerz, den er mit dem Königspaar teilt, den vasallitischen Vertrag in Gang. Die Rechtslage ist eindeutig, wenn auch vielschichtig.

Splett (1968, 87) bezweifelt die Eindeutigkeit der Rechtslage. Rüdigers Entscheidungsnot ist ohne Zweifel ein großer seelischer Konflikt (vgl. Panzer 1955, 421), wenn freilich auch Ansichten über einen „religiösen Zwiespalt" und „opferfähige Nächstenliebe" (G. Müller 1968, 303) nicht zu begründen sind. Rüdigers Konflikt ist jedoch nicht nur dies, und er ist andererseits auch nicht nur juristisch gelöst (vgl. Wapnewski 1960, Ihlenburg 1969, 118 ff.); allerdings widerspricht die Ansicht, daß die Vasallenpflicht im Nibelungenlied nur eine periphere Rolle spiele (Hans Kuhn 1960, 352), den Gegebenheiten erheblich. Rüdigers Entscheidungsspielraum ist durch die Eide, die innerhalb des vollausgebildeten Lehenswesens definiert sind, determiniert (vgl. aber Maurer 1969, 37); er löst sein Problem nicht „als germanischer Held" (ebd., 35) oder aus germanischem Denken heraus (vgl. Wapnewski 1960, 166; er knüpft an seine Ansicht Überlegungen zu einer alten Rüdigerdichtung, ebd., 172; vgl. auch Bostock 1960, 104; Dürrenmatt 1945, 291). Dies alles schließt selbstverständlich nicht aus, daß ein germanischer Held so wie Rüdiger entschieden haben könnte. Schließlich scheint uns in Rüdigers Konflikt auch die Frage der Selbsterkenntnis (Harms 1963, 36 ff.) nicht gestellt.

Die Entscheidung zu kämpfen, die das Herrscherpaar Rüdiger aufgezwungen hat, ist eine Entscheidung für den Tod (2163). Es ist die Zeit des *gelten* (2163,2), vergangene Freude (2163,3) ist in Leid umgeschlagen; Rüdiger erinnert an Hagens Worte (1960). Die Seele muß er nun doch aufs Spiel setzen: *nu liez er an die wâge sêle unde lîp* („nun legte er seine Seele und sein Leben auf die Wagschale", 2166). Die Differenzierung von *lîp (corpus)* und *sêle (anima)* ist im mittelalterlichen Recht nicht unüblich (Kern 1954, 329 f.; Splett 1968, 80 f.), sie ist im Nibelungenlied durch die epischen Verweise vertieft: Rüdiger riskiert das Seelenheil. Der Epiker wird nicht entscheiden, ob er es verliert, da Rüdiger aber um Gottes Lenkung gebeten hatte, wird das Publikum für ihn, seine Seele, hoffen dürfen.

Rüdigers Konflikt ist tragisch (dagegen nur Wapnewski 1960, 151), weil er, so wie er ihn für sich empfindet, nur im Tode enden kann. Nach Lage der Dinge ist das Recht auf beiden Seiten; Kampf ist Kampf für das Recht, und Rüdiger wird zwischen dem Recht zerrieben. Seine Entscheidung rührt Kriemhild zu Tränen, sie ist hier nicht die Hexe, zu der sie Dietrich und Hagen abgestempelt haben; Hexen weinen nicht (vgl. Weinand 1958, 96).

In Rüdigers Doppelbindung könnte der Epiker eine zeitgenössische Vasallität spiegeln, die, zumal angesichts des deutschen Doppelkönigtums, angesichts der Möglichkeit zu Mehrfachbindungen (vgl. Bosl 1964, 319 f.) ihre Seele zu verlieren droht. Am Ende des 12. Jh. war „auch das Dienstrecht durch die Zersetzung und Privatisierung des ganzen Lehnrechts ausgehöhlt" (ebd., 320). Vor zu weitgehenden Folgerungen und Aktualisierungen ist aber abzuraten, denn der Erzähler verarbeitet ein Motiv, das schon der „Waltharius" kennt (vgl. S. 48).

(1.2.) Die Absage an die Könige (2161–2192): Traurig zieht Rüdiger mit 500 Kriegern und zwölf besonderen Helden (2169) vor den Palas. In der Zwölfzahl mochte für kurze Zeit das Bild Christi und seiner Jünger oder Karls des Großen und seiner Paladine aufleuchten, mehr als ein Aufflackern sollte es aber wohl nicht sein.

Giselher, anders als Volker (2170, –73), aber gewiß kein „Kindskopf" (Wapnewski 1960, 154; dazu Mowatt/Sacker 1967, 137), hofft auf Freunde, auf Hilfe. Er vertraut der Verwandtschaft, obwohl er doch selbst die Überlegenheit des vasallitischen Systems vor der Sippenbindung, damit wenigstens einen Teil von Rüdigers Konflikt an sich hatte erfahren müssen (s. S. 181). Ganz in den Banden dieses Systems kündigt Rüdiger, seine ersten Worte, den Freunden und Verwandten die Treue auf; er spielt auf sein Versprechen zur Hilfeleistung (1682, s. S. 163) an: *ê do wâren wir friunde: der triuwen wil ich ledec sîn* („einst waren wir Freunde und Verwandte, von dieser Bindung will ich frei sein", 2175). Gunther lehnt ab: gerade auf seine *triuwe* hätten sie vertraut (2177). Rüdiger: König Etzels Frau hätte ihn in den Kampf gezwungen (2178). Da die Burgunden seinen Wormser Eid nicht kennen und er Kriemhild statt Etzel als Grund seiner Treueaufkündigung angibt, bringt er Kriemhilds Rache, damit auch die Verantwortung der Freunde ins Gedächtnis. Wieder lehnt Gunther ab und beschwört die bindende Kraft von Gabe und Geleit.

Dann Gernot; er wiederholt ausführlicher und eindringlicher jene bindenden Gründe und erinnert an das (geschenkte) Schwert, mit dem er schon viele Hunnenritter getötet habe. Mit diesem Schwert werde er auch ihn töten, wenn er nur einem der Nibelungen das Leben nehme (2186). Eine vorwurfsvolle Erinnerung, zugleich Drohung, die sich erfüllen wird. Dann Giselher, dessen Worte sinnfällig das ganze Gespräch umrahmen; ihm liegt seine junge Braut am Herzen. Dabei kündigt er weder unbedacht das Treueversprechen auf (vgl. aber Wapnewski 1960, 155) noch das verwandtschaftliche Verhältnis (vgl. aber Splett 1968, 95), sondern er droht, ähnlich wie Gernot, das Ende der Verwandtschaft für den Fall an, daß seine Verwandten den Tod finden werden. Er spricht von *hôhen* Verwandten (2191); wenn dies einen Sinn ergeben soll, dann kann es nur die Brüder meinen, Hagen wäre ausgeschlossen, zwar nicht aus seinem Schutz entlassen, aber doch zurückgestuft; ja, Rüdiger, wenn er einen ehrenvollen Gegner suchte, wäre zwangsläufig auf den Kampf mit Hagen verwiesen. Vielleicht ist es gut, dieser Beobachtung nicht zu lange nachzuhängen, es scheint jedoch, daß Hagen sie so versteht.

Rüdigers Antworten spiegeln den durch die Eide gebundenen Vasallen. Er gibt den Königen recht, er unterstützt sie und dokumentiert auf diese Weise seine Entscheidungsnot – er dokumentiert die heroische Tragik, eine Fiktion, die jeder Stufe der Feudalgeschichte angedichtet werden konnte. Rüdiger und die Seinen heben die Schilde, dies ist das Zeichen zum Kampf.

(1.3.) Hagens Schildbitte (2193–2205): Da ruft Hagen die Treppe des Palas hinunter und appelliert an die politische Vernunft – was würde Etzel ihr Tod nützen? (2193); „nichts taugt mehr, wer tot" („Hávamál" 66, in: „Die Edda" 1984). Und er appelliert an die Freundschaft, er versteckt sich also nicht hinter den Gründen der Könige und fügt neue, schwere hinzu. Der Hagen des „Waltharius" hatte seinem Herrn erst geholfen, als dieser ganz alleine war, hatte zuvor zum Freund gehalten (s. S. 48). Am Ende, da gab es schon dort keinen Zweifel, siegt die Vasallentreue.

Hagen bittet Rüdiger um dessen Schild, der seine sei verhauen. Bitte und Gabe sind von hoher Symbolik, liegen doch genug Schilde herum. Hagen duzt Rüdiger zum ersten und einzigen Mal (Wapnewski 1960, 160 ff.; Kaiser 1981, 199) und beschwört so die Freundschaft. Rüdiger duzt ihn zurück und erfüllt seine Bitte mit vieldeutigen Worten:

„Vil gerne ich dir wære guot mit mînem schilde,
torst' ich dir in bieten vor Kriemhilde.
doch nim du in hin, Hagene, unt trag' in an der hant.
hey soldest du in füeren heim in der Burgonden lant!" (2196)

„Sehr gerne wäre ich Dir behilflich mit meinem Schild [würde ich Dir im Kampf beistehen], wenn ich es wagen könnte, ihn Dir vor Kriemhilds Augen darzureichen [wenn es Kriemhild nicht verbieten würde]. Doch nimm Du ihn hin, Hagen [(1.) jetzt, wo es Kriemhild nicht sieht; (2.) Du hast mich gebeten, das verpflichtet mich nicht, auf Deiner Seite zu kämpfen], und trag' ihn in der Hand. Hei, könntest Du ihn heim ins Land der Burgunden führen.

Da ist keine Feindseligkeit, sondern der tiefe Wunsch, daß der Gegner überleben möge; da ist tiefe Freundschaft und heroische Resignation, Trauer überdeckt von der Vasallenpflicht. Schild: das ist Schutz, den Rüdiger preisgibt, den er den Burgunden gewährt; das ist auch Erinnerung an das nun zerbrochene Schildgeschenk Gotlindes (s. S. 173).

Rüdigers Geste treibt den Helden die Tränen in die Augen (2197), auch Hagen trauert: *ja erbarmte im diu gâbe* („ja, diese Gabe rührte ihn", 2198). In seinem Gespräch mit Rüdiger nennt er dreimal Gott

(2195,1; –99,1 u. 4), damit ehrt er seinen Partner, der Spiegel einer fromm gewordenen Seele ist dies nicht. Rüdigers Pflichttreue rührt Kriemhild (2166) und Hagen (2198), es ist die Ohnmacht der Seele vor dem Recht, des Menschen vor dem vasallitischen System. Nur dieses System verbürgt den *ordo;* ihn haben jene gestört, deren Ohnmacht nun offenbar wird.

Hagen verspricht – dies die Gegengabe –, Rüdiger nicht anzugreifen, selbst wenn er alle Nibelungen erschlüge (2201). Das erinnert an den „Waltharius" und ist ein Versprechen von hoher heroischer List: es bekräftigt die Freundschaft und zwingt den Freund, gegen die Könige zu kämpfen, zumal Volker, Hagens Verhalten doppelnd (2203–05), sich anschließen wird. Dankwart hat seine Aristie (‚ausgezeichnete Heldentat') schon hinter sich, er kommt als Gegner Rüdigers episch nicht mehr in Betracht. Die in etwa gleichrangigen Vasallen kämpfen also nicht gegeneinander. So ist der Schutz der Könige aufgegeben – Hagen hat Giselhers Bemerkung von den *hôhen mâgen* (2191) beantwortet. Hagens Schildforderung als Demonstration der Freundestreue hat dunkle Flekken: hinter ihr steckt auch eine geschickte Überlebensstrategie (nicht der Versuch, den Vernichtungskampf zu beenden; vgl. aber Kaiser 1981, 200). Die Nibelungentreue ist brüchig geworden bzw. seit Siegfrieds Tod brüchig geblieben; der vasallitische Kitt hält kaum noch.

Der Epiker erhöht angesichts des Todes seinen Helden nach gutem Brauch, nennt ihn *vater aller tugende* („Vater aller Tugenden", 2202); *tugent* – das umgreift die ritterliche Vollkommenheit (Hoffmann [2]1974, 47; Brackert 1971) ebenso wie die heroische Tapferkeit, es besteht kein Anlaß, nur eine Seite zu betonen. Vergessen sind Sorglosigkeit und Ahnungslosigkeit, ist das Spiel mit dem Feuer, mit dem er in die Geschichte eingriff (s. S. 163) und zu ihrer fatalen Entwicklung beitrug.

(1.4.) Rüdigers und Gernots Tod (2206–2224): Rüdiger hebt den (neuen) Schild zum Kampf und wird in den Palas eingelassen. Er setzt sein Leben für den König ein, eine „wesentliche Veränderung" in seinem Verhalten (Ihlenburg 1969, 127) scheint nirgendwo durch. Außer Hagen und Volker meidet auch Giselher den Kampf mit ihm (2208), dem Vater seiner Frau.

Gernot gebietet Rüdiger Einhalt, er empfängt von ihm einen tödlichen Schlag und tötet sterbend Rüdiger. Alle Helden des Markgrafen fallen. Der Sieg der Nibelungen fordert das Eingreifen Dietrichs heraus.

(1.5.) Totenklage (2225–2234): Die Nibelungen weinen. Totenstille herrscht wie nach Irings Tod. Kriemhild befürchtet, Rüdiger habe sich mit den Burgunden versöhnt, Volker läßt seine Leiche vor die Türe tragen. Klage des Herrscherpaares: *als eines lewen stimme der rîche künec erdôz / mit herzen leidem wuofe* („gleich einem brüllenden Löwen erbebte der mächtige König vor herzzerreißendem Wehklagen", 2234).

(2.) Dietrichs Krieger (38. Av.): Die Aventiure gönnt sich trotz verschiedener Ortswechsel keine Atempause, ihre einzelnen Teile sind eng miteinander verschlungen. Sie greift die Klage um Rüdigers Tod auf und bereitet Dietrichs Entscheidung in *doppeltem cursus* (‚zweibahnig') vor: durch seine Krieger und durch ihn selbst. Rüdigers Tod ist die Voraussetzung dieser Entscheidung, der Amelungenfürst ist mit der Frau des Markgrafen verwandt (2314), und dieser hat ihm und seinen Helden immer treu beigestanden (2258, 2315). Die Entscheidungszwänge Rüdigers bleiben ihm und seinen Kriegern im einzelnen unbekannt, er wird ähnlichen Zwängen nicht unterliegen müssen, weil er mit den Burgunden nur freundschaftlich, nicht durch Brauch und Recht verbunden ist. Doch er, der kluge Friedensdiplomat, keineswegs ängstlich und zögerlich, wägt diese Freundschaft schwer und bittet zunächst seine Helden, die Gäste zu schonen (2238); Hildebrand wollte ihnen in seinem Sinne (vgl. 1900) unbewaffnet gegenübertreten (2248). Dietrich kann den Tod Rüdigers nicht fassen: *daz ensol niht wellen got* („das kann Gott nicht gewollt haben", 2245); zweimal sendet er Boten zum Palas – Spiegel des doppelten Entscheidungs-*cursus* –, erst Helfrich, dann Hildebrand, um sich Gewißheit zu verschaffen.

Sein Gegenbild im Amelungenlager ist Wolfhart, er handelt unüberlegt (vgl. 2293 f.) und ist auf schnelle Vergeltung aus (2246). Er hatte den Empfang der Burgunden durch Dietrich (1719) und zusammen mit seinem Amtskollegen Dankwart den Einzug der Festgäste in den Palas (1807) organisiert. Nur ihm und Hagen gesteht der Erzähler das Epitheton *grimme* (2249) zu, und wie Hagen einst geraten hatte, bewaffnet *zen Hiunen* zu reiten, so überredet er nun Hildebrand, ohne Dietrichs Wissen, in Waffen zum Palas zu gehen. Hildebrands Beispiel folgen alle Amelungenkrieger, denn man will sich Hagens Spott nicht beugen (2249, –51). Torheit siegt über Klugheit: *dô garte sich der wîse durch des tumben rât* („da bewaffnete sich der Alte [d. i. der Kluge, Hildebrand], weil es der Junge [d. i. der Tor, Wolfhart] geraten hatte", 2250).

Die Nibelungen sehen sich bedroht. Den Amelungen rollen die Tränen über Bart und Kinn (2257), als der tief betroffene Hagen ihnen Rüdigers Tod bestätigt (2256). Eine namhafte Reihe von Dietrichs klagenden Helden zieht am Hörer vorüber (2258 ff.) und macht ihm Rüdigers Größe und Beliebtheit noch einmal bewußt.

Hildebrand bittet um Rüdigers Leiche; Volker, gedeckt von Hagen, verweigert sie. Die Freunde geben den Freund nicht preis, er gehört nicht zu jener Sorte Feinde, die man aus dem Saal wirft. Eine Reizrede entfaltet sich zwischen Volker und Wolfhart (vgl. Mayer 1964, 83 ff.), Hildebrand kann den Kampf nicht verhindern (2271), noch vor Wolfhart – dies ist nun einmal die Pflicht des Heerführers – stürmt er dann in den Saal (2274).

Diesen Kampf haben Hagen und Volker herausgefordert, die Könige haben ihn nicht verhindert. Niemand mehr glaubt an eine Versöhnung, die Burgunden drängen auf einen *kurzen tôt* (2087), zudem sehen sie, daß Dietrich nicht anwesend ist. Wolfhart ist das Opfer, nicht der Anlaß (vgl. Splett 1968, 103). Bis auf Hildebrand, der schwer verwundet fliehen kann, fallen alle Amelungen; bis auf Gunther und Hagen fallen alle Nibelungen: Hildebrand tötet Volker, Helfrich und Dankwart töten sich gegenseitig, ebenso Giselher und Wolfhart. Der Kampf zwischen Gernot und Rüdiger wird hier zurückgespiegelt. Die Kämpfe sind eingerahmt durch Gefechte Hagens mit Hildebrand (2257 f., 2304–07): Ästhetik des Todes, Strukturierung des Chaos.

Mit Giselher fällt Hagens besonderer Herr und Kriemhilds liebster Bruder. Noch in reifem Alter zierte ihn der Beiname *daz kint* (vgl. S. 105). Nicht zuletzt durch dieses Epitheton dürfte er der Liebling des Publikums geblieben, der schmählichen Bewertung als schwacher Heros entgangen sein. Gegenüber seinem Vasallen und den älteren Brüdern hatte er in Burgund immer Kriemhilds Partei ergriffen, mit Kriemhild wurde er zu Hagens größtem Problem. Er betrieb seine Isolierung, die um die Zeit von Etzels Werbung für diese bedenkliche Züge erreichte. Nur die verwandtschaftliche Bindung verhinderte damals, daß die Beziehungen ganz auseinanderbrachen; Giselher hätte sonst Hagens Hortraub mit dem Tode bestraft (1133). In der Fremde kittet beide die vasallitische Bindung zusammen, deren Brüchigkeit scheint im Gespräch mit Rüdiger (2188 ff.) durch. Hagen hat Giselher in das feine Gespinst seiner Überlebensstrategie eingearbeitet, hat die Heirat mit der Tochter Rüdigers betrieben, um diesen an die Burgunden zu binden.

Dietrich, nun wissend, daß Rüdiger tot ist, weint heftig: *jane überwinde ich nimmer des künec Etzelen man* („über den Verlust dieses Vasallen von König Etzel komme ich niemals hinweg", 2315). Fassungslos vernimmt er den Tod aller seiner Krieger; die Klage über sie spiegelt deren Klage über Rüdigers Tod (2319 ff.): *sô hât mîn got vergezzen, ich armer Dietrîch* („so hat mich Gott vergessen, mich armen Dietrich", 2319). Er ist, wie Rüdiger (2153), der *gotes arme* geworden (s. S. 187); darin gleicht er auch Kriemhild, an deren Klage seine Klage erinnert: *mîn armer Kriemhilde nôt* (1056, s. S. 153).

(3.) Dietrich (39. Av.): In großen Schritten führt der Dichter das Geschehen zu Ende, bisweilen beherrscht der epische Druck auffällig stark die Motivierungen; von ihm sollte sich auch der Hörer beherrschen lassen. So gut vorbereitet das Ende ist, für einen, der sich nicht von seinem Pathos mitreißen läßt, bleibt es fragwürdig. Das Ende des Epos ist der Triumph seines Pathos, das nun über die Gestalten hinweggeht. Da soll der Atem der Geschichte/Historie wehen, da darf es keine kleinlichen, romanhaften Motivierungen geben. Das Leiden an einer Person *(pathein)* – man denke an den Tod Siegfrieds oder Rüdigers – erweitert sich zum Leiden an der Geschichte, zum Leiden über das, das da geworden ist, oft in bester Absicht begonnen, und das so keiner gewollt hat. So verläuft Geschichte immer.

(3.1.) Der Versuch zur Wende (2324–2347): Dietrich, Etzels letzter Held, sein fürstlicher Vasall (vgl. Hennig 1981, 352), er bewaffnet sich, brüllt – so ist er eben (vgl. 1987), das gibt ihm den *rehten heldes muot* (2325) – und schreitet zum Palas. Er klagt Gunther an: *alles mînes trôstes des bin ich eine bestân* („von allem meinem Schutz bin ich beraubt", 2329).

Man hat ihm vorgeworfen, daß er nur sein eigenes Leid beklage und daß er erst jetzt klage (Horacek 1976, 318 ff.). Wer so denkt, tut ihm bitter unrecht: Warum sollte er den Verlust seines Schutzes, worunter Rüdiger wohl mitverstanden werden kann (vgl. 2246, –60), nicht beklagen? Warum sollte er um Etzel oder Kriemhild klagen, wenn doch *seine* Krieger getötet wurden? Warum sollte er früher klagen, ist er den Nibelungen doch freundschaftlich verbunden – *daz ich in mînen fride bôt* (2238)? Dietrich hatte sich in Kriemhilds Pläne nicht einspannen lassen wollen (1901, s. S. 174 f., 178), jetzt greift er in das Geschehen ein: für *seine* Männer, für *seinen* Freund Rüdiger.

Hagen antwortet, nicht der angeschuldigte Gunther: Dietrichs Krieger hätten angegriffen. Gunther stellt sich hinter seinen Vasallen: er habe selbst befohlen, Rüdigers Leiche nicht herauszugeben, um Etzel zu kränken (2335). Der Vasall erzählt einseitig, die Überlegungen Gunthers erfährt der Hörer hier zum ersten Mal. Dietrich möchte den Kampf vermeiden und fordert beide Nibelungen auf, sich ihm als Geiseln zu übergeben; dann würde er versuchen, für ihren Schutz zu sorgen: *so ich aller beste kan* („nach meinen besten Kräften", 2337).

Horacek (1976, 319 ff.) hat ihm auch diesen noblen Plan zum Vorwurf gemacht, für Etzel hätte er die Geiseln nehmen sollen. Dann hätte er sie jedoch nicht in seinen Schutz nehmen können. Dietrich steht zu seinem Wort: *daz ich in mînen fride bôt* (2238).

Diese Bitte, sich als Geiseln zu übergeben, zeigt noch einmal seinen Friedenswillen und seine hohe Achtung vor den Gegnern.

Hagen unterläuft die Bitte. Dietrich verstärkt das Angebot und verspricht, beide sicher nach Burgund zu geleiten (2340). Hildebrand unterstützt ihn, aber immer wieder stört Hagen und spottet zudem über Hildebrands Flucht (2343). Hildebrand erinnert Hagen an seine Freundschaft mit Walther, als er sich auch vom Kampf ferngehalten hatte (2344; vgl. 1756, s. S. 48). Erinnerung an die Freundschaft, zugleich eine Erinnerung an die Geisel-Zeit; wohl aus dieser Erinnerung heraus kann Hagen nicht nachgeben.

(3.2.) Der Sieg über Hagen (2348–2356): Dietrich gibt das Zeichen zum Kampf. Hagen – ein Sieg der epischen Dramaturgie – möchte alleine kämpfen und springt ihm von der Treppe aus entgegen. Es ist die letzte Pflicht des Vasallen: Hagen schützt seinen König. Etwas Todestrotz vielleicht, aber der Tod ist nicht so sicher, haben doch nach der Logik der epischen Welt auch die Hunnen nur noch zwei Helden. Nach kurzem, schwerem Kampf unterliegt Hagen. Dietrich, kein Mann des Tötens, verfolgt seinen Vergeiselungsplan und fesselt ihn, er bringt ihn zu Kriemhild und bittet sie um sein Leben. Er betrachtet ihn als Geisel, wohl auch als Geisel der Hunnen (vgl. 2364). Kriemhild läßt Hagen in den Kerker werfen, sie antwortet auf Dietrichs Bitte nicht.

(3.3.) Der Sieg über Gunther (2356–2366): Gunther ruft nach Dietrich, er eilt ihm entgegen, unterliegt nach schwerem Kampf und wird, eines Königs unwürdig, wie sein Vasall gefesselt, vor Kriemhild geführt und, gleich Hagen, als Geisel angeboten (2364). Dietrich bittet für beide Helden um Gnade; nichtssagende Antwort: *si jach, si tæt' iz gerne* („sie sagte, sie würde es [d.i. auf Dietrichs Fürsprache bei der Behandlung der Helden Rücksicht zu nehmen] gerne tun", 2365). Dietrich weint, der Vasall ist ohnmächtig, kein Rebell – man hat ihm vorgehalten, daß er nichts unternimmt (Brackert 1971, 299).

Warum bringt er – jenseits der Frage der episch-stofflichen Notwendigkeit – die Gefesselten zu Kriemhild und nicht zu Etzel (vgl. Wachinger 1960, 135; W. Schröder 1968, 161 ff.; Horacek 1976, 324)? Erkennt er ihr höheres Recht auf Rache nun doch an (W. Schröder)? Er hat dieses Recht nicht bestritten, wohl aber die hinterlistige Form, mit der es erreicht werden sollte. Will Dietrich die Königin durch seine Bitte binden (vgl. Wachinger)? Wer überlegt, warum Dietrich die beiden Nibelungen nicht Etzel überantwortet, muß auch der Frage nachgehen, ob Dietrich glauben konnte, daß Etzel sie schonen würde. Nach der Ermordung seines Sohnes zwei Tage zuvor und nach der eindeutigen Unterstützung von Kriemhilds Kampf besteht dazu aber wohl noch weniger Hoffnung als auf Kriemhilds Einlenken. Etzels Rache hat noch das Recht der Unmittelbarkeit. Beide Gefesselten Kriemhild zu überantworten, könnte für diese von Vorteil sein, namentlich für Gunther, zumal auch die verwandtschaftlichen Bande rachemildernd wirken könnten. Solche Bande gelten für Dietrich viel (vgl. die Worte, mit denen er Rüdiger beklagt, 2314); auch Kriemhild ist ihnen gegenüber nicht unempfindlich, hatte sie doch Gunther schon einmal verzeihen können (1115). Ihr zu unterstellen, sie habe schon bei der Gefangenenübergabe ihres Bruders Tod fest eingeplant, könnte voreilig sein; ihre Worte *si tæt' iz gerne* (2365) könnten wirklich nichtssagend sein und müssen nicht das Gegenteil dessen bedeuten, was sie sagen. Dietrichs Tränen gelten dem elenden Schicksal der Helden, dies muß nicht ihr Tod sein. Hagens letzte Provokation steht noch aus.

Warum übergibt Dietrich die Gefangenen überhaupt? Er hat nichts mehr, kein Reich, keine Krieger, er ist ganz auf Etzel zurückgeworfen. In dessen Reich kann er niemanden gegen dessen Willen in Schutz nehmen, schon gar nicht den Mörder des Erben. Und die Nibelungen hatten es abgelehnt, mit ihm das Land zu verlassen.

(3.4.) Gunthers Tod (2367–2369): Kriemhild geht zu Hagens Kerker und wiederholt die Forderung, die sie bei der Ankunft der Nibelungen gestellt hatte: *welt ir mir geben widere, daz ir mir habt genomen* („wollt Ihr mir zurückgeben, was Ihr mir geraubt habt", 2367; vgl. 1739 ff.). Sie nennt den Hort nicht, könnte ihn allerdings gemeint haben. Der Epiker hatte den Hort schon früher zum Symbol für Siegfried umgeschmolzen (s. S. 174); Hagen verläßt wie damals die literale Ebene nicht und weigert sich, den Ort zu verraten, an dem der Schatz ruht, solange einer seiner Herren lebe (2368).

*C nutzt die Gelegenheit, ihn noch einmal der *untriuwe* zu zeihen: er fürchte, Gunther könnte mit dem Leben davonkommen (*C 2428). Dies ist eine arge Unterstellung, ein Rest der Sage (vgl. „Das Alte Atlilied", s. S. 51), der hier keinen legitimen Platz mehr hat.

Hagen bleibt dem Eid treu, den man in Worms geschworen hatte: *daz er verholn wære, unz ir einer möhte leben* („er [d. i. der Hort] sollte verborgen bleiben, solange einer von ihnen am Leben wäre", 1140).

Tonnelat (1926, 165), der annimmt, Hagen hätte mit der Rückgabe des Schatzes seine Niederlage eingestanden, übersieht die Parallele zur ersten Hortforderung. Hoffmann ([2]1974, 72) überlegt, ob Kriemhild „eine formale Rechtfertigung oder einen Vorwand" suche, um Hagen töten zu können. Dessen Verbrechen wäre dann allerdings geringer gewesen als Mord, nur Raub, wer hätte dann noch den Wunsch, den Gegner zu töten, verstehen können?

Der Erzähler hat der „Hortforderung" durch die Doppelung und durch die Endstellung ein besonderes Gewicht verliehen (Hans Kuhn 1965, 337).

Kuhn, der den Hort nicht als Siegfriedsymbol sehen mag, schließt daraus, „daß die Rache die Hortgier nicht ersetzt hat, sondern mit ihr gekoppelt worden ist, und zwar so, daß am Ende die zweite das Feld beherrscht" (ebd.; auch Kuhn 1948; vgl. aber Beyschlag 1952, 206; W. Schröder 1961, 15; ders. 1960/61, 93 ff.; ders. 1968; Weber 1963, 19 f.; Nagel 1965, 135; G. Müller 1968, 201 ff.; Maurer 1969, 21 f.; Eis 1957). Der Epiker hätte miserabel motiviert; wir möchten eher annehmen, daß er, wie früher, die Sage evoziert und im erzählerischen Balanceakt seiner neuen Konzeption unterworfen hat.

Hagen verweist auf den alten Eid (2368), von dem Kriemhild nun zum ersten Mal hört, er verweist damit auf die unzerstörbare vasallitische Bindung, auch auf Gunthers frühen Treuebruch, war doch damals gerade erst die *suone* mit ihm zustande gekommen (1115). Nun weiß sie: König und Vasall sind nicht voneinander zu trennen, sind immer eins gewesen. Dies erst scheint ihren Entschluß auszulösen, den Bruder töten zu lassen: *ich bringez an ein ende* (2369). Da könnte man die Resignation vor der Kraft des Faktischen heraushören, dies ist kein wilder Akt von Dämonie. Kriemhild hat den Mörder ihres Mannes nicht isolieren können, nun reißt sie ihn aus seiner letzten Bindung.

Man hält Gunther im allgemeinen für eine „Verkörperung des *rex iniquus*" (Wisniewski 1973), man hat seine Schwäche als „primäre Ursache aller Verwicklung" (Ihlenburg 1969, 95) im Epos angesehen. Er wäre dann der gleiche Gunther wie der des „Waltharius" (s. S. 48), doch er hat es ungleich schwerer als dieser: seine Frau ist nur mit magischen Kräften zu gewinnen, über die er nun einmal nicht verfügt. An Siegfried gemessen, zwölf Männer stark, ist er wirklich schwach; seine Stärke besteht in der Fähigkeit, den Starken zu nutzen. Er gleicht seine relative physische Schwäche durch die Stärke politischen Denkens aus. Dies hat wohl weniger mit Charakterlosigkeit (Panzer 1955, 221) zu tun als mit der Fähigkeit, Politik zu machen und den Staat zu erhalten.

Der schwache König und Hagen, der starke Vasall – dieses Paar ist in die Forschung eingegangen und ist zum Spiegel der Historie ausgeweitet worden: schwaches deutsches Königtum wider starken Lehensadel (u. a. Ihlenburg 1969), Gunther als König Philipp von Schwaben (u. a. ebd., 103; de Vries 1961, 93). Ein überhöhtes, heute als problematisch erkanntes Barbarossa-Bild vom König und seinem ergebenen Adel (vgl. Engels 1984, 49 f.) mag den Goldgrund abgegeben haben. Jedoch: einer, dessen *grimmen muot* die Sachsen und Dänen fürchten (142), der stets daran denkt, seine Macht zu erweitern und damit im Interesse seines Reiches handelt, das er repräsentiert; der sich auf eine Vasallität stützt, die ihm verhältnismäßig loyal dient, der kann so schwach nicht sein. Gegen seinen Willen handelt Hagen nur einmal (1132), einmal auch Volker (1887). Hagen muß bisweilen lange um die Zustimmung seines Herrn ringen (vgl. 870 ff.), gegen ihn unternimmt er im allgemeinen nichts, und er fügt sich, als der Besuch bei Etzel beschlossen wird. Die Vasallen drängen sich vor, so sind sie nun einmal, so konnten sie schon im „Rolandslied" sein; aber sie drängen sich nicht vor die Könige.

Gunther ist ein König des Lehenswesens, und Hagen verhält sich ihm gegenüber nicht anders als etwa Reinald von Dassel Friedrich Barbarossa gegenüber (vgl. Engels 1984, 67 ff.; Jordan 1980, 166). Der König des Lehenswesens ist kein absoluter Herrscher, juristische Bindungen verpflichten ihn seiner Vasallität, verpflichten ihn, deren *consilium* aufzusuchen. Er muß ausgleichen, zwischen den Vasallen und der Familie, zwischen den Freunden um Hagen und den Freunden um Siegfried (vgl. Beyschlag 1952, 202 ff.). Er muß entscheiden, nach den Geboten von Ansehen *(êre)* und Macht; dies sind nicht immer die Gebote der Moral, und es bringt deshalb wenig ein, ihn von dort aus als schwach und „schäbig" (Kaiser 1981, 190) zu schelten.

Marc Bloch (1982, 491) über den König des Mittelalters: „Wir sollten uns jedoch weder rechtlich noch faktisch eine Herrschaft des persönlichen Absolutismus vorstellen. Nach dem ungeschriebenen Gesetz des weisen Herrschers konnte kein Anführer, wer er auch sein mochte, eine schwere Entscheidung treffen, ohne Rat eingeholt zu haben. Gewiß nicht vom Volk, denn niemand dachte daran, daß es direkt oder in seinen Gewählten zu befragen war. Hatte es nicht nach göttlicher Vorsehung als natürliche Vertreter die Mächtigen und die Reichen? Der König oder der Fürst würden also um den Rat ihrer höchsten Untertanen und besonderen Getreuen nachsuchen, kurzum seines Hofs in der vasallenhaften Bedeutung des Wortes. Nie vergessen die stolzesten Monarchen, in ihren Urkunden an diese notwendige Befragung zu erinnern [...] Die mehr oder weniger strikte Anwendung dieser Regel hing von dem Gleichgewicht der Kräfte ab. Aber es wäre unklug gewesen, sie so offen zu verletzen. Denn die einzigen Verfügungen, die zu befolgen Untertanen von etwas höherem Rang sich wirklich verpflichtet fühlten, waren diejenigen, die zumindest in ihrer Gegenwart, wenn schon nicht immer mit ihrer Zustimmung gegeben worden waren." – Barbarossa war bei weitreichenden Entscheidungen immer darauf bedacht, Rat und Urteil der Fürsten einzuholen (vgl. Patze 1979, 38 f.).

Gunter, wie die Könige seiner Zeit ein „großer Schwertkämpfer" und wie sie „in gefährlicher Weise vom Glanz und Ansehen des Abenteuers abhängig" (Bloch 1982, 508; dazu ebd., 510), er leidet für seine Nachwelt unter Heroismusschwäche. Der sorgenvolle König ist gewiß nicht die beste Besetzung auf dem Thron; aber deshalb eine Fehlbesetzung? Wer da gegen die Geschichte psychologisiert, gerät auf Abwege (vgl. Wahl Armstrong 1979, 136). Wer Sinn entwickelt für politischen Kompromiß und den Zwang des mittelalterlichen Personenverbandsstaates (vgl. Engels 1984, 8 ff.), Macht und Herrschaftsrechte ständig zu verteidigen und auszubauen; wem das arg- und ahnungslose Heldentum eines Siegfried wenigstens zum Teil verdächtig ist, der wird für Gunther und seine Brüder eher Verständnis aufbringen können.

(3.5.) Hagens Tod (2370–2373): Kriemhild trägt Gunthers Kopf an den Haaren herbei. Eine Szene von alttestamentarischer Grausamkeit; so hatte Judith den Kopf des Holofernes ihrem Heer präsentiert (Judith 13, 18). Noch immer nennt der Epiker seine Gestalt *daz edel wîp* (2369); Distanz, aber keine Verurteilung. Hagen antwortet stolz und wenig überrascht, er läßt die alte Gemeinsamkeit des folgerichtigen Handelns durchblicken; ein Du voller Respekt und Verachtung:

du hâst iz nâch dînem willen z'einem ende brâht,
und ist ouch rehte ergangen, als ich mir hête gedâht. (2370)

Du hast es nach Deinem Willen zu Ende geführt, und es ist genau so gekommen, wie ich es mir gedacht hatte.

Hagen verrät den Schatz nicht, er führt die Provokation mit Dietrichs Teufelin- und Hexenvorwurf (s. S. 174 f.) weiter:

den schaz den weiz nu niemen wan got unde mîn:
der sol dich, vâlandinne, immer wol verholn sîn. (2371)

Jetzt weiß niemand mehr, wo der Schatz liegt, außer Gott und mir; Dir, Hexe/Teufelin, wird er immer verborgen bleiben.

Der Epiker arbeitet am Ende einer langen und ziemlich fest tradierten Motivkette (vgl. Betz 1957, s. S. 51, „Altes Atlilied" Str. 27 f.): *wan got unde mîn* – neue Nähe Hagens zu Gott (Mergell 1950, 305 ff.) oder bloße Verstärkungsformel („nur ich allein", Nagel 1954, 396)? Vor all dem ist es die List des Epikers, der über Hagen eine Antithetik von Gott und Hexe/Teufelin aufbaut, dies am Ende der verkehrten Welt: der Mörder schlägt sich auf die Seite Gottes und erniedrigt das Opfer zur Hexe/Teufelin.

Kriemhild zieht Siegfrieds Schwert aus der Scheide, es erinnert sie an ihren *holden vriedel* (2372, vgl. 847): ganz eins ist sie wieder mit dem Geliebten, an dessen Stelle sie nun die Rache vollzieht und Hagen den Kopf abschlägt (2373). Die Gesetze der Zeit, im epischen Raum ohnehin zwielichtig, gelten für sie nicht, sofern zu ihnen das Vergessen gehört.

Ist Hagen mit Siegfrieds Schwert gefesselt worden, wenn ja, wie kann es Kriemhild dann herausziehen? Man hat sich auch hierüber Gedanken gemacht (Panzer 1955, 432); jedoch erzählt der Dichter nirgendwo, daß es an Hagens Seite hängt (vgl. aber de Boor 1979 Anm.).

Die Frau ist nicht fehdewürdig (His 1920, 268), sie handelt also nur in der Symbolik nicht wider das Recht: das Schwert, das Hagen tötet, *ist* Siegfried. Mit dem Tod der Mörder erlischt der erste Grund für die Verkehrung der Welt.

Hagen hatte sich im allgemeinen seinen Königen gegenüber loyal verhalten, er hatte Gunthers Machtpolitik unterstützt, etwa bei der Werbung um Brünhild, er hatte diese Politik allerdings bisweilen sehr eigenwillig vorangetrieben, z. B. bei den Kommendationsversuchen und der Ermordung Siegfrieds. Freiwillig übernahm er jeweils den (intriganten) Part dessen, der die ehrenrührigen Aufgaben zu erfüllen, das Böse an der Macht zu verantworten hat. Er ist ein Repräsentant des Adels in seinem Stolz und mit gelegentlichen Kampfschwächen. Der Mord erschütterte seine Stellung am Hof tief, nur die vasallitische und verwandtschaftliche Bindung konnte ihn noch auffangen. Sein Verständnis von Vasallität zwang ihn zur Reise an den Etzelhof, die er für falsch hielt. Privater Machtanspruch ist ihm nur schwer zu unterstellen (vgl. Burger 1985).

Auf dieser Reise erneuerte er alte Freundschaften und baute sie aus, er arbeitete planvoll gegen den Tod, auch dadurch, daß er sein Leben in der Lehensbindung barg. Da gab es wohl Stolz und Bosheit als Antwort auf Stolz und Arglist, aber keine Selbstzerstörung (vgl. Ihlenburg 1969, 114), keinen „Schicksalstrotz" (W. Schröder 1960/61, 118), keine Lust an der Zerstörung von Werten (Dickerson 1975, 55), aber auch kein verantwortungsvolles Staatsbewußtsein (Bostock 1960, 97); der Staatsmann gliche zwischen den Parteien aus. Hagen hatte von seinem Tod ein magisches Vorwissen, doch glaubt derlei ein Held nicht (s. S. 52). Seine Überlebensstrategie war fast erfolgreich, denn nur noch ein Heldenpaar und den König zählt (im epischen Raum) der Hunnenhof; sie hätte ihn, so inszeniert der Epiker seinen Blickwinkel, retten können, wenn Kriemhild nicht selbst die Rache vollzogen hätte.

Kriemhild ist Seinesgleichen geworden, mit ihr hat Hagen sich verrechnet. Er hatte geglaubt, mit dem Mord die Ehre Burgunds zu wahren, dessen Macht ins Grenzenlose weiten zu können. Der Erzähler spiegelte im Hortraub den Mord (s. S. 154). Stolz und Ehre wider Stolz und Ehre, im Hintergrund einmal die Macht, einmal die Liebe.

Hagen „intelligent" zu nennen, ist wider die Geschichte, auch hat der Erzähler keine Vorliebe für ihn entwickelt (vgl. aber Mahlendorf/Tobin 1971) oder ihn zum „moralischen Sieger" (Fourquet 1965, 307; vgl. auch W. Schröder 1960/61, 149 ff.) erhoben. Es gibt keinen Sieger im Nibelungenlied, auch keinen der Moral; es gibt Hagens Rechte und Pflichten, und es gibt Kriemhilds Rechte und Pflichten. Hagens Denken gleicht wohl der alten Heroik (vgl. Hoffmann [2]1974, 94) – wenn es diese als geschlossenes System denn gab –, gliche wohl ebenso dem Denken eines Vasallen der Jahrhundertwende, mochte er sich auch am zeitgenössischen Hof *vorhtlîch* (1665) und *gremelîch* (413) ausnehmen. Man interpretiert Hagens Handeln immer wieder gerne vom Ende her und unterstellt ihm einen Kampfplan (vgl. Mahlendorf/Tobin 1971): er hat keinen, er agiert und reagiert nach der Lage der Dinge. Er hat ein Ziel: mit seinen Königen zu überleben. Für dieses Ziel sucht er nach Freunden, über es aber stellt er, Kind seiner Epoche, den Stolz.

(3.6.) Kriemhilds Tod (2374–2377): Die Männer haben Kriemhild zur Teufelin, zur Hexe *(vâlandinne)* gemacht, wie sie auch Brünhild zur Hexe/Teufelin gemacht hatten, als sie noch nicht in ihre Welt paßte (vgl. 438, 450).

Man meint gewöhnlich, der Epiker habe sich dieser Verurteilung angeschlossen: zur „Dämonin" sei Kriemhild abgesunken (Mergell 1950, 15; Weber 1963, 12), sei von einem „Dämon besessen" (Northcott 1965, 316), „letztlich ein Werk des Teufels" (Nagel 1965, 255), sei „rachgierig", eine „Rachefurie" (Ihlenburg 1969, 10 u. 51), eine „Racheteufelin", von „blindem Racheethos" besessen (Wahl Armstrong 1979, 129 u. 291); von „Entartung bis zur Entmenschung" (Weber 1963, 11) und vielem anderen hat man gesprochen. 1394,1 (*ich wæne der übel vâlant Kriemhilde daz geriet,* s. S. 140) wurde als Stütze herangezogen (vgl. Hans Kuhn 1965, 347). Der Erzähler hatte damals das böse Handeln begründet, mehr nicht, er hatte nicht gewertet oder Kriemhild als Hexe/Teufelin degradiert.

Die Begriffe für Kriemhild sind starke Worte, die ein Zeugnis ablegen von der Unruhe der Interpreten.

Immer wieder hatten die Nibelungen Kriemhild herausgefordert, sie zum Töten gereizt; sie wollte nur Hagen. Ihn zu isolieren, versuchte sie planvoll, nicht blind. Doch er hatte eine Mauer aus Freundschaft und Vasallität um sich herum aufgebaut, die sie nicht durchbrechen konnte. Sie verstieß gegen das Gastrecht, handelte arglistig, nahm den Tod tausender unschuldiger Männer in Kauf – insofern besteht der Teufelin- und Hexenvorwurf zu Recht; aber er ist falsch, wenn ihr unterstellt wird, sie hätte diese Toten von vornherein gewollt. Hexen weinen nicht (vgl. S. 189). Der Epiker zeichnet Kriemhild, deren letzter Gedanke ihrem *holden vriedel* (2372) gilt, nicht als Furie.

Rache ist Recht, und mit ihrer Rache vollzog Kriemhild auch das Recht, das ihr – gegen das Recht (vgl. His 1920, 268) – Gunther verweigerte. Die Könige deckten den Mörder, den die Bahrprobe (s. S. 151 f.) entlarvt hatte. Dies in einer Welt, in der das Recht alles galt. Als sie Gunther töten ließ, Hagen selbst tötete, stellte die Entrechtete das Recht wieder her. Es war eine Restitution des Rechts im Rechtsbruch. Dies könnte sie noch einmal mit Judith verbinden, die ihr Volk durch die Tötung des Holofernes rettete.

Kriemhild mit dem Schwert – dies ist auch ein Bild der richtenden Göttin. Der Epiker hatte die Rechtssymbolik des Schwertes, gerade Balmungs, schon erarbeitet (s. S. 175); Hugo Kuhn spricht von einem „Prozeß gegen Hagen" (1973, 6). Restitution des Rechts ist Restitution des *ordo,* zu dem die *iustitia* (‚Gerechtigkeit') unabdingbar gehört. Willson hat gezeigt, wie das Thema von *ordo* und *inordinato* (‚Ordnungslosigkeit') das Nibelungenepos durchzieht, etwa in den Gegensatzpaaren *mâze – unmâze, fuoge – unfuoge, triuwe – untriuwe:* „Immer wird Ordnung verletzt und pervertiert" (1963, 288). Grund, direkt oder vermittelt: der Stolz *(übermüete/übermuot).*

Die Wiederherstellung des *ordo* durch Todesstrafe entspringt nicht germanischem Denken, sondern Überlegungen, die sich erst seit den karolingischen Kapitularien entwickelt haben und in der von Südfrankreich ausgehenden Gottesfriedensbewegung seit dem Ende des 10. Jahrhunderts verschärft worden sind (Kroeschell 1972, 197 u. 184; vgl. auch His 1920, 344). Im Gefolge dieser Bewegung häuften sich die Strafen an Leib und Leben.

Der Epiker steht also in der Denktradition der Kirche, Kriemhilds Rechtsanspruch ist nach Auffassung der Zeit nicht widerkirchlich, wie auch das Bahrrecht nicht widerkirchliches Recht ist. Die archaische Rechtsethik ist von der Rechtsethik der Jahrhundertwende nicht scharf zu trennen und beides sind internationale Ethiken. Die *alten mæren* evozieren das archaische Denken der Sage, das der Erzähler nach seiner

Drahtseilaktmethode in die Gegenwart überführt, seinem Plan dienstbar macht.

In der Doppelung von Hexe/Teufelin und *iustitia* spiegelt Kriemhild die Geschichte der Nibelungen (Burgunden) die der (objektive) Epiker zwar beklagt, aber nicht wertet. Wie Hagen im Namen des Burgundenhofes sich zum Arm der Gerechtigkeit erhob, als er Siegfried, der leichtfertig mit den Werten des Feudalsystems umsprang, ermordete und sich damit ins Unrecht setzte, so setzte sich Kriemhild ins Unrecht, als sie den Mörder richtete. In der verkehrten Welt gerät der Mörder auf die Seite des *ordo,* wie Kriemhild und Hagen so etwa auch der Fuchs des „Reynke de vos" (1498); ihn haben seine zeitgenössischen Interpreten gleichfalls verteufelt.

Die Männer beklagen nicht Hagens Tod, sie erkennen das Racherecht also durchaus an – Hagens Mord ist nicht vergessen. Wie sie bei Kriemhilds Rechtssuche die Form beklagt haben, hinterlistige Einladung und hinterlistiger Mord, so beklagen sie nun die unheroische Form von Hagens Sterben:

„Wâfen", sprach der fürste, „wie ist nu tôt gelegen
von eines wîbes handen der aller beste degen,
der ie kom ze sturme oder ie schilt getruoc! (2374)

„Wehe", sprach der Fürst, „wie ist jetzt der aller beste Krieger, der je zur Schlacht ging, der je einen Schild trug, von den Händen einer Frau zu Tode geschlagen worden!

der fürste – das ist Etzel. Die Männer bleiben hinter den Symbolisierungen des Epikers zurück, das Schwert ist für sie weder Siegfried noch das Recht, sie sehen es in den Händen einer Frau, und dies ist schändlich, wider das Recht der von ihnen beherrschten Gesellschaft. Die Frau hat kein Recht, die Rache selbst auszuführen (vgl. Zacharias 1961/62, 193ff.; His 1920, 268). Auch Kriemhild war diesem Denken gefolgt, doch hatte sich Dietrich von Anfang an verweigert, und Rüdiger war gefallen. Nun hatte Dietrich um die Schonung der Helden gebeten, da hatte sie niemanden mehr, der die Rache für sie hätte ausführen können. Deshalb mußte sie, wollte sie sich treu bleiben, den stärksten Rechtsbruch wagen.

„Kriemhild bildet zwar im Geschehnisablauf eine zentrale Figur, aber in ihrer Eigenschaft als Frau wird sie ganz aus der Perspektive eines männlich-heldischen Ethos betrachtet, in dessen ‚ordo' der Frau nur ein nachgeordneter Platz zukommt – wie in der früh- und hochmittelalterlichen sozialen Realität" (Schweikle 1981, 72f.).

Etzels Worte sind auch die Worte Judiths: „Da hat jn [d.i. Holofernes] der HERR vnser Gott durch Weibshand vmbbracht" (Jud. 13, 19; Übersetzung: Luther 1545). Judith freilich spricht voll Stolz, voll Vertrauen auf Gott, Etzel voll Trauer: *swie vîent ich im wære, ez ist mir leide genuoc* („ich war ihm [d.i. Hagen] zwar sehr feind, aber ich bin sehr traurig darüber", 2374).

Den Zeitgenossen war Judith bekannt, wie ihnen die Gestalten der Bibel überhaupt vertrauter waren als uns. Der Name Judith taucht in der Welfendynastie, aus der auch Barbarossas Mutter Judith stammte, gelegentlich auf (vgl. Jordan 1980).

Hildebrand schreitet im Einvernehmen aller zornig zur Rache und schlägt die jämmerlich schreiende Kriemhild (2376) in Stücke: *ze stücken was gehouwen dô daz edele wîp* (2377). Er handelt als Richter, der eine Hexe (vgl. Weinand 1958, 80 u. 94 ff.), nicht als Ritter, der eine Königin tötet, und vollzieht den zweiten Schritt zur Wiederherstellung des *ordo.* Die Männer behandeln Kriemhild als Hexe/Teufelin *(vâlandinne),* während im selben Atemzug der Erzähler den Adel der Frau beschwört (vgl. auch 2369) und damit noch einmal seine Distanz zum Geschehen, auch zum Männerverhalten, deutlich macht. In dem Widerspruch zwischen *vâlandinne* und *edel wîp* objektiviert sich die betrauerte Aporie des (feudalen) Rechts, damit auch Weltbildes, dessen Gehilfe der Adelsstolz ist.

Die große Liebende, die große Hassende – dies ist das gängige Bild Kriemhilds in der Forschung (vgl. Wahl Armstrong 1979, 239 ff.), ein Bild von übersteigertem affektgeleiteten Handeln (vgl. Klein 1981, 246 f. u. 271 ff.). Mit solcher Psychologie ist sie nur teilweise erfaßt, ist ihr geschichtlicher Hintergrund, aus dem heraus sie lebt, ihr Adel, zu wenig ausgeleuchtet. Der mittelalterliche Mensch ist seiner Gesellschaft tiefer verbunden als der heutige (vgl. u.a. Elias 1976, Gurjewitsch 1980, Habermas 1974); der Epiker macht dies in einer prägnanten Formulierung der 1. Aventiure sinnfällig: *in disen hôhen êren troumte Kriemhilde* (13, s. S. 109). Nur in *hôhen êren* ist Kriemhild denkbar, in ihnen lebt sie bewußt, dies heißt auch: mit dem Bewußtsein der Macht. Aber ihr Handeln erschöpft sich nicht darin, die Macht zu verfolgen (vgl. aber z.B. Beyschlag 1952, Ihlenburg 1969, Kaiser 1981). Die Alternative psychologische vs. politische Dominanz stellt sich nicht (vgl. aber u.a. W. Schröder 1960/61, 87 vs. Beyschlag 1952), und eine solche wäre gegen die Geschichte, gegen die Epoche um 1200. Politik und Seele sind untrennbar: *ich hân einen man, / daz elliu disiu rîche ze sînen handen solden stân* (815, s. S. 140). Wer die Seele alleine herausnähme, bildete sich eine Kriemhild zurecht, die erst in der späteren Historie möglich wäre; wer nur die Politik herausnähme, hätte keinen Menschen mehr.

Es besteht für den Hörer keine Notwendigkeit, die Kriemhild des Schlußteils übermäßig zu dämonisieren. Der Epiker schließt sich dem Teufelin- und Hexenvorwurf seiner Männer nicht an. *Er* zeichnet Kriemhild als diejenige, die ihr Recht sucht in einer Gesellschaft, die es ihr verweigert. Die Maßstäbe der Rechtssuche sind im Mittelalter andere als heute, die Gewaltanwendung ist ein legitimes Mittel dazu.

(3.7.) Abschluß, Dietrich (2378 f.): Der Epiker schließt mit zwei zusammenfassenden Strophen ab, er blendet auf die *hôhen êren* des Anfangs zurück, die nun zerstört sind, und auf das Thema von Freude und Leid. Der Reim *tôt-nôt* umarmt beide Strophen, die mit dem Titel des *mære* enden: *hie hât daz mære ein ende: daz ist der Nibelunge nôt* („hier endet die Erzählung: sie heißt ‚der Nibelungen Untergang'").

Dieses Thema, ausdrücklich auf *daz mære* bezogen, erstreckt sich wohl kaum nur auf die Schlußpartie (vgl. aber Brackert 1971, 299). *Mære* (vgl. S. 98 f.) ist einer jener weiten, für das Mittelalter typischen Gattungsbegriffe. *C fühlte sich an die *nôt*-Formel nicht mehr gebunden, es dehnt den Schluß auf drei Strophen und nennt das *mære der Nibelunge liet* (*C 2440); auch dies einer jener weiten Gattungsbegriffe, der über den heutigen Liedbegriff weit hinausgeht. *Mære* (‚Kunde, Nachricht') und *liet* (u. a. ‚Dichtung, Gedicht', lat. *carmen*) entspräche wohl am ehesten griech. *epos* (‚Wort, Erzählung, Vers'; vgl. Kap. IV.3). Die mittelalterlichen Begriffe sind jedoch nur schwer mit den antiken in Übereinstimmung zu bringen.

der Nibelunge nôt – nicht nur: *Kriemhilden nôt;* ein Nibelungenepos, kein Kriemhildroman.

Außer den Statisten – *ritter unde vrouwen* (*C: *kristen unde heiden*), *die edeln knehte* (*C: *wîbe unde knehte, manige schœne meit*) – überleben Etzel, Dietrich und Hildebrand. Etzels Überleben, das Leben eines honorigen und toleranten, nun aber erbelosen und resignierten Herrschers, ist allenfalls als melodramatischer Stimmungshintergrund programmatisch, wie der Hunnenfürst immer nur Stimmungshintergrund war: der gebrochene, weinende König (2377) vor den Scherben seiner Welt.

Anders Hildebrand. Er steht ganz im Schatten seines Herrn und ist dessen bisweilen ärgere Hand, er verschafft dem Recht Durchbruch. Was dem Herrn zukäme, übernimmt er, so daß der Herr ohne Mord bleibt. So war auch Hagen, der wie er (vgl. 2250 ff.) den Willen seines Herrn überdehnen konnte.

Utopiefähig – dies allerdings nicht zwingend – für eine bessere Welt ist allein Dietrich, dessen Verzagtheit aus der Sage der Dichter zum Friedenswillen umgebogen hat. Dietrich ist ein christlicher Held – anders als christlich ist der gute Held für die Zeitgenossen nicht denkbar –, aber weder trägt er messianische Züge noch kämpft er für das Christentum, wie etwa Wolframs von Eschenbach Willehalm, dem er gleicht. Das Nibelungenlied ist kein Epos vom christlichen Glauben wider den heidnischen (vgl. aber Nagel 1965, 263), von der Antithese christlich vs. heidnisch aus ist es nicht aufzuschließen (vgl. Kap. IV.5).

Dietrich repräsentiert zeitlos höfische Ideale, aber er ist nicht der sich bewährende, suchende (moderne) höfische Ritter, wie ihn die Artusdichtung kennt. Der Epiker relativiert „das" Höfische von Anfang an, das moderne Höfische ist für ihn vor allem durch die Liebe bestimmt, durch eine neue Sensibilität. Alle Lebensbereiche (Welten) scheitern, nicht nur der modern-höfische, und sie scheitern nicht deshalb, weil sie höfisch, sondern deshalb, weil sie stolz sind. Das Epos geht deshalb wohl nicht den Weg in eine Desillusionierung der höfischen Welt (vgl. z.B. Hoffmann [2]1974, Bertau 1972, Spiewok 1963 vs. Wehrli 1980, 403; s. auch Jaeger 1985, 190 ff.), sondern in eine Desillusionierung der Welt, des menschlichen Handelns überhaupt, vorgeführt am Beispiel der Desillusionierung der stolzen Adelswelt.

Das Schlußbild ist einprägsam: neben dem gebrochenen, weinenden König und dem zornigen Vasallen steht der weinende Held, ohne Reich, ohne Krieger, ohne politische Bindungen. Es ist ein Bild unendlicher Trauer:

Diu vil michel êre was dâ gelegen tôt.
die liute heten alle jâmer unde nôt.
mit leide was verendet des küniges hôhgezît,
als ie diu liebe leide z'aller jungeste gît. (2378)

Die Blüte der Länder lag tot darnieder, alle Menschen klagten und waren verzweifelt. Leidvoll war des Königs Fest zu Ende gegangen, so wie immer zuallerletzt die Freude Leid bringt.

Das Nibelungenlied als Abbild der Geschichte hat keinen (erkennbaren) Sinn (im Sinne einer Lehre) (vgl. S. 12), es hat nur einen Weg und ein Thema: *als ie diu liebe leide z'aller jungeste gît.* Der Dichter steht mit solcher Resignation nicht alleine in seiner Zeit (vgl. Wolframs von Eschenbach „Titurel", Str. 17: *sus nimet diu werlt ein ende: unser aller süeze am orte ie muoz sûren,* „so geht die Welt [das Leben] zu Ende: was uns allen süß erscheint, wird in Bitternis enden"). Der Weg in die Katastrophe ist in der Vision der Heilsgeschichte zur Apokalypse hin ebenso vorgezeichnet wie in der Vision der germanischen Seherin vom Weltbrand („Vǫluspǫ́", in: „Die Edda" 1984). Beiden aber bleibt die Utopie: das Reich Gottes oder das Neue Land, das frisch ergrünend aus den Fluten ersteht. Dem Nibelungenlied bleibt nur die Möglichkeit zur Utopie (vgl. Kap. IV.5).

Hinweise

Dieses letzte Kapitel bietet sich dazu an, die Verbindlichkeit möglicher Sinnangebote des Nibelungenliedes zu erörtern und am Text zu prüfen. Kap. III.3.2 behandelt abschließend die großen Gestalten, deren Bild nun anhand der Forschungsliteratur zu vertiefen ist. Dabei ist es hilfreich, Kap. IV.2 mit heranzuziehen.

Die Möglichkeit der Utopie im Mittelalter erörtert Tomasek, Tomas: Die Utopie im ‚Tristan' Gotfrids von Straßburg. (Hermaea. Germanistische Forschungen NF 49) Tübingen 1985, 5–40 [s. vor allem S. 32 ff.].
Geleit: DRW III, 1581–87; HRG I, 1481–89; Fiesel 1920.
Gastung und Gabe: Wunderlich 1986; HRG I, 1364–67; DRW III, 1123–29; DW IV, 1111–17; Encyclopaedia of Religion and Ethics. Ed. by James Hastings. Bd. VI, 197–214.
Geiselschaft: HRG I, 1445–51; Lawn 1977; Schmidt-Wiegand 1982, 384 ff.
Rache: s. S. 152 u. Literatur S. 155.
Eid: HRG I, 861–870.

IV. Probleme der Nibelungenliedforschung

1. *Struktur*

Teilbibliographie XVII

Strukturierungen

Batts, Michael S.: Die Form der Aventiuren im Nibelungenlied. (Beiträge zur deutschen Philologie 29) Gießen 1961 [Jede Aventiure ist nach einer eigenen Form gegliedert, immer aber konzentriert sich die Handlung um einen Höhepunkt.]

Eggers, Hans: Vom Formenbau mittelhochdeutscher Epen, in: DU 11, H. 2, 1959, 81–97 [Jede Aventiure gliedert sich tendenziell in drei symmetrische Teile, innerhalb derer sich weitere Symmetrien ausmachen lassen.]

Fourquet, Jean: Zum Aufbau des Nibelungenlieds und des Kudrunlieds (1954), in: WF 54, 53–69 [Das Epos gliedert sich nach Vielfachen von vier Aventiuren: 4 + 8 + 8 / 8 + 12 (4 + 4 + 4).]

Horacek, Blanka: Zum Handlungsaufbau des Nibelungenliedes, in: Studien zur deutschen Literatur des Mittelalters. Hrsg. v. Rudolf Schützeichel. Bonn 1979, 249–263 [Das Epos gliedert sich in 2 + 2 Hauptphasen (Av. 3–11, 14–17 und 20–22, 28–39), die von Einleitungs- bzw. Übergangsphasen umgeben sind. Die Gesichtspunkte dieser Gliederung sind nicht durchschaubar.]

Lachmann, Karl: Zu den Nibelungen und zur Klage. Anmerkungen. Wörterbuch von Wilhelm Wackernagel. Berlin 1836; dazu Grimm, Jacob: Die echten Lieder von den Nibelungen [...], in: Göttingische gelehrte Anzeigen 1851, III, 175. Stück, 1747–52 [L. legt seiner Edition eine Gliederung des Epos nach Siebenergruppen („Heptaden“), d. h. nach Gruppen von sieben Strophen oder einem Mehrfachen davon, zugrunde.]

Maurer, Friedrich: Über die Formkunst des Dichters unseres Nibelungenlieds (1954), in: WF 54, 40–52 [M. ist im wesentlichen derselben Ansicht wie Eggers 1959.]

[Mc Carthy] Sister Mary Frances: Architectonic Symmetry as a Principle of Structure in the *Nibelungenlied*, in: GR 41, 1966, 157–169 [Die Aventiuren gruppieren sich um einzelne Achsen *(pivots,* wobei vier kleinere Gruppen (1/5/10, 10/15/20, 20/25/30, 30/35/39) von zwei größeren (1/10/20, 20/30/39) dominiert sind.]

Mergell 1950 [Das Epos ist ein Gefüge von acht thematisch geschlossenen Abschnitten zu je fünf Aventiuren, die sich um die 20. Av. in der Weise gruppieren, daß diese zugleich die letzte Aventiure der vierten und die erste der fünften „Pentade“ darstellt.]

Nagel 1965, 97 ff. [folgt Wachinger 1960].

Wachinger, Burghart: Studien zum Nibelungenlied. Vorausdeutungen, Aufbau, Motivierung. Tübingen 1960 [wird im folgenden referiert].

Wiehl, Peter: Über den Aufbau des Nibelungenliedes, in: WW 16, 1966, 309–323 [Ausbau von Eggers 1959; jeder der beiden Teile des Epos hat ein Zentrum mit zwei Flügeln.]

Zur Zahlenkomposition einführend: Wehrli 1984, 214 ff.

Aventiure

Fleck, Jere: The Adventiure Divisions of the „Nibelungenlied“, in: Monatshefte 65, 1973, 161–166 [Die Aventiuren-Gliederung stammt nicht vom alten Epiker, sondern von einem, der weniger auf die Symmetrie achtete; von diesem rühren auch die Prosatitel her.]

Lohse, Gerhart: Die Aventiurenüberschriften des Nibelungenliedes, in: Beitr. 102, Tü. 1980, 19–54 [Im Anschluß an Brackert 1963 wird festgestellt, daß mit Hilfe der Aventiurenüberschriften keine zuverlässigen Aussagen über den Stammbaum der Nl-Hss. zu machen sind. Die Überschriften sind formale Vorbilder für spätere Dichtungen geworden, die nicht mehr nur der Heldenepik angehören müssen.]

Über die Aventiuren wird auch in den Gesamtdarstellungen und in der oben unter „Strukturierungen“ verzeichneten Literatur gesprochen.

Das Nibelungenlied ist von Mikrostrukturen (Strophe, syntaktische und metrisch-rhythmische Einheit) und Makrostrukturen (Strophengruppe, Aventiure, Aventiurengruppe) durchzogen. Verschiedene Einleitungen und Schlüsse sowie geschlossene Handlungsabläufe legen die Annahme nahe, daß die Untergliederung nach Aventiuren auf den Epiker selbst zurückgeht.

âventiure: „Das Wort weist in seiner Entwicklung eine starke Bedeutungsverengung auf; im Mittelhochdeutschen zeigt es noch eine viel breitere Anwendung; ja es kann sogar als ein Leitwort ritterlichen Lebens und Strebens gelten. Neben der konkreten und speziellen heute ganz ausgestorbenen Bedeutung ‚Geschichte‘ oder ‚Quelle‘ steht es auch für ritterlichen ‚Kampf‘ aller Art, doch es kann auch die hohen Begriffe ‚Schicksal‘, ‚Glück‘, schließlich sogar ‚Geheimnis‘ und ‚Wunder‘ ausdrücken (selbst auf Menschen bezogen), wobei noch aus seiner Herkunft (*adventura* [‚das, was erscheinen wird‘] ein in die ungewisse Zukunft weisendes Bedeutungselement nachklingt“ (Pretzel, Ulrich: Mittelhochdeutsche Bedeutungskunde. Unter Mithilfe v. Rena Leppin. [Germanische Bibliothek. 1. Reihe] Heidelberg 1982, 5). Das Wort wurde zu Ende des 12. Jh. als ritterliches Modewort aus Frankreich (zu frz. *aventure)* übernommen. Der Epiker selbst verwendet es nicht, erst *C scheint es in die Überschriften gebracht und diese Überschriften formuliert zu haben (vgl. Wachinger 1960, 57 ff.; Nagel 1965, 72 ff.; Fleck 1973; Lohse 1980).

Die Aventiurengrenzen der Haupthandschriften stimmen mit wenigen Ausnahmen überein; vgl. die Überlappungszonen zwischen den Aventiuren 6/7, 23/24, 32/33, 33/34 (*A/*B vs. *C) und 5/6 (*C/*B vs. *A) (Wachinger 1960, 74 ff.; Batts 1961, 9 ff.).

Daz was in einen zîten, dô vrou Helche erstarp (1143, s. S. 161) – mit der 20. Aventiure setzte der Epiker einen tiefen Einschnitt, nach Vers- und Aventiurenzahlen *etwa* in der Mitte. Auf Siegfrieds Tod (Av. 1–19) folgt der Tod der Burgunden (Av. 20–39). Die Stücke vom Tod des Einen und vom Tod der Vielen sind grob auf die Waage geschichtet, die Stoffmassen in eine erste Form gebracht.

Die Versuchung, die 20. Aventiure als Achse herauszunehmen und um sie zwei symmetrische Teile von je 19 Aventiuren und annähernd gleicher Strophenzahl zu ordnen, ist groß; zu rechtfertigen ist sie inhaltlich nicht, weil sich die 21. Aventiure nahtlos an die Handlung der 20. anfügt. Noch weniger kann die Ausdehnung des Mittelteils auf drei Aventiuren (Eggers 1959, dazu Nagel 1965, 98f.; Wiehl 1966) überzeugen: 18 + 3 + 18. Der zweite Schnitt fiele mitten in Kriemhilds Reise, der erste nähme Kriemhilds *suone* mit Gunther und die Hortgeschichten ohne Not vom Vorangehenden. Schließlich wäre der offenbar wohlberechnete Bruch zu Anfang der 20. Aventiure überbrückt.

Die Suche nach Symmetrien hat vor allem die Forschung der 50er und 60er Jahre immer wieder beschäftigt; man bestimmte damals Dichtung gerne als „sprachliches Kunstwerk" (Wolfgang Kayser), ging Proportionen und Zahlensymboliken nach. Für die mittelalterliche Dichtung wollte man damit eine strenge Form nachweisen, die den strengen *ordo* spiegelt – „Aber du hast alles geordnet mit mas / zal vnd gewicht" (Weisheit 11, 21; Übersetzung: Luther 1545). Für viele Texte brachte dies neue und erhellende Einsichten, für das Nibelungenepos haben wir aber keine überzeugende (symmetrische) Gliederung ausfindig machen können. (Vgl. die in der Teilbibliographie XVII angegebenen Zahlentheorien!) Den gelungensten Versuch hat Wachinger (1960) vorgelegt.

Wachinger stimmt seine Gliederung eng mit dem Inhalt und der szenischen Gestaltung ab. Maßgebend sind Zeit- und Raumangaben, Wechsel der Darstellungsart (z. B. Dialog vs. erzählte Handlung) und stilistische Eigentümlichkeiten (z. B. Erzählerbemerkungen, Vorausdeutungen, Zusammenfassungen). Unter einer Szene wird dabei eine zeitliche und räumliche Einheit verstanden, deren Darstellungsform vorwiegend dialogisch bzw. deren Handlungserzählung besonders dicht ist (1960, 60f.). Jede Aventiure bildet für sich eine inhaltliche Einheit, doch sind die einzelnen Aventiuren „von sehr verschiedener Geschlossenheit und von sehr verschiedenem Gewicht" (ebd., 62). Bei mehreren läßt sich eine Zweigliedrigkeit feststellen, andere sind anders gegliedert, doch verdichtet sich nichts zu einer Systematik oder gar zahlensymmetrischen Struktur. Symmetrien scheinen sich in den folgenden vier Aventiuren auszubilden:

16 10 + 38 + 38
19 5 + 10 + 11 + 14 + 2

30	6 + 13 + 12
36	5 + 25 + 20 + 3

Symmetrie wird nicht als eine Symmetrie der Zahlen verstanden, sondern als „spiegelbildliche Entsprechung von Stil, Inhalt und Funktion von Strophengruppen“ (ebd., 67).

Wachinger läßt die traditionelle Zweiteilung gelten und gliedert die epische Erzählung nach den Zeitabschnitten in vier Hauptphasen, spiegelbildlich um ein Zwischenglied angeordnet und mit einer Einführung versehen:

Einführung	1–2
Phase A	3–11
Phase A a	3
Phase A b	4–5
Phase A c	6–11
Phase B	12–18 (12 + 13 / 14 / 15 / 16 / 17 + 18)
Zwischenglied	19
Phase C	20–22
Phase D	23–39
Phase D a	23–24
Phase D b	25–27
Phase D c	28–39

Zwischen den Phasen A und B liegen 11, zwischen C und D (7 + 12) Jahre. Das Zwischenglied von 13 Jahren (Str. 1142) ist durch 3,5 (Str. 1106) und 9,5 Jahre bestimmt.

Die strukturbildende Kraft der Zeit ist zweifellos ein, aber eben doch nur eines der möglichen Gliederungsprinzipien, die uns im übrigen alle aufgesetzt erscheinen wollen. Wohlproportionierte größere oder kleinere Einheiten (Strophen- oder Aventiurengruppen) mögen sich ausfindig machen lassen, und ihre Proportionierung kann sinnstiftend sein (vgl. S. 131). Nach strengen Gliederungsprinzipien zu suchen, verbietet jedoch schon die offene Form der Textüberlieferung und offenbar auch Textentstehung. Der Nibelungenepiker verliert sich oft genug im Genuß des Erzählens, dies ist Stilprinzip (vgl. S. 120); und er mag das kleinliche Aufrechnen nicht. Insofern ist die Ästhetik des Nibelungenliedes eine Ästhetik der Formlosigkeit im Sinne der Proportionslosigkeit, und sie spiegelt in dieser Hinsicht die Disharmonie seiner Welt.

2. *Menschenbild*

Teilbibliographie XVIII

Allgemeine Studien

Gurjewitsch 1980.

Morris, Colin: The Discovery of the Individual 1050–1200. (Church History Outlines 5) London 1972.

Mueller, Ernst/Thomas, Alexander: Einführung in die Sozialpsychologie. Göttingen et al. 1974.

Oerter, Rolf: Moderne Entwicklungspsychologie. Donauwörth [17]1977.

Rohrbach, Günter: Figur und Charakter. Strukturuntersuchungen an Grimmelshausens Simplicissimus. (Bonner Arbeiten zur deutschen Literatur 3) Bonn 1959.

Rupp, Heinz: Einige Gedanken zum Menschenbild der deutschen höfischen Dichtung, in: DU 14, H. 6, 1962, 5–20.

Schmid, Karl: Über das Verhältnis von Person und Gemeinschaft im früheren Mittelalter, in: Frühmittelalterliche Studien 1, 1967, 225–249.

Schoeck, Helmut: Soziologisches Wörterbuch. (Herderbücherei 512) Freiburg 1973.

Spiewok, Wolfgang: Das Menschenbild der deutschen Literatur um 1200 (1966), in: ders., Mittelalter-Studien. (GAG 400) Göppingen 1984, 73–97 [Verf. erarbeitet drei Stufen des Menschenbildes: (1.) auf der statischen frühfeudalen Stufe entfaltet der Held nur seine vorbildlichen Charakterzüge; (2.) auf der hochfeudalen Stufe korrigiert er seine Neigungen durch die Pflicht (*êre*, Gottsuche), die ihm die Gesellschaft auferlegt; (3.) dazu entsteht eine feudalismuskritische Variante (Nibelungenlied, „Tristan"). Das Nl wird als „nachdenklich stimmende Gestaltung des Produktes feudalgesellschaftlicher Widersprüche", S. 90, gesehen. Dietrich erscheint als ein „humanistisch denkender und handelnder epischer Held", S. 91.]

Steinbüchel, Theodor: Vom Menschenbild des christlichen Mittelalters (1935). Darmstadt 1959.

Ullmann, Walter: Individuum und Gesellschaft im Mittelalter. Göttingen 1974.

Zu den Vorüberlegungen

Bodmer, Johann Jakob: [ohne Titel], in: Freymüthige Nachrichten von Neuen Büchern und andern zur Gelehrtheit gehörigen Sachen 13. Zürich 1756, 92–94.

Vischer, Friedrich Theodor: Vorschlag zu einer Oper (1844), in: ders., Kritische Gänge. Hrsg. v. Robert Vischer. Bd. II. München o. J. [1922], 451–478.

Wachinger 1960.

Figurentheorien

de Boor 1966, Czerwinsky 1979, Jackson 1967, Mowatt 1961, W. J. Schröder 1954, 1964, Wehrli 1980.

Hempel, Heinrich: Rezension Panzer 1955, in: AfdA 69, 1956/57, 147–151.

Rollentheorien

Bertau 1972, Kaiser 1981, Klein 1978, Nagel 1954, 1965, Neumann 1967, Wahl Armstrong 1979.

Neumann, Friedrich: Schichten der Ethik im Nibelungenliede (1924), in: ders., Das Nibelungenlied in seiner Zeit. Göttingen 1967, 9–34.

Charaktertheorien

Bischoff 1970, Burger 1985, Fourquet 1965, Hatto 1984, Haug 1974, Hoffmann [2]1974, King 1962, Körner 1921, Maurer 1969, Mohr 1941, Northcott 1965, Panzer 1955, W. Schröder 1960/61, Schwietering 1941.

2.1. Vorüberlegungen

Ein Epos ist von verbalem und physischem Handeln bestimmt, nicht von der Reflexion und explizit ausgeführten Charakterbildern. Dennoch kann sich ein Epiker um die Logik der Charaktere kümmern, kann runde, stimmige Charaktere zeichnen. Der Interpret hat einen gewissen Freiraum in der Bestimmung dessen, was rund und stimmig ist: so mag der eine dort einen Motivierungsbruch erkennen, wo der andere eine Motivierung nicht für nötig hält, gar das Handeln aus der Tiefe der Seele begründet; so mag der eine die liebliche Prinzessin der 1. Aventiure nicht mit der rächenden Königin am Etzelhof zusammenbringen, die die Männer als Hexe/Teufelin schelten, während der andere geduldig den Text nach Stellen absucht, die den Übergang zwischen beiden begründen könnten; so wird der eine von der Theorie des Epos her ablehnen, was der andere von der praktischen Textbeobachtung aus für möglich hält, z. B. daß die Gestalten überhaupt eine Seele haben.

In der Rezeptionsgeschichte des Nibelungenliedes wurde die Frage nach der Menschengestaltung von Anfang an zu einem wichtigen Thema erhoben. Johann Jakob Bodmer, der erste Interpret, sprach den Helden individuelle Züge zu:

„[...] wir haben da Helden von verschiedenem Charakter, von verschiedener Art der Dapferkeit, und jegliche wird durch anständige [d. h. ihr gemäße] Reden und Handlungen sehr geschickt ausgebildet" (1756, 93).

Die Dramatisierungen des Stoffes seit Beginn des 19. Jahrhunderts führten zu Feinanalysen der Charaktere, aber auch zu Übermotivierungen. Der Gattungswechsel vom Epos zum Drama verlangte eine stärkere Psychologisierung der Menschen. Dies war Friedrich Hebbels große Schwierigkeit (vgl. S. 280), er hatte die kleine Schrift des Ästhetik-Philosophen Friedrich Theodor Vischer „Vorschlag zu einer Oper" (1844) vor sich liegen:

„[...] es handelt sich von dem Grade der Subjektivität in den Charakteren. Man gebe diesen Eisen-Männern, diesen Riesen-Weibern die Beredsamkeit, welche das Drama fordert, die Sophistik der Leidenschaft, die Reflexion, die Fähigkeit, ihr Wollen auseinanderzusetzen, zu rechtfertigen, zu bezweifeln, welche dem dramatischen Charakter durchaus notwendig ist: und sie sind aufgehoben; ihre Größe ist von ihrer Wortkargheit, ihrer wortlos in sich gedrängten Tiefe, ihrer Schroffheit so unzertrennlich, daß sie aufhören, zu sein, was sie sind, und doch nicht etwas anderes werden, was uns gefallen und erschüttern könnte" (1844, 456; dazu Ehrismann 1975/I, 249ff.; 1981/I).

Dem Interesse des vergangenen Jahrhunderts an den Charakteren, bis in die zahllosen Schulaufsätze über Kriemhild, Siegfried und Hagen hinein dokumentierbar, ist die Nibelungenphilologie bis zur Gegenwart treu geblieben. Ihr Verbündeter ist die Geschichtsschreibung, die vorzugsweise eine Geschichtsschreibung über große Menschen war. Demgegenüber wird man die Menschen des Mittelalters stärker von ihren sozialen Verflechtungen aus beschreiben müssen, der monomane Individualismus der Renaissance stand noch vor ihnen. Wir haben dem in der Anlage unseres Arbeitsbuches Rechnung getragen (s. S. 12f.). Die westlichen Kulturen haben die Individualität, das Selbstgefühl der Persönlichkeit in Abgrenzung zu seiner Außenwelt, im Laufe ihrer Geschichte erst entwickelt. So stehen die Gestalten des Nibelungenliedes als Spiegel einer hochmittelalterlichen Oberklassenkultur auf einer früheren (archaischeren) Individualitätsstufe als wir, auf der Stufe der Entdeckung des Individuums (vgl. Morris 1972). Zu dieser Entdeckung trug insbesondere die neue Form der Liebe bei, die Wahlmöglichkeit alternativer Handlungsmuster im Gefühlsbereich, das Nachdenken über die Sinnlichkeit und deren Verzicht.

Das Nibelungenepos lebt aus der Interaktion, nicht aus der Reflexion – der Heros grübelt nicht. Dennoch kann er, was allzu oft vergessen wurde, nachdenklich sein: *nu gedâht' ouch alle zîte daz Guntheres wîp* (724, s. S. 136); *gedâhte diu getriuwe: „sît ich vriunde hân / alsô vil gewunnen"* (1259, s. S. 163). Zwar baut sich das Menschenbild vorzugsweise durch Handlung und Gespräch auf, von außen also, nicht von innen; aber man braucht deshalb den Menschen nicht die Seele abzusprechen: *daz ich die sêle vliese, des enhân ich niht gesworn* (2150, s. S. 187). Taten und Gespräche sind der Spiegel der Seele (vgl. den Beginn der Senna; s. S. 140f.). Die bedeutenden Menschen des Nibelungenliedes sind Individuen, Individualisten sind sie nicht.

„Die Alternative ‚typische' oder ‚individuelle' Personendarstellung im Mittelalter hat eher Verwirrung gestiftet als Klärung gebracht. Es wäre nämlich unsinnig, den mittelalterlichen Menschen die individuelle Prägung, d.h. Individualität und jegliches Personen- und Persönlichkeitsbewußtsein einfach abzusprechen. Die großen historischen Gestalten des Mittelalters sind dafür Beweis genug" (Schmid 1967, 239).

Das alte Menschenbild scheint der Wirklichkeit oft näher zu kommen als das individualistische der Moderne. „In der menschlichen Gesellschaft besteht zwischen Gruppe und Individuum ein enges Interdependenzverhältnis [,Verhältnis gegenseitiger Abhängigkeit'], so daß das eine nicht ohne das andere existieren kann und die Frage nach dem Primat von Gruppe bzw. Individuum falsch gestellt ist. Für die Entwicklung der Persönlichkeit und für die Entwicklung und Kontrolle des Selbst ist die Gruppe unerläßlich" (Mueller/Thomas 1974, 385). Die Philosophen streiten um die Dominanz: Plato bestimmte das Individuum als von der Gruppe geformt, Karl Jaspers die Gruppe als vom Individuum geprägt. Der Soziologe beobachtet das Sowohl-als-auch. Das Individuum ist „das im Prozeß der Lebensgeschichte gewachsene [einmalige] Ergebnis der Interaktion von ,Homo sapiens' und sozialen Einflüssen" (ebd., 386).

Interaktion beinhaltet „notwendigerweise ein gewisses Maß an Konflikt", weil die Partner „nicht in der Lage sind, sich völlig aufeinander einzustellen" (ebd., 395). Der Konflikt ist das Movens der Geschichte, ihr Stachel, „der lebendig erhält und Entwicklungen in Gang bringt" (ebd., 395). Die Menschen des Nibelungenliedes erleben diese Konflikte im Dienste übergeordneter Kräfte: der *êre* (,öffentliches Ansehen'), der Macht und des Rechts. Alle drei binden sie eng an ihre Bezugsgruppe, den hohen Adel, also primär politisch, nicht primär ethisch.

Vgl. Mueller/Thomas 1974, 395: „Für alle Menschen bedeutet Konflikt ein Unbehagen, aber während ein Teil von ihnen aus diesem Grund Konflikte zu vermeiden sucht und danach trachtet, die Zahl der Konflikte selbst auf Kosten von Entwicklungsmöglichkeiten niedrig zu halten, sind andere bereit, im Dienste übergeordneter Werte wie Selbstaktualisierung oder Ehrlichkeit Konflikte als Wege zum Ziel zu ertragen oder unter Umständen sogar zu suchen."

Die Forschung hat verschiedene Ansätze entwickelt, das Menschenbild des Nibelungenliedes zu beschreiben: Theorien, die die Menschen als Figuren oder Typen, als Rollenträger oder als Charaktere interpretieren. Begriffsschärfe ist selten, dies liegt freilich auch am Gegenstand, in dessen Analyse, soll sie nicht tot sein, Erfahrung und eigene Ansichten über das im Leben Mögliche einzubringen sind.

Die Frage nach dem Menschenbild ist immer auch eine Frage nach der Gattung. Deshalb schließt sich dieses Kapitel eng an das folgende an.

2.2. *Figurentheorien*

Walter Johannes Schröder möchte die geläufigen Vorstellungen über die Struktur von Heldendichtungen durch neue ersetzen. Psychologische Ausdeutungen oder die Heranziehung veschiedener Stofftraditionen können seiner Ansicht nach die Ungereimtheiten des Textes nicht erklären. Die Gestalten des Nibelungenliedes haben „keine Einheit, keinen bestimmten Charakter [...] Kriemhild ist zuerst die Liebliche, dann die *vâlandinne*" (1954, 61; auch 1964, 23). Die Motivation der Handlung wechselt sprunghaft – warum stirbt der schuldlose Siegfried? Wer ist der eigentliche Held? „Des Fragens ist kein Ende. Gestalten und Vorgänge haben trotz aller Lebensnähe der dichterischen Darstellung etwas Unlebendiges, Starres, Unwirkliches" (1954, 61). Sie sind keine Personen, d.h. „ihre Darstellung in der Dichtung [...] macht nicht dasjenige aus, wodurch sie handelnd tätig werden"; diese Darstellung ist „nur die Schauseite ihres eigentlichen Wesens" (ebd., 62). Die Handlungsbegründungen, „die der Text gelegentlich bringt, sind nichtssagend oder gar irreführend (so ist mit Siegfrieds *übermuot* gar nichts erklärt)" (ebd.). Deshalb haben wir uns „grundsätzlich nicht an das Bild zu halten, das der Dichter vor uns ausbreitet, sondern an anderes" (ebd.). Die Suche nach dem anderen hat auszugehen von der Identität von Sein und Handeln der Figuren.

Die Heldendichtung begründet Handlungen nur indirekt, durch Motivformeln, die Dichter und Publikum gleichermaßen bekannt sind. Der Dichter hat nur eine beschränkte gestalterische Freiheit, er übermittelt ein bekanntes Bild des Lebens und der Welt:

> Der Dichter ist „etwa einem Schachspieler vergleichbar, dem es zwar freisteht, wie er das Spiel eröffnen will, der im Übrigen [!] aber streng an die Regeln gebunden ist [...] Die Gestalten der Dichtung entsprechen den Figuren im Spiel. Jede von ihnen bewegt sich nach dem ihr eigenen Bewegungsgesetz, das ihr eigentliches Sein ausmacht. Und wie die äußeren Formen der Schachfiguren den natürlichen Lebewesen und Gegenständen, deren Bezeichnung sie tragen, zwar ähnlich sind, ihnen aber nur in jeweils *einer* Eigenschaft entsprechen, so sind auch die Gestalten der Dichtung in ihrem Realbild zwar bestimmten Charaktertypen angeglichen, decken sich aber nicht voll mit ihnen [...] Der Interpret gleicht [...] einem des Schachspiels Unkundigen, der sich bemüht, durch bloßes Zusehen während des Spiels das Spielgesetz zu ergründen" (ebd., 64 f.).

Die Gestalten des Epos unterliegen zwar einer Wandlung, aber diese ist kein Prozeß, „sondern ein plötzlicher Umschlag" (ebd., 66). Sie sind alle „Figuren mit herrscherlich-politischer Funktion" (ebd., 68). Siegfrieds Wesen ist „die kämpferische Kraft, er repräsentiert den männlichen Krieger. Er ist der Mann in ganz naturhaftem Sinne", Kriemhild gehört zu ihm, „wie das Weib zum Manne, und alles, was sie tun wird, folgt aus diesem ihrem Wesen" (ebd., 69). Gunther „handelt überall als der König", Brünhild „ist neben ihm nicht das Weib, sondern die Königin", Hagen repräsentiert die dem König fehlende „politische Seite des Herrschertums" (ebd., 70). Beide Gruppen stehen sich gegenüber wie der Gegensatz von Natur und Gesellschaft, von Individuum und überindividueller Ordnung, von Kraft und Macht.

Kraft und Macht fallen am Burgundenhof auseinander. Der Leitgedanke des Epos ist also: „Eine Herrschaft, die nicht auf Stärke gegründet ist, muß zerfallen [...] Das Problem des Nibelungenlieds ist nichts anderes als das Existenzproblem des Wormser Hofes" (ebd., 89).

Dem Kontrast Natur und Gesellschaft entspricht geschichtlich-politisch derjenige von Urzeit und Gegenwart:

„Hagen, zeitlos, lenkt das Spiel. Am Ende des I. Teiles scheiden die Urzeitgestalten aus; die höfischen, Gunther und Kriemhild, vernichten einander in der rückläufigen Handlung des II. Teiles" (ebd., 102). „Ich glaube, daß man das Epos verstehen muß als das letztmögliche große Bild der ‚totalen Welt' [Begriff nach Georg Lukács], das noch einmal, indessen die Zeit schon zu Neuem weitergeschritten ist, alte Größe heraufbeschwört in einem Denkmal, das wie eine überreife Frucht Duft und Süße aus dem beginnenden Prozeß des Verfalls gewinnt und gerade dadurch erst seine letzte Vollendung erreicht" (ebd., 136 f.).

Dominanz der politischen Kräfte, seelenlose Menschen – dies vor dem Hintergrund geschichtsphilosophischer Überlegungen zu Epos und Roman:

Aus: Lukács, Georg, Die Theorie des Romans. Ein geschichtsphilosophischer Versuch über die Formen der großen Epik (1920). (Sammlung Luchterhand 36) Neuwied, Berlin 1965: „Die Epopöe [‚Epos'] gestaltet eine von sich aus geschlossene Lebenstotalität, der Roman sucht gestaltend die verborgene Totalität des Lebens aufzudecken und aufzubauen" (S. 51). „Der Held der Epopöe ist, strenggenommen, niemals ein Individuum. Es ist von alters her als Wesenszeichen des Epos betrachtet worden, daß sein Gegenstand kein persönliches Schicksal, sondern das einer Gemeinschaft ist" (S. 57). „Und eine Gemeinschaft ist eine organische – und darum in sich sinnvolle – konkrete Totalität: darum ist die Abenteuermasse einer Epopöe immer gegliedert und niemals streng geschlossen: sie ist ein Lebewesen von innerlich unendlicher Lebensfülle, das gleiche oder ähnliche Lebewesen als Brüder oder Nachbarn besitzt. Das In-der-Mitte-Anfangen und Nicht-mit-dem-Ende-Schließen der Homerischen Epen hat seinen Grund in der begründeten Gleichgültigkeit der wahrhaft epischen Gesinnung gegen jeden architektonischen Aufbau, und das Hineinspielen fremder Stoffmassen – wie Dietrich von Bern im Nibelungenlied – wird dieses Gleichgewicht nie stören können: denn alles lebt sein eigenes Leben im Epos und schafft seine Abrundung aus der eigenen inneren Bedeutsamkeit" (S. 58 f.).

Wie W. J. Schröder so wendet sich auch Mowatt dagegen, den Gestalten psychologische Glaubwürdigkeit und der Handlung logische Folgerichtigkeit zuzugestehen (1961, 184). Zwar sucht der „gesunde Menschenverstand" nach solchen stimmigen Deutungen, sie weisen aber immer eine „beachtliche Diskrepanz" auf „zwischen dem, was über die Charaktere ausgesagt wird, und ihrem tatsächlichen Verhalten" (ebd.). So ist Siegfried nicht nur liebenswürdig, sondern z. T. auch böse – ein merkwürdiges Argument gegen die Charaktertheorien! –, Brünhild ist als Charakter unmöglich, weil kein Mensch gleichzeitig so *vreislîch* und so *minneclîch* sein könne. Die Gestalten sind „Struktureinheiten" (ebd., 190), die Paare werden miteinander in „Berührung gebracht und nach Art der Moleküle in Goethes chemischer Analyse ausgetauscht" (ebd., 192; Anspielung auf Goethes Roman „Die Wahlverwandtschaften").

2.3. *Rollentheorien*

Die Grenze zwischen Rollen- und Figurentheorien läßt sich nicht scharf markieren, einige Stimmen könnten sicherlich auf beiden Seiten ihren Platz finden. Gemeinsam ist ihnen die scharfe Abgrenzung zu den Charaktertheorien, unterschiedlich sind die Aspekte der Personenbeschreibung: die Figurentheorie bestimmt deren Handeln vom Stoff und vom Epiker aus, die Rollentheorie von ihrem Handeln in der Gruppe her. Sie ist mit dieser Wende zur Person auf dem Weg zur Charaktertheorie, mit der es einige Berührungspunkte geben wird. „Figur-sein bedeutet, daß der Mensch in seinem Wesen von seiner Funktionalität ‚thematisch überfremdet' (Lugowski) ist" (Rohrbach 1959, 28). Die Rolle ist im Gegenüber zum Status definierbar:

> „Jede Gruppe kennt bei ihren Mitgliedern verschiedene Status, die höheren und niedrigeren Rang haben. Zu jedem Status gehört eine ihm entsprechende Rolle, d.h. ein bestimmtes Verhalten in Gegenwart anderer. Die Rolle ist also die Art und Weise, in der ein gegebener Status vom Inhaber eingenommen, gehandhabt, ausgefüllt werden muß. Von der Gruppe her gesehen, ist die Rolle normiert. Man erwartet vom Statusinhaber ein bestimmtes Verhalten: seine Rolle" (Schoeck 1973, 283; vgl. auch Mueller/Thomas 1974, 77 ff.).

„Der Grad der Verinnerlichung einer Rolle" hängt von dem Maß ab, „in dem es möglich ist, im Rollenverhalten unterschiedliche Verhaltensweisen, Seinsmöglichkeiten und Talente zu realisieren [...] Verinnerlichung der Rolle wächst mit den Möglichkeiten zur Selbstaktualisierung in der Rolle" (Mueller/Thomas 1974, 81). Die Differenz zwischen Figur und Rolle ist eine Differenz zwischen Außen und Innen: die Figur wird geschoben, der Rollenträger bewegt sich nach eigenen Regeln, er ist lernfähig.

Bert Nagel widerspricht der Figurentheorie:

> „Die Personen des Nl sind also nicht auf exemplarische Eindeutigkeit festgelegt. Sie können bald zuchtvoll, bald zuchtlos, bald höfisch, bald unhöfisch handeln, wie es der natürlichen Vielschichtigkeit der menschlichen Natur entspricht. Der Mensch erscheint hier nicht als ein widerspruchsfreier Typus, er ist nicht nur rein höfischer Mensch, sondern zugleich die Summe der ganzen Vergangenheit. Darum genügt es auch nicht, wenn man sagt, im Nl seien altheroische Recken verhöfischt und verrittert; vielmehr ist hier beides, das Altheroische und das Höfisch-Ritterliche, ernst genommen. Was auf diese Weise entstand, ist ein Novum außerhalb und oberhalb aller Geschichte: die Nibelungen sind gleichzei-

tig Recken und Ritter, Heiden und Christen, Gestalten der Vorzeit und Menschen der Moderne. D. h. Menschen und Welt, wie sie im Nl begegnen, sind realiter so nicht möglich, besitzen eine rein poetische Existenz" (1965, 271).

Der Psychologe sieht als spannungsreiche Einheit, deren historische Bestätigung er sucht, was der Rollenanalytiker in Schichten trennt. Der Analytiker wird auch von verschiedenen Schichten der Ethik sprechen. So gesteht Nagel Hagen neben dessen „‚charaktergemäßer' Hauptrolle" auch etwa die „Sonderrolle" des „Seelsorgers" zu (ebd., 214 ff., s. S. 177).

Wie hier, so fällt auch sonst – nicht nur bei Nagel, aber bei ihm besonders – eine gewisse Großzügigkeit in der Begriffswahl auf. Die „Gestalten des Liedes" seien „keine streng durchgeführten Charaktere [. . .], sondern Figuren, die zwar einer Grundlinie folgen, aber auch einmal ganz anders sprechen und handeln können, als man von ihnen erwartet" (Nagel 1965, 217). Nun gehörte ja zum Typischen der Rolle ihre Berechenbarkeit, während die Figur weniger berechenbar, aber auch ohne Charakter war. Nagel löst dieses offenbar gespürte Dilemma durch die Flucht ins Unmögliche: die Gestalten sind nur als poetische denkbar. Er kommt W. J. Schröder deshalb gelegentlich nahe, entzieht sich ihm jedoch wieder durch aufweichende Formulierungen: Die „Charaktere" seien „noch weithin wie Figuren auf dem Schachbrett geschoben und wechselnden, ja sogar widersprechenden Funktionen unterworfen" worden (ebd., 216). Von jedem etwas, von niemandem alles – so wird nicht von Individuen gesprochen, sondern von „individualisierten, durch sich selbst interessierende Persönlichkeiten", von der „menschlichen Individualität" der Frau; nicht vom Menschen, sondern vom „vollebendigen Menschentum", das nicht „der Enge rein psychologischer Immanenz verfallen" sei (1954, 370 u. 381). Nicht durch Psychologie enträtselt seien die „menschlichen Dinge" (ebd., 370). In den älteren Überlegungen klingt noch die Psychologiefeindlichkeit der voraufgehenden Jahrzehnte nach.

Die Schwäche der Rollentheorie, die den Einbruch des Charakters nicht verhindern kann, nutzt Bertau aus. Er setzt einer Charakter-Reihe („höfische Reihe") eine Rollen-Reihe gegenüber:

Charakter	Selbstmotivation	Recht und Schuld	Kontinuitätshandlung
Rolle	Situationsmotivation	Schicksal und Gesellschaft	Situationskette

Der Nibelungenepiker ist bemüht, die Rollen-Reihe in die Charakter-Reihe zu integrieren, d. h. Rollen in Charaktere umzudeuten (1972, 740 ff.). Durch Rollenverdoppelung (Gunther/Siegfried – Siegfried/Gunther) entstehen charakterähnliche Rollenverbindungen, bei denen nach der Motivierung gefragt werden kann. Dies sind jedoch Scheincharaktere, denn Siegfried z. B. täuscht die Rolle des Abhängigen vor, und Gunther hat die Rolle des Heros nur geliehen. In einem vielfältigen Rollentauschspiel entfaltet sich das Lied mit seinem tragischen Mechanismus:

„Diese Rollenvertauschungen treiben den Mechanismus der Tragik an. Indem sich im Nibelungenlied Rolle und Charakter, Schicksal und Schuld durch den Versuch, eine epische Kontinuitätshandlung herzustellen, vermischen, entsteht jene unklare und großartige Welt, die mit den Begriffen der höfisch-ritterlichen Gegenwart nicht begriffen werden kann" (ebd., 742).

2.4. *Charaktertheorien*

Die Differenz zwischen Rolle und Charakter ist eine Differenz an Eigenständigkeit. Der Charakter ist als er selbst wichtig und in dem, „was er in Auseinandersetzung mit der Welt *wird*" (Rohrbach 1959, 28). Überspitzt formuliert: er bestimmt die Ereignisse, nicht sie ihn. Er braucht Handlungsalternativen und Lernfähigkeit. Er ist am Ende nicht mehr derselbe wie zu Anfang, er entfaltet sich, entwickelt sich, wobei die vorrangige Frage weniger die Linearität solcher Entwicklung ist als die Einheit des Menschenbildes: sind ein und demselben Menschen alle ihm angedichteten Handlungen möglich? Der Epiker, dies ist ein Gattungsgebot, das sich aus der Dominanz des Handelns ergibt, nimmt den Hörer oft genug in dessen eigene Begründungs- und Vermutungspflicht – freilich nur, wenn der Hörer in sich selbst lebendige Gestalten entstehen lassen möchte, mit denen er leiden und sich freuen kann. Daran mag es liegen, daß die Forschung in der Frage ob Charakter oder Figur/Rolle meist sensibel und emotional reagiert hat. Josef Körner:

„Kriemhilts Charakter ist keine von vornherein feststehende Größe im Nibelungenliede, ist nicht Faktor, sondern Produkt der epischen Handlung, die in sicherem Fortschreiten die großartige Aufgabe löst, wie die zarte, unschuldsvolle, jedes Herz gewinnende Jungfrau durch das unnennbare Weh, das ihr unverschuldet angetan wird, zur furchtbaren Rächerin, zum blutdürstenden Ungeheuer sich wandelt" (1921, 82 f.).

Körner greift mit diesem Charakterbild – wie sich leicht nachweisen ließe – die psychologisierenden Beschreibungen des 19. Jahrhunderts auf, namentlich die der schwäbischen Dichterschule.

Bischoff (1970), dessen Überlegungen in die Zeit unmittelbar nach dem Zweiten Weltkrieg zurückgehen, widerspricht seinem Kollegen W. J. Schröder:

„[...] man glaubt nicht, daß er [d. i. der Nibelungendichter] wirkliche Personen, unverwechselbare Charaktere geschaffen habe oder entwerfen konnte, man möchte in seinen Gestalten bloße, auf dem Spielbrett der Dichtung verschiebbare Figuren sehen, man ist überzeugt, daß einem späteren Anderssein einzelner

Gestalten kein Wandlungsprozeß, sondern ein plötzlicher Umschlag zugrunde liege, daß sie gar nicht als wirkliche Menschen auf wirkliche Situationen reagieren, man traut ihm feinere Seelenzeichnung nicht recht zu, seine Motivationen sollen oft nichtssagend oder gar irreführend sein, er lasse es an Verknüpfungen und Verflechtungen fehlen, man müsse sich bei ihm hüten, mit modernem Denken und Psychologisieren stimmig machen zu wollen, was widersprüchlich ist" (1970, 3 f.).

Bischoff sieht Menschengestaltung und epische Gestaltung eng zusammen, seine Interpretation zielt auch auf die Einheit der Dichtung und auf den Dichter:

„Die Dichte der äußeren und inneren Geschehnisse, der szenische Aufbau, die sprachliche Formung, die über die eine Aventiure [d. i. die 14.] weit hinausgehenden Verknüpfungen und Verflechtungen, die vorausschauenden Vorbereitungen, das Verständnis für die im tiefsten verletzte Prünhild, die nicht nur Königin, sondern auch Frau ist [vgl. W. J. Schröder, s. S. 216], das sichere Gefühl dafür, daß es auch in dieser Szene nicht eigentlich um Sifrid und Prünhild, sondern um Kriemhild geht, lassen an dem *einen* bewußt planenden und gestaltenden Dichter nicht zweifeln" (ebd., 23).

Ganz ähnlich sieht Werner Schröder die Dichtung. Er räumt ein, „daß im Nibelungenlied nicht alle Charaktere streng durchgeführt sind, daß die Personen häufig nicht ihrem Charakter entsprechend, sondern situationsbedingt handeln", aber gerade Kriemhilds Denken und Tun weise kaum figurenhafte Züge auf: „Sie ist ganz und gar einmalige Person, an deren leidbedingter Verwandlung der Dichter uns ergriffen teilnehmen läßt, keine bloße Figur mit umschlagender Seinsweise" (1960/61, 54 f.). Die Einheit der Dichtung beruht auf der Einheit des Kriemhildbildes:

„Die Kriemhilt unseres Nibelungenlied-Dichters ist kein Idealtyp ohne Fehler und Schwächen, sondern ein Mensch von Fleisch und Blut, gleich fähig und bereit zu lieben wie zu hassen. Sie ist nicht unempfänglich für Besitz und Reichtum, und ihr gesunder Erwerbssinn ist darauf bedacht, ihn nach Möglichkeit zu mehren. Sie weiß ihr Recht zu behaupten und gibt es ungern preis" (ebd., 93).

Die einprägsame Formel des Menschen von Fleisch und Blut richtet sich gegen die in der Tat blassen Figuren- und Rollenbilder. Der Interpret ist aufgefordert, die Menschen der Dichtung so zu begreifen, wie sie sind, sie in ihrer Vielschichtigkeit ernstzunehmen; sie nicht als Menschen historisch zu verfremden und (nach aufgesetzten Theorien) gleichsam zu zerstückeln, sondern sie als um 1200 gestaltete zu begreifen und ihr Handeln historisch zu werten.

Für Kriemhild und Hagen hat Werner Hoffmann exemplarische Charakterbilder entworfen. Er würdigt die tiefe Einsicht des Epikers in das Wesen des Menschen, der Epiker habe das unheilvolle Geschehen aus psychischen Motivationen erwachsen lassen: es folge aus der Egozentrik, die der Wesenszug fast aller Personen des Nibelungenliedes sei ([2]1974, 107) – eine extreme heldische Selbstbehauptung.

Hatto lehnt es, etwa gegenüber Nagel (1965), ab, die Nibelungendichtung als eine Kriemhildbiographie zu interpretieren. Diese Interpretation hatte Nagel nicht zur Annahme von Charakteren geführt. Die Charaktere, so meint Hatto, seien rund in der Vorstellung des Dichters, aber dieser führe sie dem Hörer nicht aus (1984, 314 ff.).

Das Widerspiel von Archaik und Modernität wendet Haug ins Psychologische. Er weist nach, daß der Heroismus als untergründige Gefährdung das Handeln der Menschen beeinflußt, er dominiere nicht und werde stets unterdrückt (1974, 50). Die Welt der Heldensage wird zum irrationalen Grund des Individuums. Ob die Trennung zwischen Archaischem (Heroischem) und Modernem (Höfischem) so weit trägt, wie Haug hier annimmt, steht in Zweifel, konnte doch das „Höfische" auch einen Teil der archaischen Welt ausmachen, spielte sich doch in seiner Welt der Mord an Siegfried ab. Die Differenz ist eine Differenz der Sensibilität: das Moderne ist die Liebe.

2.5. *Resümee*

Das Menschenbild des Nibelungenliedes ist nur schwer beschreibbar, leicht gerät die Interpretation in die Abhängigkeit übergreifender Theorien. Zudem bewegen wir uns mit den Begriffen Figur/Typ, Rolle und Charakter auf schmalen Graten der Definition. Die Literaturwissenschaft will Charaktere als Elemente erzählender Literatur erst Herder und Goethe zugestehen, die langsame Lösung von der Figur läßt sie um die Wende vom Mittelalter zur Neuzeit beginnen (vgl. Rohrbach 1959, 28). Sie verbindet damit eine Gattungswende vom Epos zum Roman (s. Kap. IV.3) und möchte dem Epos keine Charaktere zugestehen. In der kosmologischen Theorie des mittelalterlichen Christentums, wie sie der Sozialhistoriker der Gegenwart rekonstruiert, „gewann der Mensch keine selbständige Bedeutung: Mit seiner Existenz verherrlichte er den Herrn" (Gurjewitsch 1980, 61 f.; vgl. auch Ullmann 1974, 35 f.).

Schmid spricht deshalb von „gebundener Individualität": „Die Personen treten als Repräsentanten der sie tragenden und der von ihnen getragenen Gemeinschaften geschichtlich hervor. Ihre Individualität verharrt in einem ausgewogenen Spannungsverhältnis zur Gemeinschaft, so daß schwer zu sagen ist, ob als Träger des religiösen, geistig-kulturellen, politischen und wirtschaftlichen Lebens im Frühmittelalter die von ihren Gemeinschaften getragenen Personen oder die von den Personen getragenen Gemeinschaften anzusehen sind. Jedenfalls sind selbst die hervorragendsten Könige ohne ihr königliches Geschlecht, die tüchtigsten Adligen ohne ihr adeliges Geschlecht [. . .] nicht denkbar" (1967, 240 u. 249).

Keine Frage: die Theorie, die sich im übrigen auf vielfältige Beispiele berufen kann, ist, je undifferenzierter sie gefaßt wird, wider den Charakter, sie ist für die Figur. Aufgabe des literarhistorischen Praktikers wäre es, der Theorie zu mißtrauen. Zwar hat die Feudalgesellschaft ihre Theorie (s. Kap. I.1.2), aber auch der hält die Praxis um 1200 nicht mehr stand: das Problem ist der Individualismus (vgl. Morris 1972, Ullmann 1974). Das Nibelungenlied könnte dieses Problem als Auflösung der Gesellschaft spiegeln.

Eine literarische Gestalt ist dann ein Charakter, wenn sie sich entwikkelt. Nun ist aber Entwicklung nur beschreibbar als ein „komplexes Geflecht von Ursache-Wirkungs-Zusammenhängen", ist die menschliche Entwicklung ein „Prozeß mit nahezu unendlich vielen Freiheitsgraden" (Oerter 1977, 15). Jede Fiktion wird, will sie Sinn erzeugen, diese Grade einschränken; sie wird den Prozeß aber durch die Möglichkeit von Entscheidungsalternativen deutlich machen. Der Nibelungenepiker baut solche Alternativen planvoll auf: z. B. Siegfrieds Entscheidung für oder gegen die Usurpation, Kriemhilds Entscheidung für oder gegen die Rache, Rüdigers Entscheidung für oder gegen die Vasallität. Zwar wählen die Akteure immer die Entscheidungsvariante, die das epische Ziel verlangt, aber sie selbst kennen dieses Ziel nicht, machen sich die Entscheidung schwer. Unter dem Dach des Epenplans versammelt sich die lebensvolle Welt des stolzen Adels.

Der mittelalterliche Mensch ist im *ordo* aufgehoben wie der nibelungische im Epenplan. Dies enthebt keinen von beiden eigener Entscheidungen. Die Fabel mit dem vorgegebenen Ziel steht für den Erzähler obenan, die Ausgestaltung der Akteure folgt erst danach. Die Fabel wird mit einem vorgegebenen Stoff verbunden, dabei ist der Erzähler durchaus nicht dessen Knecht, sondern dessen listiger Herausforderer, Umformer; wir haben dies vielfach nachgewiesen. Auf solche Weise kann er gerade das Nicht-Erwartbare, das Nicht-Rollenkonforme zum Motor des epischen Geschehens erheben: der Held als Liebender, die Liebende als Provokateurin (Senna). Der Epiker hebt die vorgegebenen Handlungsmuster auf, begründet sie neu und führt sie dennoch zum alten Ziel.

Die Charakterdarstellungen des Nibelungenliedes haben „Schwächen", denn zu viel wird offenbar der Rekonstruktionsphantasie des Hörers überlassen, um sie rund und stimmig zu machen. Er muß sich die Gestaltenstücke zusammensetzen, Ausschnitte aus dem Leben von Individuen; er muß selbst entscheiden, ob die Stücke psychologisch plausibel aneinandergereiht sind – psychologisch unmöglich sind sie dies wohl niemals. Kriemhild, die Liebende und die Hassende, Siegfried, der sorglose Held und der verantwortungsvolle König, so ganz wollen die Gegensätze nicht zusammenpassen. Wir müssen auch in Rechnung stellen, daß das Mittelalter harmonisierungsfähiger war als wir (vgl. Lewis 1966,

29). Der Erzähler gibt genügend Hinweise, um die Gegensätze zusammenzufügen, er baut etwa auch Zeiträume für Entwicklungsmöglichkeiten ein. Er weist den Weg zu Charakterbildern und bewegt sich damit in der Überlappungszone von Epos und Roman. *Seine* Gattung, das Epos, verlangt die Geschichte einer Gemeinschaft lebensvoller Gestalten. Es ist dies die Geschichte eines Stammes, die, historischer Zufall oder nicht, der Epiker an der entscheidenden Wende der Geschichte der deutschen Stämme gestaltet, als nämlich das jüngere Stammesherzogtum, das „bis ins ausgehende 12. Jahrhundert eine wichtige Rolle als politische Kraft gespielt" hat, „von den auf territorialer Basis ruhenden Reichsfürstentümern abgelöst" wurde (Schulze 1985, 30). Die moderne Gattung, der Roman, verlangt die Gruppierung der Ereignisse um *eine* Gestalt, ein Verlangen, das in der Gestaltung Kriemhilds bisweilen durchscheint.

3. Gattung

Teilbibliographie XIX

Theorie und Geschichte des Epos

Bartels, Hildegard: Epos – die Gattung in der Geschichte. Eine Begriffsbestimmung vor dem Hintergrund der Hegelschen „Ästhetik" anhand von „Nibelungenlied" und „Chanson de Roland". (Frankfurter Beiträge zur Germanistik 22) Heidelberg 1982.

Bédier, Joseph: Les légendes épiques. Recherches sur la formation des Chansons de geste. 4 Bde. Paris 1908–13 [Darin u. a. die Bestimmung der *Chansons* als historische Romane].

Hamburger, Käte: Zur Erzählhaltung im Nibelungenlied (ca. 1952), in: dies., Kleine Schriften. (Stuttgarter Arbeiten zur Germanistik 25) Stuttgart 1976, 59–73 [Zu Differenz und Grenze zwischen Epos und Roman. Der Nl-Dichter hebt die Personen stärker als in der Gattung Epos üblich heraus.]

Haymes 1984, 1986 [s. S. 81; Versuch, das Nl als „neue Gattung" nachzuweisen].

Hoffmann 1974, 60–63 [„Zum Problem der Gattungsbezeichnung der mittelhochdeutschen Heldendichtungen"]; ders. in: Erste Passauer Nibelungen-Gespräche, Referat F. P. Knapp, in: Universität Passau. Nachrichten und Berichte. Nr. 43. Nov. 1985, S. 18.

Jauss, Hans Robert: Theorie der Gattungen und Literatur des Mittelalters, in: Grundriß der romanischen Literaturen des Mittelalters. Bd. 1. Heidelberg 1972, 107–138.

Ders.: Epos und Roman – eine vergleichende Betrachtung an Texten des XII. Jahrhunderts (1961), in: ders., Alterität und Modernität der mittelalterlichen Literatur. Gesammelte Aufsätze 1956–1976. München 1977, 310–326 [Dem Publikum des 12. Jahrhunderts war der Unterschied zwischen *Chanson de geste* und höfischem Roman durchaus bewußt, er beruht letztlich auf der

„Verschiedenartigkeit zweier poetischer Sageweisen [...]: der einfachen Formen von *Sage* und *Märchen*", S. 312. Im Epos bleibt der Erzähler unpersönlich und tritt fast ganz hinter seinem Stoff zurück.]

Kuhn, Hugo: Gattungsprobleme der mittelhochdeutschen Literatur, in: ders., Dichtung und Welt im Mittelalter. Stuttgart 1959, 41–61.

Maiworm, Heinrich: Neue deutsche Epik. (Grundlagen der Germanistik 8) Berlin 1968 [„In dieser kritisch-analytischen Haltung des Erzählers im Roman gegenüber den zu erzählenden Ereignissen im Gegensatz zu einer tatsächlichen oder angenommenen Naivität und Positivität im Epos scheint mir ein Hauptkriterium des Unterschiedes zwischen den beiden Erzählformen zu liegen", S. 61.]

Pretzel 1965 [Bestimmung des Nl als „historischer Roman"].

Reichert 1985, 50 [Siegfrieds Jugendtaten sind für den Erzähler „nur insoferne relevant, als sie sich auf die Beziehung zu Kriemhild auswirken. Bestimmung des Nl als „Kriemhildepos".]

Schröder, Walter Johannes (Hrsg.): Das deutsche Versepos. (WF 109) Darmstadt 1969 [Inhalt: Karl Lachmann: Über die ursprüngliche Gestalt des Gedichts von der Nibelungen Noth (1816); Hermann Fischer: Der Verfasser des Nibelungenliedes. Die vorhandenen Theorien (1874); Friedrich Panzer: Das altdeutsche Volksepos (1903); John Meier: Werden und Leben des Volksepos (1907/09); Hermann Schneider: Das mittelhochdeutsche Heldenepos (1921); Heinz Rupp: „Heldendichtung" als Gattung der deutschen Literatur des 13. Jahrhunderts (1960); A. W. Schlegel: Goethes Hermann und Dorothea (1798); ders.: Vom Epos (1801/02); F. W. J. Schelling: Construktion des Epos nach seinen Hauptbestimmungen (1859); Karl Furtmüller: Die Theorie des Epos bei den Brüdern Schlegel, den Klassikern und W. von Humboldt (1902/03); Hans Steckner: Epos und Roman (1927) u. a.].

Theorie und Geschichte des Romans

Burdach, Konrad: Die Entstehung des mittelalterlichen Romans, in: ders., Vorspiel. Gesammelte Schriften zur Geschichte des deutschen Geistes. Bd. 1. T. 1. Mittelalter. Halle 1925, 101–158.

Emmel, Hildegard: Geschichte des deutschen Romans. (Sammlung Dalp 103) Bern, München 1972.

Ertzdorff, Xenja von: Typen des Romans im 13. Jahrhundert, in: DU 20, 1968, H. 2, 81–95.

Grimm, Reinhold (Hrsg.): Deutsche Romantheorien. 2 Bde. Frankfurt 1974.

Hillebrand, Bruno: Theorie des Romans. 2 Bde. München 1972.

Klotz, Volker (Hrsg.): Zur Poetik des Romans. (WF 35) Darmstadt 1969.

Lämmert, Eberhard/Eggert, Hartmut/Hartmann, Karl-Heinz et al. (Hrsg.): Romantheorie. Dokumentation ihrer Geschichte in Deutschland 1620–1880. (Neue Wissenschaftliche Bibliothek. Literaturwissenschaft) Köln, Berlin 1971.

Lukács 1920.

Wehrli, Max: Strukturprobleme des mittelalterlichen Romans, in: WW 10, 1960, 334–345.

Die Gattung (Genre, Textsorte) des Nibelungenliedes hat Hildegard Bartels (1982) mit Hilfe der „Ästhetik“ von Hegel (1835) beschrieben. Wir stellen ihren Versuch verhältnismäßig ausführlich dar, nicht, weil wir ihn für hinreichend überzeugend hielten, sondern weil er den Blick schärft für die Probleme des Menschenbildes und weil er deutlich machen kann, daß eine Interpretation nicht von diesem Bild, sondern von der epischen Handlung auszugehen hat.

Hegel hat sich mit der skandinavischen Sage und dem Nibelungenlied niemals recht anfreunden können, „Cid“, „Ilias“ und „Odyssee“ zog er ihnen vor, das Lied fügte sich seiner ästhetischen Theorie nicht. „Denn obschon es diesem schätzenswerten, echt germanischen, deutschen Werk nicht an einem nationalen substantiellen Gehalt in bezug auf Familie, Gattenliebe, Vasallentum, Diensttreue, Heldenschaft und an innerer Markigkeit fehlt, so ist doch die ganze Kollision [d.i. der Zusammenprall der Personen], aller epischen Breite zum Trotz, eher dramatisch-tragischer als vollständig epischer Art, und die Darstellung tritt einerseits ungeachtet ihrer Ausführlichkeit weder zu individuellem Reichtum noch zu wahrhaft lebendiger Anschaulichkeit heraus, andererseits verliert sie sich oft ins Harte, Wilde und Grausame, während die Charaktere, wenn sie auch derb und in ihrem Handeln prall erscheinen, doch in ihrer abstrakten Schroffheit mehr rohen Holzbildern ähnlich sehen, als sie der menschlich ausgearbeiteten, geistvollen Individualität der Homerischen Helden und Frauen vergleichbar sind“ („Ästhetik“ III, 405 f.).

Bartels, die Hegels Begriffsapparat u.a. mit Elementen aus der *theory of oral-formulaic composition* (s. Kap. I.4.2) und aus dem Konzept der traditionsgebundenen kollektiven Dichtung (Menéndez Pidal) anreichert, will feststellen, „welche Aspekte [...] zentrale Momente der Gattung realisieren und welche in andere Gattungen transzendieren [‚hinüberreichen‘]“ (1982, 13). Epische Situationen sind „‚Kollisionen‘ ‚epischer Individuen‘“ (ebd., 14). Der Held trennt private und öffentliche Sphäre nicht, Individualität wird „nicht aus der persönlichen Biographie (und Genealogie) begriffen, die als Form des Epischen von Hegel ausdrücklich abgelehnt wird“ (ebd., 131 f.). Deshalb kennen unsere Epen nicht „*eine* Hauptperson als Medium der Beurteilung der berichteten Ereignisse“, und sie zeigen keine „ständig konsequent (identisch) handelnde Personen“ (ebd., 132). Der epische Held ist in eine Totalität eingebunden (vgl. Lukács, s. S. 217), diese bezieht sich „auf das Interagieren des handelnden epischen Subjekts mit den objektiven Zuständen, die sich in der ‚Handlung‘ konkretisieren“ (ebd., 142):

„Das ‚epische Interesse‘ konzentriert sich nicht nur auf individuelle Charaktere und deren Handlung [...], sondern diese Handlung findet den weiteren Anlaß zu ihrer Kollision und Lösung sowie ihren ganzen Vorgang nur innerhalb einer nationalen Gesamtheit und deren substantiellen Totalität, welche nun auch ihrerseits das volle Recht hat, eine Mannigfaltigkeit von Charakteren, Zuständen und Ereignissen mit in die Darstellung hineintreten zu lassen" (ebd., 142, Zitat Hegel, „Ästhetik" II).

So kann sich ein Zugang zum Nibelungenlied nur „über die *zentralen* ‚Situationen' ergeben [...], in denen ‚Interaktionen' bzw. ‚Kollisionen' stattfinden" (1982, 189). „Das Geschehen im Epos bezieht sich als ‚totales' auf die Erlebnisse, die Geschichte eines ‚Kollektivs', dessen Handeln von mehreren Personen bzw. Gruppen getragen wird" (ebd., 191). Der Roman, auch der höfische des Mittelalters, ist dagegen von dem individuellen Weg eines Helden geprägt. Bartels' Modellfall ist die Kollision des Helden mit der institutionalisierten Herrschaft, nachgewiesen an Siegfrieds Auftritt in Worms (3. Aventiure, s. S. 116 ff.).

Diese Theorie der Kollisionen schließt alternative Handlungsmöglichkeiten aus, wie sie der Epiker doch gerade für die 3. Aventiure aufgebaut hatte: „Das epische Individuum kann prinzipiell nicht in Alternativen denken und damit auch nicht bewußt Entscheidungen fällen" (ebd., 268; vgl. S. 118 f.). Auch daß Kriemhild in der 1. Aventiure herausgehoben ist, durchbricht die strenge epische Norm, die durch die Einführung des Königshofes mühsam zurückgeholt wird (vgl. Hamburger 1952, 62 f.). Der besondere, flexible und offene mittelalterliche Gattungsbegriff (vgl. Jauss 1972, 137) ist mit Hegels Strenge, ein Erbe der antiken Poetik, nicht einzufangen, wie überhaupt eine Gattungsbeschreibung ohne überzeugende Textanalyse leer bleibt. Wir kontrastieren eine ältere Stimme, die Vortrag, Erzählerverhalten und Stil mit einbezieht:

> „Heimischer ererbter Stoff, in mündlicher poetischer Überlieferung geprägt [...], wuchtig und leidenschaftlich vorgetragen, der Dichter von seinem Gegenstand erfüllt und beherrscht, die Erzählung vorwiegend in Dialogen, wenig oder keine direkte psychologische Analyse, keine ausführliche Beschreibung äußerer Dinge; ein fester epischer Stil, der reich ist an formelhaften Elementen" (Burdach 1925, 104 f.).

Vom Erzählerverhalten her steht das Nibelungenlied also ganz auf der Seite des Epos (vgl. Maiworm 1968, Jauss 1961).

Das Nibelungenlied, ein Epos – diese Bestimmung war für die ältere Forschung selbstverständlich: für sie war Siegfried der begünstigte Held, der Untergang der Nibelungen das Faszinosum. Mit der Aufwertung Kriemhilds geriet die Zuordnung ins Wanken; Josef Körner sprach von einem „Entwicklungsroman" Kriemhilds (1921, 65 u. 83), Andreas Heusler sah das Werk auf dem Weg zu einem „Kriemhildenroman": „Unser Künstler steuerte darauf hin, und wo ihm die dünner fließende Quelle den Weg freigab, da hat er das Ziel erreicht" (1921, 57). Das Romanthema haben Panzer (1955), vor allem aber Nagel (1954, 1965), der den Romanbegriff inflationär verwendet, weiter verfolgt.

Ist Kriemhild wirklich die Hauptgestalt, d. h. die, die alles Geschehen prägt und überschattet? Zwar wird sie in der 1. Aventiure herausgehoben, aber ebenso fest wird sie wieder an den Hof gebunden. Dann entschwindet sie lange dem Blick, der weitere Text ist auf Siegfried abgestimmt, um ihn dreht sich die Geschichte bis zu seinem Ende, und er überschattet sie weit darüber hinaus. Erst in der 14. Aventiure greift Kriemhild in das Geschehen ein, ganz von ihrem Gatten geblendet. Sie als Hauptgestalt zu retten durch die These, Siegfried handle nur für sie, könnte zu modern, zu „romanhaft" gedacht sein.

De Boor berief sich auf das Vorherrschen von „höfisch-ritterlichem Verhalten, Zucht und Maße, adliger Schönheit und Pracht der Erscheinung", als er das Nibelungenlied als „höfischen Roman", als „ritterlich-höfischen Roman" charakterisierte (1966, 159). Er begünstigte später wieder den Epos-Begriff, sprach vom „ritterlichen Epos", vom „heroischen Epos" (1979, VIII ff.; vgl. Hoffmann 1974, 63). De Boors Wende kennzeichnet die gegenwärtige Forschung und führt sie mit denen zusammen, die am alten Begriff festhielten, auch wenn sie die Psychologie der Charaktere nachwiesen. Dies ging ja merkwürdig durcheinander: einer, der, wie de Boor, der Figurentheorie folgte, hätte den Romanbegriff so sorglos nicht anwenden dürfen; hier war etwa W. J. Schröder konsequenter gewesen und hatte sich auf Lukács gestützt (s. S. 217). Höfische Einschüsse und die Hervorhebung der Kriemhildgestalt, wie stark auch immer man ihre integrierende Kraft ansehen mag, bedeuten noch kein Romankonzept.

Literarische Gattungen „können als solche nicht abgeleitet oder definiert, sondern nur historisch bestimmt, abgegrenzt und beschrieben werden" (Jauss 1972, 110). Das Nibelungenlied ist auf dem Wege vom Epos zum Roman, noch ist das Eposhafte die „systemprägende Dominante" (vgl. ebd., 112): „Gerade der Übergang von einer mehr epischen, d. h. eposhaften, zu einer mehr romanhaften Struktur [. . .], ist für die gattungsmäßige Ausprägung der Heldendichtung des 13. Jh. [. . .] von erhellender Bedeutung" (Hoffmann 1974, 63). Die prozessuale Bestimmung „auf dem Wege zu" ist strukturell, nicht historisch gemeint, denn die Romanform lag seit dem hellenistischen Roman bereit. Das Epos Nibelungenlied ist vom höfischen Roman berührt, und durch diesen Kontakt ist auch die für das Epos übliche Menschengestaltung vertieft worden.

4. Entstehung

4.1. Die Zeit

Teilbibliographie XX

Die Literatur verzeichnet und bespricht Hoffmann 1982, 95 ff.; s. daraus vor allem bzw. zusätzlich:

Birkhan 1977.
De Boor, Helmut: Rumoldes Rat (1924), in: ders., Kleine Schriften. Bd. II. Berlin 1966, 175–183 [Wolfram hat Rumold aus Nl *C entliehen.]
Brunner, Horst: Wolfram von Eschenbach (ca. 1170/80 bis ca. 1220), in: Fränkische Lebensbilder. Bd. 11. Neustadt/Aisch 1984, 11–27.
Eis, Gerhard: Zur Datierung des Nibelungenliedes, in: FF 27, 1953, 48–51 [Übereinstimmungen zwischen Nl und „Parzival" sind Entlehnungen Wolframs.]
Goetz, Hermann: Der Orient der Kreuzzüge in Wolframs Parzival, in: Archiv für Kulturgeschichte 49, 1967, 1–42.
Hatto 1984, 365 ff.
Kunitzsch, Paul: Erneut: Der Orient in Wolframs ‚Parzival', in: ZfdA 113, 1984, 79–111.
Mackensen 1984, 82 ff.
Ploss, Emil: Die Datierung des Nibelungenliedes, in: Beitr. 80, Tü. 1958, 72–106.
Rosenfeld 1969 [zum Küchenmeisteramt, s. S. 107].
Voorwinden, Norbert: Zur Datierung des Nibelungenliedes. *Zazamanc* und *Azagouc,* in: Leuvense Bijdragen 65, 1976, 167–176.

Für die Datierung der gesamten mittelhochdeutschen Epik ist das 7. Buch von Wolframs von Eschenbach „Parzival" entscheidend; es muß 1204/05 entstanden sein (vgl. Zeittafel S. 290).

Mit dem Nibelungenlied hat der „Parzival" die Namen Zazamanc, Azagouc, Ninnivê, Wolfhart und Rumold gemeinsam. Ninnive ist aus der Bibel bekannt, bewiese also keine Beziehung zwischen beiden Texten; Wolfhart (Pz. 420, 22) ist ein geläufiger Heldenname, er erscheint im „Parzival" in der Nähe von Rumold; Zazamanc, Azagouc und Rumolds Rat kommen in keinen anderen Stücken vor:

	Nibelungenlied	Parzival
Zazamanc	362	750,19; 770,27
Azagouc	439	750,19; 770,27; 234,5
Rumold	10, 1465 ff., 1519	420,26–421,10

Die beiden Rumold sind eindeutig identisch; Zitate könnten dies leicht nachweisen.

Wolfram setzte bei seinen Hörern die Kenntnis dieser nicht gerade zentralen Stelle des Nibelungenliedes voraus, er nannte die Burgunden schon Nibelungen und spielte auf deren Untergang an. Der umgekehrte Weg ist überlegt worden: der Nibelungendichter sollte Rumold aus dem „Parzival“ herübergeholt haben. Doch spielt Rumold dort sonst keine Rolle, während er demgegenüber in das Epos verhältnismäßig stark eingebunden ist, nicht zuletzt durch die Gruppe der *olt*-Namensträger.

Wolfram spricht von Brotschnitten wie *C 1497. Vielleicht kannte er also diese Version, mag sein, auch eine andere – in diesem Fall hätte er den dortigen Rat Rumolds ausgeschmückt, *C könnte diese Ausschmükkung in das Epos „zurückgeholt“ haben. (Zur Datierung des Küchenmeisteramtes s. S. 107 und Hoffmann 1982, 98 f.).

Zazamanc und Azagouc sind Ländernamen, im Nibelungenlied könnten es allerdings auch die Namen zweier Städte sein (vgl. de Boor 1979 Anm.). Manch einer wollte dem Dichter solche phantasievollen fremden Namen nicht zutrauen, eher schon dem vor Einbildungskraft sprühenden Wolfram (s. jedoch u.a. Pfeiffer, Braune, Krogmann, Eis, Ploss; Hoffmann 1982, 96 f.). Zu sorglos wurden Werk und Dichter gleichgesetzt (ernstes Werk = ernster = phantasieloser Dichter), man dachte an einen Austausch zwischen beiden Texten: Zazamanc und Azagouc gegen Rumold. Dabei wollte man die höfische Phantasie im Nibelungenlied nicht wahrhaben, schnitt ihm ja gerade die „Schneiderstrophen“ heraus (s. S. 131). Außerdem: weder Wolfram noch der Nibelungendichter brauchen die Schöpfer dieser Namensformen gewesen zu sein, diese können einer literarischen oder mündlichen Quelle entstammen, sie können auch unabhängig voneinander in beide Werke gelangt sein. Die Forschung hat beide Namen noch nicht sicher mit bestimmten Orten oder Gegenden, die für ihre Seidenproduktion berühmt waren, in Verbindung bringen können.

Als weiterer Anhaltspunkt für die Datierung des Epos gilt die Beziehung zu Hartmanns von Aue „Iwein“, die wir jedoch schon in Frage gestellt haben (s. S. 49). Die Datierung des „Iwein“ ist strittig, vom letzten Jahrzehnt des 12. Jahrhunderts bis etwa in die ersten fünf Jahre des 13. Jahrhunderts reichen die Annahmen (Cormeau/Störmer 1985, 31).

Andere Anhaltspunkte für eine Datierung wurden gesucht, sie führen alle auf einen noch schwankenderen Boden: etwa die frühe Datierung der Handschrift Z (um 1200), die Passauer Jahre des Bischofs Wolfger (vgl. Ploss 1958) oder die Parallele zwischen der Hochzeit Etzels mit Kriemhild und der Hochzeit des Herzogs Leopold VI. von Österreich mit Theodora Komnena in Wien 1203 (vgl. Panzer 1955, 481 f.; Reichert 1985, 27; s. Hoffmann 1982, 99). Was bleibt, ist eine ungefähre Angabe: Wende vom 12. zum 13. Jahrhundert; letztes Jahrzehnt des 12., erstes Jahrfünft des 13. Jahrhunderts. Str. 1508 (s. S. 167 f.), schon erheblich nach der Mitte des Textes, spräche für die ersten Jahre des 13. Jahrhunderts. Die offene Formulierung hinsichtlich der Zeitangaben entspricht dem offenen Text, sie sollte die diffuse, komplexe Gesamtgeschichte des Epos nicht vergessen lassen; deren Konzentration um die Jahrhundertwende verdanken wir der höfischen Dichtung, ohne die es wohl kaum in die vorliegende, für die folgenden Jahrhunderte verbindliche Form gebracht worden wäre.

4.2. *Der Dichter*

Teilbibliographie XXI

Den besten Überblick gibt Hoffmann 1982, 84 ff.; zur geschichtlichen Vertiefung Ehrismann 1975/I, 112 ff. Zur Dichterfrage haben sich viele Autoren geäußert, s. u. a. die Gesamtbibliographie; zur Sozialgeschichte die Angaben zu „Dichter, Mäzen, Kunst und Gesellschaft“ S. 33 f. Der Fragenkomplex ist in engem Zusammenhang mit Kap. I.4.2 zu behandeln; s. außerdem:

Bahr, Joachim: Der „Spielmann“ in der Literaturwissenschaft des 19. Jahrhunderts, in: ZfdPh 73, 1954, 174–196 [Das 19. Jh. hat im Spielmann den dichtenden Volkssänger gesehen und ihn als solchen verklärt. Er ist jedoch kein Dichter, er trägt seine Dichtung in Marktflecken und Städten vor.]

Bräuer 1970 [Der Dichter ist ein Angehöriger der frühbürgerlichen Intelligenz.]

Hatto 1984, 354 ff.

Haug, Walter in: Erste Passauer Nibelungen-Gespräche, Referat F. P. Knapp, in: Universität Passau. Nachrichten und Berichte. Nr. 43. Nov. 1985, S. 19 f. [Das Nl ist das modernste Werk des Mittelalters u. a. deshalb, weil es die Stoffgeschichte beim Publikum als bekannten Bezugsrahmen voraussetzt.]

Lösel-Wieland-Engelmann, Berta: Verdanken wir das Nibelungenlied einer Niedernburger Nonne?, in: Monatshefte 72, 1980, 5–25 [Niedernburg ist ein Kloster in Passau; *C soll die ursprüngliche, „frauenfreundliche“ Fassung des Nl gewesen sein, *B seine „männlich-chauvinistische“ Abwandlung. Moral: die Männer sind „untergangsreif“, weil sie ihre Frauen schnöde behandeln.]

Mackensen 1984, 79 ff. [Der Dichter war ein *clericus,* durchaus von der frommen Art.]

Wolf, Alois: Der Dichter des Nibelungenliedes, in: Tausend Jahre Österreich. Hrsg. v. Walter Pollak. Bd. I. Wien, München 1973, 28–37 [Der Dichter setzte mit seinem Werk dem Bischof von Passau ein Denkmal.]

Die Frage nach dem Dichter des Nibelungenliedes spaltet sich in Fragen nach dessen Existenz überhaupt (vgl. Kap. I.4.2), dessen Namen und dessen Stand sowie der Entstehungsgeschichte seines Werkes (vgl. Kap. I.3).

Viele Namen sind seit der Wiederentdeckung des Liedes um die Mitte des 18. Jahrhunderts genannt worden, an Heinrich von Ofterdingen blieb es wohl am längsten haften. Manche Gelehrte leugneten die Existenz des Dichters und sprachen im Anschluß an Schellings Identitätsphilosophie und Wolfs Homertheorie von einer Kollektivproduktion (vgl. Kap. V). Die *theory of oral-formulaic poetry* ist deren Erbin.

Die Frage nach dem sozialen Rang des Dichters wäre nur von der Dichtung aus zu beantworten, aber da müßten wir die Grenze zwischen

Fiktion und Realität sicherer abstecken können. Man hat nach einem besonderen Engagement des Epikers für eine Gruppe gesucht – ohne Erfolg, immer war die Gegenthese leicht zu finden. Immer auch tragen diese Überlegungen die zeitgenössische Geschichte mit: heute ist der Außenseiter *en vogue,* heute wird die feministische Variante an den Haaren herbeigezogen.

Viele Bürger würden ihre Heimat gerne mit dem Namen des Dichters schmücken. In der Gegenwart scheinen die Passauer das Rennen zu machen, die Wormser sind abgeschlagen. Überzeugend ist auch hier nur wenig; kennt sich der Epiker nicht in Pöchlarn besser aus als in Passau (vgl. S. 165)?

Der „Dichter" des Nibelungenliedes hat sich, den Gesetzen der Gattung gehorchend, hinter sein Werk zurückgezogen. Dieses ist mit hoher Meisterschaft erzählt, und zwar in einer Weise, die es wenig vernünftig erscheinen läßt, nicht von *einem* Dichter/einem *Dichter* zu sprechen. Wir denken dabei vor allem an die Kunst der Hörerführung, des langsamen Entbergens von Motiven, der Vor- und Rückverweise durch Wörter und Handlungen, der Integration von (überliefertem) Stoff und (neuem) Erzählplan. In Verkennung der Evokationstechnik des Dichters ist man nur schwer fertig geworden mit der Tatsache, daß dieser mit einem epischen Material spielt, das seinen Hörern zu einem Gutteil bekannt ist, das er sie zu assoziieren zwingt und das er nicht in jedem Punkt logisch entfalten möchte (vgl. Haug 1985). Die Frage nach dem Dichter/Epiker/Erzähler des Nibelungenliedes und nach dem Original des Textes ist z. Zt. zwar nicht entscheidungsfähig, aber ist sie überhaupt entscheidungsbedürftig?

5. Ethos, Sinn

Teilbibliographie XXII

Allgemeine Aspekte

Bloch 1982.

Delius, Harald: Ethik, in: Das Fischer Lexikon. Philosophie. Hrsg. v. Alwin Diemer u. Ivo Frenzel. Frankfurt 1958, 71–92.

Graus, František: Lebendige Vergangenheit. Überlieferung im Mittelalter und in den Vorstellungen vom Mittelalter. Köln, Wien 1975.

Kauffmann, Friedrich: Über den Schicksalsglauben der Germanen, in: ZfdPh 50, 1926, 361–408.

Kienle, Mathilde v.: Der Schicksalsbegriff im Altdeutschen, in: Wörter und Sachen 15, 1933, 81–111.

Kuhn, Hans: Heldensage und Christentum (1960), in: Zur germanisch-deutschen Heldensage. Hrsg. v. Karl Hauck. (WF 14) Darmstadt 1965, 416–426.

Lee, Anthony van der: Vom Dichter des Nibelungenliedes, in: Levende Tale 1970, 341–353 [Bestreitet der anonymen Heldendichtung ein ausgeprägtes Wollen.]

Mohr, Wolfgang: Schicksalsglauben und Heldentum. (Die Welt der Germanen 3) Leipzig o. J. [1935].

Neumann, Eduard: Das Schicksal in der Edda. Bd. 1. Der Schicksalsbegriff in der Edda. Gießen 1955 [sehr traditionelle, heute nicht mehr ohne weiteres verstehbare Terminologie].

Pálsson, Hermann: Die Ethik der Hráfnkelssaga (1964), in: Die Isländersaga. Hrsg. v. Walter Baetke. (WF 151) Darmstadt 1974, 370–390 [hierin allgemeine Bemerkungen zur Ethik der Sagas].

Rupp, Heinz: Vorwort, in: WF 54, IX–XVI.

Spiewok, Wolfgang: Walther von der Vogelweide. Erbe und Auftrag (1981), in: ders., Mittelalter-Studien. (GAG 400) Göppingen 1984, 169–186 [Walthers „Preislied" *Ir sult sprechen willekomen* spiegelt ein „aufkeimendes Bewußtsein nationaler Gemeinsamkeit".]

Tellenbach, Gert: Vom karolingischen Reichsadel zum deutschen Reichsfürstenstand (1943), in: Herrschaft und Staat im Mittelalter. Hrsg. v. Hellmut Kämpf. (WF 2) Darmstadt 1964, 191–242 [zum Nationbegriff].

Ethos im Nibelungenlied

Siehe zu diesem Fragenkreis auch die Gesamtbibliographie.

Bostock 1960, Hoffmann ²1974, Ihlenburg 1969, Jaeger 1983, King 1962.

Klein, Hans-Adolf: Erzählabsicht im Heldenepos und im höfischen Epos. Studien zum Ethos im ‚Nibelungenlied' und in Konrad Flecks ‚Flore und Blanscheflur'. (GAG 226) Göppingen 1978 [Nachweis der Unzulänglichkeit von Gegenüberstellungen der Art christlich-heidnisch für das Nl. Es fordert durch seine Handlung ein affektreduziertes, kontrolliertes Handeln.]

Mackensen 1984, Maurer 1969, Mergell 1950, Nagel 1954, 1965, Weber 1963.

Willson, H. Bernhard: Blood and Wounds in the Nibelungenlied, in: MLR 55, 1960, 40–50 [vgl. Hoffmann 1965, 271 ff.].

Willson 1963.

In einzelnen Personen, Gemeinschaften, Epochen gibt es „sittliche Gesetze, Gebote, Forderungen, Rechte und Pflichten usw. verschiedenen Inhalts", die sich in der Regel an einem oder mehreren wichtigen Interessen, dem „höchsten Gut", orientieren. Einen „solchen Bestand an Vorstellungen, der das Bewußtseinsleben einer Person, eines Volkes, einer Gesellschaftsklasse, einer Epoche usw. beherrscht", nennt man Ethik oder Moral. Deren Gebote stellen den Anspruch, „für unser Verhalten *unbedingt* gültig zu sein" (Delius 1958, 71 f.).

Für die Ethiken, die sich im Nibelungenlied spiegeln, sind Begriffe wie germanisch, heidnisch, christlich, ritterlich, human gefunden worden, ebenso kombinatorische Varianten wie germanisch-heidnisch, christlich-ritterlich usw. Zur germanischen Ethik gesellen sich die Begriffe Heroik, Schicksal, Ehre – meist zu wenig geprüft an Text und Geschichte. So hat man etwa die germanische Ethik aus den Isländersagas abgeleitet, ohne Fiktion und Wirklichkeit zu trennen, aber auch ohne sich die Mühe zu machen, „sie unter Berücksichtigung der christlichen Kultur der Isländer zur Zeit der Niederschrift der Sagas zu lesen" (Pálsson 1964, 370). Die meisten Sagas wurden 1150–1350 auf Pergament gebracht, und die isländische Sagakunst gedieh im Schutz der Kirche (vgl. S. 51).

„Im allgemeinen [...] lebte die Heldensage von früh an mit der Kirche in Frieden. Viele ihrer Helden waren Christen gewesen, ihr Ethos, obschon nach der strengen Lehre unchristlich, stieß nicht an" (Hans Kuhn 1960, 426).

Die Kirche war toleranzfähig und offen für den Volksglauben, großzügig übernahm sie z. B. manchen alten Zauberspruch; sie war auch offen für die Kriegerethik, die sie sich im Rittertum dienstbar machte.

Der Heroismus gilt als Tapferkeitsethos für jede Kriegerkultur, auch die ritterliche, und das Handeln nach der Ehre verdankt sich nicht nur germanischem Lebensgefühl:

„Gewalt war nicht zuletzt auch ein Bestandteil der Sitten. Weil die Menschen ihre spontanen Regungen kaum unterdrücken konnten, auf den Anblick des Leidens wenig sensibel reagierten, von geringer Achtung dem Leben gegenüber erfüllt waren, in dem sie nur ein Übergangsstadium angesichts der Ewigkeit sahen, waren sie überdies darauf sehr bedacht, ihre Ehre in der fast animalischen Entfaltung physischer Kraft zu suchen" (Bloch 1982, 493).

Rache, „im Denken der Zeit moralisch gerechtfertigt" (ebd.; s. S. 152), und Raub waren „die doppelte Wurzel der häufigsten Verbrechen" der Zeit (ebd.). Bleibt das Schicksal, dem im germanischen Glauben auch die Götter unterlagen, ähnlich der Moira bei den Griechen.

Das Wort Schicksal wird im Deutschen erst im 16. Jh. bekannt; *Schicksal* wurde z. B. 1598 als *apparatus, ordo, dispositio et fatum* definiert. Der ahd. Begriff ist *wurt* (as. *wurd,* ags. *wyrd,* an. *urðr;* zu *werden*); s. Kluge/Mitzka 1967, 646, vgl. außerdem: Kauffmann 1926, Kienle 1933, Mohr 1935, Neumann 1955, Hoffmann ^{2}1974, 102 f. Die ältere Literatur zu diesem Begriff verrät starke völkische Einschläge. Panzer 1955 hat seine Nibelungeninterpretation auf ihn hin ausgerichtet (vgl. ebd., 207).

Die Stimme des Schicksals hört man im Nibelungenlied nicht; es gibt Träume und Vorausdeutungen, die aber, nach altem Brauch, das Handeln der Helden nicht prägen. Im Nibelungenlied waltet kein (nur im Rahmen der germanischen Ethik definierbares) Schicksal mehr, sondern Tragik.

„Weithin gilt im Nibelungenlied noch die heroisch fatalistische Auffassung, nach der heldische Größe zum Untergang bestimmt ist" (Nagel 1977, 498) – Formulierungen solcher Art führen das Epos weit hinter seine geschichtliche Situation zurück und sind u. E. nicht zu rechtfertigen: man denke nur an Hagens zähe Überlebensstrategie.

Es dürfte schwerfallen, dem Nibelungenepiker eine planvolle Germanenrezeption nachzuweisen. Der Stoff, den er verarbeitet, ist freilich mit germanischen Trümmern durchsetzt – zu seiner Zeit waren dies volkstümliche Reste, Reste einer Kriegerethik, einer Traditionsethik, deren systemprägende Dominante gewiß nicht die Richtung gegen das Christentum war. Das Nibelungenlied ist ein Epos mit christlichem Alltag, kein christliches Epos, aber auch kein heidnisches. Es ist vom Glauben her nicht aufzuschlüsseln, auch nicht von einer rekonstruierten Ideal-Ethik (germanisch, ritterlich, höfisch usw.) her. Der Erzähler baut die Fiktion *alter mæren* auf, in ihnen konnte das Handeln nach christlichen Impulsen nicht dominant werden; so nahm er etwa den Eiden das sakrale Element, den Schwur auf eine heilige Sache.

Die germanische Tradition erlebte zu der Zeit, als unser Epiker sich ans Werk machte, einen neuen Schub: Kaiser Heinrich VI. wollte Deutschland zum Erbreich machen (s. S. 290), also die germanische Tradition der erblichen Berufung des Geschlechts wider die römische Tradition setzen, die die Vorrechte des Blutes niemals voll anerkannt hatte (vgl. Bloch 1982, 467; Engels 1984, 32 f. u. 170). Heinrich bot auch den weltlichen Fürsten die Erblichkeit ihrer Lehen an. Die Ethik des Nibelungenliedes könnte vor einem solchen Hintergrund eine politisch-juristische, tendenziell germanisierende (archaisierende) Dimension haben, erinnern wir nur an die Bedeutung von Recht und Rechtshandeln in ihm. Der Dichter arbeitet an der Fiktion eines juristisch dominierten Traditionsethos – ohne daß damit behauptet wäre, daß er nur deshalb arbeite und daß er dieses Ethos als Vorbild oder als Warnung aufbaue.

Die Gelehrten haben nach der Übersättigung mit germanischen und pseudogermanischen Phraseologien während der Jahre des Faschismus eine gewisse Abneigung dagegen entwickelt, germanische Traditionen herauszuarbeiten. Die Gefahr von Mißverständnissen und politischen Kurzschlüssen war zu groß. Man hob die höfischen und christlichen Elemente des Epos hervor und revidierte das überheroische Menschenbild. Wir verzeichnen einige Stimmen aus der Forschung und ordnen sie chronologisch, weil eine Systematik das verwirrende Bild der Begriffe und Argumentationen nicht erfassen könnte. So kann man dieses Kapitel auch als eine kleine Einführung in die Forschungs- und Rezeptionsgeschichte der Nachkriegszeit lesen.

Mergell sieht in Hagens Worten *got unde mîn* (2371, s. S. 200) den Leitgedanken des Epos, in ihnen spiegle sich die Durchdringung von Heldischem und Religiösem, die „Unmittelbarkeit des Menschlichen zu Gott“ (1950, 37). Gott und Teufel, Himmel und Hölle sind in der „menschlichen, ritterlich-heldischen Tragik des Burgundenunterganges gegenwärtig“ (ebd., 34), menschliches Handeln wird „unmittelbar zur Spiegelung und zum Abbild des göttlichen Waltens“ (ebd., 38), der

Mensch ist ein „Abglanz des Göttlichen" (ebd.). Der Teufel findet sich in Kriemhild wieder, die am Ende „zur Dämonin abgesunken" (s. S. 201) ist, wie auch das Ganze „ins Hintergründig-Dämonische" ausgeweitet wird (ebd., 17). Hagen, seit seinem Rat an die Nibelungen, zur Messe zu gehen, in transzendentes Licht getaucht (ebd., 35; s. S. 176 f.), erhebt sich zu Gott.

Demgegenüber bleibt Maurer ganz bei den traditionellen Wertungen:

> „Entscheidend ist, wie sich der Mensch unter diesem Schicksal verhält, welche Züge und Haltungen er offenbart, oder besser: welche Züge das Schicksal an dem Menschen offenbar werden läßt. Denn die treibende und bewegende Kraft ist dieses Schicksal, und zwar das leidvolle. Der Mensch unter dem leidvollen Schicksal ist der Gegenstand der Dichtung" (1969, 13; vgl. auch Jackson 1967, 228).

Das Leid, das Kriemhild widerfährt, sind Beleidigungen, die die Ehre berühren. „Ehre" wird nicht soziologisch und nicht aus der Geschichte um 1200 heraus, sondern ideengeschichtlich verstanden:

> „Wer den Ehrbegriff in seiner Bedeutung für das Geschehen, wer die Verletzung der Ehre nicht in Betracht zieht, die mit der Ermordung Siegfrieds und mit der Wegnahme und Verweigerung des Hortes verknüpft sind, der kann Kriemhild in ihrem Verhalten nicht gerecht werden. Wir müssen versuchen zu begreifen, welche zentrale Bedeutung in diesem Gedicht noch der altgermanische Wert der Ehre hat. Leid und Ehre sind die beiden tragenden Ideen [. . .]" (1969, 22).

Den Versuch, seinem Schicksal zu entfliehen, unternimmt Rüdiger. Er geht dann aber doch „bewußt und entschlossen in sein Schicksal. Er handelt hier weder als Christ noch als höfischer Ritter, sondern als germanischer Held" (ebd., 35; s. S. 189). Die germanische Ethik stiftet die Einheit des Epos:

> „So ruht die Einheit des Nibelungenlieds auf seiner Grundidee der Ehre, ihrer Wertschätzung über alles andere, der Sorge um ihre Erhaltung, der Rache für ihre Verletzung" (1953, 36).

Nagel räumt dem Christlichen einen breiteren Raum ein, er schichtet die Ethiken. Das Christliche, dies sind „zahlreiche Spuren kirchlich-christlichen Einflusses" in dem „heidnisch-heroischen Charakter der Kernhandlung" (1965, 205). Solche Einflüsse seien im allgemeinen „Äußerlichkeiten kirchlichen Brauchtums" (ebd., 207), gingen aber bei Rüdiger und Dietrich tiefer. Diese beiden feiert Nagel als „die Möglichkeit einer christlichen Alternative zur reinen Heroik" (ebd., 229). Der christliche Alltag war für das Mittelalter jedoch wohl eher ein Spiegel der Seele als eine Äußerlichkeit und christlich war nicht nur der *tiefe* christliche Glaube (vgl. Rupp 1976, XIV).

Dem „Christlichen" widerstand nach Nagels Ansicht die „heidnische

Heroik“, die sich „in der reinen *Diesseitsethik* der Nibelungen“ erweise: „Der Tod, den sie sterben, ist ein Tod ohne Transzendenz, eine rein heroisch diesseitige Erfüllung“ (1965, 149). Siegfried sei „zwar formaler Christ“, aber er lebe „sein Leben durchaus als ein Mensch ohne Gott“: „Nicht einmal im Sterben erhebt er seine Gedanken zu ihm“ (ebd.). Rüdiger etwa? Sowohl „das Ganze der Fabel als auch das episodische Geschehen“ seien „durch das heroische Ehrgebot und das altheidnische Rachedenken geprägt“; die Senna: „ein kleines abgeschlossenes Spiel von ‚êre‘ und ‚leit‘ “ (ebd., 146). Von der „Verselbigung [‚Identifizierung‘] des Menschen mit der Rache“, bei der der Mensch die Freiheit der Entscheidung verliere, wird gesprochen: er muß wollen, „was die Rache will“ (ebd., 147). Der Held sei seines Untergangs gewiß, dieses „Vorauswissen des tödlichen Ausgangs der Dinge“ sei ein „der Heroik zugehöriges tragisches Moment“ (ebd., 148). Die Beschreibung dieser „heidnischen Heroik“ erinnert sehr an Maurers Überlegungen, Nagel relativiert sie aber durch eine christliche Schicht („höfische Ritterkultur“) und durch eine zwischen beide geschobene „vorhöfische Ethik“. Diese Ethik sollte als eine Ethik des Übergangs die weniger reinen Formen aufgenommen haben:

„All das läßt erkennen, daß im Nl nicht nur streng Heroisches oder modern Höfisches, sondern auch noch viel Vorhöfisches, Vorritterliches, ja selbst Altfränkisches und Rauhbeinig-Derbes begegnen, weshalb die Personen von Fall zu Fall verschiedenartig anmuten, als ob sie sich in verschiedenen Stockwerken der Lebensanschauung bewegten“ (ebd., 155).

Nagel zertrennt (in der Tradition von Friedrich Neumann 1924) die geschichtlich gewordene Ethik der Jahrhundertwende, ähnlich wie er die einzelnen Gestalten zertrennt hatte (vgl. S. 218 f.). Merkwürdigerweise gesteht er zwar den Gestalten nur „eine rein poetische Existenz“ (1965, 271) zu, sieht aber in der Widersprüchlichkeit der Ethiken ein Zeichen ihrer „Lebensechtheit“ (ebd., 151).

Bostock verschärft die christliche Deutung und interpretiert das von der *superbia* (vgl. S. 114 f.) bestimmte Handeln als Gegenbild zu dem vom Dichter verlangten Handeln. Der Epiker betreibe keine Wiederbelebung heidnisch-germanischen Geistes: „Sein Gedicht war als Tragödie gottlosen Eigensinns zu verstehen, der die Wurzel aller menschlichen Sünde ist“ (1960, 109).

Ähnlich, noch strenger christlich, deutet Willson: Die *triuwe* im Nibelungenlied ist durch *unmâze* charakterisiert, man verbündet sich mit den Mitmenschen aus *superbia;* solche *triuwe* bezeichnet eine „ungeordnete Liebe“:

Diese Liebe „führt zu Streit und Konflikt, nicht zu Einheit und Frieden unter den Menschen. Mehr als jedes andere Werk der mhd. höfischen Literatur macht das ‚Nibelungenlied' die furchtbaren Folgen einer solchen ‚ungeordneten' Liebe deutlich. In diesem Sinn ist das ‚Nibelungenlied' ein ‚gottloses' Gedicht und doch seiner Intention nach zutiefst christlich. Der christliche Gott ist von höchster Relevanz. Der Autor wählt sein Material aus einer anderen, einer nicht-christlichen, nicht-höfischen Epoche, weil er die dringende christliche Botschaft, daß die, die mit dem Schwert leben, durch das Schwert umkommen werden, vermitteln will" (1963, 291 f.).

Ein christliches Epos wider das Schwert ist das Nibelungenlied sicherlich nicht, hatte es doch das Schwert zum hohen Symbol von Liebe, Treue und Recht erhoben.

Differenzierter argumentiert King, der, allerdings ohne genauere Bestimmungen, einen „festen Bestandteil der allgemein gültigen Normen des Rittertums" auf den „germanischen Geist", der nicht einfach ausgestorben sei, zurückführt (1962, 235). Eine Dichtung sei nicht schon deshalb religiös, weil sie eine starke Beimischung christlicher Vorstellungen enthalte. Heidnische Elemente würden nicht wiederbelebt.

Gottfried Weber durchbricht die Alternative christlich vs. heidnisch zugunsten des Dämonischen.

Wir zitieren aus dem Referat von Hoffmann (1982, 24 f.): „Weber betont die Bedeutung des Höfisch-Ritterlichen im mhd. Nibelungenepos: das Ritterlich-Höfische ist nicht mehr als äußeres Kostüm und zeitgemäßes Kolorit, mit ihm ist vielmehr eine immanente Aussageabsicht verbunden. Entscheidend ist, daß aller höfischer Glanz und alle ritterliche Größe vernichtet und ins Gegenteil verkehrt werden. Manche ritterliche Werte bleiben von vornherein unentfaltet, andere entarten in ihr Gegenteil. Die innermenschliche Wurzel dieser Zersetzung und Pervertierung ritterlicher Werte und ‚Tugenden' ist die Grundhaltung des *übermuotes* und der *hôchvart*, die fast allen Menschen des Nibelungenliedes eignet. Da die Menschen in sich selbst zentriert sind, bleibt auch das stets vorhandene Gottesbewußtsein oberflächlich. Konstitutiv für den weltlichen Status der Dichtung ist, daß christliche und nichtchristliche (letztlich germanisch-heidnische) Vorstellungen neben- und ineinanderstehen. Die alte Alternative, ob das Nibelungenlied ein ‚grundheidnisches' oder ein ‚mittelalterlich-christliches' Werk sei, ist also nicht richtig gestellt. Es ist durchaus ein mittelalterliches Werk – aber kein wesenhaft christliches [. . .] Die eigentlich wirksame Macht ist überhaupt nicht Gott, sondern sind untergründig-dämonische Mächte und Kräfte über dem Menschen (‚Schicksal') und in dem Menschen."

An der Triade *riter, helt, recke* hat der Epiker die Frage nach dem Sein des Menschen als einem ständigen Bedrohtsein festgemacht: „Was ist der Mensch? *riter* möchte er sein, *helt* muß er werden, *recke* aber ist er wesenhaft und immerdar" (Weber 1963, 159). Diese Bestimmungen gelten nicht für alle Gebrauchsweisen der Wörter; der *recke*-Begriff ist in Anlehnung an die alte Wortbedeutung ‚Vertriebener, Heimatloser' (s. S. 100) vertieft.

Weber überträgt die Existenzphilosophie seiner Zeit auf die Gestalten des Nibelungenliedes, die Philosophie vom unbehausten Menschen. Sie werden aus ihrem gesellschaftlichen Geflecht, in das sie der Epiker planvoll einbindet, herausgelöst und zu einem zeit-, partiell auch geschichtslosen Bild von *dem* Menschen zusammengestellt.

Ihlenburgs dem Marxismus verpflichtete Analyse berührt sich vielfach mit der Webers. Das Geschehen wird politisch, als Ausdruck der „feudalhöfischen" Zeit um 1200, interpretiert. Die Nibelungenhelden handeln nach Normen, die im „Frühfeudalismus" geboren, um 1200 jedoch fragwürdig geworden waren: „unerbittliche Feudalwirklichkeit" wider „höfisch-humane Idealität" (1969, 144), wobei Dietrich zum „Symbol der Humanität" (ebd., 134) erhöht wird. Über den Personen waltet kein Schicksal, die treibenden Kräfte des Handelns sind konkret historische Kräfte. So ist der ideengeschichtliche Aspekt vom Menschen als Spielball des Schicksals gegen den marxistischen vom Menschen als Spielball der Geschichte, die nach einem notwendigen Plan abläuft, eingetauscht.

Hoffmann bezeichnet einige „Gottesnennungen, deren Bedeutung sich nicht im Formelhaft-Unverbindlichen erschöpft, sondern die ernster und echter sind, Ausdruck einer seelischen Erschütterung" (^{2}1974, 96; Str. 1046, -56, 1247, 1730, 2153, -54). Er weist auf die Existenz des Teufels hin und auf die Gestalten aus dem Volksglauben. So kann deutlich werden, daß ein Pauschalurteil über Christlichkeit oder Nichtchristlichkeit des Epos unmöglich ist. Formelhaftes Christentum vs. tief erlebtes Christentum: darf man dem Heldenepiker diese Alternative unterstellen, ist sie nicht zu modern gedacht? Er beschreibt die christlichen Bräuche schärfer als seine Dichterkollegen (vgl. Schönbach 1897, Klein 1978), und er sieht die Menschen auch sonst „von außen", von ihrem Handeln, ihren Gesprächen her, er hält ihre Seele zurück (vgl. Kap. III.2 und die Liste zum Wortschatz des religiösen Bereichs, die Klein 1978, 85 erstellt hat).

Dem mittelalterlichen Menschen konnten Formen mehr gelten als dem heutigen. Das Nibelungenlied spiegelt einen christlichen Alltag mit verschieden tiefen Schattierungen. Die Tiefe ist situationsbedingt, vom Erlebnis geprägt: Kriemhilds Witwentrauer, Rüdigers Entscheidungsnot, aber auch der allmorgendliche Meßgang.

Nach Hoffmann vollzieht sich die Geschichte im Nibelungenlied nicht schicksalhaft, das Wissen um den Tod und die Hoffnung zu überleben stehen nebeneinander. Das Geschehen geht auf menschliche Antriebe zurück: „Der Nibelungendichter kennt beides: Schicksal und psychische Motivation, Schicksal und Schuld. Das Bedeutsamere jedoch ist das zweite" (^{2}1974, 106 f.):

„Wohl fehlt es im NL nicht an eindeutigen Urteilen und nicht an Handlungen, die ein eindeutiges Urteil erlauben, auch wenn es der Dichter selbst nicht abgegeben hat. Insgesamt jedoch ist das Wesentliche und auch Wesenserhellende ein ‚Zwar – Aber', ein ‚Einerseits – Andererseits' der Wertungen, mit dem der Dichter der Wirklichkeit des Menschen gerechter geworden ist als in einer Schwarzweißmalerei" (ebd., 116).

Das alte heroische Ethos leite die Helden, der Dichter relativiere es aber durch seine Geschichte:

„Es geht ihm sichtlich darum, die ungeheuren Konsequenzen zu demonstrieren, die die heldische Selbstbehauptung um jeden Preis, die immer zugleich Ehrbehauptung ist, in sich birgt. Dabei hat er durchaus einen Sinn und hat Verständnis für die Größe des Heldentums, dem er seine Bewunderung nicht versagt und vor dem er gleichzeitig erschaudert. Dem heroischen Ethos steht der Schöpfer des NL mit Sympathie und doch mit Distanz gegenüber" (ebd., 111).

Mackensen kehrt zu den betont christlichen Deutungen zurück, wenn er das Walten eines Schicksals über den Helden des Epos ablehnt und in der *superbia* (vgl. S. 114 f.) deren schwerste Verfehlung sieht: „Die katholische Lehre kennt Hauptsünden, die keine Gnade verdienen: Hoffart *(superbia/übermüete/hôchverte),* Unmäßigkeit *(immoderatio/unmâze),* Geiz *(avarita/gir)*" (1984, 94). Alle Helden „sind nach kanonischem Denken des Todes" (ebd., 95). Ob der Epiker freilich kanonisch dachte, wie Mackensen unterstellt, der in ihm einen Priester sieht (s. S. 231 f.), stehe dahin.

Vor dem Hintergrund unserer Textinterpretation und der Diskussion der Forschung können wir die Ethik des Nibelungenliedes weder als germanisch noch als ritterlich, weder als heidnisch noch als christlich bestimmen. Sie hat archaisierende und modernisierende Züge, ohne archaisch oder modern zu sein. Sie ist weder vom Glauben noch von der Chronologie, sondern wohl nur als Fiktion und nur vom Recht her angemessen zu erfassen, im weiteren Sinne von der Lage der Gesellschaft um die Wende vom 12. zum 13. Jahrhundert. Es ist eine idealisierte Ethik des vasallitischen Adels dieser Jahrhundertwende, eine Ethik des (positiven) Stolzes als Erbe der internationalen heroischen Ethik: auch die homerischen Helden sind stolze Helden. Es ist keine Ethik als Vorbild (‚Identifikation'), aber auch keine Ethik als Tadel oder Warnung, bringt sie doch die Entscheidungen Rüdigers und Dietrichs hervor, fallen doch auch auf Hagen nicht nur schwarze Schatten, und selbst die rächende Kriemhild steht noch für das Recht. Es ist eine Ethik als Traum vergangener Größe, an der man sich aufrichtet, ohne ihr Leiden zurückholen zu wollen. Ein Genuß der Trauer, den man nicht ohne Not auf eine bestimmte Gesellschaftsgruppe, einen bestimmten Resonanzraum beschränken wird. Auch das Volk konnte von seinem hohen Adel träumen, die Mühen gegenwärtiger Forschung, dies hinwegzuinterpretieren, muten weltfremd an (vgl. S. 57 und 109). Freilich mochte sich der aussterbende Altadel vorrangig angesprochen fühlen (vgl. Kaiser 1981; Cormeau/Störmer 1985, 49).

Vgl. Bräuer 1984, 24: „Der ‚höfische' Held ist ein Standesheld, der innergesellschaftliche Probleme der weltlich-feudalen höfischen Prestigegesellschaft repräsentiert, der ‚heroische' Held hingegen ist im Interesse der Gesamtgesellschaft politisch handelnder ‚National'- bzw. Volksheld, der damit auch ein für alle Schichten der Bevölkerung akzeptierbares Identifikationsangebot bereitstellt."

Die Ethik des Nibelungenliedes folgt dem Gesetz epischen Handelns, sie entfaltet sich situationsbedingt, einmal höfisch, einmal heroisch, einmal modernisierend, einmal archaisierend. Es ist eine fiktionale (phantasierte) Ethik, die ihre Wirklichkeit für die Zeit der *alten mæren* behauptet. Der Epiker arbeitet an einem Traditionsethos, das dem Altadel besonders schmeichelt, dessen heroische Geschichte er ebenso bewundert wie seine neue höfische Kultur. Beide, so sehr sie sich uns heute als antagonistische Kräfte erwiesen haben, bilden ein potentielles Ensemble. Die heroischen Möglichkeiten sind nicht die Ursache des Untergangs der höfischen Welt, so einfach zeichnet der Erzähler die Gegensätze nicht. Er ist weitaus harmonisierungsfähiger als wir. Die Welt der Helden und der Höfe geht durch Stolz *(übermüete)* unter, ein archaisches, internationales episches Motiv, das der Erzähler mit den Augen seiner Epoche und offenbar vor allem auf dem Hintergrund einer aktuellen Diskussion über die Reaktivierung traditionellen Rechts sieht.

Das Heldenepos Nibelungenlied steht in Beziehung zur „Nation", insofern nach mittelalterlicher Auffassung der Adel die Nation repräsentiert und nicht etwa im Sinne nationaler Emotionen (vgl. Tellenbach 1943, 142; Mitteis 1962, 10). Es gibt seiner Nation kein (eindeutiges) Sinnangebot, keine Lehre, kein Ziel, keine Botschaft, sondern dokumentiert im epischen Erzählen einen Weg: die Macht der *übermüete*, des Adelsstolzes. Am Ende der Nibelungen steht nichts als die Möglichkeit eines zukünftigen Seins in Trauer (Dietrich). Wer diese Trauer durch eine Utopie verdrängt, sei es die vom Reich Gottes, vom Neuen Land oder von einer zeitlosen Humanität (vgl. S. 205), der versäumt die Trauerarbeit, die in der Rekonstruktion der im Epos entwickelten Welt zu leisten wäre.

V. Zur Rezeptions- und Wirkungsgeschichte des Nibelungenliedes

0. Vorbemerkung, Bibliographie (umfassende Darstellungen)

Die Rezeptions- und Wirkungsgeschichte des Nibelungenliedes ist eine Geschichte der versäumten Trauerarbeit, die der Text und die nationale Geschichte verlangen.

Rezeptions- und Wirkungsgeschichte ist Textgeschichte, der Interpret ist ihr Erbe, und er kann sich aus ihr nicht fortstehlen, er kann nicht gleichsam im Sprung über die Zeit sich unmittelbar und voraussetzungslos in den Text versenken. Freilich bleibt strittig, in welchem Ausmaß sich das historisch bewußt forschende Subjekt die Textgeschichte erarbeiten muß (vgl. z. B. Grimm, Gunther: Rezeptionsgeschichte. Grundlegung einer Theorie. [UTB 691] München 1977). Doch schon der heuristische Wert solcher Geschichte ist überzeugend genug, denn sie erweitert, relativiert und differenziert die Erkenntnisse über den Text, und sie macht dessen Adaptionspotential deutlich, seine Fähigkeit, sich mit verschiedenen Geschichtsepochen zu arrangieren. Die Rezeptions- und Wirkungsgeschichte, gerade diejenige des Nibelungenliedes als eines „politischen" Epos, spiegelt die nationale Geschichte, haben die Interpreten doch immer wieder versucht ihm von Epoche zu Epoche neue (epochenspezifische) Sinnangebote zu entlocken.

Wir beschränken uns auf einige repräsentative Aspekte der späteren Nibelungengeschichte, vor allem auf deren Einbindung in die romantische „Naturphilosophie" (Schelling) und die nationale Ideologiegeschichte. Die in den vergangenen Jahren hinreichend gepflegte Konzentration auf die aktualisierende politische Rezeption soll vermieden werden, weil sie das Bild der deutschen Geschichte verfälscht. Ebensowenig ist hier aber auch der Ort, die geistes- und gesellschaftsgeschichtlichen Bedingungen, die die Bereitschaft für die breite Aufnahme jener Philosophie und jener Ideologie erklären könnten, zu erarbeiten. Der philosophische Aspekt wird für die Brüder Grimm (V.3), die Brüder Schlegel (V.4) und Friedrich Hebbel (V.6), der politische für den Kasseler Kreis (V.2), Friedrich Heinrich von der Hagen (V.4) und die pädagogische Rezeption (V.5) betont. Beide Aspekte haben ihre Vorgeschichte in Spätmittelalter (V.1) und Spätaufklärung (V.2), und beide sind oft eng ineinander verflochten. Abschließend wird versucht, kollektive psychische Dispositionen für die Bereitschaft zur Nibelungenrezeption zu benennen. Dieser Versuch soll die Frage klären helfen, inwieweit die Bedingungen für die Rezeptionsgeschichte des Epos in diesem selbst angelegt sind.

Eine umfassende Darstellung zur Geschichte der Nibelungenlied-Rezeption und -Wirkung von ihren Anfängen bis zur Gegenwart fehlt bisher, doch gibt es zahlreiche mehr oder weniger ausführliche Spezialuntersuchungen, die z.T. auch über größere Zeiträume hinwegreichen. Im folgenden ist eine kleine Auswahl von ihnen verzeichnet. Für die Literaturangaben zum V. Kapitel insgesamt haben wir uns große Beschränkungen auferlegt.

Teilbibliographie XXIII

Abeling, Theodor: Das Nibelungenlied und seine Literatur. Eine Bibliographie und vier Abhandlungen. (Teutonia 7) Leipzig 1907 [Neudruck New York 1970; chronologisch geordnete Bibliographie mit einzelnen Inhaltshinweisen].

Brackert, Helmut: Nibelungenlied und Nationalgedanke. Zur Geschichte einer deutschen Ideologie, in: Mediaevalia litteraria. Fs. f. Helmut de Boor zum 80. Geb. Hrsg. v. Ursula Hennig u. Herbert Kolb. München 1971, 343–364 [„Die Geschichte der Rezeption des Nibelungenliedes ist nur erklärbar als der Reflex einer stetig zunehmenden Ideologisierung Deutschlands, dessen Verlauf nationale, dann nationalistische, dann imperialistische, schließlich rassisch-völkische Politiker bestimmten", S. 363.]

Ehrismann, Otfrid: Das Nibelungenlied in Deutschland. Studien zur Rezeption des Nibelungenlieds von der Mitte des 18. Jahrhunderts bis zum Ersten Weltkrieg. (Münchner Universitätsschriften. Philosophische Fakultät. Münchner Germanistische Beiträge 14) München 1975 [1975/I; Darstellung der Rezeptionsgeschichte in Wissenschaft, Politik, Journalistik, Schule und Kunst].

Ders.: Nibelungenlied 1755–1920. Regesten und Kommentare zu Forschung und Rezeption. (Beiträge zur deutschen Philologie 62) Gießen 1986 [1986/I; ergänzende Darstellung zu Ehrismann 1975/I; systematische Auflistung der Quellen mit Kurzkommentaren].

Ders.: Nibelungenlied und Nationalgedanke. Zu Geschichte und Psychologie eines nationalen Identifikationsmusters, in: Damals. Zeitschrift für geschichtliches Wissen. Heft 11 u. 12 1980, 1 u. 2 1981 [knappe Skizzierung der vorzugsweise politischen Aspekte der Rezeptionsgeschichte von der Spätaufklärung zur Gegenwart].

Ders.: Vom Wirtshaus nach Walhall. Aspekte der Mittelalterrezeption in Deutschland, in: The Medieval Legacy. A Symposium. Odense 1982, 9–50 [1982/II. Kapitel: „Wirtshaus, Junker und Volksbuch", „Nation, Bürger und Poesie", „Volk, Salon und Andacht", „Schlachtfeld, Schulstube und Walhall"].

Hoffmann 1979 [Siegfriedbild in der Forschung].

Körner, Josef: Nibelungenforschungen der deutschen Romantik (1911). Darmstadt 1968 [Rezeption der Dichter und Germanisten. Tendenz: die Philologie zerstört die blaue Blume der Romantik.]

Mackensen 1984, 193–257 [„Unmittelbare Wirkungen“, „Die Wiederentdeckung der Handschriften“, „Die große Dichtung des 19. Jahrhunderts“].
Schulte-Wülwer, Ulrich: Das Nibelungenlied in der deutschen Kunst des 19. und 20. Jahrhunderts. Gießen 1980.
Thorp 1940.
Wunderlich, Werner: Der Schatz des Drachentödters. Materialien zur Wirkungsgeschichte des Nibelungenliedes, zusammengestellt und kommentiert. (Literaturwissenschaft – Gesellschaftswissenschaft 30) Stuttgart 1977 [ergiebige, auch in der Schule gut einzusetzende Quellensammlung, die bis zur Gegenwart reicht].

1. *dicitur quod crimhilt omnino mala fuerit, sed nichil est* – *das Mittelalter*

Die beste Quellensammlung ist immer noch die „Deutsche Heldensage“ von Wilhelm Grimm, ergänzt von Karl Müllenhoff und Oskar Jänicke (GHS). Eine überzeugende Darstellung der Nl-Rezeption während des Mittelalters fehlt.

Das als Überschrift zitierte Wort Bertholds von Regensburg (GHS 181, 703), des berühmtesten Predigers seiner Zeit, zeigt, daß das Mittelalter die Gestalt Kriemhilds keineswegs eindeutig zu beurteilen wußte, und es macht indirekt auch deutlich, wie bekannt das Nibelungenepos war. Für seine hohe Bekanntheit sprechen zahlreiche zeitgenössische Zitate, bis hin zu den ausführlicheren Chronikberichten, sowie die verhältnismäßig große Anzahl der aufgefundenen Handschriften (s. S. 69). All dies endet um die Wende zum 16. Jahrhundert, während „Hürnen Seyfried“ und „Volksbuch“ kontinuierlich weiterleben. Das Epos ist stilbildend für die Gattung Heldensage geworden (Hoffmann 1974), wobei es vor allem zu „Kudrun“ und „Rosengarten“ in enger Beziehung steht:

Hoffmann, Werner: Die ‚Kudrun‘: Eine Antwort auf das Nibelungenlied, in: WF 54, 599–620; ders. 1974, 117–132; vgl. Heinzle, Joachim: Geschichte der deutschen Literatur von den Anfängen bis zum Beginn der Neuzeit. Bd. II/2. Königstein/Ts. 1984, 162.

De Boor, Helmut: Die literarische Stellung des Gedichtes vom Rosengarten in Worms, in: ders., Kleine Schriften. Bd. II. Berlin 1966, 229–245; Hoffmann 1974, 183–194; Mackensen 1984, 202–204; Heinzle 1978, 244–263.

Der „Rosengarten“ nahm das Thema der *übermüete* aus dem Nibelungenepos auf und verschärfte das abträgliche Kriemhildbild, während die duldsame und friedensstiftende Kudrun in manchem wie ein Gegenbild zur rächenden Kriemhild anmutet.

Das Nibelungenlied oder eine seiner unmittelbaren Vorformen haben ein auf die Seite des *bonum* tendierendes Versepos gezeugt, die „Klage“:

Hoffmann 1982, 116 ff.; Günzburger, Angelika: Studien zur Nibelungenklage. Forschungsbericht, Bauform der Klage, Personendarstellung. (EH I.

Bd. 685) Frankfurt 1983; Gillespie, G.T.: ‚Die Klage' as a Commentary on ‚Das Nibelungenlied', in: Probleme mittelhochdeutscher Erzählformen. Hrsg. v. Peter F. Ganz u. Werner Schröder. Berlin 1972, 153–177; Wehrli, Max: Die ‚Klage' und der Untergang der Nibelungen, in: Fs. Fritz Tschirch. Köln, Wien 1972, 96–112; Szklenar, Hans: Die literarische Gattung der *Nibelungenklage* und das Ende „alter mære", in: Poetica 9, 1977, 41–61; Voorwinden 1981; Wachinger 1981; Müller, Jan-Dirk: Wandel von Geschichtserfahrung in spätmittelalterlicher Heldenepik, in: Geschichtsbewußtsein in der deutschen Literatur des Mittelalters. Tübinger Colloquium 1983. Tübingen 1985, 72–87.

Die „Klage" greift den Schlußteil des Epos auf, führt aber die Handlung nur unwesentlich weiter. Allenthalben ist sie bestrebt, die Ordnung der Feudalwelt wiederherzustellen, sie verstärkt das kirchliche Fundament und überzieht die Gestalten, namentlich Hagen und Kriemhild, mit einem einfachen, schlichten Bewertungsraster, sie denkt streng in den Gegensätzen von Gut und Böse. So wird es möglich, die Trauer des Nibelungenschlusses zu verdrängen und Perspektiven auf Freude zu öffnen (vgl. V. 4098 ff.) – ein Interpretationsmuster, das das Nibelungenepos bis heute begleitet.

In der Tendenz zum *bonum* ist sich die „Klage" mit dem Bearbeiter von ⋆C einig, der die Aufbesserung Kriemhilds als eine Aufbesserung der Christin Kriemhild versteht und ihre Gestalt, wie auch die Hagens, gleichfalls linearer zeichnet.

⋆C ändert gegenüber ⋆A und ⋆B am stärksten, es „glättet" und „bessert", bringt die geographischen Verhältnisse in Ordnung, führt Kriemhild entschieden auf die Seite des Guten, Hagen auf die des Bösen. Zur Kirchentreue gehört auch, daß es die Beziehungen zur Abtei Lorsch ausbaut (vgl. W. Schröder 1960/61, 1969; Hoffmann 1974, 72; Mackensen 1984, 176). ⋆A folgt gewöhnlich ⋆B, ist aber in gewisser Weise prüder. ⋆B liefert den differenziertesten, episch überzeugendsten Text, offen und tolerant im ethischen und psychologischen Bereich.

Die Partei des *bonum* muß große Anstrengungen unternehmen, den Text „überarbeiten"; die Partei des *malum* braucht dies im allgemeinen nicht, und sie scheint die herrschende gewesen zu sein. Dies bezeugen neben Bertholds Predigt mehrfach überlieferte Redewendungen wie „Du üble Kriemhild" oder „auf Kriemhilds Hochzeit laden". Kriemhild ist zum Urbild der bösen und blutrünstigen Frau geworden, der Teufelin und Hexe; ein Lübisches Fastnachtsspiel (Niederdeutsches Jb. 6, 1881, S. 3) verbannt sie in die Hölle. Die Nürnberger tauften ihre große Kanone „Kriemhild" (1388; Essenwein, A.: Quellen zur Geschichte der Feuerwaffen. Textband. Graz 1969, 12).

Ergebnis: Die Trauer, die das Epos hinterläßt, wird abgewehrt, (1.) durch die Perspektive auf ein (besseres) Danach, (2.) durch die Zuordnung des trauerauslösenden Faktors (Kriemhild) zum Teufel, zum Bösen. Tiefenpsychologisch interpretiert sind beide Rezeptionsweisen Zeichen der Beunruhigung, sie rücken ein durch den Text ins Wanken geratenes (optimistisches) Weltbild wieder zurecht und verweigern die notwendige Trauerarbeit.

2. *Der Nibelungen Lied könnte die Teutsche Ilias werden – die Spätaufklärung, Zürich und Kassel*

Teilbibliographie XXIV

Quellensammlungen

Crüger, Johannes: Joh. Christoph Gottsched und die Schweizer J. J. Bodmer und J. J. Breitinger. (DNL 42) Berlin, Stuttgart o. J. [1883].
Ders.: Der Entdecker der Nibelungen. Frankfurt/M. 1883.
Ders.: Die erste Gesammtausgabe der Nibelungen. Frankfurt/M. 1884.
Ehrismann 1986/I.
Zarncke, Friedrich: Friedrich der Große und das Nibelungenlied, in: Berichte über die Verhandlungen der Kgl. Sächsischen Gesellschaft der Wissenschaften, phil.-hist. Kl. 1870, 203–206.

Forschungsliteratur

Abeling 1907.
Arlt, Gustave Otto: Acquaintance with Older German Literature in the 18th Century. Phil. Diss. Chicago. Crawfordsville/Ind. 1931.
Ehrismann 1975/I, 1980/81, 1982, 1986/I, 5 ff.
Körner 1911.
Lepenies 1972 [zur Psychologie des Adels im Spätabsolutismus].
Milch, Werner: Die Einsamkeit. Zimmermann und Obereit im Kampf um die Überwindung der Aufklärung. (Die Schweiz im deutschen Geistesleben 83–85) Frauenfeld, Leipzig 1937.
Saalfeld, Lerke von: Die ideologische Funktion des Nibelungenliedes in der preußisch-deutschen Geschichte von seiner Wiederentdeckung bis zum Nationalsozialismus. Diss. FU Berlin 1977 [Rezension Ehrismann, Otfrid in: GRM 63, 1982, 246 f.].
Schmid, Christoph: Die Mittelalterrezeption des 18. Jahrhunderts zwischen Aufklärung und Romantik. (Regensburger Beiträge zur deutschen Sprach- und Literaturwissenschaft 19) Frankfurt, Bern, Las Vegas 1979 [Rezension Ehrismann, Otfrid in: GRM 63, 1982, 479–482].
W. Schröder 1969.
Thorp 1940.
Wunderlich 1977.
Zarncke 1887 [6. Aufl. v. Zarncke 1856, mit reichhaltigem Forschungsüberblick].

2.1. Johann Jakob Bodmer

Das Nibelungenlied geriet im 16. Jahrhundert in Vergessenheit, nibelungische Geschichten lebten nur noch im „Hürnen Seyfried" und im „Volksbuch" weiter. Wir haben hier die Wandlungen des Helden Siegfried bis hin zum nationalen Helden verfolgt (Kap. I.3.1.4). Um die Mitte des 18. Jahrhunderts erwachte in der Schweiz ein Interesse an der mittelhochdeutschen Dichtung, die drei Haupthandschriften des Epos wurden entdeckt. Drehscheibe war Zürich, dort verknüpften Johann Jakob Bodmer (1698–1783) und Johann Jakob Breitinger (1701–1776) die ästhetische Theorie der Aufklärung („Nachahmung der Natur") mit dem philologisch-historischen Diskurs aus Renaissance und Humanismus.

Wir können Bodmer in seiner Eitelkeit beobachten, wie er den Ruhm, das Nibelungenlied entdeckt zu haben, an sich zog; aufgefunden hatte es (Hs. C) am 28. Juni 1755 der Lindauer Arzt Jakob Hermann Obereit in der gräflichen Bibliothek von Hohenems/Vorarlberg. Bodmer brachte das Lied in die Ästhetik von „edler Einfalt und stiller Größe" (Winckelmann) ein und näherte es immer stärker Homers „Ilias" an, er sprengte die Teile privaten Glücks und Leidens ab und begeisterte sich für die Schlußteile, er arbeitete es als die häßlichere Schwester der „Ilias" zum Epos von der großen Schlacht und den großen Heroen um: 1757 gab er den Schluß heraus („Chriemhilden Rache"), 1767 dessen Übertragung in Hexameter („Die Rache der Schwester"). Später las er sich in die verschiedenen Handschriften und in die Sage ein.

Kein Zweifel, die Schweizer – Kollege Breitinger unterstützte Bodmer – setzten alles daran, das Nibelungenlied zu homerisieren, ohne es dabei Homer gleichrangig an die Seite zu stellen. Sie gaben den Deutschen damit das Rezeptionsmuster für die folgenden Jahrhunderte vor, das geprägt war von den Zielen: Aktualisierung der jeweils zeitgenössischen ästhetischen Theorie, Betonung des heroischen Sterbens (Vorliebe für die Schlußteile des Epos), Würdigung des nationalen Gehalts. In den homerischen Gedichten hatten die Griechen ihre Identifikation als Volk gefunden – so lag es nahe, dem deutschen Epos eine entsprechende Aufgabe zu übertragen. All dies geschah am Vorabend und im Verlauf des Siebenjährigen Krieges (1756–1763), so daß die gefeierten kriegerischen Tugenden leicht politisch umzumünzen waren.

Der deutsche Nationalismus lag noch in seiner patriotischen Wiege, Bodmers Werbungen für das Epos konnten sich noch nicht, wie zur Zeit der Romantik, mit dem Gefühl nationalen Überschwangs verbinden. Noch fand der heimische Stoff nicht das Interesse der Heimat, zu fremd waren der Ästhetik der Aufklärung die „martialischen Tugenden" (Bodmer) des Mittelalters. Bodmer über den Schweizer Maler Johann Heinrich Füssli, 19. 12. 1778:

„Er ist der Einzige, der die Originalität dieses Gedichtes fühlet, und fühlet, daß es an die Ilias gränzet, und daß die deutschen Patrioten es über Ossians Fingal hinauf sezen könnten, si nasum haberent Abderitae" (Crüger 1884, 45).
Ossian: Der Schotte James Macpherson (1736–1796) veröffentlichte 1760–73 „Fragments of Ancient Poetry, Collected in the Highlands" um den Helden Finn (Fingal) und seinen Sohn Oisin (Ossian). Die Zeitgenossen glaubten zunächst an ein hohes Alter dieser fingierten Texte aus dem irisch-schottischen Sagenkreis.
Abderiten: Anspielung auf Wielands Roman „Die Abderiten" (1774/80), eine Satire auf die deutschen Spießbürger.

Der bürgerliche Gelehrte wendet sich von der volkstümlichen, wenn auch schon barockisierten mittelalterlichen Tradition (Volksbuch) ab und holt sich das Mittelalter neu, auf eine vornehmere Art zurück: aus der Bibliothek. Die „hohe" Mittelalterrezeption des Buches tritt neben die „niedere", der Gelehrte erarbeitet sich gegenüber Adel und Volk eine eigene Kulturform, die die feudale Tradition ins Allgemeinmenschliche überführt und somit „überständisch" rezipierbar macht, die volkstümliche weitgehend ignoriert. Der Rückgriff auf die Handschriften und die griechische Antike bedeutet zur Zeit der Aufklärung eine schroffe Abkehr von jenem Teil des Volkes, das Volksbücher liest, „ungebildet" ist. Der Zürcher Gelehrte münzt Dichtung in Didaxe um, und er kompensiert seinen Mißerfolg durch die Schelte seines Zerrbildes, des Spießbürgers.

Bodmer, der Republikaner, diente sich dem Adel nicht an. Anders sein Schüler und ehemaliger Landsmann Christoph Heinrich Müller (auch: Myller), der unter großen Schwierigkeiten mit Bodmers Hilfe eine erste Gesamtausgabe des Nibelungenliedes herausbrachte (1782). Er würdigte es als Ahnenspiegel, in dem der Adel seine Legitimation finden könne (vgl. S. 57), als Antiquität von hohem Sammlerwert und als ein Stück, in dem nach dem *common sense* gehandelt werde. Die Adressaten konnten derlei in dem alten Text jedoch zumeist nicht finden, der Landgraf von Hessen-Darmstadt beklagte z. B., daß nichts aus dem Militärfach darin sei, und der preußische König Friedrich II. hielt die mittelhochdeutschen Stücke, die ihm Müller nach und nach zuschickte, für „nicht einen Schuss Pulver werth" (vgl. Zarncke 1870).

2.2. *Hessen-Kassel und Johannes Müller*

Eine kleine „nibelungische Enklave" entstand am Hof von Hessen-Kassel um den Staatsminister Martin Ernst von Schlieffen und den Lehrer der Alten Geschichte und deutschen Sprache Johann Wilhelm Casparson. Der Hof von Kassel hatte, anders als das Land selbst, nach dem Siebenjährigen Krieg unter preußischem und französischem Einfluß eine glänzende Kulturblüte erlebt. Der Fürst, Landgraf Friedrich II., hatte an

England Truppen für den amerikanischen Unabhängigkeitskrieg (1775–1783) vermittelt und war so zu Geld gekommen. 1765 wurde das Opernhaus eingeweiht, 1769–1779 das Museum Fredericianum errichtet. Der Nachfolger, Landgraf Wilhelm IX., drängte den französischen Einfluß zurück:

„Der Landgraf unterdrückte das prunkvolle Leben, untersagte die französische Mode bei Militär und Zivil, verringerte das Personal und entließ dabei jeden Franzosen. Auch die französische Komödie und das Ballett mußten schließen. Dieser Einstellung entsprach es, daß die Gesellschaft der Altertümer in Kassel in ihren neuen Statuten von 1786 die alte und mittlere Geschichte von Deutschland mit vorzüglicher Rücksicht auf Hessen als Hauptgegenstand ihrer Forschungen bezeichnete" (Demandt, Karl E.: Geschichte des Landes Hessen. Kassel 1980, 284 f.).

In diesem Ambiente feierte Schlieffen, als er 1784 die Geschichte seiner Familie in melancholischem Rückblick auf die Geschichte des deutschen Adels niederschrieb, den deutschen Ursprung des Nibelungenliedes:

„Diese Frucht des dreyzehnten Jahrhunderts ist ohnstreitig deutschen Ursprungs, die Abentheuer deutsch, die Sprache der Erzählung fast durchgängig rein" (Schlieffen, Martin Ernst von: Nachricht von einigen Häusern des Geschlechts der von Schlieffen oder Schlieben vor Alters Sliwin oder Sliwingen. Kassel 1784, 140).

Casparson verehrte Bodmer und plante, Wolframs „Willehalm" nach der Kasseler Handschrift herauszugeben. Er kannte „Chriemhilden Rache", interessierte sich für den Dichter und hoffte, Müllers Sammlung könnte die mittelhochdeutsche Dichtung bekannter machen. Nach Berlin berichtete er auch, daß Schlieffen dem Schweizer Professor Johannes Müller die Bibliothekarsstelle in Kassel vermittelt habe (Crüger 1884, 140 f.). Johannes (von) Müller (1752–1809) war damals durch seine „Geschichten schweizerischer Eidgenossenschaft" (Bd. I 1780) bekannt geworden, später stieg er zum Bibliothekar in Mainz mit einem hohen politischen Einfluß auf. Er, der die Stelle dann doch nicht bekam und nur Vorträge in der Kasseler Akademie halten durfte, las das Epos zusammen mit Schlieffen, dessen „patriotischen Eifer" er rühmend in seiner Besprechung der Müllerschen Ausgabe (in: Göttingische Anzeigen von gelehrten Sachen. 36. Stück. März 1783, 353–358) hervorhob. Dort nahm er, durchaus differenzierend, den nun schon eingebürgerten Homervergleich auf:

„In beyden Gedichten sind mehr große Leidenschaften als große Menschen, größere Helden als Könige, und Gemälde von Unfällen, welche keine menschliche Seele kalt lassen können. Es ist hier der Ort nicht, ausführlich darzuthun, worinn und warum der Grieche so hoch über den Deutschen ist, als der Jupiter, dessen Augenbraunen durch ihre Bewegung den Himmel erschüttern, über den Zwerg Alberich: Aber das dürfen wir versichern, daß, wenn der Nibelungen Lied nach Verdienst bearbeitet wird (nicht aber zu sehr, sondern seiner antiken Gestalt ohne Schaden), auch unsere Nation eine Probe wird aufstellen dürfen, wie weit es die Natur im Norden zu bringen vermochte" (ebd., 357 f.).

Schon Bodmer hatte verlangt, das überlieferte Epos homerwürdig umzuformen. Johannes Müller sah die vorliegende Ausgabe nur als ein Übergangsstadium an:

„Dieses vortrefliche Gedicht, auf welches die Nation stolz thun darf, wird nie so allgemein bekannt werden, als es verdient, wenn ihm nicht gelehrte Hände den Dienst leisten, welchen Homer von denen empfieng, die ihn zuerst allen Griechen zum Lieblingsbuch machten" (ebd., 354).

Der Schweizer Historiker durchleuchtete Geographie und Geschichte des Liedes, er setzte damit den ersten Markstein zu einer historischen Interpretation. Im zweiten Band seiner Schweizergeschichte (Leipzig 1786, Neue Auflage 1825, S. 139) formulierte er bündig: „Der Nibelungen Lied könnte die Teutsche Ilias werden".

Bodmer und Johannes von Müller führten das Nibelungenlied mit der Geschichte der gespaltenen deutschen Nation zusammen, doch war der an das Mittelalter geknüpfte Nationalgedanke noch zu schwach, um sich gegen die aufgeklärte Philosophie behaupten zu können. Dies zeigt sich nicht nur an Friedrichs II. von Preußen Ablehnung, sondern etwa auch an Johann Christoph Adelungs beredter Klage:

„Die Zeit der Schwäbischen Dichter war die erste schwache Dämmerung für den Geschmack, die Sprache und ganze Aufklärung der Deutschen, und man will uns nach fünf Jahrhunderten immer fortgeschrittener Aufklärung noch anrathen, zu dieser Dämmerung wieder zurück zu kehren" (Hrn. Prof. Müllers in Berlin Ausgabe einiger Schwäbischen Dichter. Erste und zweyte Lieferung, in: Magazin für die deutsche Sprache von J. Ch. Adelung. Bd. 2. Stück 2. Leipzig 1784, 137–159, 142).

3. Das Nibelungische in der altdeutschen Geschichte – die Brüder Grimm

Teilbibliographie XXV

Primärtexte

Grimm, Jacob: Kleinere Schriften. 9 Bde. Berlin 1864 ff. (^{2}1879 ff.).
Schelling, Friedrich Wilhelm Joseph von: Ausgewählte Schriften. [Hrsg. v. Manfred Frank] 6 Bde. (suhrkamp taschenbuch wissenschaft 521–526) Frankfurt 1985 [hier vor allem: „System des transcendentalen Idealismus" (1800), Bd. I, 395–702; „Philosophie der Kunst" (1802/03), Bd. II., 181–565].
Achim von Arnim und Jacob und Wilhelm Grimm. Bearbeitet v. Reinhold Steig.

(Achim von Arnim und die ihm nahe standen. Hrsg. v. R. Steig u. Herman Grimm. Bd. 3) Stuttgart, Berlin 1904 [hier vor allem S. 101–144].
Grimm, Wilhelm: Kleinere Schriften. 4 Bde. Berlin 1881 ff.

Forschungsliteratur

Die Brüder Grimm

Bausinger, Hermann: Formen der „Volkspoesie". (Grundlagen der Germanistik 6) Berlin 1968.
Denecke, Ludwig: Jacob Grimm und sein Bruder Wilhelm. (Sammlung Metzler 100) Stuttgart 1971 [grundlegend für alle Arbeiten zu den Grimms].
Ehrismann, Otfrid: Philologie der Natur – die Grimms, Schelling, die Nibelungen, in: Brüder Grimm Gedenken Bd. 5. Marburg 1985, 35–59; ergänzend: ders., „Die alten Menschen sind größer, reiner und heiliger gewesen als wir" – die Grimms, Schelling; vom Ursprung der Sprache und ihrem Verfall, in: Zs. f. Literaturwissenschaft und Linguistik 16, 1986, 29–57 (1986/IV); Ehrismann 1975, 75–84; 1986/I, 24 ff.
Körner 1911.
Wyss, Ulrich: Die wilde Philologie. Jakob Grimm und der Historismus. München 1979.

Schelling

Frank, Manfred: Eine Einführung in Schellings Philosophie. (suhrkamp taschenbuch wissenschaft 520) Frankfurt 1985.
Ders.: Der kommende Gott. Vorlesungen über die Neue Mythologie (edition suhrkamp NF 142) Frankfurt 1982.
Frank, Manfred/Kurz, Gerhard (Hrsg.): Materialien zu Schellings philosophischen Anfängen (suhrkamp taschenbuch wissenschaft 139) Frankfurt 1975.
Fuhrmans, Horst: Schellings Philosophie der Weltalter. Düsseldorf 1954.
Henningfeld, Jochen: Mythos und Poesie. Interpretationen zu Schellings „Philosophie der Kunst" und „Philosophie der Mythologie". (Monographien zur philosophischen Forschung 113) Meisenheim/Glan 1973.
Jähnig, Dieter: Schelling. Die Kunst in der Philosophie. 2 Bde. Pfullingen 1966/69.
Paetzold, Heinz: Kunst als Organon der Philosophie. Zur Problematik des ästhetischen Absolutismus, in: Romantik in Deutschland. (Sonderband der DVJS) Stuttgart 1978, 392–403.
Schulz, Walter: Schelling. Über das Wesen der menschlichen Freiheit. Mit einem Essay von W. Schulz: Freiheit und Geschichte in Schellings Philosophie. (suhrkamp taschenbuch wissenschaft 138) Frankfurt 1975.

Mit den Brüdern Grimm, Jacob (1785–1863) und Wilhelm (1786–1859), endete die Vorgeschichte der Germanistik; sie entwickelten die Germanistik zu einer historischen Wissenschaft. Die alten Texte galten nicht mehr als Antiquitäten zur gesellschaftlichen Legitimation des Sammlers, sie dienten keiner unmittelbaren privaten ästhetischen oder politischen Verwertung, sondern der Rekonstruktion der Geschichte (als der eigenen Geschichte des Subjekts im Rahmen der Weltgeschichte, mit besonderer Liebe zur nationalen Geschichte). Die liebevolle Rückwendung in die Vergangenheit, die historische Interpretation, bedeutete dabei weder eine selbstlos-zweckfreie Hingabe an die alten Texte noch eine enttäuschte Abkehr von der Gegenwart, sondern eine Suche nach neuen Gestaltungsmöglichkeiten von Zukunft.

Der Geschichtsbegriff der Brüder Jacob und Wilhelm Grimm war von der Philosophie des jungen Schelling („Identitätsphilosophie", „Naturphilosophie", „System des transzendentalen Idealismus"), wie direkt oder indirekt sie auch zu ihnen gekommen sein mag, geprägt (Ehrismann 1985). Sie griffen heraus, was ihnen gefiel, namentlich die triadische Struktur der Weltgeschichte: Das Zeitalter der absoluten Identität, in dem alle Gegensätze (im absoluten Ich, = Gott, = Natur) noch eins sind, das noch ohne Bewußtsein („bewußtlos") und ohne Individualität ist und in dem die „edelste Menschheit" (Schelling) lebte, es wird abgelöst durch eine Welt, in der sich die Gegensätze durch das wachsende Bewußtsein, die wachsende Reflexion entfalten, und es strebt zu einer dritten Epoche, der des Geistes, der Vollkommenheit und Vollendung, in der ersten Epoche schon verborgen angelegt, in der sich die Gegensätze, die Subjekt-Objekt-Spaltung (auf höherer Stufe) wieder versöhnen. So verläuft die Geschichte nach dem Gesetz der prästabilierten Harmonie, mehr und mehr kippt sie vom natur- zum geistbestimmten Zustand um. In einem unendlichen Prozeß wird das absolute Werden zur Ruhe des absoluten Seins gelangen.

Vor solchem Hintergrund vernachlässigten die Grimms das philologische Interesse an dem Liedtext aus der Wende zum 13. Jahrhundert und fahndeten nach den Resten der Ursprungszeit, in der nach Schellings Philosophie die epische Idee, also auch die nibelungische, anzusiedeln war. Jacob bestimmte das „Nibelungische" als „etwas überzeitliches, in die menschengeschichte eindringendes, als ein stärkeres sie bewältigendes, und so zu sagen ertönen machendes" (Schriften IV, 86). Die nibelungische Idee sollte sich mit dem Volk, mit dessen Taten und Geschichte, verbunden und es geprägt haben; ihr wollte man nachspüren: „wir würden nicht über das geschichtliche im Nibelungenliede, sondern über das Nibelungische in der altdeutschen geschichte geschrieben haben" (ebd., 91). Die Ausformung dieser Idee ist ein unendlicher Prozeß, der erst in ferner Zukunft zur Ruhe, zur Vollendung gelangen würde. Wilhelm:

> „Überall aber begegnet uns [im Nibelungenlied] dasselbe: ein mächtiges Ganzes, niemals vollständig ausgesprochen, neben dem Herrlichsten einzelnes Lükkenhaftes, Unverständliches, Widersprechendes, es scheint sich nur hier mehr, dort weniger herausgearbeitet zu haben, um einem Vollkommenen, aber Unsichtbaren, niemals Wirklichen immer näher entgegenzudringen" (Schriften II, 195).

Das Nibelungische ist das epische Thema der Deutschen, ein Thema aus ihrer ältesten epischen (und mythischen) Epoche. Sie, die Gott noch relativ nahe stand, war das Ziel der „historischen" Forschung:

„Die alten Menschen sind größer, reiner und heiliger gewesen, als wir, es hat in ihnen und über sie noch der Schein des göttlichen Ausgangs geleuchtet" (Steig 1904, 117).

Insofern die Mythologie „prophetische Anticipation" (Schelling) ist, galt solche Forschung also auch der (schöneren) Zukunft. Das rekonstruierte Bild der Vergangenheit würde das Bild der Zukunft partiell vorausspiegeln können, und die Trauer über den Niedergang der Geschichte, über die aktuelle Geschichte, würde sich durch den am Ursprungsbild zu gewinnenden Trost in die Hoffnung auf eine lichtvolle Zukunft überführen lassen.

Die Identitätsphilosophie lieferte die Begrifflichkeit für die Beschreibung des Epischen, Nibelungischen als „unschuldig" und „bewußtlos", „rein" und „keusch". Die Grimms übernahmen den herderschen und durch jene Philosophie gefilterten Begriff der Naturpoesie für die frühe Dichtung, sie gebrauchten ihn in gleichem Sinne wie Volkspoesie und Nationalpoesie. Diese Poesie ging, so war die Vorstellung, mit dem wachsenden Bewußtsein, mit der reflektierter werdenden Dichtung, in Kunstpoesie über.

Schelling bestimmte das Erzeugnis der „Natur" – für ihn ist dies ein intellektuelles Konstrukt, die Grimms würden den Begriff konkreter auf die umgebende Natur beziehen können, doch wird der Grad der Konkretisierung niemals recht deutlich – als ein „bewußtlos Hervorgebrachtes": „Die Natur fängt bewußtlos an und endet bewußt" (Werke I, 681). Er ließ die Mythologie nicht als „Erfindung des einzelnen Dichters, sondern eines [...] nur Einen Dichter gleichsam vorstellenden Geschlechts" entstehen (ebd., 697):

„Die Mythologie kann weder das Werk des einzelnen Menschen noch des Geschlechts oder der Gattung seyn (sofern diese nur eine Zusammensetzung der Individuen), sondern allein des Geschlechts, sofern es selbst Individuum und einem einzelnen Menschen gleich ist" (Werke II, 242).

Die Grimms übertrugen diesen Gedanken auf die Entstehungsgeschichte des Nibelungenliedes, sie variierten ihn vielfach; z.B. Jacob:

„[...] so ungereimt ist es, ein epos erfinden zu wollen, denn jedes epos musz sich selbst dichten, von keinem dichter geschrieben werden [...] aus dieser volksmäszigkeit des epos ergibt sich auch, dasz es nirgends anders entsprungen sein kann, als unter dem volke, wo sich die geschichte zugetragen hat" (Schriften I, 399 f.).

Nibelungenrezeption – für die Grimms bedeutete sie, in „die erste herlichkeit deutscher geschichte“ (Jacob: Schriften I, 400) zurückblicken zu können. Sie, die Väter unserer Philologie, richteten im Rahmen der romantischen Naturphilosophie ihre Arbeit darauf, ein Bild der frühen Menschheit zu gewinnen, um die zukünftige ahnen zu können, an deren Gestaltung sie planvoll mitwirkten.

4. *Dereinstige Wiederkehr Deutscher Glorie und Weltherrlichkeit – politische Romantik, Jena und Berlin*

Teilbibliographie XXVI

Primärtexte

Fichte, Johann Gottlieb: Reden an die deutsche Nation. (Philosophische Bibliothek 204) Hamburg 1955 [zitiert wird aus der 1. Rede].

Hagen, Friedrich Heinrich von der: Der Nibelungen Lied. Berlin 1807 [eine sehr stark an das Mittelhochdeutsche angelehnte Übersetzung („Erneuung“); zitiert wird aus der Widmung an Johannes Müller nach: Janota, Johannes: Eine Wissenschaft etabliert sich 1810–1870. (Deutsche Texte 53) Tübingen 1980, 63 f.].

Koziełek, Gerard (Hrsg.): Mittelalterrezeption. Texte zur Aufnahme altdeutscher Literatur in der Romantik. (Deutsche Texte 47) Tübingen 1977.

Novalis. Die Christenheit oder Europa. Ein Fragment. Hrsg. v. Otto Heuschele. (Reclam 7629) Stuttgart 1973.

Polheim, Karl Konrad (Hrsg.): Der Poesiebegriff der deutschen Romantik. (UTB 60/61) Paderborn 1972.

Schlegel, August Wilhelm: Geschichte der klassischen Literatur. (Kritische Schriften und Briefe. Bd. III) Hrsg. v. Edgar Lohner. Stuttgart 1964.

Schlegel, August Wilhelm: Geschichte der romantischen Literatur. (Kritische Schriften und Briefe. Bd. IV) Hrsg. v. Edgar Lohner. Stuttgart 1965.

Schelling: Ausgewählte Schriften. Hrsg. Frank [s. S. 250].

Forschungsliteratur

Abeling 1907.

Ehrismann 1975/I, 1980/81, 1982, 1986/I, 15 ff.

Körner 1911.

Krohn, Rüdiger: Die Wirklichkeit der Legende. Widersprüchliches zur sogenannten Mittelalter-„Begeisterung“ der Romantik, in: Mittelalter-Rezeption II. Hrsg. v. J. Kühnel, H.-D. Mück, U. Müller, U. Müller. (GAG 385) Göppingen 1982, 1–29 [eine Studie wider die „gutgläubige Romantisierung unseres Faches“, S. 22].

Plessner, Helmuth: Die verspätete Nation. Über die politische Verführbarkeit bürgerlichen Geistes (1959). (suhrkamp taschenbuch wissenschaft 66) Frankfurt 1974 [zur Reflexion des nationalen Selbstbildes der Deutschen].

von Saalfeld 1977.

Thorp 1940.
Wunderlich 1977.
Für die Nibelungenrezeption, besonders die romantische, spielt die Einstellung der Menschen zum Tod eine wichtige Rolle; vgl. grundlegend: Ariès, Philippe: Geschichte des Todes. (Hanser Anthropologie) München, Wien 1980; Rehm, Walther: Der Todesgedanke in der deutschen Dichtung vom Mittelalter bis zur Romantik. (DVJS Buchreihe. Bd. 14) Halle 1928.
Hinsichtlich der Poesiedefinition ist das folgende Kapitel in engem Zusammenhang mit dem vorausgehenden zu lesen.

4.1. Die Brüder Schlegel

Friedrich Schlegel (1772–1829) forderte in seinem „Gespräch über die Poesie" (1800) dazu auf, „die alte Kraft, den hohen Geist wieder frei [zu] machen, der noch in den Urkunden der vaterländischen Vorzeit vom Liede der Nibelungen bis zum Flemming und Weckherlin bis jetzt verkannt schlummert" (Krit. Ausg. [Eichner] II/1, 303). Wissenschaft und Kunst sollten für dieses hohe Ziel zusammenwirken. An den Dichterfreund Ludwig Tieck (1773–1853) schrieb er über die Bedeutung des Nibelungenliedes:

> „Mir däucht aber, dieses Gedicht muß so ganz Grundlage und Eckstein unsrer Poesie werden" (15. 9. 1803; Briefe an Ludwig Tieck. Ausgew. u. hrsg. v. Karl von Holtei. Bd. 3. Breslau 1864, 330).

In gleichem Sinne verlangte sein Bruder August Wilhelm (1767–1845):

> „Nachdem wir lange genug in allen Weltteilen umhergeschweift, sollten wir endlich einmal anfangen, einheimische Dichtung zu benutzen" (Schriften IV, 114).

Dies bedeutete eine Rückbesinnung auf die heimische Mythologie, sollte doch nach Schelling die Mythologie für die Poesie „der Urstoff [sein], aus dem alles hervorging, der Ocean [...] aus dem alle Ströme ausfließen, wie sie alle in ihn zurückkehren" (Werke II, 244).

Schelling war 1798 mit Goethes Unterstützung auf eine außerordentliche Professur nach Jena berufen worden. Dort hatte er engen Kontakt mit dem Schlegel-Kreis, zu dem u. a. Novalis, Tieck, Schleiermacher und Steffens gehörten.

Wer den Nibelungen sich zuwandte, griff also dem Weltgeist bei der Bewegung zu sich selbst hilfreich unter die Arme (vgl. S. 252, 281). Die Vergangenheit sollte durch eine kritische Edition und eine stimmige Einarbeitung der nordischen Dichtung zu einer „Nationalmythologie" neu belebt werden (A. W. Schlegel, Schriften IV, 114); Poesie und Philologie entpuppen sich als gelehrige Schülerinnen der Identitätsphilosophie. Sie war auch die Mutter des Zukunftsplans: „[...] so können aus dieser einen epischen Tragödie eine Menge enger beschränkte dramatische entwickelt werden" (ebd.). Das Drama galt Schelling als „die reifste Frucht der späteren Bildung" (Werke II, 515), als die Synthese von epischem und lyrischem Gedicht, als die „höchste Erscheinung des An-sich und des Wesens aller Kunst" (ebd.).

Die Schlegels maßen das Nibelungenlied traditionell an den homerischen Epen, sie hielten es für den Abschluß der mythischen Epik:

> „Diese kolossale Tragödie endigt mit dem Untergange einer Welt, es sind die letzten Dinge des Heldenzeitalters, und zwar so, daß man sich nach den Nibelungen weiter kein mythisches Epos aus diesem Zyklus denken kann" (A. W. Schlegel, Schriften IV, 114).

Hatte Johannes Müller die Nibelungen noch deutlich der „Ilias" nachgeordnet (s. S. 249 f.), so näherte August Wilhelm beide stärker einander an. Er behauptete, etwas ungenau, Müller habe das Lied „die Ilias des Nordens" genannt (Schriften III, 186), er verschwieg die Forderung nach einer Bearbeitung und hob im Begriff des Kolossalen die deutsche Dichtung über die griechische hinaus:

> „Jenes [d. i. das Nibelungenlied] ist ein Werk von kolossalem Charakter, nicht nur von unerreichbarer sinnlicher Energie, sondern von erstaunenswürdiger Hoheit in den Gesinnungen; es endigt wie die „Ilias", nur in weit größerem Maßstabe, mit dem überwältigenden Eindrucke allgemeiner Zerstörung"(ebd.).

Sinnlichkeit – das Zeichen der frühen Menschheit. Faszination des Todes – anders als etwa bei Bodmer ist der Heroismus dieser Faszination untergeordnet:

> August Wilhelm Schlegel an Friedrich Baron de la Motte Fouqué, den Dichter des romantischen Märchens „Undine" und der nationalen Mythe „Der Held des Nordens", 12. 3. 1806: „Was ist es denn, was im Homer, in den Nibelungen, im Dante, in Shakespeare die Gemüther so unwiderstehlich hinreißt, als jener Orakelspruch des Herzens, jene tiefen Ahnungen, worin das dunkle Räthsel unseres Daseyns sich aufzulösen scheint?" (Briefe an Friedrich Baron de la Motte Fouqué. Hrsg. v. Elbertine Baronin de la Motte Fouqué. Berlin 1848, 357)

Das Leben auf der höchsten Stufe ist der Tod (Schelling, Werke II, 453).

In seiner Vorlesung zum Nibelungenlied, gehalten im Rahmen der „Geschichte der romantischen Literatur" (Berlin, Winter 1802/03), rühmte August Wilhelm nicht nur das „Wundervolle" und „Riesenhafte" der Dichtung, sondern auch deren Komposition (Schriften IV, 111). Sie sei „ein Wunderwerk der Natur" und zugleich „ein erhabenes Werk der Kunst" (ebd. 110); sie erfüllte damit die Bedingungen des Schellingschen Kunstbegriffs (vgl. z. B. Werke II, 243). Von fernher seien die Charaktere angelegt, „in dem unermeßlichen Verstande einer Charakteristik, die sich durch die gegenseitigen Verhältnisse der Personen ins Unendliche hin bestimmt“, nur vergleichbar „mit den Abgründen von Shakespeares Kunst“ (Schriften IV, 111). War dies treffend beobachtet, so verdankt sich die gezwungene Formulierung der Idee eher der zwanghaften Suche des Literaturkritikers nach einem einheitsstiftenden Moment: dies sollte der auf dem Hort ruhende Fluch sein (ebd., 113).

Die Entstehung des Werkes wurde, ganz im Sinne Schellings, mit der frühen Menschheit verbunden: „Solch ein Werk ist zu groß für einen Menschen, es ist die Hervorbringung der gesamten Kraft eines Zeitalters“ (ebd., 108; s. S. 252).

Schlegel berief sich wie Schelling auf Wolfs „Prolegomena“ (vgl. S. 43). Sein Freund Tieck äußerte in der Vorrede zu den „Altdeutschen Minneliedern“ (1803) dieselbe Ansicht (Koziełek 1977, 47). Daß Schlegel auf Schellings Begriff der Naturpoesie abhob – wobei wir hier nicht die Prioritätsfrage zu klären haben –, zeigen die weiteren Ausführungen der Nibelungenlied-Vorlesung. Vgl. auch die Bemerkungen seines Bruders Friedrich im „Gespräch über die Poesie“ (Polheim 1972, 91).

Die Nibelungen spiegeln den „deutschen Nationalcharakter“, der schon in der Völkerwanderungszeit ausgeprägt war (A. W. Schlegel, Schriften IV, 109). Hier ist „Nation“ nicht im nationalpolitischen, sondern im identitätsphilosophischen Sinne zu verstehen. Die Nationen sind eine Folge der Zersplitterung der frühen Menschheit, mit der sie, zumal in germanischer Zeit, noch eng zusammenhängen. Auch mit dem späteren Pangermanismus hat dies also wenig zu schaffen.

Aus Friedrich Schlegel „Über deutsche Sprache und Literatur“ (1807): „Eine Poesie soll nicht bloß an ein Zeitalter sich anschließen, sondern an eine Nation, der Begriff hier nicht politisch, sondern ganz im höheren (im Ganzen) historischen Sinn und Umfang [genommen]. Die Geschichte einer Nation ist ihr Charakter [...] Und insofern soll die Poesie national sein“ (Polheim 1972, 115). Deshalb die Forderung an die „neue Poesie“: sie solle „zugleich höchst national, und durchaus universell seyn“ (ebd., 118).

Nationalcharakter ist Nationalgeschichte; die Nibelungen spiegeln die Geschichte der Deutschen (A. W. Schlegel, Schriften IV, 110). Die Deutschen sollen sich an dieser Geschichte aufrichten, um die Zukunft zu gestalten:

„So mag denn das gegenwärtige Geschlecht in jenen Spiegel großer Menschen blicken, wenn es den Eindruck nicht vernichtend fühlt“ (ebd., 110).

Die „großen“ Menschen, so auch Jacob Grimm, dies sind die „alten“ Menschen (s. S. 253). Die Schlegels, Schelling und die Grimms verbindet die Utopie vom Grenzenlosen: Aufhebung der Grenzen zwischen den

Nationen, den Ständen, Religionen, den Menschen. Novalis bildete diese Utopie ins Mittelalter zurück:

„Es waren schöne, glänzende Zeiten, wo Europa ein christliches Land war, wo *eine* Christenheit diesen menschlich gestalteten Weltteil bewohnte; *ein* großes gemeinschaftliches Interesse verband die entlegensten Provinzen dieses weiten geistlichen Reichs" (Novalis 1973, 21).

Eine Utopie, die nur über die Poesie zu verwirklichen war: Das gesamte Leben und die gesamte Poesie sollen in Contract gesetzt werden; die ganze Poesie soll popularisiert werden und das ganze Leben poetisiert" (F. Schlegel, in Polheim 1972, 79). Und das Nibelungenlied sollte „Grundlage und Eckstein" dieser „neuen Poesie" werden; weil es die Geschichte zurückholte und die Zukunft vorausahnte: ein Baustein also für die neue Mythologie (vgl. Frank 1982).

4.2. *Friedrich Heinrich von der Hagen*

In Wilhelm Schlegels Berliner Vorlesung saß der Jurist von der Hagen (1780–1856), der viel zur nationalpolitischen Verengung der romantischen Nibelungeninterpretation beitrug. Er knüpfte seine Überlegungen zu Poesie und Sprache an die preußischen Reformen von Stein und Hardenberg, Gneisenau, Scharnhorst und Humboldt an: Reform der Gesellschaft zusammen mit der Reform der Sprache. Bei diesen Reformen griff Stein auf (idealisierte) Mittelalterbilder zurück, die Bilder vom Heiligen Reich, von den alten ständischen Ordnungen, den wohlverteilten Gerechtsamen und Pflichten, dem patriotisch-christlichen Adel, den sich selbst regierenden Städten, den gemeinnützigen und selbstverwalteten Korporationen, etwa den Universitäten (vgl. Mann, Golo: Deutsche Geschichte des 19. und 20. Jahrhunderts. Sonderausgabe Frankfurt [17]1983, 77 f.). Reform der Sprache bedeutete in solchem Zusammenhang, daß die (vermeintliche) alte Kraft und Schlichtheit des Deutschen zurückgewonnen werden sollten, ein eher an Luther angelehntes Bild der mittelalterlichen Sprache.

Zur selben Zeit (1807) verlangte Fichte (1762–1814) im napoleonisch besetzten Berlin in seinen „Reden an die deutsche Nation" eine Reform der Pädagogik. Er sprach von der „deutschen Nationalerziehung", durch die „die gesunkne Nation" sich aufrichten sollte „zu einem neuen Leben":

„[...] ist es der allgemeine Zweck dieser Reden, Mut und Hoffnung zu bringen in die Zerschlagenen, Freude zu verkündigen in die tiefe Trauer, über die Stunde der größten Bedrängnis leicht und sanft hinüberzuleiten."

Er gab der Sehnsucht nach einer geeinten deutschen Nation Ausdruck, diese „Fortbildung der Nation" sollte von den Gebildeten ausgehen und schließlich zur Aufhebung der Stände führen: Eine didaktische Utopie, die sich mit der poetisch-philosophischen Schellingscher Prägung traf, aber politischer, konkreter gewendet war.

Die Annahme liegt nahe, daß von der Hagen die ersten „Reden" selbst hörte oder sie übermittelt bekam. Er begann seine Widmung an Johannes Müller mit einem historischen Vergleich, der an dessen Schweizergeschichte (s. S. 249) erinnert:

„Wie man zu des Tacitus Zeiten die Altrömische Sprache der Republik wieder hervor zu rufen strebte: so ist auch jetzo, mitten unter den zerreißendsten Stürmen, in Deutschland die Liebe zu der Sprache und den Werken unserer ehrenfesten Altvordern rege und thätig, und es scheint, als suche man in der Vergangenheit und Dichtung, was in der Gegenwart schmerzlich untergeht" (Hagen 1807).
Müller hatte „die ‚alte Tugend und Einfalt' der Schweizer Alpenhirten" mit der römischen *virtus* aus der Zeit der Republik zusammengeführt (Requadt, Paul: Johannes von Müller – Aufgabe und Schicksal, in: Schaffhauser Beiträge zur vaterländischen Geschichte 29, 1952, 71–89, 77). Daß von der Hagen daran gedacht haben soll, für die Deutschen die Republik zu fordern (Brackert 1971, 349), kann man aus dem Tacitus-Vergleich nicht herauslesen. Originell wäre eine solche Forderung, die doch auch schon Kant erhoben hatte, freilich nicht gewesen.

Der Hinweis auf Tacitus gemahnt an die Versuche zur Reaktivierung der alten Mythologie, und er zielt darauf, die Erneuerung der Sprache mit Hilfe der älteren deutschen Poesie ins Werk zu setzen und zu rechtfertigen.

„[. . .] was in der Gegenwart schmerzlich untergeht", dies ist das alte Reich:

1806: Errichtung des Rheinbundes unter dem Protektorat Napoleons. Kaiser Franz II. legt die römisch-deutsche Kaiserwürde nieder; Ende des Heiligen Römischen Reiches deutscher Nation.
Doppelschlacht bei Jena und Auerstedt; vollständige Niederlage der Preußen.
1807: Schlacht bei Preußisch-Eylau; König Wilhelm III. flieht nach Memel.
Schlacht von Friedland; Napoleon besiegt die Russen.
Friede von Tilsit; Preußen verliert einen großen Teil seines Territoriums.

Das Ende des Reichs verlangt eine Rückbesinnung auf seine Geschichte, das Leiden an der Geschichte ist identisch mit der Hoffnung auf die Geschichte:

„Es ist aber dies tröstliche Streben noch allein die lebendige Urkunde des unvertilgbaren Deutschen Karakters, der über alle Dienstbarkeit erhaben, jede fremde Fessel über kurz oder lang immer wieder zerbricht, und dadurch nur belehrt und geläutert, seine angestammte Natur und Freiheit wieder ergreift"

(Hagen 1807). Von der Hagen behauptet hier nicht, daß diese Geschichte des Widerstandes gegen Usurpation aus dem Epos herauszulesen sei.

Geschichte als Verheißung: eine „unschuldige Revolution" – wir erinnern die Naturphilosophie – wird allmählich bei den Deutschen Platz greifen; deren wachsende Liebe zu ihrer Geschichte ist ein Zeichen für eine neue Wende der Geschichte, für die Umkehr des Geistes zu sich selbst:

„[...] wieder ergreift. Ja es ist diese Liebe, zum sicheren Pfande solcher Verheißung, ohne Zweifel der Ausfluß einer weit größeren, gründlicheren, und auch unschuldigeren Revolution, als jene äußere unserer Tage; welche geräuschlos und still, wie das Licht, die Deutsche Erde zwar nur erst berührte, aber eben so allmächtig und unaufhaltsam einst mit vollem Tage hereinbrechen wird" (ebd.).

Die Lichtmetaphorik, schon biblisch, gebrauchte auch Schelling. Die zum Leiden bestimmte Generation der Gegenwart tröstet sich an den Zeugnissen der großen Vergangenheit:

„[...] hereinbrechen wird. Unterdessen aber möchte einem Deutschen Gemüthe wohl nichts mehr zum Trost und zur wahrhaften Erbauung vorgestellt werden können, als der unsterbliche alte Heldengesang, der hier aus langer Vergessenheit lebendig und verjüngt wieder hervorgeht: das Lied der Nibelungen, unbedenklich eins der größten und wunderwürdigsten Werke aller Zeiten und Völker, durchaus aus Deutschem Leben und Sinne erwachsen und zur eigenthümlichen Vollendung gediehen, und als das erhabenste und vollkommenste Denkmal einer so lange verdunkelten Nazionalpoesie [...] dem kolossalen Wunderbau Erwins von Steinbach vergleichbar" (ebd.). Den Vergleich mit Erwins „Wunderbau", dem Straßburger Münster, könnte von der Hagen von seinem Freund, dem Philosophen Solger gehört haben, der mit ihm in Schlegels Vorlesungen gesessen und das Münster-Bild in einer Tagebuchnotiz festgehalten hatte (Solger, Karl Wilhelm Ferdinand: Nachgelassene Schriften und Briefwechsel. Hrsg. v. Ludwig Tieck u. Friedrich von Raumer. Bd. I. Leipzig 1826, 124).

Hagen arbeitete mit der Begrifflichkeit der Jenaer Romantik, auch Tieck scheint er gründlich gelesen zu haben.

Vgl. die Ausführungen Tiecks in seinem Vorwort zu „Die altdeutschen Minnelieder" (Koziełek 1977, 44 ff.) und seinen Brief an Solger vom 27. 4. 1818: „Ehe noch Hagen den Vorsatz fassen konnte, die Nibelungen herauszugeben, wußte er sie schon auswendig, indem er sie im Winter 1803–1804 unaufhörlich mit mir las" (Solger 1826, 622).

So konnte die Beziehung der Poesie auf die Menschenalter nicht fehlen, die Definition der Poesie als Abbild des Lebens; die lange Wortkaskade endet mit dem Trost der Geschichte:

„[...] vergleichbar. Kein anderes Lied mag ein vaterländisches Herz so rühren und ergreifen, so ergötzen und stärken, als dieses, worin die wunderbaren Mährchen der Kindheit wiederkommen und ihre dunkelen Erinnerungen und Ahnungen nachklingen, worin dem Jünglinge die Schönheit und Anmuth jugendlicher Heldengestalten, kühner, ritterlicher Scherz, Übermuth, Stolz und Trutz, männliche und minnigliche Jungfrauen in des Frühlings und des Schmuckes Pracht, holde Zucht, einfache, fromme und freundliche Sitte, zarte Scheu und Schaam, und liebliches, wonniges Minnespiel, und über alles eine unvergeßliche, ewige Liebe sich darstellen; und worin endlich ein durch dieselbe grauenvoll zusammengeschlungenes Verhängniß eine andere zarte Liebe in der Blüte zerstöhrt und alles unaufhaltsam in den Untergang reißt, aber eben in diesem Sturze die herrlichsten männlichen Tugenden offenbart, als da sind: Gastlichkeit, Biederkeit, Redlichkeit, Treue und Freundschaft bis in den Tod, Menschlichkeit, Milde und Großmuth in des Kampfes Noth, Heldensinn, unerschütterlicher Standmuth, übermenschliche Tapferkeit, Kühnheit, und willige Opferung für Ehre, Pflicht und Recht; Tugenden die in der Verschlingung mit den wilden Leidenschaften und düstern Gewalten der Rache, des Zornes, des Grimmes, der Wuth und der grausen Todeslust, nur noch glänzender und mannigfaltiger erscheinen, und uns, zwar traurend und klagend, doch auch getröstet und gestärkt zurücklassen, uns mit Ergebung in das Unabwendliche, doch zugleich mit Muth zu Wort und That, mit Stolz und Vertrauen auf Vaterland und Volk, mit Hoffnung auf dereinstige Wiederkehr Deutscher Glorie und Weltherrlichkeit erfüllen" (Hagen 1807).

Die Überantwortung des Epos an die Jenaer Romantik, zu der auch die Feier der Liebe gehört, bedeutet eine Entnobilitierung der Heroen, alter Adelsstolz und bürgerliche Tugenden werden identisch. Man stirbt nun für ewige, allgemeinmenschliche Werte, nicht mehr für das gesellschaftliche Ansehen *(ère)*; man stirbt für die Nation, nicht mehr für den Stand. (Vgl. zu diesem Problemkomplex Mannheim, Karl: Konservatismus. Ein Beitrag zur Soziologie des Wissens. [suhrkamp taschenbuch wissenschaft 478] Frankfurt 1984, vor allem S. 137 ff.). Gewandelt hat sich das bürgerliche Todesbild: von dem schönen, klassizistischen Tod der Spätaufklärung zu dem wilden, düsteren der Romantik („grause Todeslust", von der Hagen; vgl. Ariès 1980). Der Bürger, schon Bodmer, fühlt sich immer auch als Didaktiker, und so werden, zumal im Ambiente von Fichtes „Reden", die Nibelungenhelden zu Vorbildern tugendhaften Handelns. Hoffnung auf „Weltherrlichkeit" heißt im Rahmen der antizipatorischen Mythe von den drei Weltaltern nicht Imperialismus, sondern Hoffnung auf eine glänzende Stellung der Deutschen unter den Nationen, auf die Selbstbewußtwerdung der Deutschen als Nation. So – geschichtlich – gelesen, könnte uns von der Hagens enthusiastische Widmung an Johannes Müller zwar im Rückblick naiv erscheinen, aber durchaus ehrlich gemeint und nicht ohne historische Logik.

Die „Erneuung" wurde mancherorts mit Jubel begrüßt, meistens allerdings sehr zurückhaltend aufgenommen. Wilhelm Grimm z. B. fand niemanden, der sie „hat lesen mögen" (Steig 1904, 29). Die Nibelungenmode, die für wenige Jahre entstand, geht kaum nur auf diese Ausgabe oder gar ihre Widmung zurück. Die Mode, der auch Goethe sich nicht entziehen wollte (vgl. Ehrismann 1975, 84 ff.; vgl. S. 13 f.), beschränkte sich auf einige literarische Salons, Malerstuben und revolutionäre Zirkel (vgl. S. 267 ff.), nur selten griff sie kurzzeitig darüber hinaus, etwa in den Vorträgen des Berliner Blindenpädagogen und Geographen Johann August Zeune (1778–1853; vgl. Ehrismann 1975, 94 ff.). Den mittelhochdeutschen Text, den von der Hagen 1810 herausgab, ließ das Publikum liegen (vgl. Schulte-Wülwer 1980, 19 f.). Die Werbung für die altdeutsche Dichtung stieß auf mancherlei Widerstände, von denen wir einige im Rahmen der didaktischen Diskussion kennenlernen werden.

5. Dieß Heldengedicht muß in allen Schulen gelesen und erklärt werden – der Deutschunterricht

Teilbibliographie XXVII

Primärtexte

Die Nationalpädagogik
Die Quellen verzeichnet chronologisch Ehrismann 1986/I, 183 ff.

Der Faschismus
Die Quellen sind nach Ehrismann 1986/V zu ermitteln. Die Arbeit mit den Quellen könnte von den entsprechenden Jahrgängen der „Zeitschrift für Deutschkunde" und der „Zeitschrift für deutsche Bildung" ausgehen. Aufschlußreich für die völkische „Vorgeschichte" der nationalsozialistischen Didaktik ist Bojunga, Klaus: Mittelalterliche Nibelungensage und Nibelungendichtung im Unterricht auf der Obersekunda höherer Schulen. (Deutschunterricht und Deutschkunde Heft 12) Berlin 1928.

Der „kritische Deutschunterricht"

Abels, Kurt: Der Deutschunterricht und das Mittelalter. Zu einem Problem der Lehrerausbildung und des Literaturunterrichts, in: Literatur in Wissenschaft und Unterricht 3, 1970, 187–202, 259–267.

Brackert, Helmut: Heldische Treue, heldische Tapferkeit, heldisches Schicksal. Die Rezeptionsgeschichte des Nibelungenliedes im Deutschunterricht, in: Literatur in der Schule. Bd. 1. Mittelalterliche Texte im Unterricht. Hrsg. v. H. Brackert, Hannelore Christ, Horst Holzschuh. (Beck'sche Elementarbücher) München 1973, 71–111 [Die Quellen sind unter dem Aspekt nationalistischer Ideologiebildung ausgewählt und unter dem Aspekt des historischen Materialismus interpretiert.]

Essen, Erika: Gegenwärtigkeit mittelhochdeutscher Dichtung im Deutschunterricht. Ansätze und Betrachtungsweisen mit einer Einführung in die Gesamtbetrachtung von Wolframs „Parzival". Heidelberg 1967 [Besinnung auf die überzeitlichen Werte von Dichtung].

Ivo, Hubert: Kritischer Deutschunterricht. (Diesterwegs Rote Reihe) Frankfurt, Berlin, München 1969 [„‚Kritischer Deutschunterricht' kann nur heißen, Schülern durch das Medium der Beschäftigung mit Sprache und Literatur zu helfen, sich selbst im Handlungszusammenhang gesellschaftlicher Vermittlungsprozesse zu verstehen. Das intendierte Selbstverständnis ist nicht zu gewinnen, wenn sich die Gedanken in diesem Unterricht in einer hehren Sphäre gesellschaftsfreier Ideale und Werte [. . .] bewegen, wenn die Legitimation der aus ihnen abgeleiteten Normen nicht von ihren Bedingungen her problematisiert wird", S. 5. Die Beschäftigung mit Sprache und Literatur („Ausbildung von ästhetischer Sensibilität und der Fähigkeit zu reflektierter Rezeption von Literatur") befähigt die Schüler „in emanzipatorischer Absicht zu kritischer Reflexion", S. 5.]

Jentzsch, Peter/Wachinger, Burghart: Gegenwart und Mittelalter. Materialien zur kontrastiven Textarbeit in einem problemorientierten Deutschunterricht der Sekundarstufe I. 2 Bde. Frankfurt 1984 [Unter „Didaktische Prämissen" wird einführend die Relevanz mittelalterlicher Texte für den DU diskutiert.]

Psaar, Werner/Klein, Manfred: Sage und Sachbuch. Beziehung, Funktion, Informationswert. (Informationen zur Sprach- und Literaturdidaktik 33) München, Zürich, Wien 1980 [S. 195–202 „Nibelungen für Kinder?" Analyse einiger Nibelungen-Jugendbücher mit der Forderung, den historischen Charakter der Nibelungengeschichten eindeutig sichtbar zu machen und sie nicht als Transportmittel eines unreflektierten Heroismus zu mißbrauchen.]

Wunderlich, Werner: Mittelalterliche Literatur im Deutschunterricht, in: Handbuch Deutschunterricht. Bd. 2. Literaturdidaktik. Hrsg. v. Peter Braun u. Dieter Krallmann. Düsseldorf 1983, 279–298 [Bibliographie zur Didaktik mittelalterlicher Literatur seit 1969, Entwicklung didaktischer Prinzipien für einen Literaturunterricht mit mittelalterlichen Texten].

Forschungsliteratur

Darstellungen zu mehreren Epochen

Brackert, Helmut/Christ, Hannelore/Holzschuh, Horst: Literatur in der Schule. Mittelalterliche Texte im Unterricht. 2 Bde. (Beck'sche Elementarbücher) München 1973/76 [Bd. 1, Einleitung: „Zur gesellschaftlichen Funktion mittelalterlicher Literatur in der Schule"].

Ehrismann 1975/I, 213–241; 1986/I, Kap. III.

Ehrismann, Otfrid: Kritische Pluralität. Bemerkungen zu mediävistischen Unterrichtskonzepten, in: WW 25, 1975, 384–399 (1975/III).

Frank, Horst Joachim: Geschichte des Deutschunterrichts. Von den Anfängen bis 1945. München 1973 [zur mittelhochdeutschen Dichtung S. 470 ff.].

Gail, Anton: „Nibelungennot" und „Nibelungentreue" im Deutschunterricht?, in: WW 3, 1952, 228–232.

Herrlitz, Hans-Georg: Der Lektüre-Kanon des Deutschunterrichts im Gymnasium. Ein Beitrag zur Geschichte der muttersprachlichen Schulliteratur. Heidelberg 1964.

Matthias, Adolf: Geschichte des deutschen Unterrichts. (Handbuch des deutschen Unterrichts I/1) München 1907 [S. 293–313].

Rudert, Otto: Die Entwicklung des mittelhochdeutschen Unterrichts, in: Zs. f. d. deutschen Unterricht 29, 1915, 628–636.

Darstellungen zu einzelnen Epochen

Die Nationalpädagogik

Greß, Franz: Germanistik und Politik. Kritische Beiträge zur Geschichte einer nationalen Wissenschaft. Stuttgart-Bad Cannstatt 1971 [S. 71 ff.: „Auf dem Weg zur Deutschkunde", 87 ff.: „Rudolf Hildebrand", 113 ff.: „Zeitschrift für den deutschen Unterricht und Deutscher Germanisten-Verband"].

Jäger, Georg: Der Deutschunterricht auf Gymnasien 1780 bis 1850, in: DVJS 47, 1973, 120–147.

Ders.: Schule und literarische Kultur. Sozialgeschichte des deutschen Unterrichts an höheren Schulen. Von der Spätaufklärung bis zum Vormärz. Bd. 1. Darstellung. Stuttgart 1981.

Meves, Uwe: Jacob Grimms Stellungnahmen zum Altdeutschen im Unterricht, in: Brüder Grimm Gedenken Bd. 5. Marburg 1985, 83–93 [Geht über Ehrismann 1975 nicht hinaus; der versuchte Nachweis, Grimm habe in den dreißiger Jahren seine Haltung dem mittelhochdeutschen Unterricht gegenüber geändert, überzeugt nicht.]

Der Faschismus

Conrady, Karl Otto: Deutsche Literaturwissenschaft und Drittes Reich, in: Germanistik – eine deutsche Wissenschaft. Beiträge von E. Lämmert, W. Killy, K. O. Conrady u. Peter v. Polenz. Frankfurt 1967, 71–109.

Ehrismann, Otfrid: Germanistik und Mittelalter im Hitler-Reich, in: Forum 1, 1986, 51–94 [1986/V].

Geissler, Rolf: Formen und Methoden der nationalsozialistischen Literaturkritik, in: Neophilologus 51/52, 1967/68, 262–276.

Hopster, Norbert/Nassen, Ulrich: Literatur und Erziehung im Nationalsozialismus. (Informationen zur Sprach- und Literaturdidaktik 39) Paderborn 1983.

Lundgreen, Peter (Hrsg.): Wissenschaft im Dritten Reich. (edition suhrkamp 1306) Frankfurt 1985.

Nyssen, Elke: Schule im Nationalsozialismus. Heidelberg 1979.

Platner, Gert et al. (Hrsg.): Schule im Dritten Reich – Erziehung zum Tod. Eine Dokumentation. (dtv 10119) München 1983.

Vondung, Klaus: Völkisch-nationale und nationalsozialistische Literaturtheorie. (List Taschenbücher der Wissenschaft 1465) München 1973.

Wulf, Joseph: Literatur und Dichtung im Dritten Reich. Eine Dokumentation. Reinbek b. Hamburg 1963.

Die Zeit nach 1945

Schmidt, Siegrid: Die Nibelungen in der Jugend- und Unterhaltungsliteratur zwischen 1945 und 1980. Bearbeitungstendenzen, gezeigt an ausgewählten Beispielen, in: Mittelalter-Rezeption. Ein Symposion. Hrsg. v. Peter Wapnewski (Germanistische Symposien. Berichtsbände VI) Stuttgart 1986, 327–345 [Fortleben reaktionärer Tendenzen bei der Rezeption des Nibelungenstoffes in der Jugend- und Unterhaltungsliteratur].

Die Diskussion um die Aufnahme der deutschen, gerade auch älteren deutschen Dichtung in die Lehrpläne der Gymnasien – auf diese Schulform wollen wir uns beschränken – war von Anfang an von prädidaktischen, meist nationalpolitischen Konzepten geprägt. Sie wurde gegen die traditionelle humanistische Bildung geführt, die den gymnasialen Sprachunterricht beherrschte; so übertrug sich die Kontroverse der Literarhistoriker, ob das Nibelungenlied der „Ilias" vorzuziehen sei, auch auf die Schule. Der Unterricht im Mittelhochdeutschen, in dessen Zentrum immer das Nibelungenlied stand, setzte sich in den Ländern des Deutschen Bundes nur zögernd durch, dabei gingen die süddeutschen Staaten voran. Endgültig konnte er sich im Deutschen Reich erst um die Wende zu unserem Jahrhundert einrichten, nachdem zuvor verschiedene Reduktionsformen (Sprachunterricht, Arbeit mit Übersetzungen, private Lektüre) erprobt worden waren. Dieses Kind der Wilhelminischen Epoche wurde bis in die sechziger Jahre hinein gepflegt, dann, im Übereifer der sog. kritischen Didaktik, mit anderem, etwa auch der Weimarer Klassik, über Bord geworfen. Es scheint sich im Rahmen einer neuen historischen Besinnung und Kritik der „kritischen Didaktik" zu erholen. Wir möchten hier nur wenige Schwerpunkte setzen und in der pädagogischen Rezeption die Nationalgeschichte spiegeln.

5.1. Die Nationalpädagogik: Anfänge

Die Nationalpädagogik verdankt sich wesentlich Fichtes „Reden" (s. S. 258 ff.), auf diese und auf von der Hagens „Widmung" (s. S. 259 ff.) geht denn auch der älteste Versuch zurück, das Nibelungenepos didaktisch auszuwerten (Friedrich August Gotthold 1809). Didaktisierung hieß hier Infantilisierung – die Heroen wurden verbiedert – und patriotische Erbauung, die Heroismusproblematik wurde entschärft. Tiefgreifend wollte der Blindenpädagoge Johann August Zeune (s. S. 262) die Nation in nibelungischem Geiste umbilden: Arbeit am Epos schon in den Volksschulen, bis hin zum Erwachsenenunterricht; Nibelungendramen und -bilder sollten für Anschaulichkeit sorgen. Fleißig und stolz wurden in einigen Journalen Schulen und Lehrer genannt, die das alte Lied lasen, besonders tat sich der Breslauer Archivar Johann Gustav Büsching hervor, der wie Gotthold und Zeune zum Kreis um von der Hagen zählte. Zu ihnen stieß der Lehrer Karl Besseldt aus Jenkau bei Danzig, der den Kindern schon im „Märchenalter" aus der Heldendichtung erzählen wollte; die Schüler müßten dann das Epos, in dem eine volkstümliche christliche Religion, alte Sitten und Gebräuche, Mythen und Volksglaube bewahrt würden, im Original lesen (Besseldt 1812, 1814). Zu dieser Gruppe schlug sich auch, der Philosophie den Rücken kehrend, der spätere August Wilhelm Schlegel:

„Dieß Heldengedicht muß in allen Schulen, die sich nicht kümmerlich auf den nothdürftigsten Unterricht einschränken, gelesen und erklärt werden. Es muß nächst dem ehrwürdigsten aller Bücher, den heiligen Urkunden [...] wieder ein Hauptbuch bey der Erziehung der deutschen Jugend werden [...] Lange habt ihr das heranwachsende Geschlecht mit süßlicher aber markloser Nahrung kläglich verzärtelt: der Erfolg ist auch darnach ausgefallen. Versucht es einmal anders. Führt die Jugend ins Freye hinaus, an den halb verwitterten Urfels der Sage, wo der mit Eisen geschwängerte Quell der Heldendichtung noch lebendig hervorsprudelt. Da laßt sie einen frischen Trunk thun" (Aus einer noch ungedruckten historischen Untersuchung über das Lied der Nibelungen, in: Deutsches Museum. Hrsg. v. Friedrich Schlegel 1, 1812, 9–36 u. 505–536; 2, 1812, 1–23, S. 20 u. 22).

Es war die Zeit der Freiheitskriege, deren Begeisterung sich hier mitteilt. Der Kreis der Nibelungenpädagogen blieb, trotz solcher Töne, jedoch leicht überschaubar, denn er beschränkte sich auf eine kleine Gruppe, die hauptsächlich in Preußen wirkte. Dort konnte man den ersten, noch schmalen Durchbruch erzielen: die Lehrpläne von 1816 erlaubten den Lehrern, deutsche Dichtungen, die vor dem 18. Jahrhundert entstanden waren, zu behandeln.

Die Gegner des Mittelalter-Unterrichts fürchteten alte Barbarei und neues Heidentum heraufkommen, sie spotteten über die „Nibelungensüchtigen und Minneliederlichen", besonders reserviert scheint die Geistlichkeit gewesen zu sein. Jacob Grimm machte sich in einem Zeitungsartikel (anonym) über die altertümelnde Sprache der patriotischen Pädagogen lustig („Reken [...] welches [...] man hier zu Land unedel genug von Haushunden braucht", Grimm 1813; Briefe der Brüder Grimm an Paul Wigand. Hrsg. v. Edmund Stengel. Bd. 3. Marburg 1910, 142). Seine Skepsis gegenüber einer Schule, die sich der alten heimischen Dichtung bemächtigen wollte, begründete er im Rahmen der Naturphilosophie (vgl. S. 253):

„sein [d. i. des Nibelungenliedes] werth für das volk ist erkannt und es wird sich gewisz auch schon eingang unter dem volk machen; vielleicht mehr von selber, als es durch schulunterricht geschehen kann. vaterländische geschichte und poesie musz gleichsam mit der muttermilch gesogen und in dem hause erzählt und besprochen werden, ehe das Kind die schule betritt und wenn es aus der schule nach haus kommt. alles aber natürlich und wie es sich von selbst schicken mag" (Schriften, s. S. 250, IV, 203).

Andere fuhren schwere politische Geschütze auf: der gefeierte Dichter August von Kotzebue und ein Lehrer namens Haumann. Kotzebue (1814) stellte Siegfried mit Napoleon gleich, er schalt Kriemhild goldgierig und Brünhild einen „weiblichen Dragoner"; die Schilderung der Kämpfe sei langweilig: „Solche Mährchen hätte Wieland im Schlafe geschrieben". Vergeblich versuchte Zeune ihm zu widersprechen. Haumann (1817) sah in den Nibelungen, die schließlich auf linksrheinischem Gebiet gelebt hatten, schon den revolutionären Geist der Pfälzer von 1792 verkörpert: Siegfried sei ein „einfältiger Tropf", Hagen von „niedrigster Verworfenheit", die Königinnen „rachsüchtig", ein feiger König kämpfe gegen eigene Landsleute, womit die Sachsen und Thüringer als „Deutsche" gemeint waren: „Wo in aller Welt haben auch nur die Erbfeinde Deutschlands die deutschen Sitten mit solchen Farben gemalt?"

Als nach dem Wiener Kongreß (1814/15) der Schwung der Freiheitskriege und der frühen nationalen, auch revolutionären Bewegungen abflaute (1819: Karlsbader Beschlüsse), brachen auch die noch sehr zaghaften Reformen des Unterrichtswesens zusammen. Zu heftig hatte sich die Nibelungenbegeisterung mit der Sehnsucht nach dem Nationalstaat verbunden (s. u.: Exkurs). So konnte, wer, wie etwa Franz von Reeden (1818), über das alte Epos schrieb, sich veranlaßt sehen zu betonen, daß er damit keine politischen Zwecke verfolge und durchaus treu zu seinem Fürsten stehe. Von der Hagen zog sich auf christliche und mythologische Deutungen zurück (Die Nibelungen. Ihre Bedeutung für die Gegenwart und für immer. Breslau 1819). Daneben nimmt sich die trotzige Bemerkung Franz Josef Mones (1820) mutig aus: Zwar sei das Nibelungenlied kein politisches Gedicht, es zeige aber vortreffliche Helden – „In Griechenland und Rom sind wir daheim, unsre Väter kennen wir nicht".

Exkurs: Nibelungenlied und Revolution – Heidelberg und Gießen

Forschungsliteratur

Betz, Karl: Friedrich Gottlieb Welcker. Ein Leben für Wissenschaft und Vaterland. Grünberg 1984.

Hardenberg, Kuno Graf von/Schilling, Edmund: Karl Philipp Fohr. Leben und Werk eines deutschen Malers der Romantik. Freiburg 1925.

Haupt, Herman: Karl Follen und die Gießener Schwarzen. Beiträge zur Geschichte der politischen Geheimbünde und der Verfassungsentwicklung der alten Burschenschaft in den Jahren 1815–1819. (Festgabe d. Oberhessischen Geschichtsvereins) Gießen 1907.

Ders.: Heinrich Karl Hofmann, ein süddeutscher Vorkämpfer des deutschen Einheitsgedankens, in: Quellen und Darstellungen zur Geschichte der Burschenschaft und der deutschen Einheitsbewegung. Hrsg. v. H. Haupt. Bd. 3. Heidelberg 1912, 327–404.

Jarausch, Konrad H.: Deutsche Studenten 1800–1970. (Neue Historische Bibliothek. edition suhrkamp 1258) Frankfurt 1984, 13–58, insbes. S. 35–46.

Pregizer, Richard: Die politischen Ideen des Karl Follen. Ein Beitrag zur Geschichte des Radikalismus in Deutschland. Tübingen 1912.

Rechberg-Heydegger, Brigitte: Ludwig Sigismund Ruhl (1794–1887). Leben und Werk. Diss. Gießen 1973.

Schulte-Wülwer 1980.

Johann Andreas Schmeller, einer der Väter der deutschen Mundartforschung, notierte sich am 23. April 1815 in sein Tagebuch (hrsg. v. Paul Rumpf. München 1954/56): In Heidelberg gebe es einen Kreis von Studenten, der sich einige Male wöchentlich treffe und über „deutsches Alterthum in Sprache und Kunst" diskutiere; mit „starkem Zulauf" halte Professor Wilken Vorlesungen über das Nibelungenlied. Dies ist jener Friedrich Wilken, der 1817 die „Geschichte der Bildung, Beraubung und Vernichtung der alten Heidelbergischen Büchersammlungen" herausgab.

C. H. Alexander Pagenstecher nannte in seiner Biographie „Als Student und Burschenschaftler in Heidelberg von 1816 bis 1819" (Leipzig o. J., 38) diese Studenten „ritterlich schwarze Recken", weil sie sich „altdeutsch" kleideten.

Die „altdeutsche" Tracht, wie sie die „revolutionären" Studenten damals trugen, war ein grauer oder schwarzer Rock, „zugeknöpft bis zum Halskragen, über den ein breiter Hemdkragen ausgelegt war; auf den bis zu den Schultern herabhängenden Haaren ein schwarzes, mit einem Kreuze geziertes Sammtbarett, an der Seite ein Hirschfänger oder Dolch" (Haupt 1907, 8).

Unter diesen „Recken" sei Adolf Follen (später Adolf Ludwig genannt) gewesen, „der Siegfried dieser modernen Nibelungen" (ebd.).

Heinrich Karl Hofmann, ein Darmstädter Advokat, las zu Beginn des Jahres 1815 in Heidelberg das Nibelungenlied, zusammen u. a. mit Franz Josef Mone (s. S. 267) und Joseph Dumbeck, dem Verfasser der „Geographica Pagorum vetustae Germaniae Cisrhenanorum" (Berlin 1818), in denen das Epos als historische Quelle benutzt wurde. Hofmanns Tagebuchaufzeichnungen verraten, wie intensiv sich die Heidelberger Gruppe, die sich „Teutonia" nannte, mit diesem beschäftigte (Haupt 1912, 361 f.). Ein Sympathisant, der begeisterte Turner Christian Sartorius, hielt seinen Schwestern und deren Freundinnen in Darmstadt Vorträge über die nordische Nibelungensage (ebd.). Zu den Teutonen gesellte sich auch der Maler Carl Philipp Fohr, ein Freund Follens und seiner Brüder.

Bekannter als Adolf Follen wurde sein jüngerer Bruder Karl (1796–1840). Karl besuchte das Gymnasium in Gießen, dort war Gottlieb Welcker sein Lehrer. Während seines Jurastudiums in Gießen gründete er die „christlich-teutsche Burschenschaft" (1816), 1818 promovierte er, setzte sich als Privatdozent nach Jena ab, ging dann in die Schweiz ins Exil (1820–1824), wurde Lektor der Rechtswissenschaft an der Baseler Universität. Auf Vermittlung von Lafayette wanderte er nach Amerika aus und erhielt dort eine Professur für deutsche Sprache an der Universität in Boston. 1828 wurde er zum Prediger geweiht, als solcher widmete er sich vor allem dem Kampf gegen die Sklaverei. Der jüngste der Follen-Brüder war Paul (vgl. Förster, Ernst: Aus der Jugendzeit. Berlin, Stuttgart 1887, 157).

Fohr kannte das Nibelungenlied nach der Übersetzung von Zeune (1814), er hatte es zusammen mit dem Malerfreund Ludwig Sigismund Ruhl – er wiederum ein Freund des Malers Ludwig Emil Grimm, des dritten der Grimm-Brüder – gelesen. Fohr zeichnete u. a. Adolf Follen als Hagen (Schulte-Wülwer 1980, 55).

Mit den Teutonen um Fohr war Jacob Grimm freundschaftlich verbunden. Sartorius pflegte Beziehungen nach Gießen zu Professor Welcker (s. o.). Dieser hielt 1815 in der Gießener „Akademischen Deutschen Gesellschaft" Vorlesungen über die Nibelungen, die reges Interesse fanden (Haupt 1912, 361 f.).

In Heidelberg trafen auch die Maler Wilhelm von Harnier und der Burschenschaftler Ferdinand Fellner zusammen. Fellner beschäftigte sich sein Leben lang mit nibelungischen Motiven, vor allem mit Hagen und mit Siegfried auf der Jagd.

Die Brüder Follen, Sartorius, der im übrigen mit Gervinus befreundet war, und Fohr gehörten zu dem revolutionären Zirkel der Gießener „Schwarzen", deren Programm Karl im Gießener „Ehrenspiegel" entwikkelt hatte, der ersten Zusammenfassung burschenschaftlicher Reformgedanken.

Follen kämpfte für die Gleichberechtigung aller Studenten, die Reform des Duellwesens durch Ehrengerichte, den deutsch-nationalen und christlichen Charakter der Studentenschaft (Ablehnung von Ausländern und Juden), das Gebot strenger sittlicher Führung, die Zusammenfassung der Studenten in *einer* Organisation („Burschenschaft"). Seine Ideen, verbunden mit dem Kampf für eine Republik, gehen zwar auf die Französische Revolution zurück, verbanden sich aber mit einem starken antifranzösischen Affekt, mit dem Streben nach alter deutscher Sitte.

Zum Freundeskreis der „Schwarzen" zählte der Kotzebue-Mörder Karl Ludwig Sand. Zwei Tage vor seinem Tod forderte er die deutschen Künstler auf, Monumente von Hermann (= Siegfried) in Granit zu hauen oder in Eisen zu gießen, um die Freiheit bildlich darzustellen (Schulte-Wülwer 1980, 51). Die „Schwarzen" feierten den politischen Mord – auch hierfür konnte ihnen das Nibelungenlied, der Mörder Hagen, ein Vorbild sein. So lasen die revolutionären Zirkel, die auch Verbindungen zu den Turnern um Jahn in Berlin hatten (ebd., 64), das alte Epos unter mancherlei Blickwinkeln: Siegfried, der Freiheitsheld, Hagen, der Mörder – beide waren ihre Helden, die Helden gegen die Obrigkeit.

5.2. Die Nationalpädagogik: Etablierung

Die pädagogische Diskussion über das Nibelungenlied blieb während des 19. Jahrhunderts so kontrovers wie zur Zeit ihrer Anfänge. Dazu trugen nicht nur der Geruch des „Revoluzzertums" und die enge Verbindung auch mit gemäßigteren nationalen Bewegungen bei, sondern auch pädagogische Gründe; man erörterte u. a. die Schwierigkeit, die Sprache zu erarbeiten, die geringe Eignung des Stoffs für die Jugend und Zeitprobleme im Unterricht, der ja mit dem in den klassischen Sprachen konkurrierte. Die Verbindung mit der Einheitsbewegung, eine Verbindung, die in vielfachen sprachlichen Variationen wieder und wieder beschworen wurde, wird schlagend (im Gegenbild) deutlich etwa durch Gervinus' Ablehnung, das Epos im Unterricht zu lesen, weil es zu wenig weltbürgerlichen Geist atme („Geschichte der poetischen National-Literatur der Deutschen", 1835), oder durch die „Nachgiebigkeit" einiger Bundesstaaten, die um das Jahr 1848 das Nibelungenlied zum Unterrichtsgegenstand erhoben: Hessen-Nassau (1846), Österreich (1849), Hannover (1849). Der oft nicht geringe publizistische Druck der Lehrer und ihre Schulkonferenzen, auf denen sie den mittelhochdeutschen Unterricht forderten, wirkte dabei aber wohl nur bedingt auf die ministeriellen Entscheidungen ein. Nachdem die Fürsten begonnen hatten, ihre Residenzen, allen voran München, mit Nibelungenbildern zu schmücken (vgl. Schulte-Wülwer 1980) und die nationale Bewegung für ihre Interessen umzumünzen, begann sich das Nibelungenthema als politisches Reizthema zu entschärfen, und es wurde für die Herstellung der Reichseinheit „von oben", durch Adel und Militär, als ideologisches Substrat ebenso attraktiv wie die damals aufkommende Historienmalerei. Hatte Preußen noch 1856 den mittelhochdeutschen Unterricht aus der Schule verbannt und ihn dem Privatinteresse der Schüler überantwortet; hatte es 1862 die Lehrer noch vage aufgefordert, in den Schulen von der „Existenz einer deutschen Philologie" – gemeint war wohl die historische Sprachwissenschaft und die ältere Dichtung – zu berichten; so verlangte es 1867, Nibelungenlied und „Kudrun" in Übersetzung oder Original, mit begleitendem Sprachunterricht, zu behandeln.

1882 mußte der Unterricht im Mittelhochdeutschen unter dem Druck expandierender Technologie und Naturwissenschaften seinen Platz wieder räumen: die Schüler sollten aus Übersetzungen einen Eindruck von der älteren Dichtung gewinnen, der Sprachunterricht sei kaum mehr als ein ungefähres Raten. Österreich folgte 1884. Nicht nur das Deutsche, auch die klassischen Sprachen wurden zurückgedrängt. Den systemkonformen Kommentar lieferte die „Erziehungs- und Unterrichtslehre" (Mannheim 1882) von Friedrich Wilhelm Fricke: Der letzte Krieg habe gezeigt, daß es auf Taktik, Ordnung und Wissenschaft ankomme, und die könne man bei den Helden der Freiheitskriege besser lernen – „Ein Siegfried kann und soll niemand werden" (ebd., 335).

Wieder entfachte sich eine rege publizistische Tätigkeit, riefen die Lehrerorganisationen zu Stellungnahmen gegen die neuen Lehrpläne auf, verwiesen auf jene Bundesstaaten, die den mittelhochdeutschen Unterricht beibehalten hatten. Wieder fehlten aber auch die Stimmen der Gegner nicht. Wer die Töne der Kontrahenten vergleicht, wird einen wachsenden Hang zu Großspurigkeit, Kitsch und Aggression feststellen; es ist derselbe Weg, den die Kunst vom romantischen Nazarenertum über das Biedermeier zur Historienmalerei ging; die Philosophie von Kant, Schelling, Schopenhauer zu Nietzsche. Es ist die Zeit, in der in deutschen Wäldern die Bismarcktürme und die Monumente von Hermann und Germania sich erheben.

Mit der Wiedereinführung des mittelhochdeutschen Unterrichts gingen diesmal die Österreicher voran, lag er doch ihrer Sprache näher, hatte man doch 1884 ohnehin vergessen, ihn auf den Realschulen abzuschaffen. Aber man ließ sich auch von den befürwortenden Voten beeindrucken. Preußen folgte zögernd zwei Jahre später (1892): der Lehrer habe in das Nibelungenlied einzuführen, Proben aus dem Original zu lesen und diese zu erklären. 1901 wird dann wieder der Stand von 1867 erreicht. Diesmal griff der Kaiser persönlich ein, die nationale Wendung sollte sich nun gegen den „inneren" Feind richten, die Sozialdemokratie. Gegen sie sollte der deutsche Aufsatz zum Mittelpunkt des Schulunterrichts werden, sollte Deutsch „Grundlage für das Gymnasium" sein (vgl. Greß 1971, 79 ff.): „Wir sollen nationale Deutsche erziehen und nicht junge Griechen und Römer" (Zitat des Kaisers, ebd., 81). Die Nationalpädagogik, die als eine wesentlich vom Bürgertum getragene Pädagogik den Kampf um nationale Einigung immer auch als Kampf für den Zusammenschluß der Klassen bzw. als Kampf zur Verschleierung der Klassengegensätze geführt hatte, hatte solcher Argumentation seit Mone (1820) vorgearbeitet. Die völkische Pädagogik arbeitete an diesem Verschmelzungsversuch weiter.

5.3. Der Faschismus

Die Niederlage des Ersten Weltkrieges trieb viele Deutsche, gerade auch die Wortführer der Pädagogen, in die (kompensatorische) Flucht zur Geschichte. Da seit dem ausgehenden 19. Jahrhundert im Rahmen des biologistischen Denkens (Charles Darwin) der Rassismus mit der Feier des Ariertums, besonders des Germanentums (Joseph Arthur Gobineau, Houston Stewart Chamberlain) mehr und mehr Fuß gefaßt hatte, führte diese Flucht weniger ins deutsche Mittelalter als in die germanische Vorzeit. Das Mittelalter wurde zum ersten lebendigen Zeugen dieser nur schwer zu rekonstruierenden Zeit, seine Texte wurden auf sie hin transparent gemacht. 1926 gab Hermann Nollau das repräsentative Werk „Germanische Wiedererstehung. Ein Werk über die germanischen Grundlagen unserer Gesittung" (Heidelberg) heraus, zu dem namhafte Gelehrte Beiträge lieferten. Man sprach in den folgenden Jahren gerne von „germanischer Renaissance", „germanischer Wiedergeburt", „Rückkehr zu unseren Anfängen". Die Nationalsozialisten, die die nordische Welt, die leichthin zur germanischen umgemünzt wurde, häufig beschworen, die Hitler zum germanischen Führer, von treuer Gefolgschaft umgeben, stilisierten, arbeiteten diese Bewegung in ihre terroristische Ideologie ein. Für sie entwickelte Hans Naumann den „Versuch einer altgermanischen Philosophie" unter dem Obertitel „Germanischer Schicksalsglaube" (Jena 1934). Aggressiv und demagogisch wurden hier und andernorts die modernen Lebensformen (Großstadt, Technik, moderne Kunst und Literatur, Psychologie, Soziologie und Pädagogik u.a.) zurückgewiesen. Der Mythos hatte Konjunktur.

So wurde Hitlers Machtergreifung 1933 gerne als Zeitenwende mythisiert; z.B.: „Die Entscheidung ist gefallen, unser Schicksal hat sich enthüllt, die Nacht ist von uns gewichen, und wie wir uns in der Helle umsehen, wissen wir: eine neue Epoche der deutschen Geschichte ist angebrochen – und uns ist die Gnade zuteil geworden, dabei zu sein" (Korff, Hermann August: Die Forderung des Tages, in: Zs. f. Deutschkunde 1933, 341–345, 341). Dem Goethe-Forscher fließen die Umbruchbilder von Caesars Worten bei der Überschreitung des Rubikon bis zu Goethes „Kampagne in Frankreich" leicht in die Feder.

Man verachtete die Aufklärung, wollte im Modell von Führer und Gefolgschaft „das Klassen- und Parteiwesen" überwinden, deutete in die Dichtung der Stauferzeit eine bewußte Germanenrezeption hinein, feierte den deutschen Ritter als legitimen Erben des germanischen Helden, war überzeugt von einem „geistigen Blutstrom", der von den Germanen über das Mittelalter zur Gegenwart reichte, oder man schwärmte von der Kontinuität der Reichsidee von den Westgermanen bis zu Hitler. „Das Maß aller Dinge ist der Held", so wurde die germanische Lebensauffassung bisweilen zusammengefaßt, die auch zum Leitbild der neuen Pädagogik werden sollte.

Diese Pädagogik verlangte eine bewußte parteiliche Interpretation von Texten, was für das Nibelungenlied nur heißen konnte: Ausblendung aller sog. ungermanischen Elemente (Verliebtheit, Rüdigers Zweifel u.a.), Analyse im Rahmen der nordischen Überlieferung (s. S. 51 ff.), die ohnehin im Deutschunterricht stärker berücksichtigt werden sollte, Feier von Heroismus, von Schicksalsglaube und Heidentum, von (am Gegenüber Germanen – Hunnen zu zeigendem) Rassismus, von Tod und Sterben für das Volk, von Männerehre und Männertreue. Dies alles ist so eintönig wie die faschistische Kunst eintönig, phantasielos, häßlich und anwidernd ist. Wie weit solche Pädagogik trotz ständiger Wiederholung erfolgreich war, ist zweifelhaft, der Erfolg darf jedenfalls nicht indirekt über den allgemeinen Faschismus in Deutschland erschlossen werden.

Vgl. die Bemerkung des Bischofs der Evangelischen Kirche von Kurhessen-Waldeck, Hans-Gernot Jung: „Die Schule war damals offenbar kein taugliches Instrument zur Vermittlung der Einstellungen, an denen der herrschende Nationalsozialismus ein besonderes Interesse hatte. Ich glaube, schon dieser Zeit eine gewisse Übung im ideologiekritischen Denken zu verdanken“ (Platner 1983, 88).

In den Reihen der traditionellen Philologie erhob sich durchaus Widerstand gegen die nationalsozialistische Vereinnahmung der Vorgeschichte, und dieser Widerstand konnte sich im terroristischen Regime auch artikulieren. Ludwig Wolff etwa warnte davor, immer nur „mit verlangenden Augen nach dem Germanischen Ausschau“ zu halten (Zs. f. Deutschkunde 1935, 38), und Hermann Schneider beendete seine Studie „Das germanische Epos“ (Tübingen 1936) mit dem Satz: „Das Germanische ist häufig die schöne Verheißung, das Deutsche die schönere Erfüllung“ (ebd., 25). Hans Kuhn erwies sich als ein Meister philologischen Widerstandes, wenn er nachwies, daß bei der Christianisierung der germanischen Völker nicht immer die Könige den Ausschlag gegeben hätten (König und Volk in der germanischen Bekehrungsgeschichte, in: ZfdA 77, 1940, 1–11), eine These, die den aktualisierten Gefolgschaftsglauben in Frage stellte. Als er in der „Zeitschrift für deutsche Bildung“ (15, 1939, 62 ff.) den Germanen die Einsicht zusprach, ein elendes Leben sei besser als der Tod (vgl. S. 119) und die Sippenbindung habe deren Handeln nicht ausschließlich bestimmt, da merkte die Schriftleitung an, daß sie „mit der vorgetragenen Auffassung des Germanischen nicht in allem übereinstimmen“ könne. Das Publikum hatte also, wenn auch schwer, die Möglichkeit zur differenzierten Orientierung – und die Gelehrten die Möglichkeit zu differenzierter Darstellung.

Exkurs: Hitler als Dietrich – Hans Naumann

Text: Naumann, Hans: Das Nibelungenlied eine staufische Elegie oder ein deutsches Nationalepos?, in: Euphorion 42, 1942, 41–59.

Hans Naumann gehörte zu den schillerndsten Figuren des germanistischen Faschismus, ein glühender Verehrer Hitlers war er ebenso wie ein Verteidiger Thomas Manns, der ins Exil hatte gehen müssen. Seine Sammlung von Reden und Aufsätzen unter dem Titel „Wandlung und Erfüllung“ (Stuttgart 1933) widmete er dem Dichter Stefan George und Hitler zu gleichen Teilen:

„[...] ihnen beiden, in geheimnisvoller Weise zueinander gehörig, Führern zu geschichtlichem Willen und zu heroischer Haltung aus dem Sumpfe jenes Ungeists, der die Gesinnung an die Materie band [d.h. des Marxismus]; ihnen beiden, in denen sich die germanische Idee von Führertum und Gefolgschaft endlich aufs neue erfüllte [...]."

Als Hitler auf der Tannenbergfeier (August 1934) von dem toten Hindenburg Abschied nahm mit den Worten: „Toter Feldherr, geh nun ein in Walhall!", da kommentierte Naumann ergriffen: „Seit einem Jahrtausend sprach kein germanischer Staatsführer mehr so" (Das Weltbild der Germanen. Leipzig 1935, 3). Er rekonstruierte ein germanisches Weltbild („altgermanische Philosophie", s.S. 272), das er in vielfacher Übereinstimmung mit der Existenzphilosophie Martin Heideggers sah („Sein und Zeit", 1927; „Was ist Metaphysik", 1930). Anders als nicht wenige seiner Kollegen, die zwar den „Umbruch" noch freudig begrüßten, sich dann aber, als die terroristischen Praktiken des Nationalsozialismus mehr und mehr deutlich wurden, zurückzogen, blieb er seinem Idol Hitler treu.

Schon 1932, in einer Studie über „Rüdegers Tod" (DVJS 10, 387–403), feierte er die (politische) Entscheidung des Markgrafen für die Vasallität als einen „germanischen Augenblick in der deutschen Kunst". Von da an sei der Tod im Epos nicht mehr traurig, alles Christliche sei wie weggeblasen, das Sterben liege „sozusagen völlig auf der germanischen Ebene", es sei „der nackte, sachliche, heroisch-gesättigte oder heroisch-freudige Tod der germanischen Frühzeit" (Zitate ebd., 401–403). Zehn Jahre später, in der Wirklichkeit des Sterbens, galt es Hoffnung aufzubauen. Naumann beklagte, daß im Nibelungenlied ein Held fehle, in dem das Volk „sein besseres Ich" wiedererkennen könne (ebd., 43), und es fehle vor allem die Reichsidee: „Gerade das deutsche Volk hat sich doch gerettet aus dem germanischen Untergang mit Hilfe der Kaiser- und Reichsidee" (ebd., 54).

An der epischen Untergangsvision mochte sich allenfalls eine militärische Elite aufrichten, nicht aber ein ganzes Volk: „Zu tiefstem Leid und zu tiefster Trauer bewegt dies alles uns nur" (ebd., 55). Deshalb konnte die Dichtung nicht das Nationalepos sein, als das sie immer wieder bis in die Gegenwart gefeiert wurde: dann hätte die Sehnsucht nach dem Leben stärker sein müssen, hätte es keinen Todesrausch geben dürfen. Das Lied sei eine Elegie (und zwar eine epische Elegie alten Stils: d.i. ein Klagelied, das u.a. auch Darstellungen aus Geschichte und Sage enthalten kann). Augenscheinlich war das Epos als Spiegel der Nation während des Krieges zu wirklich geworden, und Naumann verweigerte sich dieser Wirklichkeit und damit auch der notwendigen Trauerarbeit:

„Aber gerade angesichts der überreichen Todesernte dieser Dichtung, die mit einem hoffnungslosen Massentode alles germanischen Kriegsvolkes endet und selbst dem Berner mit seiner amelungischen Gefolgschaft alle weiteren Möglichkeiten grausam und restlos zerschlägt, erwacht doch wohl unser Widerspruch. Wir können über Größe und Adel den Untergang doch nur vorübergehend vergessen [...] Wenn wir so nun, schmerzlich bewegt und nur sehr zögernd, dem ‚Nibelungenlied' den Charakter [...] unser Nationalepos zu sein, absprechen müssen, hauptsächlich aus dem Grunde, weil es doch die tragischste Dichtung ist, die es überhaupt auf Gottes Erdboden gibt, wir uns aber einfach weigern, die Geschichte unseres Volkes demgemäß zu begreifen oder zu deuten [...]" (ebd., 54 u. 57).

Der Krieg hatte so zwar die Trennung von faschistisch-germanisierender Phantasie und Wirklichkeit etwas verringert, aber die Phantasie war noch lange nicht bereit, sich mit der Wirklichkeit zu versöhnen: „Aber die Frage, ob das Lied [...] ganz unbewußt unsern Nationalcharakter enthülle, wollen wir von [!] so dunklem und spekulativ schmerzlichem Grund lieber gar nicht erst stellen" (ebd., 47).

So blieb die Hoffnung, die sich aus der Geschichte nährt (Reichsidee), eine imperiale Hoffnung wider die weltbürgerliche der Romantiker, und mit ihr blieb die Hoffnung auf ein neues Nationalepos; es ist die Hoffnung des germanischen Mythos (s. S. 206); das Nibelungenlied, so sieht es Naumann ganz richtig, gewährt keine Utopie:

„Und wenn sich in all den großen Gestalten, in ihrer Treue zu sich selbst und zu den Freunden, in ihrer Haltung zum Schicksal usw. entscheidende Grundkräfte unseres Volkes offenbaren, wäre dann nicht die poetische Gerechtigkeit nur desto mehr uns jenen lichten Ausblick schuldig, den doch sogar die Tragik des altgermanischen Mythos mit dem Ausblick auf die neue Erde und die Wiederkehr Balders uns nicht vorenthält?" (ebd., 56).

Das gegenwärtige Reich besitze schon ein Nationalepos mit jenem „Ausblick", und zwar in Hitler:

„Im Dritten [Reich] wird gewiß die erlösende Stunde schlagen, es besitzt ja bereits in dem einzigen Manne und in der Geschichte seiner Erscheinung ein Nationalepos urältester Struktur [...] man brauchte es nur in Verse zu gießen" (ebd., 58).

Der neue Held sollte, in der Tradition der deutschen Epik, den Namen Dietrich erhalten.

5.4. Der „kritische Deutschunterricht"

Die Schule der fünfziger und sechziger Jahre befreite sich trotz großer Anstrengungen nur allmählich von dem faschistischen und völkischen Erbe, der pädagogische Rückgriff auf die vornationalsozialistische Zeit war so problemlos nicht, wie man gerne annehmen wollte. Man reflektierte, als Wendung gegen die vergangene Politisierung des Unterrichts, auf die überzeitlichen – nun geistigen, nicht z.B. heroischen – Werte der Dichtungen, auch der mittelalterlichen („geistige Ordnung"):

„Es kommt für unsere Betrachtungsweise darauf an, daß die mittelalterlichen Ordnungen nicht nur in ihrem Zeitcharakter gesehen werden, sondern daß sie verstanden werden als Erscheinungsform des menschlichen Bemühens um geistige Ordnung, die die Dichtung gestalthaft zur Anschauung bringt und mit deren Gestaltung sie wiederum ins Wirkliche ordnend eingreift" (Essen 1967, 62).

Dabei wurde die Geschichte zwar im Sinne erklärender Hinweise für bestimmte historische Gegebenheiten eingeblendet, aber planvoll im Hintergrund gelassen; nicht historische Handlungszwänge bestimmten die Menschen, sondern die Menschen standen über der Geschichte:

„Ziel der Arbeit wird das Verstehen des mittelhochdeutschen Sprachwerks zunächst in sich selbst und aus sich selbst heraus. Sinn dieser *Werkbetrachtung* als *Verstehens-Erarbeitung* ist es, ein *Kunstwerk* als *geistige Existenz* zu erfahren. Die Vertiefung in die Eigenart und das Wesenhafte des jeweils besonderen mittelhochdeutschen Werkes führt zur Erkenntnis von dessen Transparenz für ein grundlegend Allgemeines [...] Bei dieser Betrachtung des mhd. Werkes müßte sich Dichtung in ihrem Wesen überhaupt und allgemein erhellen, wobei Eigenart und Wirkung der Zeit- und Bewußtseinssituation nicht aus ihren geschichtlichen Voraussetzungen, sondern in ihrer Erscheinungsweise als Phänomen zu erfahren sind" (ebd., 10).

Da spielte zeitgenössische Philosophie und Literaturkritik (Kayser, Wolfgang: Das sprachliche Kunstwerk. 1. Aufl. 1948; Staiger, Emil: Die Kunst der Interpretation. 1955) ebenso hinein wie die Kunsterziehungsbewegung der Weimarer Zeit.

Demgegenüber reflektierte der „kritische Deutschunterricht" (Ivo 1969) der „Siebziger Jahre" (etwa das Jahrzehnt von 1968–1978) gerade jene historischen Zwänge, die die Werkpädagogik abwehrte. Der Unterricht wurde unter die Stichworte „kritische Reflexion" und „historisches Bewußtsein" gestellt, Stichworte, die sich der Frankfurter Schule um Adorno, Horkheimer und, damals vor allem, Habermas verdankten. Gegenstand des Unterrichts sollte der geschichtliche Prozeß sein, seine Einheit und sein Kontinuitätszusammenhang (Brackert et al. 1973, 66), jeder Text war in seinem geschichtlich-sozialen Umfeld zu begreifen „und zugleich in dem wirkungsgeschichtlichen Zusammenhang von Bildungs- und Sozialisationsprozessen, in denen das Bewußtsein jeweiliger Gegenwart sich konstituiert hat" (ebd., 67). In solchem Rahmen wächst die Vorliebe für ästhetisch schwächere Texte, und der Text gerät, zumal unter dem Zwang zur pädagogischen Vereinfachung, auf den romantischen Weg zum historischen Zeugnis, nur daß die zugrundeliegende Philosophie eine andere, freilich nicht weniger utopische ist. Es wächst auch die Neigung zu einseitiger Textauswahl und -interpretation, die das Ziel, „den Schüler zu einem kritischen, mündigen, selbstreflektierten, seiner selbst und seiner schichtenspezifischen Konditionierung bewußten, an gesellschaftlicher Praxis orientierten Bürger zu erziehen" (Brackert et al. 1976, 13), nicht erreichen kann (vgl. Ehrismann 1975/III).

Geschichte ist nicht nur eine Geschichte von objektiven Entscheidungszwängen, sondern auch von subjektiven Entscheidungsnöten. Beides spiegelt die Dichtung. Der zur Zeit sichtbare Weg ihrer Vermittlung im Sinne eines Syntheseversuchs der pädagogischen Überlegungen von der Nachkriegszeit bis zur kritischen Didaktik könnte sein:

- Erarbeitung der objektiven (historisch bedingten) Handlungszwänge der fiktionalen Gestalten (z. B. Handeln im vasallitischen System),
- Erarbeitung der subjektiven (innertextlichen) Handlungszwänge und Entscheidungsnöte der fiktionalen Gestalten (z. B. Rüdiger),
- Erarbeitung von ästhetischen Qualitäten, beim Nibelungenlied vor allem der Art des epischen Erzählens,
- Erarbeitung der Rezeptions- und Wirkungsgeschichte des Textes im Sinne einer differenzierenden Reflexion auf den Text im Rahmen der politischen und sozialen Geschichte (gegenüber den letzten Jahren auch verstärkt der Geistesgeschichte).

Das Erziehungsziel der Pädagogik zum Nibelungenlied war als Spiegel der historischen Bewegungen in Deutschland verschiedenen Bestimmungen ausgesetzt; es war:

- weltbürgerlich orientiert mit der Tendenz zur nationalen Orientierung,
- national orientiert mit der Tendenz zur nationalistischen (chauvinistischen, faschistischen) Orientierung,
- an überzeitlichen (geistigen) Werten orientiert mit der Tendenz zur Apolitizität,
- an gesellschaftlichen Werten orientiert mit der Tendenz zur Gesellschaftskritik.

Die Pädagogik hat alles getan, um die Berührung des Rezipienten durch den Text im Interesse sogenannter höherer Werte philosophisch, politisch oder soziologisch abzuleiten. Sie hat dazu beigetragen, die Trauerarbeit abzuwehren, die das Epos verlangt (vgl. S. 241) und die im Hinblick auf die nationale Geschichte exemplarisch reflektierbar wäre.

6. *Das große Rad der Welt wird umgehängt – Friedrich Hebbels Drama „Die Nibelungen“*

Teilbibliographie XXVIII

Primärtexte

Werner, Richard Maria (Hrsg.): Friedrich Hebbel. Sämtliche Werke. Historisch-kritische Ausgabe in drei Abteilungen. Berlin 1904–07 [Abt. 1, Bd. 4: „Die Nibelungen. Ein deutsches Trauerspiel in drei Abteilungen. 1862“; Bd. 11, 1–39: „Mein Wort über das Drama“; Bd. 11, 39–65: „Vorwort zu Maria Magdalene“; Abt. 3: Briefe; Abt. 2: Tagebücher].
de Boor, Helmut: Friedrich Hebbel. Die Nibelungen. Vollständiger Text, Dokumentation. (Dichtung und Wirklichkeit 16. Ullstein Buch 5016) Frankfurt, Berlin 1966.
Vischer 1844.
Schelling: Ausgewählte Schriften. Hrsg. Frank [s. S. 250].
Schellings Werke. Hrsg. v. Manfred Schröter. Bd. VI. München 1927 [Nachdr. 1959; „Philosophie der Offenbarung“].
Hinsichtlich Schellings ist das folgende Kapitel in engem Zusammenhang mit Kap. V.3 und V.4 zu lesen.

Forschungsliteratur

de Boor 1966 [umsichtige Einführung in Geschichte, Sage und Mythos des Nl und zu Hebbels Arbeit am Text].
Ehrismann, Otfrid: Philosophie, Mythologie und Poesie. Hebbels Schellingrezeption in den „Nibelungen“: Friedrich Hebbel. Neue Studien zu Werk und Wirkung. Hrsg. v. Hilmar Grundmann. (Steinburger Studien 3) Heide 1982, 85–102 [1982/II; das folgende Kapitel ist diesem Aufsatz z. T. wörtlich entnommen, unterscheidet sich aber hinsichtlich der Einordnung von Siegfried und Brunhild.]
Ehrismann 1975/I, 249 ff.; 1986/I, 155 ff. [zur Geschichte der deutschen Nibelungendramen]; 1981.
Emrich, Wilhelm: Hebbels Nibelungen. Götzen und Götter der Moderne. (Akad. d. Wiss. u. d. Lit. Mainz. Abh. d. Kl. d. Lit. 1973/74 Nr. 6) Wiesbaden 1974.
Fenner, Birgit: Friedrich Hebbel zwischen Hegel und Freud. Stuttgart 1979.
Hermand, Jost: Hebbels „Nibelungen“ – Ein deutsches Trauerspiel, in: Kreuzer, Helmut (Hrsg.): Hebbel in neuer Sicht. Stuttgart 1963, 315–333.
Liepe, Wolfgang: Beiträge zur Literatur- und Geistesgeschichte. (Kieler Studien zur deutschen Literaturgeschichte 2) Neumünster 1963 [„Der Schlüssel zum Weltbild Hebbels. Gotthilf Heinrich Schubert“ (1951), 139–157; „Hebbel zwischen G. H. Schubert und L. Feuerbach“ (1952), 158–192; „Hebbel und Schelling“ (1953), 193–258].
Matthiesen, Hayo: Friedrich Hebbel in Selbstzeugnissen und Bilddokumenten. (rowohlts monographien 160) Reinbek b. Hamburg 1979 [beste Einführung zu Hebbel].

Schulz, Holger: Der Nibelungenstoff auf dem deutschen Theater. Phil. Diss. Masch. Köln 1972 [Überblick über die deutschen Nibelungendramen].

Seit August Wilhelm Schlegels Vorschlag, „aus dieser einen epischen Tragödie eine Menge enger beschränkte dramatische“ zu entwickeln (s. S. 256), versuchten viele, ein solches Nationaldrama zu schreiben. Fast keines der Stücke überlebte die ersten Jahre seiner Entstehung. Im Streben, publikumswirksam zu sein, erschöpften sie sich in hohlem Pathos und aktualisierenden Anspielungen, meist arbeiteten sie ausgiebig die Schauerelemente der Sage und billige dramatische Effekte ein. Demgegenüber blieb Friedrich Hebbels (1813–1863) Drama (1862) bis in die Gegenwart rezipierbar, wobei es, wie das Epos selbst, von den jeweils aktuellen Zeitströmungen vereinnahmt wurde: vom protzigen Wilhelminismus ebenso wie von der öden Hohlheit des Faschismus, schließlich der historisch-materialistischen Gegeninterpretation (Emrich 1974; dazu HJb 1975, 197 ff.).

Wir wollen versuchen, Hebbels Trilogie („Der gehörnte Siegfried. Vorspiel in einem Akt“, „Siegfrieds Tod. Ein Trauerspiel in fünf Akten“, „Kriemhilds Rache. Ein Trauerspiel in fünf Akten“) mit dem Untertitel „Ein deutsches Trauerspiel in drei Abteilungen“ etwas aufzuschlüsseln, wollen nachweisen, daß ihr eine Geschichtsmythe nach Schellings Mythologiephilosophie, seiner Spätphilosophie also, zugrundeliegt. Hebbel hatte Schelling in München gehört, seine Philosophie war ihm schon über die zeitgenössische Popularphilosophie zugeflossen (Gotthilf Heinrich Schubert, Ludwig Feuerbach). So nahm er etwa die Bibelstelle „Er war gehorsam bis zum Tode am Kreuz!“, an der Schelling seine Überlegungen entwickelte, in eine Rede des Nibelungen-Kaplans auf. Für Hebbel war die Kunst „realisirte Philosophie“ (Werke 11, S. 56), für Schelling war sie „das einzige wahre und ewige Organon zugleich und Document der Philosophie [...] welches immer und fortwährend aufs neue beurkundet, was die Philosophie äußerlich nicht darstellen kann, nämlich das Bewußtlose im Handeln und Produciren und seine ursprüngliche Identität mit dem Bewußten“ (Schriften I, 695 f.). Beide hielten also Philosophie und Kunst für untrennbar. Schelling bestimmte als den „ersten Stoff aller Kunst“ die Mythologie (ebd. II, 233), und Hebbel erweiterte gleichsam dessen Mythologiephilosophie um die ihr fehlende germanische Komponente; er errichtete einen germanischen Mythos mit Hilfe der Weltalterspekulation. Hierbei ließ er sich für die Handlung von dem überlieferten Nibelungenepos leiten.

Tagebuchnotiz Hebbels *ad Nibelungen,* Gmunden, 14. August 1861:

„Mir scheint, daß auf dem vom Gegenstand unzertrennlichen mythischen Fundament eine rein menschliche, in allen ihren Motiven natürliche Tragödie errichtet werden kann und daß ich sie, so weit meine Kräfte reichen, errichtet habe. Der Mysticismus des Hintergrunds soll höchstens daran erinnern, daß in dem Gedicht nicht die Secunden-Uhr, die das Daseyn der Mücken und Ameisen abmißt, sondern nur die Stunden-Uhr schlägt. Wen das mythische Fundament dennoch stört, der erwäge, daß er es, genau besehen, doch auch im Menschen selbst mit einem solchen zu thun hat und zwar schon im reinen Menschen, im Repräsentanten der Gattung, und nicht bloß in der noch weiter specificirten Abzweigung desselben, im Individuum" (Tagebücher 5933).

Der Mythos im Menschen, im „reinen Menschen" als dem „Repräsentanten der Gattung", das Individuum dessen Abzweigung – dies ist Schellingsche Terminologie und Schellingsches Denken. Hebbel steuert zielstrebig darauf hin, indem er zunächst die Ablösung des Mythos vom Menschen erwägt, sie dann für unmöglich erklärt. Der Mythos begründet die welthistorische Würde des Menschen („Stundenuhr") gegenüber der Nichtigkeit des Tieres („Sekundenuhr"). Er ist, als Fundament, die Bedingung des Menschseins, der Dramatiker hat ihn demnach (vorrangig) als Fundament zu inszenieren, in den Gedanken und Leidenschaften der Personen, nicht (vorrangig) in den mythologischen Gestalten. Deshalb verwandte Hebbel, gerade infolge der Auseinandersetzung mit Vischer (s. S. 213 f.), die größte Mühe darauf, die Gestalten des Dramas adäquat zu psychologisieren, d. h. hinter ihrem Handeln, ihrem Sprechen, ihrer Gestik die (mythologische) Seele aufscheinen zu lassen. Wir könnten dies an den einzelnen Gestalten, vor allem an Brunhild, Siegfried, Dietrich und Etzel, nachweisen.

Hebbel übernahm Schellings Mythologieforderung auch als eine Forderung an das historische Drama überhaupt, wobei gerade die mythologische Weite die drohende nationale Enge verhindert:

„Das Drama bedarf der Anlehnung an die ältesten Überlieferungen eines Volkes, [...] wenn es nicht haltlos zerflattern soll; es spitze sich in seiner Fortentwicklung so subjectiv zu, wie es wolle, nur fehle der allgemeine Grundstock nicht! Die Griechen stützten sich auf ihre Mythologie, *Shakespeare* leitete die ganze englische Geschichte in sein Drama hinüber, und unsere Dichter sollten sich an das Nibelungenlied halten, das uns zum Teil in jene Zeit zurückführt, wo Germanen und Inder noch ungetrennt in Asien mit und neben einander lebten" (Werke 12, „Theaterwoche", 21 [1853]).

Mythologie und Geschichte geben in ihrer objektiven (vorgegebenen, allgemeinen) Bewegung dem Subjekt jenen festen Halt, dessen es für die Ruhe des Daseins, für die intellektuelle Überschau bedarf. Insofern die Mythologie das Schicksal des Volkes ist, „wie der Charakter eines Menschen sein Schicksal ist, sein ihm gleich anfangs gefallenes Loos" (Schelling, Schriften V, 75), bildet der am Mythos arbeitende Dichter das Schicksal des Volkes voraus. Der Mythologiepoet hält den Schlüssel zum Schicksal des Volkes in der Hand.

Schelling unterscheidet auf dem Weg vom Mythos in die Geschichte vier Zeiten (Schriften V, 185 ff.), die das „reine Bewußtsein" entwickelt – Hebbel wird sie ausgestalten; „im Menschen selbst" lag ja der Mythos:

übergeschichtliche Zeit
absolut vorgeschichtliche Zeit
relativ vorgeschichtliche Zeit
geschichtliche Zeit

Der Mythos macht die Zeit vor der Geschichte bewußt. Die Vorgeschichte spaltet sich in eine Epoche, die der Geschichte, und eine, die der Übergeschichte näher steht, wobei die Gegensätze, wie wir dies von Schelling kennen, immer nur relative sind.

Brunhild, die in einer dunklen, nur feuer-, nicht sonnenerhellten Natur lebt, in einem Reich also ohne Bewußtsein (Sonnenlicht), eine visionsfähige Frau von wunderbarer Schönheit, wie nach der Mythologiephilosophie der Ursprung voller Schönheit und Wunder ist, sie ist eine Chiffre der mythischen Vorgeschichte (in ihrer absoluten Phase), die an der Geschichte zerbricht (Virginitätsverlust), dem Hof Gunthers. Siegfried, den die absolute mythische Welt (Brunhild) kaum berührt, den die historische (Kriemhild) jedoch unwiderstehlich anzieht, der mit dem Mythos noch vertraut verkehrt (Vogelstimmen, Drachen, Hort, Tarnkappe), ist ein Kind der unteren vorgeschichtlichen Stufe, das die Mythen zertrümmert (vgl. V. 411 ff.) und mit Hort und Hornhaut (der Drache = die Schlange) „bewußtlos" das Böse, den Betrug und den Tod in die Geschichte bringt. Durch Betrug bekommt er Kriemhild, und er wird die Ursache der Schlacht am Etzelhof sein. Dietrich kann sich über die Geschichte erheben und sie interpretieren:

> Das große Rad der Welt
> wird umgehängt, vielleicht gar ausgetauscht,
> Und keiner weiß, was kommen soll. (V. 3568 ff.)

Er chiffriert somit den Geist (vgl. S. 252), der die im triadischen Prozeß (vgl. V. 3915 ff.) ablaufende Geschichte zu sich selbst (auf höherer [Bewußtseins-] Stufe) zurückführt. Etzel chiffriert diese Wende, denn der Dramatiker läßt ihn sich vom Zerstörer der Königreiche zum demütigen Christen bekehren. Am Ende übergibt der resignierte König Dietrich die Herrschaft: „Im Namen dessen, der am Kreuz erblich!" (V. 5456). Im Namen des gestorbenen Christus: nach Christi Tod, so Schelling (Werke, 475), bricht die Zeit des Geistes an.

7. *ze stücken was gehouwen dô daz edele wîp* – Nibelungenrezeption und Leidensabwehr

Teilbibliographie XXIX

Zur Psychologie von Angst und Leiden, Heroismus und Aggression

Dreitzel, Hans Peter: Die gesellschaftlichen Leiden und das Leiden an der Gesellschaft. Vorstudien zu einer Pathologie des Rollenverhaltens. (dtv Wissenschaftliche Reihe 4128) Stuttgart 1972.
Freud, Sigmund: Das Unbehagen in der Kultur. (Fischer Bücher des Wissens 6043) Frankfurt 1953.
Fröhlich, Werner D.: Angst. Gefahrensignale und ihre psychologische Bedeutung. (dtv wissenschaft 4395) München 1982.
Fromm, Erich: Anatomie der menschlichen Destruktivität. (ro ro ro sachbuch 7052) Reinbek b. Hamburg 1977.
Lorenz, Konrad: Das sogenannte Böse. Zur Naturgeschichte der Aggression. (dtv 1000) München 1979.
Ders.: Die acht Todsünden der zivilisierten Menschheit. (Serie Piper 50) München 1978.
Mitscherlich, Alexander und Margarete: Die Unfähigkeit zu trauern. Grundlagen kollektiven Verhaltens. (Serie Piper 168) München 1979.
Mitscherlich, Margarete: Das Ende der Vorbilder. Vom Nutzen und Nachteil der Idealisierung. (Serie Piper 183) München 1978.
Richter, Horst Eberhard: Der Gotteskomplex. Die Geburt und die Krise des Glaubens an die Allmacht des Menschen. Reinbek b. Hamburg 1979.
Ders.: Zur Psychologie des Friedens. Reinbek b. Hamburg 1982.
Schmidbauer, Wolfgang: Alles oder nichts. Über die Destruktivität von Idealen. Reinbek b. Hamburg 1980.
Ders.: Die Ohnmacht des Helden. Unser alltäglicher Narzißmus. Reinbek b. Hamburg 1981.

Zur Psychologie des Todes

Ariès 1980.
Caruso, Igor A.: Die Trennung der Liebenden. Eine Phänomenologie des Todes (Fischer Taschenbuch 42 141) Frankfurt 1983.
Fuchs, Werner: Todesbilder in der modernen Gesellschaft. (suhrkamp taschenbuch 102) Frankfurt 1979.
Paus, Ansgar (Hrsg.): Grenzerfahrung Tod. (suhrkamp taschenbuch 430) Frankfurt 1978 [darin vor allem: Mann, Ulrich: Der Tod in der religiösen Vorstellungswelt der Zeiten und Kulturkreise, 41–71; Condrau, Gion: Todesfurcht und Todessehnsucht, 201–240].

Zu dem anstehenden Fragenkreis vgl. Ehrismann, Otfrid: Archaisches und Modernes im Nibelungenlied. Pathos und Abwehr, in: Hohenemser Studien zum Nibelungenlied. Hrsg. v. Achim Masser. Dornbirn 1981, 164–174.

Keuschheit und Heroismus sind die Dominanten der Nibelungenrezeption, einem aus Epos und Sage gemischten Syndrom. Die Rezipienten ließen sich faszinieren von schicksalhaftem Leiden, von Todesverachtung und heroischem Sterben, von der Kälte der „Staatsraison“ und der Rache, aber auch von der Innigkeit der Liebe, die zur Keuschheit und Reinheit des „Hohen Paares“ stilisiert wurde. Die Attribute der Männlichkeit, Treue, Tapferkeit und Ehre, (unhistorisch) moralisierend-aktualisierte Begriffe, beherrschten das Nibelungenbild, das vorzugsweise aus den Schlußteilen des Epos gewonnen wurde.

Die Heroismus-Dominante schwand nach dem Zweiten Weltkrieg, als den Deutschen die Faszinosa des Untergangs fragwürdig geworden waren. Doch führte dies noch nicht zu einem ungetrübten Blick auf die Frau, deren Bild, sofern die alte Verklärung aufgegeben wurde, tiefer in die Schatten des Dämonischen oder der Machtgier getaucht wurde. Eher außerhalb der Germanistik setzte eine Karikierung des Heroischen ein und eine Betonung der erotischen Momente. Wir haben überzeichnet, das Rezeptionsbild ist weitaus facettenreicher, doch seine Dominanten sind nicht zu leugnen. Die Rezeptionsgeschichte verdrängte die dem Stoff innewohnende Dominanz der Frau noch schärfer als es der Dichter von 1200 getan hatte.

Die Geschichte unserer Zivilisation wird von der dialektischen Psychologie als eine gigantische Anstrengung verstanden, Leiden abzuwehren, es psychisch und sozial zu unterdrücken und es nicht als Trauer zu ertragen („Unfähigkeit zu trauern“, Mitscherlich). Die Gesellschaft huldigt (gefühlsarmen) patriarchalen Erziehungsbildern und tabuisiert das Leiden, besetzt es mit Angst. Schon der Junge lernt, „das Leiden als Attribut von Ohnmacht an das Mädchen abzutreten und sich planmäßig an den reihenweise angebotenen Märchenhelden oder den historischen Supermännern auszurichten, die insgesamt Größe, Stärke, Siegen, Willen zur Macht repräsentieren“ (Richter 1979, 13). Der auf diese Weise überforderte Junge ist in besonderem Maße zu Neid, Racheimpulsen und Ressentiments geneigt.

Leiden (Emotionalität) wurden also der Frau, die positiven Sehnsüchte (nach Omnipotenz) dem Mann zugeteilt. Das Lösungsmuster, das der Mann fand, „um den nicht verdrängungsfähigen Anteil von Emotionalität in quasi unschädlicher Weise zu kanalisieren“, war die „Aufspaltung zwischen einer realen Unterdrückung der Frau und einer damit kontrastierenden Phantasie eines himmlisch verklärten Mutterbildes“ (ebd., 102). Dem Psychotherapeuten begegnet dieses Extrem-Muster von Verhexung und Verklärung der Frau bei der Analyse männlicher Patienten fast täglich (ebd.).

Die Unterdrückung des Leidens „verlangt eine beständige Abwehr der Erfahrung der Brüchigkeit, der Versehrbarkeit, des Sterbenmüssens“

(ebd., 129). Man versucht „das Leiden als ein von außen gemachtes Übel dadurch zu vernichten, daß man seinen bösen Urheber draußen bekämpft" (ebd., 129 f.). Man sucht für seine Probleme einen Schuldigen (Feindvorwurf), „dessen systematische Ausrottung Leidensfreiheit garantieren" soll (ebd., 131). So konnte z. B. im Späten Mittelalter die Hexe „zur Projektionsfigur schlechthin" werden, „der man zur Last legte, was immer an Kränkungen die Selbstsicherheit der Menschen bedrohte" (ebd.).

Die Interpretations- und Rezeptionsgeschichte des Nibelungenliedes spiegelt die Geschichte männlicher Leidensabwehr. Das Leiden wird der Frau (Kriemhild) überantwortet, während man die Leiden der Männer herunterspielt und ihre Tränen eine Sentimentalität schilt. Man verdrängt Hagens Taktik zu überleben und spricht von heroischem Todestrotz und mutiger Todesverachtung, die man nicht selten in eine heroische Zeit der Nation (Völkerwanderung) zurückprojiziert. Heroische Gesinnungen solcher Art sind für aggressive politische Programme nutzbar und immer wieder genutzt worden, bieten sie doch die Möglichkeit, individuellen Egoismus und individuelle Allmachtsphantasien auszuleben (vgl. Richter 1979, 50). Solche Phantasien entspringen der Sehnsucht, „Tod und Krankheit irgendwann endgültig durch Vernichtung des letzten schädlichen Außenfeindes besiegen zu können" (ebd., 152). Die höchste Form dieses „Feindes" ist ohne Zweifel das Schicksal. Es heroisch zu bestehen, ist Ausdruck des Wunsches, es zu überwinden. Der mittelalterliche Epiker ließ seine Helden nicht gegen das Schicksal antreten, wohl aber arbeiteten die Interpreten der Neuzeit das Schicksal planmäßig in den Text hinein.

Die Größe und Würde, die Leidensfähigkeit der Frau wurde als Dämonie, ihre Machtbewußtheit als Machtbesessenheit verteufelt. Im allgemeinen schlossen sich die Interpreten dem *vâlandinne*-Vorwurf Hagens und Dietrichs an, obwohl der Epiker seine Heldin mit Zügen der *iustitia* auszeichnete und sie bis zu ihrem Tod ein *edelez wîp* (2377) nannte. Die politisch inaktive Kriemhild konnte dagegen der Sympathie der Männer eher gewiß sein, die liebliche Prinzessin und die liebende Gattin. In ihr Bild projizierten sie die Reinheitsphantasien, die der keusche und arglose Held Siegfried mittragen konnte.

Leidensabwehr, die Abwehr des Gedankens an Tod und Sterben, braucht Utopien, und obwohl der Nibelungendichter am Ende seiner Dichtung nur die Möglichkeit einer zukünftigen Existenz in Trauer eröffnete, hat man über die Figur Dietrichs von Bern immer wieder versucht, ihm eine Utopie abzuringen. Ohne diesen Versuch, der in Schellings Naturphilosophie eine geeignete Verbündete fand, hätte das Nibelungenlied nicht zum gefeierten Nationalepos der Deutschen aufsteigen können (vgl. Hans Naumann). Dieser Versuch ist der Reflex einer kollektiven Verweigerung der Trauerarbeit, einer Trauerarbeit, die sich in der Arbeit des mittelalterlichen Dichters objektiviert. Man stellte den Text in den Dienst einer Weltanschauung und sog. höherer Werte (Heroismus, Nationalismus, Humanismus usw.) und leitete auf diese Weise die Betroffenheit ab, die das maßlose Leiden erzeugt.

Das Faszinosum des Nibelungenliedes in der Rezeptionsgeschichte der Neuzeit war sein Umgang mit dem Leiden. Die Rezipienten fühlten sich von den Todesbildern angezogen, doch ist dies kein Ausdruck von Todessehnsucht, sondern von Todesangst (vgl. Richter 1982, 89 ff.; Condrau 1978, Lorenz 1979). Sie wollten dieses Faszinosum nicht wahrhaben, weil es an ihre untergründige Angst vor Tod und Sterben rührte, und sie wehrten es deshalb mit einem großen interpretatorischen Aufwand ab. Er wiederum spricht für die Anziehungskraft des Textes, dem einfach sich zu entziehen schon Goethe nicht glücken wollte (vgl. S. 262). Goethe verlangte die historische Verfremdung, um sich nicht von der „Düsternis" einholen zu lassen. Es könnte sein, daß wir ihm hier allzu willig folgen.

Zeittafeln

Verzeichnet werden nur die für unsere Darstellung aufschlußreichen Ereignisse. Die Quellenlage erlaubt nicht immer, die Daten mit der wünschenswerten Genauigkeit anzugeben.

Germanische Wanderungen und Reichsgründungen

Vorbericht: Zwischen 230 und 200 v. Chr. ziehen Bastarnen und Skiren zum Schwarzen Meer. In den Jahren 113–101 führen die Römer Krieg gegen die Cimbern, Teutonen und Ambronen. Caesar schlägt 58 die unter Ariovist in Gallien eingefallenen Sueben. Erstmals besiegt 9 n. Chr. ein germanisches Heer (unter Arminius) ein römisches (unter Varus), doch halten die Römer die Rhein-Donau-Linie als Grenze ihres Reiches.

ca. 160–310	Erste Vorphase der germanischen „Völkerwanderung", Einfälle der Markomannen (seit 166), Chatten (seit 171), Alamannen (seit 213), Goten (seit 236) und Franken (seit 257) ins Römerreich.
ca. 310–375	Zweite Vorphase der germanischen „Völkerwanderung".
seit 350	Ostgotenreich Ermanarichs zwischen Don und Dnjestr in Südrußland.
355	Die Franken, vermutlich von den Sachsen bedrängt, überrennen die Rheinbefestigungen des Römerreichs und erobern u. a. Xanten, Neuß, Köln, Bonn und Andernach.
vor 359	Das Land zwischen Taunus und unterem Neckar geht von den Alamannen an die Burgunder über.
ca. 375–568	Hauptphase der sog. germanischen Völkerwanderung.
ca. 375	Unterwerfung des Ostgotenreiches (unter Ermanarich) durch die Hunnen.
383	Tod Ulfilas, des Missionsbischofs der Westgoten, der die Bibel ins Gotische übersetzt hatte (ältestes germanisches Literaturdenkmal).
ca. 406	Wanderung der Burgunder in das Rhein-Main-Gebiet.
410	Einnahme und Plünderung Roms durch den Westgotenkönig Alarich.
um 413	Burgundisches Reich am Mittelrhein unter König Gundahar (ein Föderatenreich Roms?).
418–507	Tolosanisches Westgotenreich zwischen Loire und Garonne (Residenz ist Toulouse).
418–451	Theoderich I., König der Westgoten.
429–454	Aëtius, römischer Heerführer *(magister militum)* unter Kaiser Valentinian III.
429–534	Vandalenreich in Nordafrika.

436/437	Aëtius vernichtet mit hunnischen Hilfstruppen das mittelrheinische Burgunderreich; der König, seine Sippe und ein Großteil des Volkes werden vernichtet. Der Rest des Volkes erhält neue Siedlungsgebiete an der Rhône; Ende dieses Reiches 534.
441/445	Attila ist nach der Ermordung seines Bruders Bleda Alleinherrscher im Hunnenreich. Größte Ausdehnung dieses Reiches etwa vom Kaukasus bis zum Rhein, Mittelpunkt ist die ungarische Tiefebene.
451	Schlacht auf den Katalaunischen Feldern (in der Champagne). Attila wird von Aëtius und den Westgoten unter Theoderich I. geschlagen und kehrt nach Ungarn zurück.
453	Tod Attilas unter ungeklärten Umständen, rasche Auflösung des Hunnenreiches. Reste der Hunnen ziehen sich in die südrussische Steppe zurück und gründen ein bulgarisches Reich.
455	Eroberung Roms durch die Vandalen, Beginn der Eroberung des linken Rheinufers und des Moselgebietes durch die Franken.
476	Ostgermanische Söldner rufen ihren Heerführer Odowaker zum Heerkönig aus, Ende des weströmischen Kaisertums. Der Herrscher in Konstantinopel (Ostrom) betrachtet sich als Erbe des Gesamtreiches und sieht in den neuen Machthabern des Westens seine Beauftragten.
482–511	Chlodowech (Ludwig) I. wird nach Beseitigung der (übrigen) Gaukönige König der Franken.
493–553	Reich der Ostgoten in Italien.
493–526	Theoderich der Große, König der Ostgoten.
493	Chlodowech I. heiratet die burgundische Königstochter Chlothilde, die ihn zum Christentum bekehrt; Taufe in Reims 496 nach der Unterwerfung der Alamannen.
500	Feldzug Chlodowechs gegen das Burgunderreich unter König Gundobad.
um 500	In Britannien kämpft Artus, König der keltischen Briten und Bretonen, gegen die Sachsen; die von den Angelsachsen vertriebenen keltischen Bretonen finden in Nordfrankreich eine neue Heimat.
507–511	Reich der Westgoten in Spanien.
511	Aufteilung des Frankenreiches (nach Herrscherbrauch) unter Chlodowechs I. Söhne: Theuderich I. (511–534, Reims), Chlodomer (511–524, Orléans), Childebert I. (511–558, Paris), Chlothar I. (511–561, Soissons). Jeder der Söhne bleibt *rex Francorum.*
vor 516	Lex Burgundionum (unter König Gundobad, der 516 stirbt).
527–565	Justinian I., Kaiser von Ostrom, Rückeroberung großer Teile des weströmischen Reiches; erster Vertreter des Caesaropapismus (der Kaiser ist weltlicher und kirchlicher Herr).
531	Theuderich I. und Chlothar I. erobern mit Hilfe der Sachsen das Thüringerreich unter König Erminfried; Erminfried wird ins Frankenreich gelockt und 534 ermordet.
532–534	Eroberung des Burgunderreichs unter Godomar durch die Franken.

534–548 Theudebert I. (Sohn Theuderichs) führt die Ausdehnung des Frankenreichs nach Osten weiter (gegen Alamannen und Bayern).

548–555 Theudebald I. (Sohn Theudeberts).

552 Zerstörung des Awarenreiches; durch Hunnen und Awaren verstärkt wandern die Awaren in die Theißebene, Blüte des dortigen Reiches unter Kagan Bajan 565–602.

558–561 Wiedervereinigung des Frankenreiches unter Chlothar I., der seine Brüder und Neffen überlebt hat.

561 Aufteilung des Frankenreiches unter Chlothars Söhne: Charibert I. (561–567), Gunthchramn (561–592), Sigibert I. (561–575), Chilperich I. (561–584). Es bilden sich drei Reichsteile: Austrasien (Champagne, Maas- und Moselgebiet mit den innerdeutschen Stämmen; Residenz ist Reims), Neustrien (von der Schelde zur Loire; Residenz ist Paris) und Burgund (Loire- und Rhônegebiet; Residenz ist Orléans). An Aquitanien und der Provence (Residenz: Soissons) haben alle Herrscher Anteile.

568–774 Reich der Langobarden in Italien. Die Landnahme der Langobarden beendet die „Völkerwanderung".

575 Ermordung Sigiberts I. von Austrasien, Gemahl der Westgotin Brunichild.

575–594 Childebert II., er regiert unter der Vormundschaft des austrasischen Adels, dem er sich unter Einfluß seiner Mutter allmählich entzieht.

584 Ermordung Chilperichs von Neustrien, Gemahl der Fredegunde.

584–629 Chlothar II., er regiert unter der Vormundschaft des neustrischen Adels.

585 Niederwerfung eines Aufstands der Aristokratie unter Gundowald, unehelicher Sohn Chlothars I., durch König Gunthchramn in Zusammenarbeit mit Childebert II.

587 Vertrag von Andelot: Childebert soll Nachfolger des kinderlosen Gunthchramn (gest. 592) werden.

595 Neuaufteilung des vereinigten Reiches unter Childeberts Söhne: Theudebert II. (595–612, Austrien), Theuderich II. (595–613, Burgund). Sie regieren unter der Vormundschaft Brunichilds.

613 Wiedervereinigung des Gesamtreiches unter Chlothar II. (von Neustrien), zu dem der austrasische Adel gegen die Herrschaft Brunichilds übergelaufen war. Ermordung Brunichilds. Sie hatte Theuderichs II. Sohn Sigibert II. zum König des Gesamtreiches ausrufen lassen und so ihr Herrschaftsziel, *ein* Reich zu erhalten, gegen den übermächtig werdenden Adel unterstrichen.

629–638 Dagobert I., Sohn Chlothars II., regiert das Gesamtreich; letzter energischer fränkisch-merowingischer Herrscher.

631/632 Ermordung von etwa acht- bis neuntausend Bulgaren durch die Bayern auf Veranlassung Dagoberts I.

Die Wende zum 13. Jahrhundert

Vorbericht: 1096–1099 Erster Kreuzzug (1099: Erstürmung Jerusalems, Gründung eines Königreiches Jerusalem), 1147–1149 Zweiter Kreuzzug (1147: der Hauptteil des deutschen Heeres unter König Konrad III. wird geschlagen, Konrad kann sich nur mit Mühe nach Deutschland durchschlagen). 1138–1254 Herrschaft des Stauferhauses, 1138–1152 Konrad III., 1152–1190 Friedrich I. Barbarossa. 1156 wird die Mark Österreich von Bayern getrennt und in ein Herzogtum umgewandelt, mit diesem werden der Babenberger und seine Gemahlin belehnt; Bayern fällt an Heinrich den Löwen. 1178–1181 Prozeß und anschließender Reichskrieg gegen Heinrich den Löwen. Um 1170 Übergang von der früh- zur hochhöfischen Phase der mittelhochdeutschen Literatur.

1180–1223	Philipp II. französischer König.
1182–1202	Knut IV. dänischer König, vermählt mit Heinrichs des Löwen Tochter Gertrud.
1183–1200	Erzbischof Konrad von Mainz.
1184	Hoffest zu Mainz, Schwertleite der Kaisersöhne mit internationaler Beteiligung. Worms erhält die Große Freiheitsurkunde.
1188	Hoftag Jesu Christi in Mainz unter Anwesenheit des Kaisers, Beschluß zum Kreuzzug.
1189–1199	Richard Löwenherz englischer König.
1189–1192	Dritter Kreuzzug, Aufbruch von Regensburg aus; 1190 fällt der Minnesänger Friedrich von Hausen, im selben Jahr ertrinkt der Kaiser in einem kleinen türkischen Fluß.
1190–1197	Heinrich VI. wird König, er ist vermählt mit Konstanze von Sizilien.
1190–1217	Landgraf Hermann I. von Thüringen (Gönner Heinrichs von Veldeke, Herborts von Fritzlar, zeitweise Wolframs von Eschenbach und Walthers von der Vogelweide).
um 1190	Erste Lieder Walthers von der Vogelweide.
1191	Kaiserkrönung Heinrichs VI.
1191–1204	Wolfger von Erla, Bischof von Passau (seit 1204 Patriarch von Aquileja, gest. 1218); geschickter Diplomat zwischen den streitenden politischen Parteien, zunächst staufertreu; möglicher Mäzen der (oder des) Nibelungendichter(s).
1192	Adelsrevolte in Deutschland unter Beteiligung Heinrichs des Löwen. Richard Löwenherz auf der Festung Trifels (Pfalz) in der Gefangenschaft des Kaisers.
1193	Tod des Sultan Saladin, der 1187 Jerusalem erobert und damit den Dritten Kreuzzug veranlaßt hatte.
1193–1205	Erzbischof Adolf I. von Köln, er kämpft gegen Heinrichs VI. Erbreichsplan (1196) und gegen Philipp von Schwaben.
1194	Heinrich VI. nimmt Sizilien in Besitz; Geburt seines Sohnes Friedrich (II.) Roger. Richard Löwenherz wird gegen Lösegeld freigelassen.
1194/1205	Ulrichs von Zätzikon (Zatzikhoven) „Lanzelet“.

1196 Erbreichsplan Heinrichs VI. Friedrich (II.) wird in Frankfurt zum König gewählt. Philipp, jüngster Sohn Barbarossas, wird Herzog von Schwaben.

1196–1197 Italienzug Heinrichs VI., die Kreuzfahrer sammeln sich in Sizilien und Unteritalien (der Zug wird abgebrochen).

1196–1217 Lupold von Schönfeld, Bischof von Worms, Parteigänger Philipps von Schwaben; er usurpiert 1200 den Erzstuhl von Mainz.

1197 Tod Kaiser Heinrichs. Irene, Tochter des Kaisers von Byzanz, wird mit Philipp verheiratet.

1198–1216 Papst Innocenz III.

1198–1208 Philipp von Schwaben deutscher König.

1198–1215 Otto IV. von Braunschweig, Sohn Heinrichs des Löwen, deutscher König.

1198 Friedrich, drei Jahre alt, wird zum König von Sizilien gekrönt. Beginn des Thronkrieges zwischen den mit Frankreich verbündeten Staufern und den mit England verbündeten Welfen. Wahl Philipps zum König am 8. 3., Krönung in Mainz am 8. 9.; Wahl Ottos zum König Juni 1198, Krönung in Aachen am 12. 7.

1198/1199 Erste politische Sprüche Walthers von der Vogelweide.

1199–1216 John Lackland englischer König.

um 1200/02 Schriftliche Fassung des Nibelungenliedes.

1200/1210 Wolframs von Eschenbach „Parzival". Nibelungenlied-Handschrift Z.

1200–1224 Konrad von Scharfenberg Bischof von Speyer.

1201 Innocenz III. entscheidet sich für Otto IV., Bannung Philipps. Knut IV. erobert Transalbingien.

1202 Der zu Otto IV. übergelaufene ehemalige Kanzler Philipps, Konrad von Querfurt, Bischof von Würzburg und Hildesheim, wird ermordet. Einrichtung des Küchenmeisteramtes als Reichshofamt (das Küchenmeisteramt als solches ist schon in einer Urkunde des Hochstifts Regensburg 1181 erwähnt; als herzogliches Hofamt ist es erstmals 1194 unter Heinrich VI. belegt).

1202–1204 Vierter Kreuzzug; 1204 Eroberung Konstantinopels durch die Kreuzfahrer und Errichtung eines Lateinischen Kaisertums. Der letzte allgemeine Kreuzzug.

1203/1204 Belagerung der Festung Erfurt, Zerstörung der dortigen Wingerte. Auf dieses Ereignis ist in Wolframs „Parzival" angespielt.

1204 Erzbischof Adolf von Köln geht zur Stauferpartei über, er wird deshalb von Innocenz 1205 abgesetzt.

1205 Erneute Wahl und Krönung Philipps von Schwaben.

1205/1215 Gottfrieds von Straßburg „Tristan".

1207–1231 Elisabeth von Thüringen, die Heilige.

1208 Innocenz III. erkennt Philipp als König an. Ermordung Philipps durch Pfalzgraf Otto von Wittelsbach in Bamberg. Otto IV. wird neu gewählt und allgemein anerkannt.

1209 Italienzug Ottos IV. und Kaiserkrönung.

1210 Bannung Ottos IV. durch Innocenz III.

1211 Die deutsche Opposition wählt Friedrich von Sizilien zum König.
1212–1250 Friedrich II.
1214 Schlacht von Bouvines, Otto IV. unterliegt den Franzosen (er stirbt 1218).
1215 IV. Laterankonzil (eines der Themen: die Ketzerverfolgung; außerdem u. a.: Verbot der sog. Gottesurteile [Feuer- und Wasserprobe], Forderung der jährlichen Beichte und Kommunion).
1220 Kaiserkrönung Friedrichs II. *Confoederatio cum principibus ecclesiasticis:* Friedrich legalisiert die weitgehenden landesherrlichen Rechte, die sich die geistlichen Fürsten angeeignet hatten.

Abkürzungsverzeichnis

ABÄG	Amsterdamer Beiträge zur Älteren Germanistik
ADB	Allgemeine Deutsche Biographie
AfdA	Anzeiger für deutsches Altertum und deutsche Literatur
ags.	angelsächsisch
ahd.	althochdeutsch
an.	altnordisch
anfr.	altniederfränkisch
Aufr.	Deutsche Philologie im Aufriß. Hrsg. v. Wolfgang Stammler
as.	altsächsisch
Av.	Aventiure. Diese Abkürzung wird nur gelegentlich verwendet
Beitr.	Beiträge zur Geschichte der deutschen Sprache und Literatur. Tü.: Tübingen, Ha.: Halle
BLV	Bibliothek des Literarischen Vereins zu Stuttgart
DNL	Deutsche National-Literatur (Kürschner)
DRW	Deutsches Rechtswörterbuch
DU	Der Deutschunterricht
DVJS	Deutsche Vierteljahrsschrift für Literaturwissenschaft und Geistesgeschichte
DW	Deutsches Wörterbuch. Begründet durch die Brüder Grimm
EG	Études Germaniques
EH	Europäische Hochschulschriften
FF	Forschungen und Fortschritte
Fs.	Festschrift
GAG	Göppinger Arbeiten zur Germanistik
GHS	Grimm, Wilhelm: Die deutsche Heldensage. Göttingen 1829. 3. Aufl. hrsg. v. Reinhold Steig. Gütersloh 1889. Nachdr. Darmstadt 1957
got.	gotisch
GR	The Germanic Review
GRM	Germanisch-Romanische Monatsschrift
HdA	Handwörterbuch des deutschen Aberglaubens
HJb	Hebbel-Jahrbuch
HRG	Handwörterbuch zur deutschen Rechtsgeschichte
Hs.	Handschrift
hs.	handschriftlich
idg.	indogermanisch (indoeuropäisch)
Kl.	Diu Klage. Mit den Lesarten sämtlicher Handschriften. Hrsg. v. Karl Bartsch. Leipzig 1875 (Nachdr. Darmstadt 1964)
Kudr.	Kudrun. Hrsg. v. B. Symons. 4. Aufl. v. Bruno Boesch. (Altdeutsche Textbibliothek 5) Tübingen 1964
LThK	Lexikon für Theologie und Kirche

MF	Des Minnesangs Frühling. Hrsg. Moser/Tervooren. Bd. 1. Stuttgart 1977
mhd.	mittelhochdeutsch
mlat.	mittellateinisch
MLR	The Modern Language Review
NF	Neue Folge
Nl	Nibelungenlied. Diese Abkürzung wird nur gelegentlich verwendet.
Pz.	Wolfram von Eschenbach [Parzival]. Sechste Ausgabe v. Karl Lachmann. Berlin 1926
	Wolfram von Eschenbach. Parzival. Mittelhochdeutsch/Neuhochdeutsch [Spiewok]. (Reclam 3681/82) Stuttgart 1981
RL	Reallexikon der deutschen Literaturgeschichte
Trist.	Gottfried von Straßburg. Tristan. Hrsg. v. Karl Marold. Dritter Abdruck v. Werner Schröder. Berlin 1969
vs.	versus
Walth.	Die Gedichte Walthers von der Vogelweide. Hrsg. v. Karl Lachmann. 13. Ausgabe v. Hugo Kuhn. Berlin 1965
WF	Wege der Forschung
WF 54	Nibelungenlied und Kudrun. Hrsg. v. Heinz Rupp. Darmstadt 1976
WW	Wirkendes Wort
ZfdA	Zeitschrift für deutsches Altertum
ZfdPh	Zeitschrift für deutsche Philologie
ZG	Zeitschrift für deutsche Geisteswissenschaft
Zs.	Zeitschrift
*	bezeichnet vor einem Wort eine erschlossene Wortform, vor einer Handschriftensigle die erschlossene Redaktion

Gesamtbibliographie

Zur Orientierung folgt zunächst eine Übersicht über die Teilbibliographien.

Kapitel I: Geschichte und Literatur

Diese Bibliographien stehen am Ende der jeweiligen Abschnitte, weil mit ihrer Hilfe die Darstellungen vertiefender erarbeitet werden können, als dies im Rahmen des vorliegenden Arbeitsbuches möglich war.

Kapitel II: Handlung und Interpretation A

Kapitel III: Handlung und Interpretation B

Die Bibliographien zu den Kapiteln II und III stehen jeweils am Anfang, weil sie meistens nicht nur auf *einen* Teilabschnitt beziehbar sind. Unter der Überschrift „Hinweise“ wird am Ende eines jeden Abschnitts weiterführende Literatur aus den Teilbibliographien zu einigen dort besonders angesprochenen Fragen angegeben. In wenigen Fällen werden zusätzliche Titel verzeichnet, die nur für ein Sonderthema von Belang sind.

Kapitel IV: Probleme der Nibelungenliedforschung

Teilbibliographie

Diese Bibliographien enthalten meist Titel aus den Teilbibliographien XV und XVI sowie der Gesamtbibliographie, und sie stehen zu Beginn der einzelnen Abschnitte, weil diese ein relativ abgeschlossenes Thema behandeln.

Kapitel V: Rezeptions- und Wirkungsgeschichte

Teilbibliographie

Diese Bibliographien stehen wie in Kapitel IV zu Beginn der einzelnen Abschnitte.

In die Gesamtbibliographie sind die Gesamtdarstellungen zum Nibelungenlied, notwendige Arbeitsmittel zu seiner Lektüre und Spezialuntersuchungen über Sinn, Aufbau und Ethos, die sich auf das Gesamtwerk beziehen, aufgenommen. Die Forschungsliteratur wird in der Darstellung mit Autor und Erscheinungsjahr zitiert; sind in einem Jahr mehrere Arbeiten eines Autors erschienen, so ist dies durch römische Ziffern hinter der Jahreszahl kenntlich gemacht. Die auf diese Weise zitierten Titel sind über das Namensregister aufzuschlüsseln.

Arbeitsmittel

Hilfsmittel

Bartsch 1880 Bd. II/2 [Wörterbuch; verzeichnet alphabetisch und nach Bedeutungen differenziert alle Wörter des Nl mit Stellenangaben.]

Kluge, Friedrich: Etymologisches Wörterbuch der deutschen Sprache. 20. Aufl. bearb. v. Walther Mitzka. Berlin 1967 [etymologische Wörterbücher verzeichnen die ursprüngliche Bedeutung der Wörter, ihre Verwandtschaft mit anderen Wörtern und Sprachen. Die mittelalterliche Bedeutung eines Wortes ist dadurch manchmal besser zu verstehen.]

Mittelhochdeutsches Handwörterbuch von Matthias Lexer. 3 Bde. Leipzig

1872–78 [Nachdr. Stuttgart 1970] [Mittelhochdeutsche Wörter lauten zwar oft ähnlich wie in der Gegenwartssprache, haben aber nicht selten einen anderen Sinn. Der „Große Lexer" erschließt die Sinnbreite eines Wortes durch seine neuhochdeutschen semantischen Entsprechungen; dabei entfaltet er ein reiches Textstellenmaterial.]

Matthias Lexers Mittelhochdeutsches Taschenwörterbuch [[1]1879]. 36. Aufl. Stuttgart 1981 [Standardwörterbuch für die Arbeit am Text. Der „Kleine Lexer" verzichtet auf die Stellenangaben.]

Hermann Paul: Mittelhochdeutsche Grammatik. 21. Aufl. v. Hugo Moser u. Ingeborg Schröbler. (Sammlung kurzer Grammatiken germanischer Dialekte A/2) Tübingen 1975 [Standardgrammatik des Mittelhochdeutschen, die auch für schwierigere Fragen verbindliche Auskunft gibt. Für Anfänger sind daneben eine Reihe kleinerer Einführungen auf dem Markt, die aber alle auf der Paulschen Grammatik (1. Aufl. 1881) fußen.]

Ausgaben, Übersetzungen

Das Nibelungenlied. Paralleldruck der Handschriften A, B und C nebst Lesarten der übrigen Handschriften. Hrsg. v. Michael S. Batts. Tübingen 1971 [Der Paralleldruck der Handschriften (vgl. I.4.1.1) erleichtert eine „offene" Interpretation des Textes (vgl. I.4.1.2); wo ein Zitat aus einer Hs. notwendig wurde, ist auf Batts' Ausgabe zurückgegriffen. Der über 900 Seiten starke Monumentalband dürfte im allgemeinen nur wissenschaftlichem Gebrauch zugänglich sein.]

Das Nibelungenlied. Nach der Ausgabe von Karl Bartsch. Hrsg. v. Helmut de Boor. 21. Aufl. v. Roswitha Wisniewski. Wiesbaden 1979 [zur Ausg. v. Bartsch s. S. 71; dem Text ist eine ausführliche, teilweise allerdings revisionsbedürftige Einleitung vorangestellt, zahlreiche Fußnoten – unter dem Text – erleichtern das Verständnis auch für einen nichtgeübten Leser. Die Arbeit am Text hat hier einen zuverlässigen Ausgangspunkt; wir zitieren nach dieser Ausgabe; *de Boor 1979 Anm.* bedeutet: Anmerkung zur betreffenden Strophe.]

Das Nibelungenlied. Mittelhochdeutscher Text und Übertragung. Hrsg., übersetzt und mit einem Anhang versehen v. Helmut Brackert. (Fischer Bücherei 6038/39) Frankfurt 1970/71 [Der mittelhochdeutsche Text weicht nicht sehr wesentlich von de Boor 1979 ab. Die Übersetzung enthält zahlreiche, wohl niemals zu umgehende Eigenwilligkeiten und löst die charakteristische Zeilenstruktur in gefälligere, oft zu sehr mit Erklärungen versehene längere Prosasätze auf. Im Anhang sehr knappe Anmerkungen zu Übersetzung und Verständnis, Ausführungen zu Überlieferung, Stoffgeschichte, Datierung, Entstehung, Dichter und Form.]

Das Nibelungenlied. Neu erzählt von Franz Fühmann. Mit Materialien zusammengestellt von Isolde Schnabel. (Lesehefte für den Literaturunterricht) Stuttgart 1983 [Die Übertragung erschien erstmals Berlin (Ost) 1973, sie ist anregend, lebendig und auf weite Strecken textnah; bisweilen sind jedoch eigenwillige Motivierungen, Abschweifungen, Ausmalungen und Sentenzen sowie unnötige Einblendungen der Sage und schicksalsschauerliche Formulierungen zugefügt („So ruchlose Ränke spann die alte Zeit", S. 68). Im Anhang Material zur Rezeptions- und Stoffgeschichte.]

Das Nibelungenlied. Übersetzt, eingeleitet und erläutert v. Felix Genzmer. (Reclam 642–45) Stuttgart 1955 [Eine Reimübertragung (nach *C) mit vielen jener Schwächen, die eine solche leicht mit sich bringt: Sinnentstellungen, Beibehaltung mittelhochdeutscher Wörter im neuhochdeutschen Gewand; schwer lesbar, bisweilen kaum erträglich. Knittelverse und Märchenton werden dem Ernst des Epos nicht gerecht.]

The Nibelungenlied. A New Translation by A.T. Hatto. (Penguin Classics) Harmondsworth 1984 [Neben der Übersetzung ist der Kommentar lesenswert.]

Hennig 1977 [leicht überarbeitete Ausgabe der Hs. C, deshalb besser lesbar als Batts 1971; *C wird nach dieser Ausgabe zitiert.]

Werner Hoffmann: Das Nibelungenlied. Kudrun. Text, Nacherzählung, Wort- und Begriffserklärungen. Darmstadt 1972 [Die Wort- und Begriffserklärungen sind sehr hilfreich.]

Der Nibelunge Noth und Die Klage. Nach der ältesten Überlieferung mit Bezeichnung des Unechten und mit den Abweichungen der gemeinen Lesart. Hrsg. v. Karl Lachmann. Berlin [5]1878 [s. S. 71; Lachmann hielt sich verhältnismäßig eng an die Hs. A, so daß, wenn es vertretbar ist, *A nach dieser Ausgabe zitiert wird.]

Mancinelli, Laura: I Nibelunghi. Torino 1972 [Italienische Reimübertragung mit ausführlicher Einführung und reichhaltigen Anmerkungen. Überlegungen zur „epischen" und „unepischen" Auffassung des Nl].

Pretzel 1973 [Ausgabe und Übertragung nach A, Texteingriffe, ohne sie transparent zu machen; die Übersetzung ist eigenwillig „höfisiert" und dadurch ein gewisses Korrektiv gegen das archaisierende Gegenstück von Karl Simrock ([1]1827, immer wieder, bis in die Gegenwart hinein, aufgelegt).]

Forschungsliteratur – umfassender Aspekt

Forschungsüberblicke

Der beste – und notwendige – Ausgangspunkt mit stets abgewogenen Urteilen ist Hoffmann, Werner: Das Nibelungenlied. (Sammlung Metzler 7) Stuttgart 1982.

Die weitere Arbeit kann sich auf die folgende nach Sachgruppen ordnende Bibliographie stützen: Krogmann, Willi/Pretzel, Ulrich: Bibliographie zum Nibelungenlied und zur Klage. 4. Aufl. unter Mitarbeit von Herta Haas u. Wolfgang Bachofer. (Bibliographien zur deutschen Literatur des Mittelalters 1) Berlin 1966; s. außerdem:

Beyschlag, Siegfried: Das Nibelungenlied in gegenwärtiger Sicht (1953, 1958), in: Zur germanisch-deutschen Heldensage. Hrsg. v. Karl Hauck. (WF 14) Darmstadt 1965.

Bohning Elizabeth E.: The Nibelungenlied in 19th Century American Periodicals, in: The German Quarterly 28, 1955, 13–18 [Die bedeutenden Phasen der europäischen Nibelungenkritik wurden von Amerika übernommen.]

Ehrismann 1975/I, 1986/I.

Fleet, Mary: The Recent Study of the Nibelungenlied, in: The Journal of English and Germanic Philology 52, 1953, 32–49 [die Forschung seit 1939].

Gentry, Francis G.: Trends in ‚Nibelungenlied' Research since 1949. A critical

Review, in: ABÄG 7, 1974, 125–135 [drei Forschungsrichtungen: source studies, literary analysis, socio-historical approach; räumt der letzten Richtung die größten Chancen ein.]

Hoffmann, Werner: Die englische und amerikanische Nibelungenforschung, in: ZfdPh 84, 1965, 267–278 [Arbeiten seit 1959].

Ders.: Zur Situation der gegenwärtigen Nibelungenforschung. Probleme, Ergebnisse, Aufgaben, in: WW 12, 1962, 79–91.

Krywalski, Diether: Paradigmawechsel in der Nibelungenforschung, in: Blätter für den Deutschlehrer 28, 1984, 97–106; 29, 1985, 20–27 [stark zurechtgeschnittener Überblick über die Quellenforschung und die Forschungen nach 1945].

Küpper, Heinz: Französische Nibelungen-Forschung. Eine Studie zur französischen Germanistik und Literaturkritik. Diss. Phil. Köln 1934.

Mancinelli, Laura: La canzone dei Nibelunghi. Problemi e valori. (Università di Torino – Fondazione Parini Chirio) Torino 1969 [Kritischer Forschungsbericht der wichtigsten zwischen 1950 und 1964 erschienenen Nl-Studien].

Neumann, Friedrich: Das Nibelungenlied in der gegenwärtigen Forschung, in: DVJS 5, 1927, 130–171.

Pajewski, Annemarie: Die jüngere Nibelungenforschung 1960–1974. Diss. Rice University Houston/Texas 1978 [Hebt die Bedeutung von Brackert 1963 für die Handschriften- und oral-poetry-Forschung hervor; vermißt wird die Erforschung des soziokulturellen Untergrundes der Dichtung; in den analytischen Beiträgen werde die Frage nach der Psychologie der Charaktere schärfer gestellt als früher.]

Ploss, Emil: Zum Stand der Nibelungenforschung, in: Ostbairische Grenzmarken. Passauer Jahrb. f. Geschichte, Kunst u. Volkskunde 1, 1957, 23–31 [Forschungsreferate zu Schneider 1947, Wais 1953, Panzer 1955 u. a.].

Rosenfeld, Hans-Friedrich: Nibelungensage und Nibelungenlied in der Forschung der letzten Jahre, in: Neuphilologische Mitteilungen 26, 1925, 145–178.

Thorp, M.: The Study of the Nibelungenlied. Being the History of the Study of the Epic and Legend from 1755 to 1937. Oxford 1940 [eine Geschichte der wissenschaftlichen Nibelungenlied-Rezeption].

Forschungsüberblicke orientieren gewöhnlich rasch über eine bestimmte Zeitspanne der Forschung und können die eigene Lektüre kritisch ergänzen bzw. ihrer Auswahl dienen.

Gesamtdarstellungen

Schwerpunkt: Problem- und Geistesgeschichte

de Boor 1966 [„Die Gestalten teilen sich nicht auf nach dem Gesichtspunkt von Gut und Böse, gottgefällig und teufelsverfallen. Beide Parteien stehen unter demselben Anruf des fordernden Schicksals, beide erfüllen die Forderung ihrer Selbstbehauptung bis zum Letzten. Darin steht das Nibelungenlied im Kreise höfischer Dichtung allein, daß es Spieler und Gegenspieler, Kriemhild und Hagen auf gleicher Höhe sehen und mit gleicher Würde handeln lassen kann. Der Dichter kennt keine Parteinahme“, S. 166; der „tiefere Hintergrund“ ist das „germanisch-heroische Schicksalsdenken“, S. 167.]

Burger, Bernhard: Die Grundlegung des Untergangsgeschehens im Nibelungenlied. Freiburg 1985 [Sehr textnahe, auf die Entwicklung der Charaktere im Sinne einer „Repräsentantenkritik" des Erzählers abgestimmte Interpretation mit kluger Forschungskritik.]

Dürrenmatt, Nelly: Das Nibelungenlied im Kreis der höfischen Dichtung. Diss. Phil. Bern. Lungern 1945 [Eine der ersten Arbeiten, die konsequent die höfische Überformung des Liedes verfolgt und wohl überbetont: äußere Lebensformen, Gestalten, Vergleiche mit zeitgenössischen höfischen Romanen. „Das Nibelungenlied *ist* eine höfische Dichtung. Der Nibelungendichter [...] muß ein *Ritter* gewesen sein", S. 293; tragisches Weltgefühl als Grundstimmung.]

Endres, Rolf: Einführung in die mittelhochdeutsche Literatur. Probleme des Studiums, Blick auf die Geschichte, Nibelungenlied, Tristan. (Ullstein Buch 2811) Frankfurt, Berlin, Wien 1971 [Einige in der Nibelungenforschung gerne gebrauchte Begriffe (Liebe, *triuwe*, Machtgier) sollten überlegter gebraucht werden. Im Anschluß an den *triuwe*-Begriff wird über Hagens Zerstörungswut nachgedacht, und es werden Zweifel an seiner heroischen Schicksalsbejahung geäußert.]

Falk, Walter: Das Nibelungenlied in seiner Epoche. Revision eines romantischen Mythos. (Germanische Bibliothek III) Heidelberg 1974 [Die Dichter bringen die Kollektivpsyche einer Zeit an den Tag, so deutet der Nibelungenepiker die „epochale Problematik" des Reichsuntergangs als einen Untergang der Ehre; Gunthers Hof ist ein „Hof der Ehre". Die Abenteuer des jungen Siegfried gehören ins „Reich der Psyche", Widersprüche werden durch die Annahme „zweier verschiedener Regionen des Seins" aufgelöst, S. 121. Viele Ungereimtheiten; dazu Otfrid Ehrismann in: ZfdPh 95, 1976, 450–453.]

Grünanger, Carlo: La poesia dei Nibelunghi, in: Scritti minori di letteratura tedesca. Brescia 1962, 55–146 [Vergleich des Nl mit der nordischen Sage, mit Fouqué, Hebbel und Wagner].

Ders.: La letteratura tedesca medievale. VI. L'epopea nazionale germanica. Fierenze ²1967, 138–168 [Der Epiker hat versucht, die Grausamkeiten der Vorlage zu mildern, Rüdiger entspricht seinem Heldenideal am besten.]

Halbach, Kurt Herbert: Epik des Mittelalters, in: Aufr. II. Berlin 1960, 397–684 [Nl Sp. 592–606. „[...] es ist [...] ein ganz ursprüngliches, eigenes tragisches Welt-Erleben, das, wenn auch eingehüllt in weichere, mehr elegische, sentimentalische Klage, doch, und zwar aus geistig-seelischer Verfassung des christlichen Mittelalters heraus, den Untergang, den sich ein ganzes Menschengeschlecht hier bereitet, in seiner vollen unerbittlichen Furchtbarkeit durchzuerleben vermocht hat [...]", Sp. 595.]

Hatto, A. T.: Medieval German, in: Traditions of Heroic and Epic Poetry. I. The Traditions. Hrsg. v. A. T. Hatto. London 1980, 165–195 [konzise Darstellung der deutschen Heldenepik im Rahmen der internationalen Heldenepik].

Haymes, Edward R.: The Nibelungenlied: History and Interpretation. (Illinois Medieval Monographs 3) Champaign Urbana. Univ. of Illinois Press 1986 [H. rekonstruiert den historischen Erwartungshorizont; in seiner themen- und inhaltsorientierten Interpretation gesteht er dem Nl kein Thema zu, sondern nur „areas of emphasis", S. 8. Er greift einzelne Szenen heraus, bisweilen ohne sie genügend in ihren Kontext zu stellen. Die Arbeit des Erzählers bleibt undeutlich. Das Interesse gilt der Ethik: Dietrich repräsentiert als Alternative zum Heroismus Hagens das positive ethische Modell; vgl. Haymes 1979, 1985.]

Hoffmann, Werner: Das Nibelungenlied. (Interpretationen zum Deutschunterricht) München ²1974 [Textnahe Interpretation mit beispielhaften Gestaltanalysen zu Kriemhild und Hagen sowie Analysen der 14. und 37. Aventiure. „Dem heroischen Ethos steht der Schöpfer des Nl mit Sympathie und doch mit Distanz gegenüber", S. 111. Das Epos steht unter dem Thema der Desillusionierung der höfischen Welt. „Insgesamt jedoch ist das Wesentliche und auch Wesenserhellende ein ‚Zwar – Aber', ein ‚Einerseits – Andererseits' der Wertungen, mit dem der Dichter der Wirklichkeit des Menschen gerechter geworden ist als in einer Schwarzweißmalerei", S. 116.]

Hoffmann 1974 [das Nl im Kreis der mittelhochdeutschen Heldendichtung; wichtig u. a. wegen der allgemeinen Bemerkungen zur Heldendichtung und der gattungstypologischen Einordnung].

Jackson 1967 [Das Nl ist ein äußerlich mit höfischen Formen überzogenes germanisches Epos, seine Personen sind ohne folgerichtige Charakterentwicklung gezeichnet.]

Körner, Josef: Das Nibelungenlied. (Aus Natur und Geisteswelt 591) Leipzig 1921 [eine der ersten Interpretationen des Nl als „Kunstwerk" mit dem Versuch, die Charaktere zu verstehen, nicht ihre brüchige Darstellung aufzuzeigen].

Mackensen, Lutz: Die Nibelungen. Sage, Geschichte, ihr Lied und sein Dichter. Stuttgart 1984 [Für ein größeres Publikum geschrieben, gegenüber dem Text selbst ist sein Ambiente verhältnismäßig ausführlich behandelt, auch die Rezeptionsgeschichte ist einbezogen. Der Epiker schuf „eine *summa vitae,* ein Abbild des Lebens, wie er es sah", S. 153. Der „höfische Unterbau" sollte die Hörer anlocken, gezeigt wird die Brüchigkeit der Gesellschaftspfeiler. Dazu Rezension Ehrismann, Otfrid in: GRM 66, 1985, 461–463. M. übersieht bei der *superbia*-Interpretation, daß der Stolz auch ein wichtiges Motiv in den isländischen Sagas war.]

McConnell, Winder: The Nibelungenlied. (Twayne's World Authors Series. German Literature) Boston 1984 [verhältnismäßig traditionelle Interpretationen: „Cultural Background", „The Major Figures", „Kings and Vassals", „Style and Structure"; am Schluß ein knapper Überblick über die Rezeptionsgeschichte].

Mittner, Ladislao: Storia della letteratura tedesca. Bd. 1. Torino 1977 [Gesamtüberblick über Forschung, Probleme und Charaktere des Nl. Das Epos steht vielleicht in Beziehung zu dem gescheiterten Drang der Deutschen nach Osten.]

Nagel, Bert: Das Nibelungenlied. Stoff – Form – Ethos. Frankfurt 1965 (²1970) [Das Hauptgewicht liegt auf der Analyse des Ethos: Der nibelungische Mensch handelt nach den Prinzipien heidnisch-heroischer und höfisch-ritterlicher Ethik (Ethik-Schichtung), er ist deshalb nicht als reale, sondern nur als poetische Existenz denkbar. Existenzphilosophisches Vokabular und die Tendenz zur Verchristlichung der Gestalten geben der Interpretation einen unverkennbar zeittypischen Anstrich.]

Nagel 1977 [Unter dem Titel „höfische Heroik" ist hier im wesentlichen das Nibelungenbuch von 1965 eingearbeitet; es wird auch stark die Psychologie des Dichters herangezogen: „Den Hauptwiderstand aber mußte der Nibelungenepiker in sich selbst bewältigen", S. 496.]

Neumann, Friedrich: ‚Nibelungenlied' und ‚Klage', in: Die deutsche Literatur des Mittelalters. Verfasserlexikon. Bd. III. Berlin 1943, 513–560 [Streng wissenschaftlicher Bericht über Handschriften, Ausgaben, Aufbau, Quellenfrage, Sage („Germanische Liedinhalte"), geschichtliche Grundlage, Dichter und Gehalt: „Der Gehalt des Nl.s, soweit er den Stil des Gesamtwerkes bestimmt, liegt im eigentlich *Epischen:* in der Abfolge bewegten zuständlichen Lebens, wie es sich im Gang der Handlung entfaltet", S. 551. Das Nl ist eine Vorzeitgeschichte, auf das Leben Kriemhilds bezogen.]

Panzer, Friedrich: Das Nibelungenlied. Entstehung und Gestalt. Stuttgart, Köln 1955 [vgl. Panzer 1945. Wertvoll wegen seiner stoff- und motivgeschichtlichen Aufschlüsse, panzerspezifisch ist die Rückführung verschiedener Handlungssegmente auf Märchenmotive und die Rückführung der „Thiđrekssaga" auf das Nl.]

Reichert, Hermann: Nibelungenlied und Nibelungensage. (Böhlau-Studien-Bücher) Wien, Köln 1985 [Eine Art Einführung, aus einer Vorlesung erwachsen. Im ganzen ein fehlerfreier (s. aber z. B. S. 26: Krönung Philipps von Schwaben in Worms, s. S. 290; S. 75: Siegfried legt beim Wettlauf zur Quelle sein Jagdgewand ab, vgl. jedoch Str. 975 und 977; S. 85, 121, 123 f., 125: der *lectulus Brunihildae* wird diskussionslos und mit weitreichenden Folgerungen zur Sage gestellt, s. S. 64 und Literatur S. 68 f.; S. 97: Brünhildsage und Dornröschenmärchen, s. S. 49 f.; S. 124: Kriemhild ist „Hildchen", s. S. 62 f.) und wenig anspruchsvoller Bericht, der etwas zu burschikos, zu wenig problemorientiert, ohne Tiefe und Eigenständigkeit, mit stark subjektiven Interessen erzählt ist. Die erste Aufgabe einer Einführung, den Text nahezubringen, ist allenfalls mangelhaft erfüllt; ausführlicher besprochen ist nur die 3. Av., allerdings mit vielen Abschweifungen und ohne die Problematik von Siegfrieds Auftritt in Worms. Das Hauptanliegen des Dichters sei die „Charakterdarstellung", S. 82: kein einziger Charakter ist beschrieben, die Fragen von Charakterisierung/Psychologisierung und Gattung sind nicht einmal angesprochen. Ganz aus dem Rahmen des Wissenschaftlichen fallen deshalb auch die Ausführungen zur Zeit, S. 128 ff. Dem Erzähler und seinen „Figuren" wird die „Sünde der religiösen Oberflächlichkeit" bescheinigt, S. 143. Die Stoffgeschichte ist für eine Einführung unnötig breit erzählt und verselbständigt sich vielfach. Zum Besten zählen die Ausführungen über den Mythos, S. 75 ff. Die schmale Literaturliste mit ihrer wenig beispielhaften Art des Bibliographierens ist ohne Linie.]

Schulze, Ursula: Nibelungen und Kudrun, in: Epische Stoffe des Mittelalters. Hrsg. v. Volker Mertens u. Ulrich Müller. Stuttgart 1984, 111–140 [Der Epiker betont die Vergänglichkeit von Glück und Ansehen in der Welt, andere Momente wie Treue oder Todestrotz sind Randerscheinungen. Eine solide und forschungskritische Studie, die sich gut zur einführenden Information eignet.]

Schwietering 1941 [Lesenswert wegen der verständnisvoll gezeichneten Menschenbilder: „Denn der Nibelungendichter nach 1200 [. . .] will die Rächerin des Burgundenepos seinem höfischen Hörerkreis in der Gestalt der Liebenden aus dem Sigfrid-Brünhildlied nahebringen, will die Rache Kriemhilds – ganz im Geiste der Heldensage – aufs neue in ihrer Seele verwurzeln, in dem er den Wandel vom liebenden zum rächenden Weib als mähliche Entwicklung durch die Alters- und Lebensstufen der Mädchenjahre, ersten Ehe, Witwenzeit und zweiten Ehe hindurchführt", S. 200. Aber es ist nicht zu einem Kriemhildroman gekommen.]

Tonnelat, Ernest: La chanson des Nibelungen. Étude sur la composition et la formation du poème épique. (Publications de la Faculté des lettres de l'Université de Strasbourg fasc. 30) Paris 1926 [Versuch, im textnahen Nacherzählen die Gestalten als Charaktere zu beschreiben].

Wailes, Stephen L.: The *Nibelungenlied* as Heroic Epic, in: Heroic Epic and Saga. An Introduction to the World's Great Folk Epics. Ed. by Felix J. Oinas. Bloomington, London 1978, 120–143 [konzise einführende Bemerkungen, wobei neben dem Nl als „feudal epic" auch auf die Stoffgeschichte und die Mythologie eingegangen wird].

Weber, Gottfried: Das Nibelungenlied. Problem und Idee. Stuttgart 1963 [Die Gestalten werden einer existenzphilosophisch geprägten Deutung („Zerrissenheit") unterzogen. Die ritterliche Welt wird nach W. durch dämonische Mächte zerstört, in den Gestalten triumphiert das heroische Erbe.]

Wehrli 1980 [Die höfisch-ritterlichen Szenen und die zeitgenössischen Rechts- und Moralbegriffe bleiben aufgesetzt und werden nicht zum „aktiven Prinzip" (S. 403) entwickelt. Der Epiker gibt sich „fraglos der wilden Welt seines Werkes hin" (ebd.).]

Schwerpunkt: close reading

close reading (oder *intrinsic approach*) ist eine vor allem in USA entwickelte Methode, den Text unter Ausschluß seines historischen und stoffgeschichtlichen Ambiente zu interpretieren; schärfer als die „Werkinterpretation" sieht sie auch von den geistesgeschichtlichen Bedingungen der Dichtung ab. So gelingen zwar partiell aufschlußreiche, im ganzen aber wenig verbindliche Beobachtungen.

Bekker, Hugo: The Nibelungenlied. A literary Analysis. Toronto 1971 [Gliederung nach einzelnen Charakteren, jeder von ihnen sei ein Beispiel für bestimmte Haltungen und Werte. Der Sinn des Epos erschließt sich nicht aus der Beziehung der Personen zueinander, sondern aus deren Beziehungen zur Welt, in der sie leben. Die Werte und Formen adeligen Lebens sind Bollwerke gegen die ewig drohenden Mächte des Chaos. Der Schluß des Liedes birgt das Ordnungskonzept gegen das Chaos: die Repräsentanten von Königtum (Etzel), Adel (Dietrich) und Gerechtigkeit (Hildebrand) überleben.]

Mowatt, D. G./Sacker, Hugh: The Nibelungenlied. An Interpretative Commentary. Aylesbury Bucks 1967 [Strophenkommentar mit übergreifender Einleitung. „The fighting heroism and the diplomatic pretension are both universally human: they are present in all societies and familiar to all men. The Christianity is identical in its superficiality with that of many people today." Ethos: „Life has its moments and its pattern, but there is little left in the end", S. 22 f.]

Mueller, Werner A.: The Nibelungenlied today. Its Substance, Essence, and Significance. (University of North Carolina Studies in the Germanic Languages and Literatures 34) Chapel Hill 1962 [Die Gefühle und Konflikte der nibelungischen Menschen sind den unseren nicht unähnlich, die Bedeutung des Schicksals für das Handeln der Menschen ist gering. Das Nl kennt keine klare herrschende Idee. Unbegründet emphatische Wertungen: „A grandiose statement of man's limitless, potentials for better and for worse, for heaven, earth, and hell, the poet's work significantly affirms *the possibility of faith – man's need of faith*", S. 92.]

Schwerpunkt: Gesellschaftsgeschichte

Bertau, Karl: Deutsche Literatur im europäischen Mittelalter. 2 Bde. München 1972/73, Bd. 1, 730–748 [Interpretation des Nl als „beweinte Phantasmagorie" (‚Trugbild'). Der Widerspruch ist ein konstitutives Merkmal des Gehalts und Spiegel gesellschaftlicher Widersprüche. Subtile Überlegungen zu Rollen- und Gestaltenvertauschungen der Personen, die „Rollenvertauschungen treiben den Mechanismus der Tragik an", S. 742.]

Bräuer, Rolf: Literatursoziologie und epische Struktur der deutschen „Spielmanns-" und Heldendichtung. (Deutsche Akademie der Wissenschaften zu Berlin. Veröff. d. Inst. f. deutsche Sprache u. Literatur 48. Reihe C) Berlin (Ost) 1970 [Das Nl ist eine „stadtbürgerliche Oppositionsdichtung gegen die idealisierte höfische Feudalwelt"; Konrad, der – behauptete – erste Aufzeichner des *mære,* wird in der „Klage" mit dem bürgerlichen Begriff des *meister* bezeichnet. Nl und „Tristan" sind in dem Leitspruch, „daß Liebe Leid erzeugt" (S. 34), nahe verwandt. Vgl. ergänzend ders.: Poetische Fiktion in politischer Funktion. Ideologische Aspekte hochmittelalterlicher Literatur, in: Wiss. Beitr. d. Ernst-Moritz-Arndt-Univ. Greifswald 1. Greifswald 1984, 17–27.]

Czerwinsky, Peter: Das Nibelungenlied. Widersprüche höfischer Gewaltreglementierung, in: Frey, Winfried/Raitz, Walter/Seitz, Dieter et al.: Einführung in die deutsche Literatur des 12. bis 16. Jahrhunderts. Bd. I: Adel und Hof. (Grundkurs Literaturgeschichte 1) Opladen 1979, 49–87 [Das Nl ist ein feudales (= nicht-bürgerliches) Epos, seine „vorbürgerlichen" Figuren gehen in ihrer Körperlichkeit auf. Das Epos erzählt eine Geschichte vom Scheitern der höfischen Feste und spiegelt eine gegen die Territorialisierung des Reiches gerichtete Tendenz.]

Ihlenburg, Karl Heinz: Das Nibelungenlied. Problem und Gehalt. Berlin (Ost) 1969 [Das Nl ist Ausdruck der feudalhöfischen Zeit um 1200 mit der Tendenz, die höfische Welt zu entlarven. In der rauhen Feudalwelt können die höfischen Ideale nicht bestehen.]

Kaiser, Gert: Deutsche Heldenepik, in: Krauss 1981, 181–216 [dazu ders.: Textauslegung und gesellschaftliche Selbstdeutung. Die Artusromane Hartmanns von Aue. Wiesbaden [2]1978. Das Nl spiegelt den Aufstieg der Ministerialität im 12. Jh., der die Verdrängung des „edelfreien Adels" aus seinen überkommenen Rechten zur Folge hatte. Der Altadel versucht, seine „gesellschaftliche Identität noch einmal auf die althergebrachte Herrschaftslegitimation des Geblüts zu gründen", S. 195. Kritik: Im Nl steht die Lehensbindung vor der Blutsbindung; diese ist nicht idealisiert, eher problematisiert. Zustimmend zur „Altadels-These" Zimmermann, Günter: Gattungen, Stoffe, Motive, in: Ältere deutsche Literatur. Eine Einführung. Hrsg. v. Alfred Ebenbauer u. Peter Krämer. Wien 1985, 59–89, 75. Skeptisch und mit überzeugenden Argumenten aus der neuesten landesgeschichtlichen Forschung arbeitend: Knapp, Fritz Peter: Nibelungentreue wider Babenberg? Das Heldenepos und die verfassungsgeschichtliche Entwicklung Österreichs im Lichte der neuesten Forschung, in: Beitr. 107, Tü. 1985, 174–189.]

Schwerpunkt: Tiefenpsychologie

Beutin, Wolfgang: Psychoanalytische Kategorien bei der Untersuchung mittelhochdeutscher Texte, in: Literatur im Feudalismus. Hrsg. v. Dieter Richter. (Literaturwissenschaft und Sozialwissenschaften 5) Stuttgart 1975, 261–296 [Die materialistische Literaturwissenschaft wird um das Instrumentarium der psychoanalytischen Literaturforschung ergänzt. Das Nl ist „die Tragödie des (unbewußten) Inzestwunschs", S. 272. „Siegfried hat, als er den Drachen tötete, ja den (unkenntlich gemachten) Vater erschlagen", S. 281. In Worms kehrt er in „das (unkenntlich gemachte) Elternhaus" zurück (ebd.). Die burgundischen Könige repräsentieren den „abwesenden Vater", S. 281 f. Kriemhild (wie Brünhild) ist für Siegfried „eine Wiederkehr der Mutter-Geliebten", S. 282. Im Nl spiegeln sich Überreste des Matriarchats. Die Ermordung Siegfrieds ist (auch) der Gegenschlag der patriarchalen Gens und des Matriarchats (die hier offenbar gemeinsam handeln!) gegenüber dem Gründer der Einzelfamilie.]

Sinn, Struktur, Ethos – Spezialuntersuchungen

Beyschlag, Siegfried: Überlieferung und Neuschöpfung. Erörtert an der Nibelungendichtung, in: WW 8, 1957/58, 205–213 [„Wo eine neue Form: das große Buchepos, wo ein neuer Sinn: die Selbstdarstellung des Hoch- und Lehensadels, gestaltet werden sollen, da erfindet man nicht einen neuen Stoff und eine neue Fabel, sondern man baut die überkommene Dichtung, die die Legalität und Autorität von Bewährung und Wirklichkeit besitzt, im neuen Geiste weiter", S. 213.]

Bostock, J. K.: Der Sinn des Nibelungenlieds (1960), in WF 54, 84–109 [Das Nl ist die „Tragödie gottlosen Eigensinns", S. 109, eine Warnung vor der Sünde des Hochmuts; also ein Epos aus entschieden christlichem, nicht heidnisch-germanischem Geist. Vgl. King 1962.]

Fourquet, Jean: Betrachtungen über das Nibelungenlied (1965), in: WF 54, 293–310 [Das Nl ist eine „Familientragödie [...], die sich auf der Ebene des Menschlichen abspielt", S. 304. Forschungskritische Bemerkungen, namentlich zu Weber 1963; die Abwendung der deutschen Germanistik von den Forschungen zur Vorgeschichte des Epos wird gewürdigt.]

Haug, Walter: Höfische Idealität und heroische Tradition im Nibelungenlied, in: Colloquio italo-germanico sul tema: I Nibelunghi. (Accademia Nazionale dei Lincei. Atti dei Convegni Lincei 1) Rom 1974, 35–50 [Der Heroismus ist die untergründige Gefährdung der höfischen Welt, die Sphäre der Heldensage der irrationale Grund des Individuums. Der Epiker gestaltet sein Werk im Blick auf den heroischen Typus, dessen Existenz er voraussetzt.]

Jaeger, C. Stephen: The Nibelungen Poet and the Clerical Rebellion against

Courtesy, in: Spectrum medii aevi: Essays in Early German Literature in Honor of George Fenwick Jones. (GAG 362) Göppingen 1983, 177–205 [Das Nl ist im Kontext einer verbreiteten antihöfischen Stimmung in Europa ein klerikaler Protest gegen das höfische Wesen. Kritik: Ein solches Programm hätte den scharfen Kontrast höfisch-heroisch gerade am Ende der Dichtung verlangt, und die höfischen Partien sind sehr einfühlsam, im ersten Teil hinsichtlich Kriemhilds außerordentlich affirmativ gestaltet. Die höfische Freude wird durch das (politisch notwendige) Machtstreben zerstört, und die Zerstörung wird keineswegs gefeiert.]

King, K.C.: Der Sinn des Nibelungenlieds – eine Entgegnung (1962), in: WF 54, 218–236 [Kritik an Bostock 1960 und Mowatt 1961 von der Seite der psychologisierenden Interpretation aus. Das Nl vermittelt den Zeitgenossen archaisierende Identifikationsangebote.]

Konecny, Sylvia: Das Sozialgefüge am Burgundenhof, in: Österreichische Literatur zur Zeit der Babenberger. (Wiener Arbeiten zur germanistischen Altertumskunde und Philologie 10) Wien 1977, 97–116 [Xanten ist die eigentliche Gegenwelt von Burgund, weil dort das Königtum ungefährdet ist. Der Dichter wollte die prinzipiellen Gegensätze zwischen Adels- und Königspolitik hervorheben. Kritik: Der Titel ist irreführend, das „Sozialgefüge" ist weder systematisch dargelegt noch zur Wirklichkeit in Beziehung gesetzt.]

Kuhn, Hugo: Tristan, Nibelungenlied, Artusstruktur. (Bayerische Akademie der Wissenschaften, phil.-hist. Kl. Sitzungsberichte 1973, H. 5) München 1973 [Beschreibung und Interpretation von Parallelstrukturen zwischen Gottfrieds „Tristan" und dem Nl, namentlich hinsichtlich des Brautwerbungsschemas.]

McLintock, D. R.: The Reconciliation in the *Nibelungenlied,* in: German Life and Letters 30, 1976–77, 138–149 [Quellenkritische Studie zur 19. Av. Der Nl-Dichter war kein „Dichter" *(poet),* sondern ein *composer,* der Geschichte arrangierte. Er war ein großartiger Erzähler, aber kein Denker, deshalb gibt es keine „Botschaft": „If we are inclined to read a moral message into it [d. i. das Nl], this is our business, not the poet's", S. 148.]

Mergell, Bodo: Nibelungenlied und höfischer Roman (1950), in: WF 54, 3–39 [Eine stark religiös überformte Interpretation, die das Nl aus seiner literarhistorischen Isolierung lösen und es hineinstellen möchte „in den großen Strom der schöpferischen, bewegenden Kunstgedanken der hochmittelalterlichen Gegenwart", S. 38 f. Vgl. S. 235 f.]

Mowatt, D. G.: Zur Interpretation des Nibelungenlieds (1961), in: WF 54, 179–200 [Versuch, die „grundlegende Struktur" des Nl zu erarbeiten. Die Personen sind Struktureinheiten, die nach Art der Moleküle in Beziehung treten. Das Epos zeigt einige Folgen auf, „die sich aus der Vermengung zweier verschiedener Strukturebenen gesellschaftlicher Organisation ergeben", S. 199; dazu King 1962.]

Müller, Gernot: Symbolisches im Nibelungenlied. Beobachtungen zum sinnbildlichen Darstellen des hochmittelalterlichen Epos. Diss. Phil. Heidelberg 1968 [In der Symbolik transzendiert konkretes Stoffmaterial die Gegenständlichkeit, dieses hat eine vom Dichter mitgedachte Bedeutung, „die aufgrund einer einsehbaren Übereinkunft deutlich wird", S. 52. Das symbolische Agieren steht teilweise als Ersatz für die psychologische Motivation.]

Nagel, Bert: Noch einmal Nibelungenlied, in: Studien zur deutschen Literatur des Mittelalters. Hrsg. v. Rudolf Schützeichel. Bonn 1979, 264–318 [Zur Kritik einiger neuerer Nibelungenstudien von seinem bekannten Standpunkt aus; Überlegungen zur Dichterfrage, die in der Schwebe gelassen wird: der Dichter könnte ein bloßer Kompilator gewesen sein.]

Ders.: Widersprüche im Nibelungenlied (1954), in: WF 54, 367–431 [Der Nl-Dichter überlagerte die alte Epos-Konzeption mit einer höfischen und biographistischen Roman-Konzeption, dadurch entstanden Widersprüche, die gewollt und Ausdruck einer differenzierten Psychologie der Handlungsträger sind.]

Neumann, Friedrich: Das Nibelungenlied in seiner Zeit, in: ders., Das Nibelungenlied in seiner Zeit. Göttingen 1967, 60–203 [Analyse des Nl nach der Methode des „nacherlebenden Lesens"; der Leser darf sich keine Zwischengedanken machen. Neumann selbst liest sprunghaft, selektiv und doch interpretierend, läßt sich zahlreiche Motivationen entgehen. Das Epos gerinnt ihm zu einer Reihe von Merkwürdigkeiten und Unstimmigkeiten, die auf die Entstehungsbedingungen zurückgeführt werden.]

Richter, Werner: Beiträge zur Deutung des Mittelteils des Nibelungenliedes, in: ZfdA 71, 1934, 9–47 [Versuch, die „mittelhochdeutsche Eigenart" des Epos besser zu verstehen, als die von der Epos-Vorgeschichte ausgehende Forschung. Im Mittelpunkt steht dann aber doch die Frage nach dem Anfang der „Älteren Not" (s. S. 44) und das Problem älterer Quellen. Über die Arbeit des letzten Epikers ist intensiv nachgedacht.]

Rupp, Heinz: Das „Nibelungenlied" – eine politische Dichtung, in: WW 35, 1985, 166–176 [Das Nl steht wie keine andere Dichtung der Jahrhundertwende in der politischen Wirklichkeit, es handelt von der Kränkung der *êre* Brünhilds und damit des Reiches. Mit dieser Kränkung wird Gunthers Schwäche offenbar: Siegfried ist für das Reich gefährlich geworden.]

Schröder, Walter Johannes: Das Nibelungenlied. Versuch einer Deutung (1954), in: ders., *rede* und *meine*. Aufsätze und Vorträge zur deutschen Literatur des Mittelalters. Köln, Wien 1978, 58–145 [s. III.2; zur Kritik u. a. King 1962, W. Schröder 1960/61, 53 ff.].

Schröder, Werner: Die epische Konzeption des Nibelungenlied-Dichters (1961), in: ders., Nibelungenlied-Studien. Stuttgart 1968, 1–18 [Die neue Kriemhild-Konzeption ist die Keimzelle des überlieferten Nibelungenepos; s. Schröder 1960/61.]

Schweikle, Günther: Das ‚Nibelungenlied' – ein heroisch-tragischer Liebesroman?, in: De poeticis medii aevi questiones. Käte Hamburger zum 85. Geb. (GAG 335) Göppingen 1981, 59–84 [In den altnordischen Nibelungendichtungen, der Artus- und Dietrichepik bleiben die Frauen Weggefährten, im Nl wird ihnen im Rahmen der Konfliktsituationen eine bedeutsame Rolle eingeräumt. Die Ausweitung der Frauenrolle erstreckt sich jedoch nicht auf die rechtliche Stellung, sondern sie wird „aus der Perspektive eines männlich-heldischen Ethos betrachtet", S. 73. Im Gegenüber zum höfischen Roman ist das Nl ein „tragischer Liebesroman aus dem Stoffmaterial der Heldensage", S. 82. Vgl. IV.3; der Romanbegriff ist nicht abgeklärt.]

Arbeitsempfehlung

Die folgenden Leseempfehlungen stellen eine subjektive Auswahl dar, die die nicht genannten Texte keinesfalls als geringerwertig einstufen möchte. Die Fülle der Literatur läßt es aber geboten erscheinen, Hilfen für eine erste Beschäftigung mit einzelnen Themenbereichen über das vorliegende Buch hinaus zu geben.

Text: Bartsch/de Boor ^{21}1979 [Jede Übersetzung engt die Sinngehalte notwendig ein und wiegt gerade den einzuführenden Leser in falsche Sicherheit. Anhand der Anmerkungen dieser Ausgabe ist der Text nicht so schwierig zu lesen, wie es zunächst den Anschein haben mag.]

Die Edda. Hrsg. Schier. 1984.

Interpretation: Beyschlag 1952, Mackensen 1984, Nagel 1965, Werner Schröder 1960/61, Schulze 1984.

Forschungsüberblick: Hoffmann 1982.

Rezeptionsgeschichte: Ehrismann 1975/I, Schulte-Wülwer 1980, Wunderlich 1977.

Metrik: Hoffmann ^{2}1981.

Vorgeschichte, Entstehungsgeschichte: Curschmann 1979, Heusler 1921, Wachinger 1981.

Politische Geschichte: Engels 1984, Fuhrmann 1978, Le Goff 1965.

Gesellschaftsgeschichte: Bloch 1982, Bosl 1980, Bumke 1979, 1986, Duby 1985, Le Goff 1976, Ketsch 1983/84, Schulze 1985.

Germanische Wanderungen und Reichsgründungen („Völkerwanderung“ und Ausdehnung des Fränkischen Reiches)
0
300 km
Jüten
Angeln
Dänen
Burgunder
Baltische Völker
Angeln ca. 450
Sachsen ca. 450
Jüten ca. 450
Friesen
Sachsen
(frk. Anf. 9. Jh.)
Sueben
Semnonen
bis ca. 200
Goten
bis ca. 170
Gepiden
bis ca. 250
Franken
bis ca. 260
Lango-
barden
bis ca. 400
Burgunder
bis ca. 400
Vandalen
bis ca. 400
Franken
ca. 460
Hermunduren
(Thüringer)
(frk. seit 531)
Chatten
(frk.
nach 436)
Quaden
bis ca. 400
Burgun-
der
406 – 436
Alamannen
5. Jh.
Bajuwaren
Goten
ca. 150 – 200
Katalaunische
Felder
451
Alamannen
(frk. 6. Jh.)
Langobarden
ca. 400/560
Hunnen
375
Bajuwaren
(Mitte 6. Jh.)
(frk. Mitte 8. Jh.)
Ostgoten
ca. 200 – 375
Westgoten
418 – 507
(frk. seit 507)
Franken (nach 507)
Hunnen
Ende 4./Mitte 5. Jh.
Ostgoten
ca. 454
Gepiden
376 – 576
Burgunder
443 – 534
(frk. seit 534)
Awaren
(Reich am Asowschen
Meer um 500, an der
mittleren und unteren
Donau 567 – 791)
Bulgaren
(Großbulgarisches Reich
erste Hälfte 7. Jh.)
Petschenegen
(Wanderung vom Kaspischen
Meer nach Westen Ende 9. Jh.)
Lango-
barden
568 – 774
(frk. seit 774)
Westgoten
ca. 200 – 375
Westgoten
412
Westgoten
ca. 400
Spanien
Westgoten 419 – 711
Sueben 411 – 588
Wandalen 411 – 418
Ostgoten
(493 – 553)
Westgoten
410
Rom

Das Heilige Römische Reich zur Zeit der Staufer
Kgr. Dänemark
Hzm. Pommern
Polen
Fries-land
Kgr. England
Hzm. Sachsen
M. Brandenburg
M. Lausitz
M. Osterld.
Hzm. Schlesien
Ld. Bautzen
M. Meißen
Hzm. Niederlothringen
Lgft. Thüringen
Plei-ßen Vogt-ld.
Kgr. Böhmen
M. Mähren
Hzm. Franken
Hzm. Bayern
Hzm. Oberlothringen
Hzm. Österreich
Hzm. Schwaben
Salzb.
Hzm. Steierm.
Kgr. Frankreich
Rekt. Burgund
Kgr.
Gft. Tirol
Hzm. Kärnten
Kgr. Ungarn
Friaul
M. Krain
M. Verona
Venedig
Gft. Savoyen
Lombardei
Arelat
Romagna
Gft. Provence
M. Ancona
Tuscien
H. Spoleto
Patrimonium Petri
Kgr. Aragon
Kgr. Sizilien
Reich der Almohaden
0
300 km
Nach: F. W. Putzger, Historischer Weltatlas

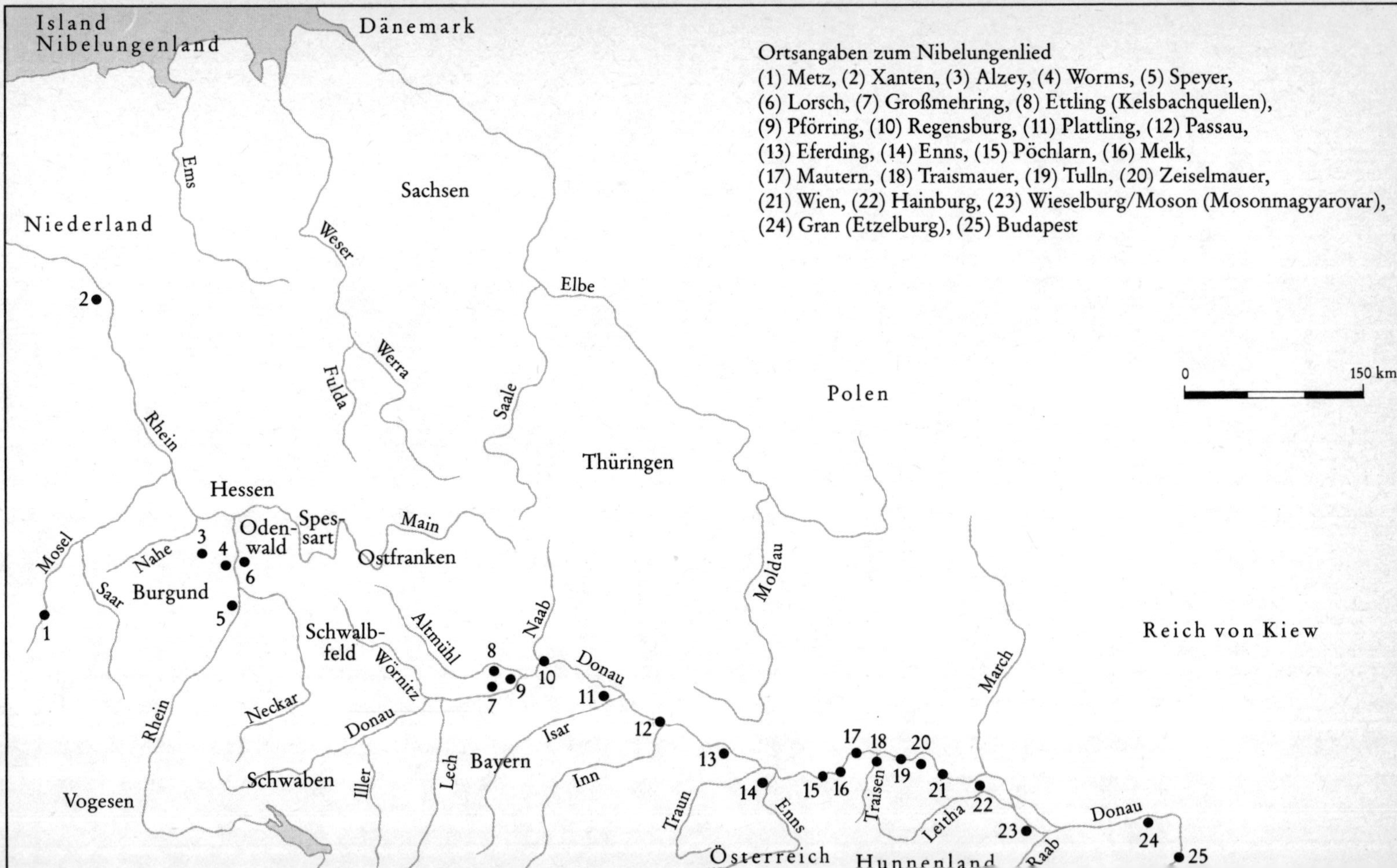

Island
Nibelungenland
Dänemark
Ortsangaben zum Nibelungenlied
(1) Metz, (2) Xanten, (3) Alzey, (4) Worms, (5) Speyer,
(6) Lorsch, (7) Großmehring, (8) Ettling (Kelsbachquellen),
(9) Pförring, (10) Regensburg, (11) Plattling, (12) Passau,
(13) Eferding, (14) Enns, (15) Pöchlarn, (16) Melk,
(17) Mautern, (18) Traismauer, (19) Tulln, (20) Zeiselmauer,
(21) Wien, (22) Hainburg, (23) Wieselburg/Moson (Mosonmagyarovar),
(24) Gran (Etzelburg), (25) Budapest
Niederland
Sachsen
Ems
Weser
Elbe
Werra
Fulda
Saale
Polen
0
150 km
Rhein
Thüringen
Hessen
Main
Oden-
wald
Spes-
sart
Ostfranken
Mosel
Nahe
Burgund
Saar
Moldau
Schwalb-
feld
Altmühl
Naab
Donau
Wörnitz
Reich von Kiew
March
Neckar
Rhein
Isar
Bayern
Lech
Iller
Schwaben
Inn
Traun
Enns
Traisen
Leitha
Raab
Vogesen
Österreich
Hunnenland
1
2
3
4
5
6
7
8
9
10
11
12
13
14
15
16
17
18
19
20
21
22
23
24
25

Sachregister

In der Regel sind die Stellen verzeichnet, an denen Begriffe zur mittelalterlichen Gesellschaft und zur Textinterpretation erklärt werden. Es wurden nur wenige Fachbegriffe aufgenommen.

Namenregister

Kursiv gesetzte Seitenzahlen weisen auf vollständige bibliographische Angaben. Aufgenommen sind auch Werke, sofern deren Verfasser unbekannt ist. Einige im Text nur am Rande genannte Namen sind nicht erfaßt.

Buchanzeigen

Literatur im Mittelalter

Hans-Herbert S. Räkel
Der deutsche Minnesang
Eine Einführung mit Texten und Materialien
1986. 258 Seiten. Broschiert

Karl Bertau
Über Literaturgeschichte
Literarischer Kunstcharakter und Geschichte
in der höfischen Epik um 1200
1983. 182 Seiten. Broschiert

Karl Bertau
Deutsche Literatur im europäischen Mittelalter
Band I: 800–1197. 1972. XXI, 765 Seiten
mit 22 Abbildungen. Leinen
Band II: 1195–1220. 1973. XIII, 664 Seiten mit 88 Abbildungen. Leinen

Karl Bertau
Wolfram von Eschenbach
Neun Versuche über Subjektivität und Ursprünglichkeit
in der Geschichte
1983. 297 Seiten. Leinen

Peter Wapnewski
Die Lyrik Wolframs von Eschenbach
Edition, Kommentar, Interpretation
1972. IX, 278 Seiten mit 7 Abbildungen. Leinen

Joachim Bumke
Mäzene im Mittelalter
Die Gönner und Auftraggeber der höfischen Literatur in Deutschland
1150 bis 1300
1979. 717 Seiten mit 4 Abbildungen. Leinen

Verlag C. H. Beck München